속물들이 빚어낸 어둠의 역사

짜오지엔민 저
곽복선 역

중국 오대십국의 역사
(五代十國)

신아사

역자 서문

중국의 역사를 읽다보면 책장을 덮고 싶을 때가 있다. 특히 암흑이 짙게 깔린 시기를 다룰 때 그러하다. 백성(사람)을 위한다고 부르짖었던 자들이 오히려 상상을 불허하는 참혹한 행위를 서슴지 않았던 역사의 장면이 나타나면 더욱 그러하다.

중국역사에서 어두웠던 시기라고 하면 여러 시기가 손에 꼽히지만 가장 어두웠던 시기는 아마 오대십국五代十國 907~979년, 중원왕조인 오대만 따지면 송이 건국된 960년까지이 아닐까한다.

중국역사의 찬란한 시대를 활짝 열었던 당唐왕조는 안록산安祿山의 난을 기점으로 정점에서 사망의 골짜기로 걸어들어 갔다. 그 이후 계속 내리막길을 걸어 말기에 가면 황소黃巢의 난을 겪으며 내전 상태의 국면이 되었다. 당 말엽은 지극히 혼용한 군주(오늘날의 무능한 지도자)와 자기 잇속만 챙기는 환관들(오늘날의 국민은 안중에도 없는 정치인들과 관료들)과 군벌들(오늘날의 정치군인들과 정치판검사들)에 의해 사회가 극도의 혼란에 휩싸이게 되었다. 백성(국민)들은 전쟁터의 소모품이 되었을 뿐만 아니라, 심지어는 먹을 것이 없어 아내와 딸을 정육점에 고기로 팔아야하고, 사람이 사람을 잡아먹는 지경이 되었으며, 군인들도 식량이 부족하자 사람시체를 말려 육포로 제공하는 일까지 벌어지는 그야말로 목불인견의 극악의 시대가 펼쳐졌었다.

당 왕조가 907년 주전충朱全忠에게 멸망당하여 역사에서 사라지면서 오대십국의 시대가 본격적으로 시작되었다. 이극용李克用, 이존욱李存勖을 필두로 주전충의 후량後梁을 반역으로 공격하는 세력들이 끊임없이 일어나고, 각 지역에 독립적인 나라들이 우후죽순처럼 일어나면서 중국전역이 전쟁의 불길에 휩싸이기 시작하였다.

그렇게 싸우길 70여년.

대부분의 군주나 제후들은 자기 것 챙기느라 바쁘거나 탐욕, 잔혹에 빠져 들어갔으나, 그중에서 그래도 백성을 위하고 혼란을 끝내려는 걸출한 인물들도 있었다. 중원왕조에는 후당後唐의 두 번째 군주인 이사원李嗣源, 후주의 두 군주인 곽위郭威와 곽영郭榮이 두각을 나타내며 백성을 위한 정치를 하였으며 중국 역사에 명군으로 이름을 올렸다. 주변부인 십국에서는 찻잎 교역으로 유명한 초楚의 마은馬殷, 선정으로 백성의 신망이 두터웠던 민閩의 왕심지王審知가 명군은 아닐지라도 괜찮은 수준의 군주였다. 이중에서도 곽위와 곽영은 통일왕조인 송宋이 건국될 수 있는 기반을 다져준 뛰어난 군주로 사실상 오대십국의 혼란한 국면을 전반적으로 안정시킨 인물들이었다. 신하들 중에는 왕박王朴과 풍도馮道 정도가 명신의 반열에 들어갈 정도였고 큰 인물이 많지 않았던 시대였다. 그러나 뛰어난 전략가 경상敬翔, 명장 갈종주葛從周, 치밀한 책사 곽숭도郭崇韜, 물불을 가리지 않은 장군 주덕위周德威, 호언장담의 주전파 경연광景延廣, 수없이 참아내 최고의 지위에 오른 인내의 달인 장전의張全義, 정치는 형편없었지만 문학의 경지에 올라선 나은羅隱, 시와 사로 유명한 광인 양응식楊凝式,

환관이지만 대의를 좇았던 장승업張承業 등 인생자체가 흥미진진하고 눈여겨볼 부분이 많은 인물들이 그 시대에 활약하였다.

오대십국의 역사는 전반적으로 암흑기였지만 그러한 참혹한 세월 속에서도 주역을 담당하거나 조역을 담당했던 인물들을 통해 역사와 인간에 대해 배울 것이 있기에, 인간들이 얼마나 악해질 수 있고 얼마나 어리석어질 수 있는지를 볼 수 있기에, 참혹함 속에도 순박하면서 인정미 있으면서 반짝이는 재능을 발휘한 자들도 있음을 알 수 있기에, 또한 우리자신의 모습을 비추어볼 수 있기에 오대십국의 역사는 우리에게 중요하다고 할 수 있다.

짜오지엔민趙劍敏 교수와 오래된 인연으로 어느새 그의 책을 네 권째 번역출판하게 되었다. 그는 수년간의 노력을 기울여 정사正史에 근거한 삼국지를 다시 쓸 정도로 중국 역사학계에 지명도가 있으며 탄탄한 실력을 갖춘 학자이다. 그가 새로이 구성한 오대십국의 역사는 분량이 많은 편은 아니지만 관련 역사자료가 부족한 우리학계에 도움을 줄 수 있을 뿐만 아니라 일반 독자에게도 중국역사의 혼란기를 이해하는 재미를 더해 주며 역사를 이해하는 시각을 넓혀 줄 것이다. 다만 역자의 능력이 모자라 그의 깊이 있고 맛깔스러운 문장을 원어의 맛 그대로 한국어로 살려내지 못하는 아쉬움이 있음을 말씀드린다.

이 책 출판을 흔쾌히 허락하신 신아사 정현걸 대표님, 한규갑 상무님과 편집하느라 고생하신 김금란 실장님, 남궁연 선생님께 진심으로 감사를 드린다. 언제나 변함없이 우군이 되어 늘 성원을 해주고 있는 아내 선미와 이제는 장성하여 제법 수준있게 아버지와 역사를 논하는 혜린과 인철에게도 고마움을 표한다.

2019년 1월

곽복선

경성대 연구실에서

한국독자를 위한 서문

상하이와 부산 모두 겨울의 초엽에 들어서던 시기에 한국으로부터 온 메일을 받았다. 보낸 사람은 경성대학교 곽복선 교수였다. 그가 내게 알려준 소식은 만만치 않은 시간을 투입하여 <속물들이 빚어낸 어둠의 역사-오대십국의 역사新編五代史>의 번역을 끝내고 서울에 있는 '신아사'에서 출판할 것이란 소식이었다.

전자메일을 열어보면서 곽 교수의 모습이 내 머리 속에 떠올랐다. 그와 내가 안지는 이십여 년 전으로 그가 상해 KOTRA 무역관에서 근무할 때였다. 그는 낮에는 한국과 중국 간의 경제·무역 업무에 매진하면서 중국사회를 이해하고, 밤에는 각종 중국서적들을 통해 광대무비한 중국의 문화를 열심히 공부하였다. 그는 오랜 기간 국경의 한계를 넘어서는 노력을 통해 언어적 장애를 넘어서서 중국문화의 근본적인 부분에서부터 한-중 양국 간의 문화교류를 위해 힘을 쏟아 왔다.

응당 인연이라고 해야 할 것이다. 그와 알게 된 후에 여러 차례 한-중 문화와 역사에 대해 서로의 의견을 나누었다. 당시 우리 두 사람의 대화는 늘 유쾌하였으며, 마치 한-중 문화의 축소판 같은 모양이었다. 그 이후로 나는 그에게 한국어판 번역권한을 주었으며, 그는 이십여 년에 걸친 세월 속에 바쁜 업무에도 시간을 만들어 나의 중국역사관련 저작에 대해 번역작업을 하였다. 이러한 결과로 <개원의

치세盛世魂—大唐玄宗時代>, <빼어난 속물들-죽림칠현竹林七賢>, <치마폭에 흐르는 중국역사皇冠與鳳冠—中國后妃>를 번역 한국에서 출판하였다. 그는 일상의 휴식시간을 반납하고 밤늦게 까지 심혈을 기울여 번역하였으며, 책을 출판한 후에는 한국독자들의 뜨거운 반응을 얻었으며, 여러 주요 신문, TV 등 대중매체에서 소개되었었다. 원래 중국역사서들은 그 자체의 전문용어, 현대와 다른 상황속의 사건들, 어려운 고사성어, 고대의 독특한 인물들 등 비밀코드로 가득 차 있기 때문에 이들 작품들을 한국어로 번역하기가 상당히 어려웠을 것이다. 그러나 그의 끊임없는 노력이 일정부분 한국에서 인정받았다는 사실은 그의 번역 작품이 탁월한 성과를 거두었다는 것을 보여주는 것이라고 생각한다.

이번에 번역 출판하는 <속물들이 빚어낸 어둠의 역사-오대십국의 역사新編五代史>는 <신편25사新編二十五史>에 속하는 것으로, <신편이십오사>는 중국의 '상해고적출판사上海古籍出版社'에서 이십오사를 새롭게 편집하여 출판한 것으로 그 주제는 중국의 정사正史인 이십오사 시리즈에서 나왔다. 이십오사는 중국역대 왕조에서 집필된 이십오부의 기전체紀傳體 역사서들의 총칭으로 <사기史記>, <한서漢書>, <후한서後漢書>, <삼국지三國志>, <진서晉書>, <송서宋書>, <남제서南齊書>, <양서梁書>, <진서陳書>, <위서魏書>, <북제서北齊書>, <주서周書>, <수서隋書>, <남사南史>, <북사北史>, <구당서舊唐書>, <신당서新唐書>, <구오대사舊五代史>, <신오대사新五代史>, <송사宋史>, <요사遼史>, <금사金史>, <원사元史>, <명사明史>, <청사고清史稿>의 이십오 부 역사서를 말하며, 역사적 권위와 체계가 갖추어져 있어 중국역사의 본문을 구성하고 있다.

상해고적출판사에서 <신편이십오사新編二十五史>를 출판한 이후에 관련 서적들은 학계와 시장에서 상당히 높은 평가를 받았으며, 오늘날까지 여러 차례 인쇄되었다. <신편이십오사>는 현대 학자들의 중국 정사正史에 대한 재해석(또는 새로운 해석), 재구성, 주석, 역사사건의 연역演繹, 사고의 융합이 빚어낸 대형의 고전본문을 다룬 작품이다. 곽 교수는 내 작품에 대한 선호로 인해 이 중에서 <신오대사> 즉, <속물들이 빚어낸 어둠의 역사>를 번역대상으로 삼았다. 이 작품은 내가 주로 <구오대사>, <신오대사>를 본문으로 하여 수많은 역사문헌과 다른 이들의 연구 성과를 참고하고 인용하여 새로이 써 내려간 것이다.

중국의 오대 시기 즉, 오대십국은 중원지역의 후량後梁, 후당後唐, 후진後晉, 후한後漢, 후주後周의 5개 왕조와 기타 지역의 전촉前蜀, 후촉後蜀, 남오南吳, 오월吳越, 남당南唐, 민閩, 초楚, 남한南漢, 남평南平, 형남(荊南), 북한北漢 등 십여 정권을 포함하고 있다. 이 시기는 54년에 걸친 대분열의 시기로 907년 당唐 왕조가 멸망한 때부터 시작하여 960년 북송의 건국으로 막을 내렸다. 본서는 각 왕조, 정권의 주요인물, 사건에 대한 기술을 통해 오대십국의 윤곽을 그려냈으며 동시에 정치제도, 경제, 문화, 사회생활을 다루어 동 시대의 모습을 전체적으로 기술하였다.

중국의 문학명저인 <삼국연의三國演義>의 처음을 여는 구절은 중국역대왕조의 상황을 개괄하는 유명한 명언이다. "분열이 오래되면 반드시 통일이 이루어지며, 통일이 오래되면 반드시 분열이 일어나게 된다. 分久必合,合久必分" 오대십국은 비록 대분열의 시기였지만 그 속에는 통일을 향한 움직임이 내포되어 있었다. 뜻이 있는 자들로부터 일반 백성에 이르기까지 피비린내 풍기는 역사의 비바람 속에서도 "하늘 아래 왕의 땅이 아닌 곳이 없다."는 옛 속담을 믿고 통일된 왕조가 다시 도래하리라고 생각하고 그렇게 믿었다.

중국의 오대십국 시기는 한반도의 신라, 백제, 고구려의 '후삼국'시대와 대략 일치하는 시기로 고려왕조가 성립되는 과도기였다. 바꾸어 말하자면 중국은 통일로부터 분열을 향하고 있을 때, 한반도에서는 분열에서 통일로 향하고 있었다. 비록 분열과 통일의 시간이 차이가 있었지만 역사의 통일을 향한 선율은 양국에서 똑같이 사람을 놀라게 한다.

곽 교수의 번역은 단순한 번역이 아니라 번역 속에서 다시 창작을 하는 것으로 그의 중국문화에 대한 깊은 이해와 탁월한 역사인식, 아름다운 문체를 통해 오대십국의 역사에 대해 자신의 시각을 집어넣었다고 할 수 있다.

이 책의 한국어판 출판이 한국의 독자들에게 분열과 통일이라는 역사적 거울을 통해 복잡다단한 국제 형세 속에서 장기적이며 평화로운 발전을 선택하는데 도움이 되었으면 한다.

2019년 1월

상하이에서 짜오지엔민

목차

II. 중원 왕조의 주요 인물 ······ 61

III. 십국十國을 개국한 인물 ······ 191

I

오대십국 약사

당唐 618~907년의 태평성세는 정말 세계적으로 눈부신 성세였다. 그러나 반란의 북소리가 한 번 울리자 성세는 내리막길로 굴러 떨어지기 시작하였으며 그렇게 일백여년을 굴러내려갔다. 9세기말이 되자 성세는 쇠퇴기가 되었으며 쇠퇴기는 난세로 변하여 수습할 수 없을 정도로 어지러워졌다.

모든 난세가 그러하듯이 정부가 스스로 자기를 훼손시키면서 백성들이 살기 어렵게 된 후에, 먼저 출현한 것은 농민반란이었다. 구포裘甫반란, 방훈龐勛반란, 황소黃巢반란 등 크고 작은 반란이 연달아 일어났으며, 당나라 조정은 이에 대응하느라 숨 돌릴 틈도 없이 바빴기 때문에, 어쩔 수 없이 군대의 실력자, 지방의 실력자, 소수민족의 실력자에게 반란을 토벌하도록 도움을 요청하였다. 반란들은 겨우겨우 진압되었지만, 그 과정에서 중앙정부의 역량이 약해졌고 그 허약함이 그대로 드러났다. 중앙정부의 권위가 땅에 떨어지자 이에 상응하여 반란 진압과정에서 활약한 각종 실력자 및 원래부터 한 지역을 차지하고 있던 군벌들이 더욱 강해졌으며 그들은 제 멋대로 날뛰기 시작하였다. 꼬리(지방세력)가 더욱 강해져 몸통(중앙)이 이를 쳐낼 수 없는 국면이 되었으며, 모든 지역이 군벌(제후)이 장악한 번진藩鎭이 되었다.

장안長安, 낙양洛陽 두 수도가 있는 관중關中, 하남河南 역시 그러하였다. 변汴, 활滑지역 **주온**朱溫, 하동河東지역 **이극용**李克用, 허許, 채蔡지역 **진종권**秦宗權, 봉상鳳翔지역 **이무정**李茂貞, 서徐, 사泗지역 **시부**時溥, 포蒲, 섬陝지역 **왕중영**王重榮, 유幽, 창滄지역 **유인공**劉仁恭, **유수광**劉守光 부자, 운鄆, 연兗지역 **주선**朱宣, **주근**朱瑾형제, 치淄, 청靑지역 **왕경무**王敬武,

위魏, 박博지역 나소위羅紹威, 진鎭,기冀지역 왕용王鎔, 서천西川지역 왕건王建, 회남淮南지역 양행밀楊行密, 항杭, 월越지역 전류錢鏐, 영남嶺南지역 유은劉隱, 호남湖南지역 마은馬殷, 복건福建지역 왕심지王審知 이들은 큰 규모의 제후들이었다. 이외에도 형형색색의 작은 제후들이 있었는데 얼마나 많았는지 알 수 없을 정도였다.

각 지역에 있는 '제후'들은 독립적인 또는 반독립적인 왕국을 구축하였다. 그들은 느닷없이 서로 손을 잡거나 투쟁하였으며, 서로서로 겸병을 통해 연합과 분열을 꾀하였다. 전쟁이 끊임없이 벌어지면서 전쟁은 일상생활로 변하였다. 강남과 강북 모두 백골이 널려있는 무덤으로 변했으며, 번화했던 도시들도 사람의 흔적이 끊어진 황무지로 변하였다. 장려한 궁전이 있던 장안長安은 전쟁으로 폐허가 되었으며, 금빛 찬란했던 낙양洛陽도 박살 났고, 부유하고 번화했던 양주揚州 역시 다 깨지고 떨어지면서, 금수강산이 모두 엉망진창이 되었다. 고립된 성들마다 성벽에는 끊임없이 각종 대왕들의 깃발이 바뀌어 휘날렸다.

'제후'들은 근본적으로 중앙조정을 개의치 않았으며, 명분과 지위를 얻으려고 아주 열심히 손을 뻗쳤다. 쓸모없는 허명만 가지고 있던 황제는 '제후'들의 반역에 속수무책이었다. 비록 어쩌다 온 맘과 힘을 다 기울여 반격을 하였지만 다시 주도권을 얻을 수 없었고, 오히려 더욱 감당키 어려운 낭패국면으로 굴러 떨어졌다. 매 번의 대결 속에서 천자의 위엄은 철저히 땅바닥에 떨어졌으며, 그들은 여러 차례 '제후'들의 공격 속에서 황망히 도망가고, 도망가고 하였지만 호랑이 입에서 벗어나면 다시 늑대 굴로 떨어지듯이 '제후'들의 손아귀에서 벗어날 수 없었다. '제후'들은 천자를 허수아비로 만들어, 정치 도구로 삼았다. 황제를 장난감처럼 서로 빼앗으려 다투었으며, 천자를 옆에 끼고 다른 '제후'들을 호령하려고 하였다.

이러한 전쟁게임, 정치게임은 10 세기 초까지 이어졌으며, 주온朱溫이 당시 최대의 '제후'가 되었다. 그는 수많은 적수들을 쓸어버리고 관중關中으로 진군하여 이무정李茂貞을 격파한 후에 당唐 소종昭宗 867~904년을 손아귀 속의 노리개로 만들었다. 그는 환관들을 전부 없애버리고 사족士族들을 주살하였으며, 조정대신들도 살해하면서 당 조정에 남아있던 잔여세력들을 강력히 청소하였다. 이 모든 것을 완결한 후에 소종의 명줄을 끊었으며, 당 왕조 마지막 황제인 애제哀帝 892~908년를 용상으로 밀어 올리면서 왕조를 바꾸는 과도기로 삼았다. 당 천우天祐 4년(907년), 주온은 당 애제를 발로 차버리고 스스로 제위에 올랐다.

삼백년 당 왕조가 이렇게 끝장나고 이를 대신해 새 시대가 열렸는데 이를 역사적으로 오대五代라고 불렀다.

오대는 춘추전국시대, 삼국시대, 위진남북조 이후 중국이 다시 한 번 겪는 대분열의 시대였다. '오대'라는 호칭은 약칭이며, 전체를 아우르는 명칭은 '오대십국五代十國'이다. 사실 오대십국으로 불리는 시기는 여러 왕조가 겹쳐서 일어나 국가들이 여기저기 세워진 시기로 5개 왕조 10개 국가와는 거리가 멀다.

중원에서 잇달아 건립된 나라로는 후량後梁, 후당後唐, 후진後晉, 후한後漢, 후주後周 5개 왕조(오대)가 있었고, 남쪽에서 앞서거니 뒤서거니 존재하였던 국가로는 오吳, 남당南唐, 전촉前蜀, 후촉後蜀, 남한南漢, 초楚, 오월吳越, 민閩, 형남荊南이 있었고 북방에 있었던 국가는 북한北漢으로 이렇게 10개 국가(십국)가 있었다. 여기에는 북쪽의 연燕, 섬서陝西의 기岐, 동북의 거란契丹, 운남雲南의 남조南詔, 하서河西의 조曹씨 등 일일이 세기 어려운 크고 작은 정권들을 계산하지 않고 있다.

오대의 시간길이는 일반적으로 주온이 당을 대신한 때로부터 계산하여 조광윤趙匡胤이 후주後周로부터 선위를 받은 때까지로 계산한다. 즉 후량 개평開平 원년(907년)부터 후주 현덕顯德 7년(960년)까지 총 53년을 말한다. 그러나 십국 중에서 여섯 나라는 북송北宋이 세워진 후에 멸망했으며, 최후로 남았던 북한은 송 태종太宗 태평흥국太平興國 4년(979년)에 멸망했는데, 이때는 조광윤이 송 나라를 세운 지 무려 19년이 지난 시점이었다.

서술의 맥락을 명확하게 하기 위하여 어쩔 수 없이 오대와 십국을 순서대로 기술할 수 밖에 없었다. 이외에 이 시기에 중요한 역할을 했던 요遼 왕조는 별도로 <요사遼史>가 전문적으로 기술되어 있기에 여기서는 언급만 하고 지나간다.

오대의 특징은 왕조마다 존재한 시간이 짧았고 왕조교체가 아주 빨랐다는 것이다. 군주의 재위 시간도 짧았는데 제일 짧은 경우는 몇 개월에 불과하였다. 정권내부가 혼란스러웠고, 정변과 군사적 변란이 많았으며 분열이 심하였다. 외부전쟁도 빈번하였다. 후량, 후주는 한족이 세웠으며, 후당, 후진, 후한 세 왕조는 한족화 된 사타沙陀인에 의해 세워졌다.

1. 오대五代

▣ 후량後梁 907~923년

개평開平 원년 주온梁 太祖 852~912년은 양梁 왕조를 세웠으며남북조 시대 남쪽에 양梁나라가 있었기 때문에 역사적으론 후량後梁이라 불린다, 개봉開封에 도읍을 정하였다.

왕조 설립 전후로 양 태조(주온)는 매년 '제후'들과 전쟁을 하였다. 그 중에서 가장 격렬하게 싸웠으며 기간 역시 가장 길었던 싸움은 그의 숙적인 하동河東의 이극용李克用, 이존욱李存勖 부자와의 싸움으로 쌍방은 황하를 사이에 두고 대치하였다. 전반부에는 후량이 주동적이었다. 후량을 건국한 해와 그 다음 해에 두 군대가 로주潞州에서 격렬하게 맞섰다. 양나라 군대가 깊숙이 쳐들어가 하동지역의 보호벽인 로주潞州: 산동성 장치(長治)를 물샐 틈 없이 포위하였다. 이존욱은 부친이 죽고 자신이 막 즉위하여 상대방이 그를 얕보며 교만해진 시기를 틈타, 로주를 구출하기 위한 기습공격을 감행하여 양나라 군대에게 대승을 거두었다. 개평開平 4년(910년)부터 건화乾化 원년(911년)까지 쌍방 간에 다시 한 번 백향柏鄉: 현재의 하북성 소재에서 대규모 전쟁을 벌였다. 양梁 태조는 하북河北 3진鎭 중 진鎭, 정定 두 진을 철저히 제어하기 위하여 북벌에 나섰으며 진晉 군대는 두 진의 요청에 호응하여 구원에 나섰다. 전쟁의 결과는 양梁군이 전체 전선이 붕괴되어 퇴각하면서 원기를 크게 상하였으며, 진 군대가 황하의 물을 말들에게 먹일 수 있게 되었다. 두 차례 전쟁을 치르면서 원래의 국면이 크게 변하였다.

양 태조가 통치한 시대는 비록 왕조를 건국한 후가 건국 전과 같지 못하였지만, 후량 정권은 전국에서 주도적 지위를 점하였으며 '제후'들이 보기만 해도 두려워하는 정통의 왕조로 떠받들어졌다. 그는 농업생산을 장려하였으며, 어느 정도는 번진藩鎭의 독단적 행위를 제약하였고 다소간 질서를 확립하였다. 그러나 이와 동시에 양 태조가 점차 어리석음에 빠지면서, 시기 질투로 인해 제멋대로 사람을 죽였으며 여색을 좋아하게 되었다. 또한 여색을 좋아하는 정도가 지나쳐 며느리들의 몸에까지 손길이 미쳤다. 이로 인해 조정의 정치관계가 급격하게 어두워졌으며, 가정의 윤리관계가 엉망진창이 되었다. 이로 인해 계승자 문제도 복잡하기 이루 말할 수 없는 지경이 되었다.

건화 2년(912년) 6월 후계자가 될 희망이 없었던 아들인 영왕郢王 주우규朱友珪가 양 태조를 죽이고 자신이 황제위에 올랐다.

겨우 6개월 후에 다른 아들인 주우정朱友貞이 역적을 토벌한다는 명분을 내세워 군사를 일으켜 주우규를 죽이고 황제의 옷을 자신의 몸에 걸쳤다. 역사적으로는 양 말제末帝로 부른다. 양 말제는 제위에 오른 후에 경상敬翔, 이진李振 등 원로중신들의 조정에 대한 영향을 감소시키기 위하여 조암趙岩, 장한걸張漢杰, 장한윤張漢倫 등 새로운 신하들을 기용하였다. 신귀족들이 원로들를 제압하고 정권을 장악하였으나, 자기 주머니들을 채우느라 바빠 정치를 하면 할수록 더욱 엉망이 되었다. 정명貞明 6년(920년) 모을母乙, 동을董乙을 우두머리로 한 무리가 진주陳州, 오늘날의 하남성 회양(淮陽)에서 난을 일으켰으나 결국 실패하였다. 위박魏博 지역은 하북의 군사 요충지였다. 그곳에서 군대를 거느리고 있으면서도 은인자중하였던 절도사 양사후楊師厚가 병으로 죽은 후에 조정은 후환을 제거하기 위하여 위박을 두 개의 진鎭으로 나누어 그 군세를 분산시키려고 하였다. 그러나 이러한 움직임은 위박에서 군대의 변란을 불어 일으켰으며 두 진이 이존욱李存勖에게 귀속되었다. 전쟁터의 형세가 진晉나라 군대에 유리한 방향으로 발전하였으며 덕승德勝, 현재 하남성 복양(濮陽), 양류楊柳, 오늘날의 산동 동아(東阿) 동북지역 일대의 협하夾河에서 수년간 큰 싸움을 치렀다. 용덕龍德 3년(923년) 10월 이존욱이 대항하던 양나라 군대를 격파하였으며 양나라의 대장 왕언장王彦章을 생포한 후, 개봉을 기습 공격하여 후량을 멸망시켰다.

후량은 오대의 첫 번째 왕조로 세 황제가 재위하였으며 존속한 기간은 17년이었다. 영토가 가장 컸을 때는 오늘날의 하남, 산동 두 성 전부와 섬서陝西, 호북湖北 두 성의 대부분, 안휘安徽, 강소江蘇, 하북河北, 산서山西, 감숙甘肅, 영하寧夏 여섯 개성의 일부였다.

■ 후당後唐 923~936년

진왕 이존욱장종(莊宗) 885~926년은 양梁을 멸망시키기 6개월 전 즉 923년 4월에 위주魏州, 지금의 하북 대명(大名) 동남부에서 황제 위에 올라 국호를 대당大唐, 당과 구분하기 위하여 역사적으론 후당(後唐)으로 칭함으로 연호를 동광同光으로 정하였다.

시간을 더 거슬러 올라가 보면 일찍이 건화 3년(913년)에 이존욱이 하북의 대연大燕을 멸망시키고 유인공劉仁恭, 유수광劉守光 부자를 생포하였다. 연나라, 양나라 양대 정권을 멸망시킨 정권인 당唐 장종莊宗은 등극한 후에 그 빼어난 기개가 쇠퇴하면서 혼용한 군주로 변하였다. 천하가 자신의 손바닥 안에 있다고 생각하여 마음껏 즐기기 시작하였다.

- *궁궐을 대규모로 건축하였으며 미녀들을 널리 모았다.*
- *자신이 직접 음악 연주자들 사이에 끼어서 노래를 부르고 연극도 하였다.*
- *논밭으로 말을 몰아 짓밟으면서도 사냥을 즐겨 하였다.*
- *신뢰하던 조용사租庸使 공겸孔謙을 기용해 백성들의 고혈을 짜 냈다.*
- *창고에 곡식이 가득하였는데도 군대의 양식공급을 고려치 않아 군인들이 자식을 팔아 생계를 이어야할 정도가 되었다.*
- *공신들을 의심하여 툭하면 살육을 하여 사람들마다 위험에 빠지게 하였다.*
- *그는 대신인 곽숭도郭崇韜에 의지하여 전촉前蜀을 평정하였지만, 도리어 유劉황후와 아들 이계급李繼岌의 말만 듣고 공신인 곽숭도를 모살하였다.*

이러한 형세 아래 조정에 대해 극도의 불만을 가진 위주魏州병사들이 조재례趙在禮를 우두머리로 추대하여 반란을 일으켰다. 오랫동안 당 장종의 의심을 받고 있던 이극용의 양아들인 이사원李嗣源은 군대를 이끌고 반란을 제압하라는 황제의 명령을 받으려고 온 힘을 다하였다. 그러나 명령을 받은 후 위주에 도착하자마자 도리어 반란군과 합류하여 창끝을 되돌려 개봉으로 진격하였고 다시 낙양을 압박해 들어갔다. 당 장종은 난전 중에 화살에 맞아 죽었다.

동광 4년(926년) 낙양을 얻은 이사원명종(明宗) 867~933년이 황제로 즉위하고 연호를 천성天成으로 바꾸었다. 당 명종은 오대五代 군주 중에서 비교적 뛰어난 얻기 어려운 군주였다. 문화적인 수준은 높지 않았지만 오히려 민속과 세상사에 익숙한데다 이전 왕조를 교훈 삼았기 때문에 국가와 백성들에게 이익이 되는 적지 않은 정책을 실시하였다. 그는 세금을 경감하였으며, 환관을 말끔히 청소하였다. 가혹한 관리들을 주살하였으며, 법제를 정비하여 백성들이 휴식을 얻도록 하였고 이를 통해 사회생산력이 일정부분 회복되도록 하였다. 정책 실행에 있어 적절한 방법을 사용하였기에 그의 통치시기에 백성들이 어느 정도 안정적인 삶을 누리는 국면이 출현하였다. 그러나 이러한 국면은 규모도 범위도 작아서 사회적인 큰 문제에 대해선 그도 근본적으로 해결할 방법이 없었다.

서천西川절도사 맹지상孟知祥이 사천 전역을 겸병하여 할거하는 형국이 되었지만 명종은 정벌에 나설 힘이 없어서 속수무책이었다. 처음에는 추밀사樞密使 안중회安重誨를 총애하여 크고 작은 일을 모두 그가 처리하도록 하였으나, 참소하는 말을 듣자 경솔하게도 그를 처형하였다. 장흥長興 4년 (933년) 명종의 병이 위중하자 장자인 이종영李從榮이 황제가 이미 죽은 것으로 오인하여 병력을 이끌고 궁궐로 들어갔으나 반역행위로 간주되어 싸움 끝에 사망하였다.

이사원을 계승한 사람은 다섯째 아들인 이종후李從厚, 민제(愍帝) 914~934년였다. 겨우 20세가 된 황제는 응순應順 원년(933년)에 즉위하였지만 4개월 만에 이사원의 양아들인 이종가李從珂에 의해 뒤집어 졌다.

이종가말제(末帝) 885~936년는 황제 위를 얻은 후에 청태淸泰 원년(934년)으로 연호를 바꾸었다. 얼마 지나지 않아 그와 이사원의 사위인 하동河東절도사 석경당石敬瑭 892~942년 사이에 조절할 수 없는 갈등이 발생하였다. 말제는 석경당의 세력이 커져 다룰 수 없게 될까봐 온갖 방법을 다해 그의 권력을 빼앗아 그 세력을 삭감하려고 하였다. 석경당은 힘을 다해 이를 막으려고 하였으며, 결국 조정에서 보낸 대군이 석경당이 있는 태원太原으로 몰려왔다. 포위망을 깨뜨리고 주도권을 쥐기 위하여 석경당은 상유한桑維翰, 유지원劉知遠 등의 지지를 받아 거란의 군대를 끌어들였다. 그 조건은 연燕, 운雲 16 주를 거란에게 떼어주고, 매년 비단 30만 필을 바치며, 군주인 야율덕광耶律德光 902~947년을 아버지로 부른다는 것이었다. 거란군이 신속하게 구출에 나서자 석경당은 포위망을 부수었으며, 칼끝을 낙양으로 향하였다. 청태 3년(936년) 말제는 스스로 몸에 불을 질러 사망하였고 후당은 멸망하였다.

후당은 오대의 두 번째 왕조로 네 명의 황제가 있었으며 14년간 존속하였다. 전성기의 영토는 오늘날의 하남, 산동, 산서, 하북 네 개성 전부와 감숙의 동부, 섬서, 호북, 안휘 세성의 북부였다.

▣ 후진後晉 936~947년

이때부터 거란이 중원의 일에 껴들기 시작하였다. 석경당이 구출 신호를 거란에 보내는 것과 동시에, 상당한 병력을 쥐고 있던 후당의 중신 조덕균趙德鈞, 조연수趙延壽 부자 역시 거란에 의탁하여 그들이 제위에 오르도록 도와주기를 희망하였다. 야율덕광은 여러 번 생각한 끝에 석경당에게 승부를 걸었다.

같은 해에 석경당은 거란에 의해 대진大晉, 동진과 서진이 있었기 때문에 역사적으로는 후진(後晉)이라고 부른다황제로 책봉되었으며, 수도를 개봉으로 정하고 연호를 천복天福으로 바꾸었다.

'아들 황제'가 된 석경당은 '아버지 황제'의 환심을 얻기 위하여 치욕을 참이기며 황제노릇을 감당하였다. 거란의 모든 모욕적인 언사는 듣고도 못들은 척하였으며, 거란의 모든 도발적인 행동을 보고도 못 본 척하면서, 끊임없이 재물을 거란으로 보내 마음과 힘을 다해 양자 간의 관계를 유지하였다. 대장군 안중영安重榮은 이렇게 하는 것에 반대하였다. 그는 주전파의 우두머리가 되어 관련 부문에 다양한 방법으로 거란에 타격을 가하라고 명령하였다. 그의 목적은 항전을 통해 석경당의 정권을 무너지게 하여 자신이 황제가 되는 꿈을 이루려는 것이었다. 석경당은 주화파인 상유한의 경각심을 일깨워주는 말을 듣자마자 마음속에 다른 뜻을 품고 있던 안중영을 바로 진압하였다. 석경당은 그가 살아 있는 동안에 친 거란정책을 일관되게 시행하였다.

천복 9년(944년) 석경당의 조카이자 양자인 석중귀石重貴, 출제(出帝)

913~974년가 제위를 이어 받았다. 석중귀는 거란이 일찍이 점 찍어둔 자였다. 그러나 제위에 오른 후에 대신 경연광景延廣의 건의를 받아들여 거란에 대한 정책을 수정하기 시작하였다. 야율덕광에게 '손자'로 칭하겠지만 신하로서 호칭은 하지 않겠다고 제안하였다. 야율덕광의 불만 가득한 태도에 경연광은 더욱 강경해져서 군사적으로 대항하겠다는 언사를 내뱉었다. 쌍방관계가 급격히 악화되면서 야율덕광은 채찍을 높이 들고 남쪽으로 군사를 몰고 내려와 세 번이나 중원으로 진격했다. 개운開運 원년(944년) 전주澶州, 지금의 하북성 복양(濮陽)에서 전쟁이 벌어졌는데 출제와 경연광이 진나라 군대를 지휘하여 승리를 거두었다. 다음해 겨울 다시 양성陽城 , 지금의 하북성 보정(保定) 서쪽 지역에서 전쟁이 벌어졌는데 진나라가 다시 대승을 거두었다. 개운 3년(946년) 항주恒州, 지금의 하북성 정정(正定)에서 거란과 대치하고 있던 진나라의 두중위杜重威가 자신 역시 황제가 되려고 거란에 투항하였다. 이 투항은 후진의 전면적인 패배를 가져왔으며 후진의 멸망을 불러왔다. 출제는 포로가 되어 북방으로 압송되었다.

후진後晉은 오대의 세 번째 왕조로 두 명의 황제가 있었고 존속기간은 11년이었다. 영토가 최대였을 때는 기본적으로 후당後唐이 보유했던 지역과 같았다.

야율덕광은 일찍이 조연수를 황제로 만들겠다고 응답한 바 있으며, 또한 두중위를 황제로 만들겠다고 응답한 바도 있다. 그러나 개봉을 점령한 후에 도리어 두 사람을 한쪽 구석으로 밀쳐버리고 그다음 해 2월 개봉에서 자신이 직접 대관식을 하여 대요大遼를 건국하고 연호를 대동大同으로 정하였다. 정권의 지지에 기대어 거란병사들이 제멋대로 살인과 약탈을 하면서 중원의 백성들은 생존하기 어려울 정도가 되자 어쩔 수 없이 칼과 창을 들고 요나라에 항거하기 시작하였고, 요나라 정권은 하루도 조용할 날이 없게 되었다. 중원의 황제가 된 야율덕광은 이런 상황을 힘에 겨워하며 중원을 통치하였으나, 억지로 얼마간 버틴 후에 피서를 명분으로 일군의 정부를 지키는 사람들만 남기고 문무백관과 후진에서 항복한 사람들을 데리고 북방으로 돌아가려 하였다. 그는 귀로 도중에 병으로 인해 사망하였다.

중원 정부를 지키던 우두머리는 야율덕광의 외삼촌인 소한蕭翰이었는데 소한은 전혀 그곳을 지킬 뜻이 없었다. 그는 당唐 명종明宗의 아들인 이종익李從益을 주인으로 밀어올린 뒤에 자신은 북방으로 돌아갔다. 이종익은 명분상 중원의 주인이었지만 사실상 중원에는 근본적으로 주인이 없었다.

▣ 후한後漢 947~950년

천복天福 12년(947년) 태원太原을 장악하고 있던 유지원劉知遠, 고조(高祖) 895~948년이 사람을 보내 이종익을 죽이고 병력을 휘몰아 중원을 빼앗았다. 그는 제위에 올랐으며 개봉을 수도로 정하고 대한大漢을 국호로 삼았다이전의 한(漢)을 국호로 삼은 정권이 있었기 때문에 역사적으론 후한(後漢)이라 부른다. 한 고조는 겨우 1년간 황제를 하고 저세상으로 갔다. 그러나 이 짧은 1년 통치기간 중에 그는 엄벌로 나라를 다스렸다. 대량의 잔혹한 관리들을 임용하여 사람의 목숨을 제멋대로 빼앗아 오대

시기 가장 잔혹한 군주가 되었다. 그는 임종 전에 아들 유승우劉承祐 930~951년를 소봉길蘇逢吉, 사홍조史弘肇, 양빈楊邠, 곽위郭威 네 명의 고명대신顧命大臣에게 위탁하였다.

유승우가 제위에 올랐는데 바로 은제隱帝이다. 그는 외척이자 친신인 이업李業, 섭문진聶文進, 후광찬後匡贊, 곽윤명郭允明 등 신귀족을 기용하여 원로중신을 견제하는 대항세력으로 삼았다. 신귀족들과 원로들(네 명의 고명대신과 재정대신 왕장王章) 속에서도 내홍이 일어났다. 하중河中 이수정李守貞, 봉상鳳翔 왕경숭王景崇, 영흥永興 조사관趙思綰이 연합하여 반란을 일으켰다. 곽위가 토벌군 총사령관으로 임명되어 군대를 이끌고 반란을 평정하였다. 그 후에 곽위는 사홍조의 지지 아래 하북河北의 업도鄴都에 가서 거란을 막는 업무를 주재하였다. 조정의 인사 갈등이 마침내 폭발하였다. 은제가 사람을 보내 사홍조, 양빈, 왕장 세 사람을 주살하였으며 또 밀명을 내려 곽위 등을 주살하도록 하였다. 곽위가 병력을 동원하여 반격에 나섰다. 은제는 이를 막는데 실패하여 병란 중에 죽었으며, 이로써 잔혹한 형벌을 가하고 가혹한 세금을 걷던 후한後漢은 종말을 고하였다.

후한은 오대시기 네 번째 왕조로 두 명의 황제가 있었으며 존속기간은 4년이었다. 영토가 가장 컸을 때는 오늘날의 하남河南, 산동山東, 산서山西 3성 전부, 하북河北의 남부지역, 섬서, 호북, 안휘 3성 북부지역이었다.

▣ 후주後周 951~960년

곽위郭威, 태조(太祖) 904~954년는 일정기간 정치적 과도기를 거친 후에 황관을 자기의 머리위에 썼다. 대주大周를 국호로 삼고 개봉을 수도로 정하였으며 연호를 광순廣順 원년(951년)으로 바꾸었다.

무인이었지만 어느 정도 문화수준이 있었던 태조는 나라를 세운 후에 이전의 역대 군주들과는 전혀 다른 모습을 보여주었다. 거란에 대해 방어를 진행하는 동시에 내정개혁에 초점을 두었다. 그는 폐단을 혁파하고 절약과 검소함을 제창하였다, 세금을 경감하고 탐관오리를 처벌하였으며, 일가족을 한꺼번에 주살하는 형벌을 없애버리면서 백성의 마음을 얻었으며, 사회조건을 조성하여 생산을 회복하였다.

현덕顯德 원년(954년) 곽위의 양아들인 곽영郭榮, 세종(世宗) 921~959년이 제위를 이어 받았다. 그는 언로를 크게 열어 여러 신하들에게 나라를 다스리는 도리에 대해 의견을 구하였으며, 최종적으로 왕박王朴 등 신하들의 주장을 받아들여 국정방침으로 삼았다. 그는 곽위가 놓은 기초 위에 가일층 변혁의 정도를 심화하였다. 경제적으로는 <균전도均田圖>를 반포하고 조세를 통일하였다. 유랑민들을 안정시켜 생산을 장려하였으며, 노동력을 얻으려고 불교를 억제하였다. 관개시설을 건설하고 수리하여 하천으로 인한 재난을 다스렸다. 정부의 화폐 발행량을 늘려 무역을 발전시켰다. 정치적으로는 혼용하고 늙고 썩은 관리들을 파면시키고 넘쳐나는 인원들을 정리하였으며 진취적 정신이 있는 범질范質, 이곡李谷, 왕박王朴을 재상으로 삼아 중서성中書省, 문하성門下省 두 기구의 권한을 확대하였다. <대주형통大周刑統>을 제정하여 법률을 통일하였다. 군사적으론 군대를 정돈하고 군대기율을 바로잡아 교만한 병사들과 사나운 장령들을 치리하였으며, 건장한 정예병을 모집하여 중앙금군殿前諸班을 구성하였다.

이와 동시에 주 세종은 통일대업에 착수하였다. 즉위한지 얼마 되지 않아 그가 직접 대군을 이끌고 나가 고평의 전쟁高平之戰을 통하여 북한北漢군대를 크게 무찔렀으며, 그 다음해에 후촉後蜀을 격파하고 진秦, 봉鳳, 성成, 계階 네 주를 탈취하였으며, 이 해로부터 현덕顯德 5년(958년)까지 세 번이나 남당南唐을 대거 정벌하여 회남淮南의 14주를 얻었고 강북의 땅을 거의 다 얻었다. 현덕 6년(959년) 직접 북벌에 나서서 요나라 수중에서 3주州 7현縣을 수복하였다. 그는 여전히 유주幽州를 직접 공격하려 하였지만 아쉽게도 하늘이 그에게 더 이상 생명을 허용하지 않았다. 그가 전쟁터에서 개봉으로 돌아오고 나서 그만 이 세상을 떠났다.

제위를 물려받은 사람은 네 번째 아들인 곽종훈郭宗訓, 공제(恭帝)으로 아직도 젖비린내 나는 일곱 살의 어린아이여서 근본적으로 천하를 장악할 수 없었다. 건덕 7년(960년) 정월 금군의 우두머리인 조광윤이 진교陳橋에서 군사반란을 일으켜 황제의 옷을 몸에 걸쳤으며, 공제가 황제위를 선위토록 하였다. 이렇게 후주는 멸망하였다.

후주는 오대시기 다섯 번째 왕조로 총 세 명의 황제가 있었으며 존속기간은 10년이었다. 영토가 가장 컸을 때는 지금의 하남, 산동 두 성의 전부, 하북의 중남부 지역, 섬서의 중부, 산서의 남부지역, 호북의 북부지역, 안휘, 강소 두 성의 강북지역을 보유하였다.

2. 십국十國

10국 중 북한北漢을 제외하면 9국 모두 남쪽에 있었다. 출현한 시기는 앞서거니 뒤서거니 섞여 있었으며 나라를 세운 지역은 앞의 나라를 이어받은 것도 있고 독립적인 것도 있었다. 국가판도 역시 서로 다를 뿐만 아니라 그 차이가 현격하였다. 존재한 시간은 일반적으로 모두 오대의 각 왕조보다 길었다. 지도자의 명칭은 황제를 칭하거나 왕(제후)을 칭하는 등 서로 달랐다. 중원의 왕조(오대의 왕조들)와의 관계를 보면 중원과 친밀한 경우 중원을 정통으로 보고 신하의 국가로서 공경하였으며, 원수진 경우에는 중원왕조를 그 이전의 왕조를 찬탈한 반역자로보고 장기간 대항하였다.

▣ 오吳 902~937년

10국 중 제일 처음 출현한 국가로 양행밀楊行密이 창건하였으며 정치중심은 양주揚州였다. 양행밀은 회남淮南에 할거했던 손유孫儒를 격파한 후에 경복景福 원년(892년) 당唐 조정에 의해 회남절도사로 임명되었으며 이때부터 한 지역을 차지하게 되었다. 대내적으론 유랑민들을 모아 백성들이 휴식을 취하도록 하는 정책을 실행하였으며 강회江淮지역의 농업생산을 회복시켰다. 대외적으론 호시탐탐 회남을 노리는 주온朱溫과 맞섰다. 건녕乾寧 4년(897년) 기세등등하게 쳐들어온 변군汴軍, 변(汴)은 하남성 지역을 일컬음과 대결하여 자신이 소수지만 선제적으로 다수를 공격하였다. 세력이 약한 군대로 강적과 마주하여 멋지게 청구淸口 지역에서의 전쟁을 이겼다. 그 전쟁에서 변군의 대장인 방사고龐師古의 목을 베었으며, 변군에 호응하였던 갈종주葛從周의 군대를 격파하여 자신의 근거지를 확고히 하였다.

천복天復 2년(902년) 당 소종昭宗은 그를 오吳왕으로 책봉하였다. 천우天佑 2년(905년) 양행밀의 큰 아들인 양악楊渥이 권신인 장호張顥, 서온徐溫의 지지를 받아 아버지의 자리를 이어 받았다. 양악은 권신과 균형을 맞추기 위하여 자신의 심복들을 세웠으나, 장호, 서온은 양악의 심복들을 죽이고 대권을 장악하였다. 양악은 허수아비 군주가 되었다. 천우 5년(908년) 두 사람은 다시 양악을 죽이고 오나라를 나누어 갖은 후, 양梁나라의 신하가 되기로 서로 약속하였다.

그러나 양악이 죽은 후에 장호가 약속을 어기고 스스로 독립하려 준비하였다. 서온이 장호를 죽이고 양행밀의 둘째 아들 양연융楊演隆을 주인으로 삼은 후 자신이 직접 정권을 움직여갔다. 서온은 국경을 지키고 백성을 편안케 하는 것을 방침으로 삼아 사회질서 안정에 힘을 쏟았다. 자기 자신은 금릉金陵, 지금의 강소성 남경(南京)에 머물며 그 지역을 다스리면서, 아들 서지훈徐知訓이 양주에서 일상 정무를 다루도록 하였다. 서지훈은 잔혹한 정치를 하여 대장인 주근朱瑾에 의해 살해되었다. 윤주潤州, 지금의 강소성 진강(鎭江)를 다스리던 서온의 양아들 서지고徐知誥가 장강을 건너가 반란을 평정하였다. 천우 16년(919년) 서온은 양연융을 오吳왕이라 칭하고 연호를 무의武義로 바꾸었다.

무의 2년(920년) 양연융이 죽자 서온은 양행밀의 넷째 아들 양부楊溥를 왕위에 올렸다. 순의順義 7년(927년) 양부는 황제 위에 올랐으며睿帝, 국호를 오吳로 하고 양주揚州를 수도로 정하였으며 건정乾貞으로 연호를 바꾸었다. 이치상 보자면 그는 개국을 한 황제였지만, 도리어 마지막 황제가 되었다. 서온이 죽은 후에 첫 번째 권신이 된 서지고는 천조天祚 3년(937년) 그와 오나라를 동시에 폐지하였다.

오나라는 네 명의 왕이 재위하였고 존속기간은 36년이었으며 최대 판도는 지금의 강소, 안휘, 강서江西, 호북 4개성 대부분을 차지하였었다.

▣ 남당南唐 937~975년

서지고는 오나라를 없앤 후에 이름을 이변李昪, 열조(烈祖)으로 바꾸고 같은 해에 황제가 되었다. 대당大唐을 국호로 삼았으며당, 후당과 구분하기 위하여 역사적으론 남당이라 칭한다. 수도를 금릉으로 정하고 연호를 승원昇元으로 하였다.

이변의 국가정책은 가능한 전쟁을 피하고 절약과 검소함을 제창하면서 생산력을 높여 국력을 증가시키고 이미 있는 영토를 지키는 것이었다. 그는 인두세를 폐지하고 전세田稅를 실물로 납부토록 하였다. 또한 농산품과 견직품의 가격을 올려서 소농들의 이익을 보증하는 방법으로 농민들이 적극적으로 생산하도록 장려하였다. <승원조昇元條>를 반포하여 양가의 자녀를 노예로 파는 것을 금지하였으며 오월吳越과 외교관계를 맺어 인근 국가와의 마찰을 감소시켰다. 그의 통치아래 강회江淮지역의 경제가 양호한 회복과 발전을 이루었다.

승원 7년(943년) 이변의 큰 아들 이경李璟, 원종(元宗)이 제위를 계승하였으며 그 다음해에 보대保大로 연호를 바꾸었다. 그는 '오귀五鬼'로 불리던 풍연사馮延巳, 풍연로馮延魯, 진각陳覺, 위잠魏岑, 사문휘查文徽를 중용하였다. 그는 노래와 시 읊기를 좋아하였으며, 이에 따라 조정안에 사詞와 시詩를 짓는 분위기가 조성되었다. 그는 무武를 숭상하는 사람이 아니었지만 옆 나라에서 내란이 일어나자 보대 2년(944년) 군사를 동원해서 민閩을 공격하였으나 실패하였다. 그 다음해에 다시 군사를 동원하여 민閩을 멸망시켰다. 보대 5년(947년) 복건福建의 노장 유종효留從效가 '예의'상 남당의 군대를 돌려보냈다. 보대 9년(951년) 군사를 동원하여 초楚를 멸망시키고 호남湖南 땅을 얻었지만 그 다음해에 호남의 노장인 유언劉言에게 다시 빼앗겼다.

두 번의 빈 껍질뿐인 승리 후에 남당은 후주後周의 강력한 공격을 받았으며, 교태交泰 원년(958년) 장강 이북의 14개주를 전부 후주에게 빼앗겼다. 이경은 후주에 표表를 올려 화평을 구하고 황제 칭호와 연호를 전부 없애버리고 당나라의 국주國主로 개칭하고 후주의 연호를 사용하였다. 건륭建隆 2년(961년) 남창南昌으로 수도를 옮겼다.

그해에 이경은 병사하였고 여섯째 아들인 이욱李煜, 후주(後主)이 금릉에서 왕위를 이어 받았다. 그 때 남당은 이미 송宋왕조의 부속국가 처지로 떨어졌으며, 국세는 기울어 있었다. 이욱은 명령을 내려 정부 각 기구 모두의 격格을 낮추어 송나라의 신하로서 필요한 격에 맞추었다. 사詞를 빼어나게 잘 지었지만 무능하였던 군주 이욱은 잠시의 평안을 추구하며 문학의 향기 속에 뒹굴며 세월을 보냈다. 개보開寶 7년 송 태조조광윤가 이욱에게 개봉으로 오라고 하였으나 이욱은 병을 핑계로 이를 거절하였다. 그 다음해 송나라 군대가 금릉을 포위하고 성城을 격파한 후에 이욱을 포로로 잡아 갔으며 남당은 멸망하였다.

남당은 전부 세 명의 황제가 있었으며 존속기간은 39년이었다. 영토가 가장 컸을 때는 강소의 대부분, 안휘의 회남淮南 이하 지역, 복건, 강서, 호남 세 성의 전 지역 및 호북의 동부를 보유했다.

▣ 전촉前蜀 907~925년

왕건王建이 건국하였다. 대순大順 2년(891년) 왕건은 성도成都를 공략하였으며 서천절도사西川節度使로 임명되었다. 천복天復 3년(903년) 당 소종은 그를 촉蜀왕으로 책봉하였다. 주온이 당을 무너뜨리고 왕조를 세우던 같은 해에 그 역시 제위고조(高祖)에 올랐다. 촉을 국호로 하였고촉한(蜀漢), 후촉(後蜀)과 구분하여 전촉(前蜀)이라 부른다. 수도를 성도成都로 정하고 그 다음해에 연호를 무성武成으로 바꾸었다.

왕건은 군대기강을 바로 잡고 종족들을 잘 단속하여 자신이 지배하는 서천지방에서 비교적 훌륭한 사회질서를 구축하였다. 국경의 관문을 걸어닫고 백성들을 휴식하도록 하였으며 농업생산을 중시하였다. 이에 따라 당지의 경제가 뚜렷하게 호전되었으며 창고마다 식량이 그득해졌다. 관리들의 상벌제도를 엄격히 실행하여 그들이 진심으로 군주와 국가를 위해 힘을 쏟도록 하였다. 인재들을 가려 뽑아 정부관원들의 자질을 제고하였다. 위장韋庄, 장격張格, 모문석毛文錫 등 문인들을 후대하였으며 당唐문화를 보존하고 발전시켰다. 특히 사詞부문에서 적지 않은 좋은 작품들이 나타났다. 그는 천하의 판세와 관련하여 후량後梁을 반대하는 기치를 내걸었지만, 후량과의 사이에 위치한 기왕岐王 이무정李茂貞의 정권을 전략적으로 남겨두어 후량의 군대가 진격하는 것을 막는 울타리가 되게 하였다. 만년에 이르러 그는 향락을 즐겨하고 여색을 탐하고 환관을 중용하였다. 특별히 후계를 세우는 문제에 있어선 반복을 거듭하여 태자인 왕종의王宗懿가 어쩔 수 없이 자신을 보호하기 위하여 병사를 일으키게 만들었다. 태자는 거사에 실패하여 살해당했다.

광천光天 원년918년 왕건의 열한 번째 아들인 왕연王衍, 후주(後主)이 제위에 올랐다. 그는 세상물정 모르고 빈둥대는 부잣집 아들 같은 군주로 부친의 유언에도 불구하고 가무와 여색, 개와 말을 좋아하였고 닭싸움과 격구를 좋아하였다. 화려한 건축물을 좋아하였고 사詞와 노래짓기를 좋아하였다. 정치는 환관에게 맡기고 음탕한 자들과 섞여 지냈으며 신선놀음을 즐겼다. 함강咸康 원년925년 후당後唐의 대군이 사천으로 진격해 왔으며 촉나라 군대의 대항전선 전체가 무너지자 왕연은 스스로를 결박하고 항복하였다. 이로써 전촉이 멸망하였다.

전촉은 2명의 황제가 있었으며 존속기간은 23년이었다. 영토가 가장 컸을 때는 사천四川 전 지역과 섬서陝西 남부지역, 감숙甘肅 동남부지역, 호북湖北 동부지역을 차지했다.

▣ 후촉後蜀 934~965년

맹지상孟知祥이 건국하였다. 후당은 전촉을 접수한 후에 맹지상을 서천西川절도사로 임명하고, 동장董璋을 동천東川절도사로 임명하여 사천을 둘로 나누어 관리하였다. 동광同光 4년926년 맹지상이 임지에 부임한지 얼마 되지 않아 후당에서 큰 사건이 벌어져 명종明宗이 장종庄宗을 대신하게 되었다. 맹지상은 비록 후당과 관계를 끊지는 않았지만 일정 부분 독립적인 자세를 유지하였다. 조정의 제재에 대항하기 위하여 동장과 연합하여 후당의 대규모 정벌을 성공적으로 막아냈다. 그 뒤에 그는 동장을 죽이고 동천을 차지하였다. 장흥長興 4년 명종은 맹지상의 요청과 이미 기정사실이 된 현실에 밀려 또한 그를 끼안아야 하는 필요성 때문에 그를 촉왕蜀王으로 책봉하였다. 그 다음해 명종이 죽자 맹지상은 황제를 칭하였으며고조(高祖), 촉을 국호로 삼고전촉과 구분하여 역사적으론 후촉(後蜀)으로 부른다 성도를 수도로 하고 연호를 명덕明德으로 하였다. 황제위에 오른 지 불과 반년 후에 그는 병들어 죽었다.

맹지상이 촉을 다스렸던 정책은 왕건의 국경관문을 닫아걸고 스스로를 지켰던 수법 그대로였다. 그러나 왕건처럼 비교적 새로운 사회분위기를 만들어 내지는 못하였다. 그럼에도 불구하고 그는 일군의 현명하고 청렴한 사람들을 지방관리로 삼아 세금을 내려주고 유랑민을 불러들였으며, 관개시설을 수리하거나 새롭게 만들면서 사천 지역이 안정을 찾게 하였다.

제위를 이어받은 맹지상의 셋째 아들 맹창孟昶, 후주(後主)은 즉위할 때 16세에 불과하였다. 일군의 원로공신들이 제멋대로 행동하는데 대해 처음에는 참으면서 요구사항에 양보를 하였지만, 시기가 무르익자 과감하게 그들을 제거하여 정치장애물을 깨끗이 청소하였다.

그는 정책 시행에 있어 백성을 근본으로 삼았다. 각급 관원들에게 이러한 근본을 기본으로 하여 행정을 펼치도록 요구하였다. 이에 상응하는 일련의 조치들을 통해 백성들의 부담을 덜어주었다. 조정에는 투고함을 설치하여 백성들의 관원들에 대한 불만을 들었다. 탐관오리를 만나면 흔들림 없이 파면시키거나 강등시켰다. 이외에도 중앙정부의 주요 대신이 절도사들에 대한 통제를 강화토록 하여 지방에서 군벌이 할거하는 화근을 막았으며, 중앙의 지방에 대한 통제를 강화하였다. 그러나 이러한 행위는 단지 그의 정권초기의 표현이었을 뿐이다. 그는 자신의 지위가 확고해짐에 따라 향락을 추구하기 시작하였다. 사치하고 음란함이 도를 넘어 자신의 변기를 보석으로 치장할 정도가 되었다. 동시에 그가 조정에 심은 친신들이 새로운 귀족집단을 형성하여 점점 정치가 혼란해졌다. 건덕乾德 3년965년 송나라 군대가 쳐들어와 66일 만에 촉나라 전역을 평정하였다. 삼십여 년을 통치했던 맹창이 항복하는 표를 올림으로써 후촉은 멸망하였다.

후촉은 두 명의 황제가 있었으며 존속기간은 33년이었다. 영토가 가장 컸을 때는 사천 전부와 섬서 남부지역, 감숙 동남부지역, 호북 동부지역을 차지하였다.

▣ 남한南漢 917~971년

유은劉隱이 기초를 세운 위에 동생인 유척劉陟이 나라를 세웠다. 천우天佑 원년904년 봉주자사封州刺史 유은이 공을 세워 당唐 조정에 의해 청해군靑海軍절도사로 임명되어 영남嶺南지방을 차지하게 되었다. 개평開平 3년909년 후량에 의해 남평왕南平王으로 책봉되었다. 건화乾化 원년911년 남해왕南海王으로 승격 책봉되었다. 이 해에 유은이 죽고 유척이 왕위를 계승하였으며, 정명貞明 3년917년 황제위고조(高祖)에 올랐으며 국호를 대월大越로 정하고 광주廣州를 수도로 삼고 연호를 건형乾亨으로 하였다. 다음해에 국호를 한漢, 한을 국호로 한 국가들과 구분하기 위하여 역사적으로 남한 또는 월한(越漢)이라고 부른다으로 바꾸었다.

유척 정부는 남다른 점이 있었다. 중원에서 영남으로 도망해 온 문벌귀족들의 후손을 초빙하여 높은 지위를 주고 요직을 맡겼다는 것이다. 그 중 저명한 사람으로는 왕정보王定保, 조광예趙光裔, 이은형李殷衡 등이 있었는데 그들의 견해를 들어 정치적 사안들을 확정짓곤 하였다. 문사들에 대해서는 어떻게든 남한으로 옮겨오게 하여 온갖 대우를 해주었지만 일반 백성들에 대해서는 가혹한 형벌을 제멋대로 가하였다. 또한 그 형벌이 차마 눈뜨고 못 볼 정도로 가혹하였다. 허영심을 채우기 위해 대규모로 토목공사를 일으켰으며 사치스럽고 호화로운 궁전을 조성하였다. 대외적으론 혼인을 통해 남한의 지위를 확고히 하였다. 그는 초楚왕 마은馬殷의 딸을 아내로 맞았으며, 자신의 딸 청원淸遠공주를 민閩왕 왕심지王審知의 아들 왕연정王延政에게 시집을 보냈으며, 증성增城공주는 대장이자 수령인 정민鄭旻에게 시집을 보냈다. 그러나 혼인은 결코 영토분쟁에 따른 충돌을 해결할 수 없었다. 대유大有 원년928년 마은은 수군을 파견하여 남한을 공격하였으나 유척의 대장 소장蘇章이 기묘한 계책으로 초나라 군대를 격퇴하였다.

대유 15년942년 유척이 죽고 셋째 아들 유홍도劉洪度, 상제(殤帝)가 제위를 이어 받았다. 유홍도는 통치집단 내부의 모순이 대단히 첨예한 상황에서 제위에 올랐다. 그는 형제들과 신하들을 시기하였기에 만일의 사태를 막기 위하여 환관들을 이용하여 방어막을 쳤다. 그 자신의 생활이 극도로 문란하여 늘 창기들과 뒹굴었으며 남녀가 벌거벗은 채 서로서로를 쳐다보도록 명령하곤 하였다. 그 해에 장우현張遇賢을 우두머리로 한 농민반란이 일어났는데 남한의 군대는 이를 토벌할 힘이 없었다. 농민반란군은 순주循州를 탈취한 후에 강서江西로 들어갔다가 남당南唐 군대에 의해 진압되었다.

광천光天 2년943년 유홍도는 동생인 유성劉晟, 중종(中宗)에게 살해되었으며, 유성이 스스로 황제가 되었다. 형을 죽이고 제위를 얻은 그는 유홍도의 전철을 밟지 않으려고 대학살을 감행하여 15명의 동생들을 황천길로 보냈다. 그는 형벌을 가하고 사람 죽이길 좋아하여 '생지옥'生地獄 남한의 군주가 천여간의 이궁을 만들어 보석으로 장식한 후에 그곳에서 '가마솥 끓는 물에 넣기, 철침대에 눕히고 뜨겁게 달구기, 살을 발라내기 등' 형벌을 가하였는데 이를 생지옥이라 불렀다(《資治通鑒 后漢高祖天福十二年》, 南漢主作離宮千餘間飾以珠寶設鑊湯鐵牀刳剔等刑号生地獄)이란 곳을 설치하여 신하들과 백성들을 학대하였으며, 칼로 무 베듯이 재미삼아 배우들을 죽였다. 그는 재물을 무절제하게 썼으며, 자신의 필요를 만족시키려 수군을 동원해 상인들의 재물을 약탈하는 지경까지 갔다. 그는 궁궐을 대규모로 지었으며 행궁行宮 천여 간間을 지었다. 그는 신하들을 멀리하고 환관과 궁녀를 중용하여, 궁녀 노경선盧瓊仙, 황경지黃瓊芝 등 10여 명에게 조복을 입고 조정에 나와 정치에 참여하도록 하였다. 영토를 확대하기 위해 대규모로 군사를 일으켜 초나라를 공격하여, 건화乾和 7년(949년) 소주昭州, 지금의 광서(廣西)자치구 평락(平樂)를 탈취하였다. 2년 후에 남당이 초나라를 멸망시키는 틈을 타서 의주宜州, 연주連州 등 여덟 주를 획득하여 변경을 광서와 호남 남부지역까지 확대하였다.

건화 16년(958년) 유성의 큰 아들 유계흥劉繼興, 후주(後主)이 제위를 이어 받았다. 유계흥은 아버지의 용인술을 이어받았을 뿐만 아니라 한술 더 떠서 환관과 궁녀가 정권을 장악하도록 하였다. 그가 상주문을 살펴 본 후엔 반드시 노경선에게 가부를 물었으며 그대로 따라 하였다. 노경선은 환관 공징추龔澄樞, 진연수陳延壽와 연합하여 정권을 장악하였다. 유계흥은 귀신을 믿었기 때문에 자칭 옥황상제를 모시고 있다고 주장하는 무당 번호자樊胡子를 떠받들었다. 그가 환관을 신뢰하는 정도가 황당하기 그지없어 어떤 사람을 기용하려면 먼저 거세를 한 후에 사용하였다. 그 외에도 과거에 장원을 한 사람들도 그대로 본을 떠서 기용하였다. 지었다하면 화려한 누각을 짓고, 걷었다하면 가혹한 세금을 거두었으며, 벌을 주었다하면 참혹한 형벌을 가하였다. 이러한 부분에서 유계흥은 자기의 아버지보다 더하면 더했지 모자라지 않았다. 대보大寶 3년(970년) 유계흥은 송宋태조가 이李후주後主에게 쓰라고 하여 보내 온 항복 권유서를 받았으나 거절하였다. 개보 4년(971년) 송나라 군대가 깊숙이 진격해 광주성을 포위하자, 유계흥이 성문을 열고 항복하였다. 이로써 남한南漢이 망하였다.

남한은 네 명의 황제가 제위에 올랐으며 존속기간은 55년이었다. 영토가 가장 컸을 때는 광동, 광서 양 지역 전부와 호남 남부지역을 차지하였었다.

▣ 초楚 927~951년

마은馬殷 852~930년이 건국하였으며 정치 중심은 장사長沙였다. 호남을 전전하며 전쟁을 하였던 마은은 건녕乾寧 3년(896년) 담주潭州자사刺史로 임명되었다. 그 다음해에 무안군武安軍절도사가 되었다. 개평開平 원년(907년) 양梁태조가 그를 초왕으로 책봉하였다. 천성天成 2년(927년) 당唐명종明宗이 그를 초국楚國왕으로 책봉하고 담주를 장사부府로 개편한 후 나라를 세우고 기구를 정비하였다.

마은무목왕(武穆王)은 나무심기와 찻잎재배를 장려하였으며, 찻잎을 주요한 경제수단으로 삼았다. 이런 기초 위에 다방면으로 찻잎 무역을 전개하였다. 그는 매년 후당後唐에 수만 근의 찻잎을 조공으로 바쳤으며, 이를 조건으로 삼아 중원지역과 찻잎무역의 통로를 열었다. 동시에 외국의 상인들에 대해 면세정책을 실행함으로써 각 지역의 상인들을 끌어들여 장사를 하도록 하였다. 찻잎을 이용하여 여타 재화가 거래되도록 하였다. 초나라는 찻잎무역으로 풍성한 이윤을 얻었으며, 이것이 정부의 중요한 재정수입이 되었다. 초나라 군대는 약한 반면에 외부의 적이 너무 많아, 오吳, 오월吳越, 남한南漢, 형주에 할거하였던 성예成汭[1]등과 전쟁을 하였다. 마은은 기묘한 전략으로 승리하면서 주동적인 입장이 되었으며 이로써 초나라는 무너뜨릴 수 없는 땅이 되었다.

장흥長興 원년(930년) 마은이 죽자 둘째인 마희성馬希聲, 형양왕(衡陽王)이 자리를 이었다. 마희성이 왕위를 잇기 전에 내외의 군사업무를 관할하고 있었는데 정치적인 머리가 부족하였다. 고계창高季昌의 반간계反間計에 걸려들어 마은의 수석책사인 고욱高郁을 죽였다. 집권을 한 후에는 그저 자리를 지키는 것뿐이었다.

장흥 3년(932년) 마희성의 동생인 마희범馬希范, 문소왕(文昭王)이 왕위를 이어받았다. 그는 문학을 좋아하였으며 스스로 시를 지을 수 있었다. 주위에 18명의 학사를 모아서 시간이 나면 학사들과 미친 듯이 마셔대고 도박을 하고 소리를 질러 댔다. 그는 거액을 쏟아 궁전을 지었으며 돈이 부족하면 백성들에게 세금을 더 부과하여 백성들이 고향을 떠나 유리하도록 하였다. 그는 구룡전九龍殿을 지었는데 자신을 스스로 한 마리 용이라고 하면서, 여덟 마리 용을 궁전의 기둥에 조각하였다. 진晉 고조高祖가 반란군 장수 안종진安從進, 이금전李金全을 정벌할 때, 그는 고조의 조서를 받자 병력을 내어 도와주었으며 또한 대량의 식량을 지원하였다. 이후에 국경을 침범해 온 계溪, 금錦, 장獎 등 오랑캐들을 물리쳤을 뿐만 아니라 그들의 땅을 공격하여, 대량의 소수민족을 신하로 만들었다.

---

1) 성예(미상~903년) 원명 곽우(郭禹). 회서인(淮西人). 당말 5대시대 형남(荊南)절도사을 역임하였다.

천복天福 12년(947년) 마희광馬希光, 폐왕(廢王)이 죽은 형의 왕위를 이어 받았다. 마희광이 왕위에 오르자 그의 형인 마희악馬希萼이 불복하여 군사를 일으켜 싸우면서 장사를 공격하였다. 마희광이 처음에는 이겼지만 뒤에 패배하면서 한漢 은제隱帝에게 구원을 요청하였지만 얻지 못하였다. 마희악이 스스로를 '순천장군順天將軍'이라 칭하고 초나라를 휩쓸었다. 장사가 함락되면서 마희광은 붙잡혀 처형되었다.

3년간의 혼전 끝에 건우乾祐 3년(950년) 마희악공효왕(恭孝王)이 마침내 군주가 되었다. 당시 후한後漢에 이어 후주後周가 들어섰다. 그는 방향을 틀어 남당南唐에게 신하로 칭하였으며 초왕으로 책봉되었다. 그는 동생인 마희숭馬希崇에게 전권을 주어 군사와 정치를 처리하도록 하였으며 자기는 안락왕安樂王이 되었다.

다음해에 마희숭이 마희악을 폐위시키고 자신이 왕위에 올랐으며, 그 후에 마희악은 다른 사람들에 의해 형산왕衡山王으로 추대되었다. 쌍방 모두 남당의 군주 이경李璟의 신하가 되기를 요청하였다. 형제가 서로 다투는 틈에 외부인들이 이익을 얻었다. 이경은 호남이 큰 혼란에 빠진 상황에 대장 변호邊鎬로 하여금 군사를 이끌고 초나라로 진격하도록 하여 마희숭을 포로로 잡았으며 마씨 일족 전부를 금릉으로 붙잡아 갔다. 이로써 초나라가 멸망하였다.

초나라는 여섯 명의 왕이 있었으며, 존속기간은 45년이었다. 영토가 최대였을 때는 오늘날의 호남성 전체와 광서자치구 동북부지역을 차지하였다.

초나라가 망한 후에 마지막 소동이 있었다. 남당의 군대가 호남을 점령한 후에 그 행동거지가 결코 백성들의 마음을 얻지 못하였다. 마희범의 옛 장수인 유언劉言이 군대를 보내 변호를 공격하여 그를 호남에서 쫓아내었다. 유언은 호남의 주인이 된 후에 광순廣順 3년(953년) 후주에 신하의 표를 올렸으며, 중심지를 무릉武陵, 지금의 호남성 서포남(溆浦) 남쪽지역으로 옮겼다. 왕진규王進逵가 그의 부하로 있는 것을 달갑게 여기지 않아, 군사를 일으켜 유언을 공격하였다. 왕진규가 유언을 사로잡아 처형한 후 스스로가 호남의 주인이 되었다. 옛 장수였던 반숙사潘叔嗣가 왕진규의 핍박을 받자 무릉을 급습하였으며, 왕진규를 살해하였다. 반숙사는 자기가 호남의 주인노릇하기는 어렵다고 생각하여 현덕顯德 원년(954년) 무청군武清軍 절도사 주행봉周行逢을 주인으로 맞아들였다. 주행봉은 생활이 검소하였으며, 잘못한 사람에게는 중벌을 내리길 좋아하였다. 공적을 세웠다고 오만하게 구는 자들과 모반을 꾀하는 자들을 모두 법에 따라 처리하였으며 백성들의 잘못에 대해서는 경중의 구분 없이 전부 사형에 처하였다. 건륭建隆 3년(962년) 주행봉이 죽자 아들 주보권周保權이 자리를 이어받았다. 그는 반란군 장수 장문표張文表를 격퇴하여 죽인 후에 아버지의 유언에 따라 송나라에 항복하였다.

▣ 오월吳越 907~978년

전류錢鏐 852~932가 세웠으며 정치중심은 항주杭州였다. 전류가 동창董昌을 진압하고 오월 지역을 차지하자, 경복景福 2년(893년) 당唐 소종昭宗이 그를 진해鎭海, 진동鎭東절도사로 임명하였다. 천복天復 2년(902

년) 월越왕으로, 천우天佑 2년(904년) 오吳왕으로 책봉되었다. 개평開平 원년(907년)에는 양梁태조가 그를 오월吳越국왕으로 책봉하였다. 동광同光 2년(924년) 스스로 연호를 만들어 보대寶大로 바꾸었다.

전류무숙왕(武肅王)는 명사들을 중용하여 그들의 문화사상으로 자신의 통치정책을 정비하였다. 그는 수리시설을 정비하여 제방과 수문을 건설하였다. 태호太湖와 서호西湖를 준설하여 소통시켰으며, 특별히 전당강錢塘江의 바다를 막는 석조제방을 건조하여 항월杭越지역의 농업생산을 위해 양호한 조건을 조성하였다. 세금을 낮추고 백성에게 휴식을 주는데 주의하여 양식이 비교적 낮은 가격에서 유지되도록 하였다. 국가와 백성에게 유리한 일을 하는 동시에, 그 자신이 시기 적절히 즐기는 것도 잊지 않았다. 궁궐과 정자누각들을 크게 지어 서호를 강남의 뛰어난 명승으로 건설하였다. 신하와 백성들을 대할 때 그가 채택한 것은 가혹한 형벌이었다. 누군가 세금납부를 질질 끌게 되면 납부를 지연한 만큼 형벌을 가하였다. 중원 왕조에 대해서는 왕조가 어떻게 바뀌든 그는 일률적으로 공손히 신하로서 받들었다. 또한 임종 전에는 자손들에게 '중원을 잘 받들라'는 유훈을 남겼다.

보정寶正 7년(932년) 전류가 죽자 일곱째 아들 전원관錢元瓘, 문목왕(文穆王)이 왕위를 이었다. 환난을 겪은 경험이 있는 전원관은 정치의 도리를 아주 잘 이해하였기에, 부친의 유훈을 지켜 중원왕조와 관계를 좋게 가지려고 힘을 다해 노력하였다. 조정 내의 인사에 대해서는 모순을 해소하는 것에 힘을 써서 무장과 문사들이 서로 화목하도록 촉진하여 정치응집력을 강화하였다. 유학을 장려하여 택능원擇能院을 설립하였으며 널리 오吳에서 문사들을 선발하였다. 무장과 병사들을 긍휼히 여겨 군대의 응집력을 높였다. 주인이 없는 황무지의 세금을 감면해주어 경지의 개간을 확대하였다. 그의 통치 아래 오월의 경제는 번영하는 방향으로 계속해서 발전하였다. 그러나 그는 사치한 생활을 하여 엄청난 돈을 궁궐건축에 쏟아 부었다. 그러나 만년에 한바탕의 대화재로 그가 일생동안 지었던 궁궐들이 거의 전부 불에 타 폐허가 되었다.

천복天復 6년(941년) 대화재로 정신이상이 된 전원관이 병으로 죽자 그의 여섯 째 아들 전홍좌錢弘佐, 충헌왕(忠憲王)가 왕위를 이었다. 13세의 어린 군주였지만 보좌에 앉은 후에 상당히 영명한 기상을 보였다. 아버지의 적잖은 장점을 이어받은 그는 강경하고 엄격하며 단호함에 있어 아버지를 넘어섰다. 원로 무장들이 나이를 내세워 뻣뻣하면서도 제멋대로 굴었지만 처음에는 대범하게 이를 참아내었다. 그러나 자신의 입지가 다소 안정되자 일거에 네 명의 고위급 무장들을 제거해 버렸으며, 이를 통해 조정신료 전부가 두려움으로 그의 발 앞에 엎드리도록 하였다. 남당이 민閩을 평정하였을 때 민의 장수인 이인달李仁達이 항복한 후에 다시 반란을 일으키면서 오월에게 구원을 요청하였다. 전인좌는 중론을 강력히 물리치고 대군을 수륙 양로로 나누어 출동시켜 구출에 나섰으며 일거에 남당의 군대를 격파하였다.

재위 7년 만에 전인좌가 죽자 천복 12년(947년) 6월 동생인 전홍종錢弘倧, 충손왕(忠遜王)이 보좌를 이어받아 동생인 전홍숙錢弘俶을 참지정사叅知政事로 삼았다. 당시 노장군인 호사진胡思進이 존귀함과 영예를 누리고 있었는데, 새 군주에게는 오히려 경멸을 당하면서 두 사람 사이에 점차 갈등이 생겨나기 시작했다. 전홍종이 호사진을 처형하려 하자 호사진이 먼저 손을 써서 전홍종을 폐위시키고 전홍숙을 군주로 옹립하였다. 때는 같은 해 12월이었다.

전홍숙이 왕위를 계승한 후에 후주 세종世宗의 요청에 응하여 군사를 내어 남당을 함께 공격하였다. 그는 장수를 보내 후주 군대가 도착하기 전에 먼저 상주常州로 진격하였으나 전군이 전멸하고 말았다. 후주 군대가 회하淮河를 건너기를 기다려 나라에 남아있는 장정들을 깡그리 병사로 징발하여 대규모의 수군을 조직하여 북군과 다시 응하였다. 그는 후한, 후주 두 왕조를 거치면서 끊임없이 조공을 바쳤다. 그러나 국내의 백성들에 대해서는 세금을 더욱 무겁게 하였다. 송 태조가 나라를 세운 후에 전홍숙에게 조정으로 들어오라고 조서를 내리자 그는 대량의 선물을 가지고 갔으며, 이런 활동을 통해 송 태조 통치시기에는 오월을 유지하는 데 염려할 필요가 없다는 약속을 받았다. 태평흥국太平興國 3년(978년) 송 태종은 전홍좌를 개봉으로 옮기도록 조서를 내렸다. 이로써 오월은 종말을 고하였다.

오월은 다섯 명의 군주가 있었으며 존속기간은 72년이었다. 영토가 가장 컸을 때는 지금의 절강성 전 지역과 강소성 일부를 다스렸다.

▣ 민閩 909~945년

왕조王潮, 왕심지王審知 형제가 건국하였으며 정치중심은 복주福州에 있었다. 천주泉州를 점거하고 있던 왕조는 광계光啓 2년(886년)에 자사

刺史가 되었다. 그 후 복주福州 등 지역을 공격하여 민閩지역 대부분을 점거하였으며 경복景福 2년(893년) 복건福建관찰사로 임명되었다.

건녕乾寧 4년(897년) 왕조가 죽고 왕심지태조(太祖)가 형의 지위를 물려받았다. 당 조정은 복주를 위무군威武軍으로 변경하고 왕심지를 절도사로 임명하였으며, 그 후 그를 낭야琅琊왕으로 책봉하였다. 개평開平 원년(907년) 양 태조가 그를 민閩왕으로 책봉하였다. 왕심지는 사람됨이 순박하고 실제적이어서 세금과 노역을 줄여 백성들이 휴식을 취하도록 하는 덕스러운 정치를 펼쳤다. 낮은 지위의 문사들도 예로서 대우하였으며 훌륭한 관리를 선발하여 썼다. 특히 중원에서 민 지방으로 흘러와 사는 당唐의 문사나 고관들의 자제들을 중용하였다. 네 개의 학교를 세워 민지역의 인재들을 육성하였으며 상업을 중시하고 해상을 무대로 삼는 소수민족들이 민閩지역으로 와서 무역을 하도록 조치하였다. 주동적으로 중원왕조와의 관계를 잘 처리하여서 적시에 조공을 바쳤다. 그러나 양행밀楊行密이 중원으로 갈 때 거쳐야하는 강회江淮지역을 가로막고 있어서 민의 사절단이 해상으로 우회하여 산동으로 가야만 했고, 항행 선박들의 3~4할은 바다에서 침몰하였다. 왕심지는 삼십 년을 통치하였는데, 사람들은 이 시기에 민 지역만 평안하였다고 칭찬하였다.

동광同光 3년(925년) 왕심지의 큰 아들 왕연한王延翰, 사왕(嗣王)이 왕위를 이어 받았다. 그 다음해 후당에서 거대한 변화가 발생하자 왕연한은 구천句踐의 후세들이 일찍이 현지에 민월閩越국을 세웠던 것에 근거하여 나라를 세우고 왕으로 자처하였지만 여전히 당唐의 연호를 사용하였다.

그는 수많은 아름다운 민간의 여자들을 비妃로 선발하였지만, 질투심이 강했던 정부인인 최崔씨가 불과 일 년 사이에 84명이나 죽였다. 왕심지의 양자 왕연품王延稟은 오랜 기간 왕연한과 사이가 좋지 않았으며, 왕심지의 또 다른 아들 왕연균王延鈞 또한 제수 받은 관직에 불만이 있었다. 이 두 사람이 서로 연통하여 그해 말에 각각 거느리고 있던 병사를 이끌고 복주를 공격하여 왕연한을 죽였다.

이 일후에 왕연균태종(太宗)이 즉위하였다. 왕연품은 비록 이 일에 있어 양보를 한 바 있지만 아주 빨리 새 군주와 충돌이 발생하였다. 장흥長興 2년(931년) 왕연품은 군대를 동원해 왕연균을 공격하였으나 실패하여 살해당했다. 다음해 왕연균이 후당에게 상서령尙書令의 직위를 달라고 요청하였지만 얻지 못하였기 때문에 조공을 끊어버렸다. 그는 귀신을 좋아하였다. 도사 진수원陳守元의 말을 믿고 따르면서 황궁을 짓고 왕위를 양위하여 아들 왕계붕王繼鵬이 정사를 보도록 하였다. 장흥 4년(933년) 다시 복위하여 황제를 칭하고 민閩을 국호로 삼았다. 연호를 용계龍啓로 고치고 복주福州를 수도로 삼았으며, 복주를 장락부長樂府로 바꾸었다. 민閩은 땅이 협소하고 국가 세출이 부족하였다. 국계사國計使 설문걸薛文杰이 부자들을 물색하여 그 죄를 은밀히 찾아낸 후 그들의 재산을 적몰하여 군주에게 상납하여 이를 사용토록 하였다. 왕연균은 여색을 탐하였을 뿐만 아니라 남색도 즐겨 구룡장九龍帳을 제작하여 음탕함을 즐겼다. 아들 왕계붕 역시 음탕하여 난륜도 마다하지 않아 아버지와 아들 사이가 서로 원수가 되었다. 영화永和 원년(935년) 왕계붕이 정변을 일으켜 왕연균을 살해하였다.

왕계붕강종(康宗)은 왕위에 오른 후에 후진後晉을 적대국으로 간주하여 후진의 사절들을 감옥에 가두었다. 그가 도교를 숭상하였기 때문에 도사 진수원, 담자소譚紫霄 등이 '보황寶皇'의 입을 빌려 그에게 '천명'을 전달하였다. 그는 아버지를 죽이고 제위에 올랐기 때문에 종실과 공신들을 철저히 의심하고 질투하였으며 그들을 대량으로 살육하였다. 돈과 재물을 더 거두어들이기 위하여 총신들에게 이름뿐인 임명장으로 관직을 팔도록 하였다. 금군장수인 연중우連重遇가 자신을 보호하기 위하여 통문通文 4년(939년) 정변을 일으켰으며, 왕계붕은 낭패하여 도망쳤다.

연중우는 왕심지의 작은 아들 왕연희王延羲, 경종(景宗)를 군주로 맞아들였다. 새 군주는 병력을 출동시켜 왕계붕을 추격하여 살해하였다. 왕연희는 다시 후진과 외교관계를 맺어 신하의 예로서 사신을 보내 조공을 바쳤다. 그는 겉모습은 그럴듯했지만 사실은 무능한 자였다. 천주泉州자사 여정영余廷英이 여염집 부녀를 탈취하였다는 이야기를 듣자 그를 처벌하려고 하였으나 두 번에 걸쳐 수천만관의 돈을 받게 되자 거기서 멈췄다. 대철전大鐵錢을 제멋대로 발행하여 값싼 돈이 범람하게 되었다. 외조카인 이인우李仁遇는 아름다운 자태를 가지고 있었는데, 그는 그 모습에 빠져 그를 총애하였으며 재상으로 임명하기까지 하였다.

그의 동생인 건주建州절도사 왕연정王延政은 왕연희의 지위를 인정하지 않았다. 그가 여러 번 병력을 동원하여 왕연희를 공격하였으며, 영융永隆 5년(943년) 건주복건 건구(建甌)에서 제위에 올라천덕제(天德帝) 국호를 은殷으로 정하고 연호를 천덕天德으로 바꾸었다.

연중우가 총애를 잃은 이李 황후의 꼬드김에 넘어가 천덕 2년(944

년) 왕연희가 유력을 나간 틈을 이용해 장사들을 보내 그를 말에서 끌어내려 죽였다. 연중우는 두 번째 변란에서 성공한 후에 왕씨들이 무도하다는 이유를 들어 왕씨 정권을 폐출한다고 선포하고, 그의 사돈인 주문진朱文進을 군주로 세웠다. 후진後晉을 받들었으며, 후진의 연호를 사용하였다. 그는 복주에 있던 왕씨 자손들을 모두 다 주살하였으며, 황소파黃卲頗 등 세 명의 장군에게 천주, 장주漳州, 정주汀州를 나누어 지키도록 하였다.

천주의 장수인 유종효留從效가 왕씨 복권을 구호로 내세워 황소파를 살해하고 종실 사람을 영접하여 자사로 삼았다. 이에 장주, 정주 두 곳도 즉각 응하였다. 세 주가 전부 왕연정王延政에게 다시 돌아갔다. 연중우는 형세에 쫓겨 주문진을 죽이고 그 수급을 건주로 보내 왕연정에게 투항할 준비를 하였다. 복주의 장수인 임문한林文翰이 연중우를 죽이고 왕연정을 복주로 맞아 들였다.

천덕 3년(945년) 남당南唐은 민閩에 대란이 일어난 것을 보고 군대를 동원하여 공격하였다. 복주의 장수인 이인달李仁達이 복주를 지키는 왕연정의 아들 왕계창王繼昌을 죽이고 남당에 투항하였으며 위무군威武軍절도사로 임명되었다. 이와 동시에 저항할 수 없었던 왕연정은 남당에 항복하였고 금릉으로 옮겨졌다. 이로써 민閩왕조가 망하였다.

민은 여섯 명의 군주가 있었으며 존속기간은 37년이었다. 영토가 가장 컸을 때는 지금의 복건성을 보유하였다.

남당의 군주인 이경李璟이 천주泉州를 청원군淸源軍으로 바꾸고 유종효留從效를 절도사로 임명하였다. 이인달에게 조정에 들어오도록 명령하였으나 그는 이 명령을 거절하고 오월吳越에 투항하였다. 유종효는 남당군을 몰아내고 천주, 장주 2 주를 차지하였다. 이경은 민 지역을 명의상 남당의 소유로 유지하기 위하여 유종효를 진강왕晉江王으로 책봉하였다. 후주시절에 유종효는 중원을 향해 자신을 받아달라고 요구하였으나 후주의 세종世宗이 남당과의 관계를 고려하여 전략적으로 이를 거부하였다. 이에 따라 그는 여전히 남당을 섬겨야 했다. 건릉建隆 2년(962년) 유종효가 병사하자 부장 진홍陳洪이 그 자리를 이어받았으며 남당이 멸망함에 따라 진홍이 그 영토를 송나라에 바쳤다.

▣ 형남荊南 924~963년

남평南平으로도 불렸는데 고계흥高季興, 무흥왕(武興王) 858~929년이 건국하였으며 정치중심은 강릉江陵에 있었다. 원래 후량後梁의 장군이었던 고계흥은 개평 원년(907년)에 양 태조에 의해 형남절도사로 임명되었다. 그는 임지에 부임한 후에 형남지역이 퇴락하고 황폐해졌음을 보고 유랑민들을 끌어 모았으며, 농업과 양잠을 권장하면서 당지의 경제와 인구를 회복시켰다. 그는 모사인 양진梁震등의 계책을 받아들여 국경을 굳게 지키고 백성을 편안하게 하면서 적극적으로 할거하는 일을 준비하였다. 후량 태조朱溫가 죽은 후에 그가 다스리던 땅을 차지하여 왕이 될 의도를 공개적으로 표명하였다. 또한 병력을 출동시켜 땅을 더 얻으려고 하였으나 실패하자 후량과의 관계를 끊어버렸다. 후량의 말제末帝는 형남 땅이 떨어져나가는 것을 막기 위하여, 이러한 행위를 참으면서 고계흥을 발해渤海왕으로 책봉하였다. 후당이 건국된 후에 그는 엄청난 위험을 무릅쓰고 장종莊宗, 이존욱(李存勖) 885~926년을 알현하였다. 동광同光 3년(925년) 남평南平왕으로 책봉되었다. 명종明宗 이사원(李嗣源) 867~933년 때에 고계흥은 영토문제로 인해 후당과 전쟁을 하였는데 손실을 입은 후에, 형주荊州, 귀주歸州, 협주峽州 3주를 바치며 오吳나라의 신하가 되었으며 진秦왕으로 책봉되었다.

건정乾貞 2년(928년) 고계흥의 장자인 고종해高從海, 문헌왕(文獻王)가 왕위를 이어 받았다. 그는 사람됨이 기민하고 권모술수가 많았다. 후당의 세력이 강대함을 고려하여 아버지의 외교방침을 수정하여 은 3천량의 속죄금을 보내며 다시 후당을 섬기었다. 장흥長興 3년(932년) 발해왕으로 책봉되었다. 응순應順 원년(934년) 남평왕으로 책봉되었다. 후진後晉의 대장인 이종진李從進이 반란을 일으키면서 고종해에게 원군이 되어달라고 하면서 손을 잡았다. 이종진이 후진 고조高祖, 석경당(石敬瑭) 892~942년에게 진압을 당한 후에 고종해는 영주郢州, 지금의 호북성 무창(武昌)를 관할지가 되게 해달라고 요청하였으나 거절당했다. 후한後漢 고조高祖 유지원(劉知遠) 895~948년가 천하를 얻은 후에 고종해는 다시 영주를 달라고 하였으나 거절당하자 병력을 동원하여 영주를 공격하였으나 패하였다. 형남은 작은 나라이지만 요충지에 위치하였기에 남한南漢, 민閩, 초楚 등 국가들이 중원에 조공을 바치려면 그 땅을 지나가야했는데 고종해는 늘 사절단을 구류하거나 재물을 약탈하였다. 각국이 책임을 묻거나 군대를 출동시켜 토벌하려 하면 그는 즉각 재물을 돌려주면서 전혀 부끄러운 기색을 보이지 않았다. 어느 나라든 황제가 등극하면 그는 반드시 신하의 신분으로 표表를 올려 상賞을 하사해 줄 것을 요구하였다. 사람들은 이런 그를 '뻔뻔한 자賴子'라고 불렀다.

건우乾祐 원년(948년) 고종해의 셋째아들인 고보융高保融, 정의왕(貞懿王)이 왕위를 이어 받았다. 그의 재위 기간 중에 형남과 후주의 관계가 아주 좋아졌다. 후주의 세종이 남당을 정벌할 때 고보융은 한편으론 군대를 출동시켜 후주의 요구에 응하였으며, 한편으론 사절을 보내 남당의 이경에게 항복을 권유하였다. 그 후에 형남은 매년 끊임없이 후주에게 조공을 바쳤으며, 동생 고보신高保紳을 보내 알현하였다. 고보융은 성격이 우유부단하고 재능이 부족하여 대소사를 전부 동생 고보욱高保勖에게 맡겼다. 송나라가 들어서자 고보융은 크게 두려워하여 일 년에 세 번이나 조공을 바쳤다.

건융建隆 원년(960년) 고계흥의 열 번째 아들인 고보훈이 왕위를 이었다. 2년 후에 그가 병을 앓게 되자 아들 고계충高繼沖에게 판내외병마判內外兵馬를 맡아 국정을 다스리도록 하였다.

건융 3년(962년) 고계충이 왕위를 이었다. 다음해에 송 태조가 병력을 동원하여 호남을 정벌할 때, 그 군대가 형남을 지나가게 되었는데 고계충이 창고를 봉인하고 나아가 군대를 맞아들였다. 그는 스스로 송나라에 귀속되기를 요청하였으며, 9월에 가족을 개봉으로 옮김으로써 형남이 종말을 고하였다.

형남은 모두 다섯 명의 군주가 있었으며 존속기간은 40년이었다. 영토가 가장 클 때는 지금의 호북성 강릉江陵, 공안公安 등 지역을 보유하였었다.

▣ 북한北漢 951~979년

유숭劉崇 895~954년이 건국하였다. 건우 4년(951년) 후주後周 태조太祖 곽위(郭威) 904~954년가 후주를 건국하자, 원래 후한後漢 태원太原의 최고 군정장관이었던 유숭이 하동河東지역을 점거하고 제위에 올랐으며(세조世祖), 국호를 여전히 한漢으로 하였다역사적으로 북한으로 부른다. 수도는 태원으로 정하였으며 후한의 연호를 이어서 사용하였다.

유숭은 거란과 결탁하였다. 거란의 군주 올욕兀欲을 작은 아버지로 인정하여 자신은 '조카황제姪皇帝'가 되었다. 그는 진주晉州, 부주府州 두 주를 번갈아 공격하였으나 모두 실패하였으며 한 쪽의 땅을 잃어버렸다. 후주의 태조가 죽은 후에 유숭은 후주가 초상을 당한 틈을 타 거란에 원병을 요청하고 로주潞州를 포위하였다. 현덕顯德 원년(954년) 후주 세종世宗 시영(柴榮) 921~959년이 거느린 후주의 군대와 고평高平 오늘날 산서성 진성시(晋城市)산하 고평시에서 격전을 치렀다. 초반에는 승세였으나 후반에 패배하였다. 그것도 전군이 궤멸할 정도로 철저히 패하여 자신만 요행히 살아서 태원으로 도망쳐 갔다. 후주 세종이 태원성 아래로 군대를 휘몰아 왔다. 두 달여를 포위하였으나 이기지 못하여 철수하였다. 대주代州의 장군인 상규桑珪가 병란을 일으켜 후주에 항복하였다. 유숭은 고평의 전쟁으로 인해 근심 속에 병들어 죽었다.

건우 7년(954년) 유숭의 둘째 아들 유승균劉承均, 예종(睿宗)이 즉위하였다. 유승균은 자신의 항렬을 더 낮추어 요遼나라에 대한 의존을 심화하였다. 요나라 군주 술율述律에게 스스로를 아들이라 칭하였다.

이에 따라 요나라에서 그를 '아들황제兒皇帝'라고 불렀다. 그러나 그와 아버지가 매사에 요나라에 보고하는 방법이 달랐고 대부분의 일들이 행동보다 주장이 많았다. 이로 인해 늘 요나라에게 치욕을 당하였다. 송나라 장수 이균李筠이 반란을 일으켜 북한에 붙으려고 하자 유승균이 병력을 내어 도와주었으나 실패하였다. 그는 유학자들을 중시하여 곽무위郭無爲를 재상으로 삼았다. 유수광劉守光의 아들인 오대산五臺山의 승려 유계옹劉繼顒을 홍려경鴻臚卿으로 삼고 재화를 경영토록 하여 국가재정에 도움을 주도록 하였다. 송 태조는 그에게 태항산太行山에서 내려와 결판을 내자고 하였다. 이에 그는 구성지고 슬픈 내용으로 답변을 함으로써 관용을 얻었다.

천회天會 12년(968년) 유승균의 양자인 유계은劉繼恩, 소주(少主)이 제위를 이었다. 유계은은 고명대신인 곽무위가 애초에 자기가 계승자가 되도록 도와주지 않은 것을 원망하여 그를 파직시키려 하였으나 그 세력을 두려워하여 감히 손을 대지 못하였다. 제위에 오른 지 불과 2개월 만에 공봉관供奉官인 후패영侯霸榮이 무사들을 거느리고 가 유계은을 살해하였다.

같은 해에 곽무위가 유승균의 또 다른 양자 유계원劉繼元, 영무제(英武帝)을 군주로 세웠다. 유계원은 사람됨이 잔인하여 유씨 종족의 자손을 거의 다 씨를 말렸다. 광운廣運 원년(974년) 송나라 군대가 태원으로 밀어닥치자 곽무위가 항복할 것을 권유하였으나 그는 그를 목매달아 죽이고 성을 지키려고 조직을 짰다. 송나라 군대는 분수汾水를 끌어들여 성을 침수시키려 하였으나 효과가 없었으며, 더욱이 전염병까지 돌아 포위를 풀고 철수하였다. 태평흥국太平興國 4년(979년) 송나라 군대가 다시 몰려오자 유계원은 성문 밖으로 나가 항복하였다. 이로써 북한이 멸망하였다.

북한은 모두 네 명의 군주가 있었으며 존속기간은 29년이었다. 영토가 가장 컸을 때는 지금의 산서성 북부지역, 섬서성과 하북성의 일부지역을 보유하였다.

II

중원 왕조의 주요 인물

1. 후량後梁의 주요 인물

▣ 양 태조梁太祖, 장張 황후皇后

양 태조 주황朱晃 852~912년의 원래 이름은 온溫이며 젖먹이 때 이름은 주삼朱三이었고 일찍이 전충全忠이란 이름을 하사받았었다. 송주宋州 탕산碭山, 지금의 안휘성 탕산 오구리午溝里 사람이다. 아버지 주성朱誠은 유학자로 시골에서 훈장을 했으며 모친은 왕王씨이다. 그는 셋째 아들로 첫째 형이 주전욱朱全昱, 둘째 형이 주존朱存이었다.

부친이 일찍 죽어 주온 삼형제는 고아가 되었으며, 어머니를 따라 같은 현의 유숭劉崇에게 몸을 의탁하였으며 품삯을 받는 일군이 되었다. 다른 사람의 울타리 아래서 성인이 된 주온은 사람됨이 교활하고 거리낌이 없으며 품행이 나빠, 늘 말썽을 일으켜서 동네 사람들에게 무뢰배로 간주되었고 여러 차례 주인에게 매를 맞았다. 사람들은 모두 그를 경멸하였다. 그의 가족들조차 그를 그렇게 여겼다. 그러나 유일하게 유숭의 모친만은 그를 다르게 보아 "주삼은 보통사람이 아니다. 주의하여 대접해 주어야한다."고 하였다.

당唐 희종僖宗, 이현(李儇) 862~888년 건부乾符 시기에 산동에 대가뭄이 들어 벌거벗은 땅이 천리에 달했으며 정치적으로도 흑암에 싸여 백성들이 살아가기 어려웠다. 황소黃巢 820~884년가 굶주린 백성들을 이끌고 죽간을 높이 들고 반란을 일으키자 주온과 주존은 함께 반란군에 가담하였다. 일상생활에서 어딜 가나 다른 사람의 경멸을 받던 주온이 환경이 바뀌자 오히려 힘을 쓸 수 있는 땅을 얻었다. 그는 전쟁을 함에 있어 매우 용감하여 매번 앞자리에서서 돌진하였으며 공을 세움에 따라 대장隊長이 되었다. 광주廣州 지역 싸움에서 둘째 형 주존이 사망하였다.

황소 반란군이 장안長安을 점령한 후에 황소는 주온을 동남면행영선봉사東南面行營先鋒使로 임명하였다. 그는 휘하 병력을 거느리고 동주同州, 지금의 섬서성 대려(大荔)를 공략하였으며, 동주방어사同州防禦使로 제수되었다. 이러한 과정에서 출정, 저항, 격퇴, 항복유도, 땅 개척을 하면서 그는 매번 하는 일마다 성공을 거두었다. 여러 차례 성공을 거둔 후에는 반란군 중에서 다른 사람들의 이목을 끄는 대장군이 되었으며 그의 부대는 반란군 중 주력의 하나가 되었다.

득의만만한 주온은 오히려 얼마 지나지 않아 곤경에 처하게 되었다. 당시 촉蜀으로 도망가 있던 당 희종이 여러 번진藩鎭에게 힘을 합쳐 반란군을 토벌하도록 호소하였다. 주온이 하중절도사河中節度使 왕중영王重榮과 맞부딪힌 후에는 싸우는 족족 패하였다. 그는 본진에 연속해서 10개의 긴급문서를 날려 보냈으나, 관련 업무를 맡고 있던 맹해孟楷가 이를 처리하지 않고 매번 미루어 놓았다. 강적이 구름떼처럼 모여 있고 반란군 내부 역시 부패하고 혼란한 상태가 되자 진퇴유곡에 빠진 주온은 반란군이 이미 내리막길인 것을 보고 자신의 생존문제를 고려하기 시작하였다.

막료인 사동謝瞳이 그의 심사를 알아차리고는 건의하였다."황씨는 일개 필부로 반란군을 일으켜 당이 쇠퇴하는 시기를 엿보아 빈틈을 뚫고 장안을 취하였습니다. 결코 그가 공덕을 세워 왕업을 이룬 것이 아니니 그와 같이 일을 도모하기에 부족합니다. 오늘날 천자께서 촉에 계시고 각 곳의 병마가 날이 갈수록 다가오고 있음은 당 황실이 아직 백성들에게 버림을 받지 않았음을 설명해주고 있습니다. 장군은 외부에서 힘을 다해 싸우고 있는데 안에서는 오히려 보잘 것 없는 자에게 견제를 받고 있으니 이것이 바로 이전에 장감章邯, 미상~205년이 진秦을 배반하고 초楚에 항복한 원인입니다."

조리있는 사동의 말에 주온은 그의 주장을 받아들여 왕중영에게 항복하였다. 주온이 항복한 소식을 듣자 당 희종은 흥분해서 말하였다."이것은 하늘이 내게 은혜를 베푼 것이다!" 희종은 즉시 조서를 내려 주온을 좌금오위대장군左金吾衛大將軍, 하중행영초토부사河中行營招討副使의 직위를 내리고 전충全忠이란 이름을 하사하였다.

당唐으로 귀속한 이후에 주온은 창을 거꾸로 잡고 당나라 각지에서 온 병력들과 함께 장안을 포위하였다. 일찍이 생사를 같이했던 반란군들을 죽이기 시작하였다. 황소는 지탱하지 못하고 겹겹의 포위망을 뚫고 남쪽으로 퇴각하였다. 주전충은 승기를 잡아 추격을 하였으며, 몇 차례 큰 승리를 거둔 후에 군대를 이끌고 그의 근거지인 변주汴州로 들어갔다.

옛 주인과 전쟁을 벌이던 시기에 주전충은 영원히 풀 수 없는 원수를 만들었다. 당시 이극용李克用 856~908년이 희종의 명령을 받들어 주전충과 연합작전을 펴서 왕만도王滿渡, 현재의 하남성 중모(中牟) 북부지역에서 황소군에게 대승을 거두었다. 전쟁이 끝난 후에 주전충은 그 지역의 주인으로서의 우의를 다하여 이극용을 변주로 초청하여 군대를 정돈하고 휴식을 취하도록 하면서 연회를 베풀어 접대를 하였다. 자부심과 자만심이 가득했던 이극용이 몇 잔의 술을 들자 오만한 말들을 내뱉었다. 주전충은 겉으로는 그 말들에 대해 논쟁하지 않았다. 그러나 손님이 역관으로 돌아간 후에 사람을 시켜 역관을 불태우도록 명령하는 동시에 군대를 동원하여 이극용을 공격하였다. 아마도 이극용의 생명이 끊어져선 안 되는 것처럼 그 때 공교롭게도 폭우가 쏟아지며 바람이 미친 듯이 불어댔다. 그는 번개 불빛을 이용해 담을 넘어 도망하였다. 수백 명의 부하들은 모두 재난을 맞아 살해당하였다.

이로써 두 사람 간에 수십 년에 걸쳐 진행된 전쟁의 서막이 열렸으며, 싸움은 후량後梁이 멸망할 때까지 계속되었다.

황소가 전쟁에서 패해 죽자 진종권秦宗權 미상~889년이 당唐에 저항하는 깃발을 이어받았지만 이미 반란을 일으킨 원래의 뜻은 전혀 갖고 있지 않았다. 가는 곳마다 백성을 해치고 온갖 못된 짓을 하였으며, 안하무인격으로 스스로 황제가 되었다. 그는 병력이 많고 땅도 넓었기에 주전충과 힘을 겨루었다. 주전충은 세력이 현저하게 차이나는 것을 돌아보지 않고 약한 것으로 강한 것을 공격하고 소수로 다수에 저항하는 여러 차례의 크고 작은 전투를 벌이면서 끝내 쌍방 간의 판세를 바꾸어 놓았다. 진종권을 공격하여 자라가 목을 움츠리듯 채주蔡州로 움츠러들도록 하였으며, 최종적으로 진종권을 격파하여 기초를 정립하였다.

이어서 군벌 사이에 혼전이 벌어졌다. 주전충은 끊임없이 일어나는 혼전 속에서 정치와 군대를 모두 장악하면서 연합과 분열을 꾀하면서 연합할 수 있는 사람과는 모두 연합하였다. 제일 주요한 적을 격파한 후에는 연합했던 쪽을 하나씩 하나씩 격파하였다. 그가 서주徐州를 공략하자 이를 지키던 부성함溥城陷이 스스로 불을 질러 죽었으며, 운주鄆城의 주선朱瑄은 그에게 붙잡혀 참수되었다. 연주兗州의 주근朱瑾은 땅을 잃고 도망갔으며, 유주幽州의 유인공劉仁恭은 군대를 잃고 대패하였으며, 위박魏博의 나소위羅紹威는 마음을 다하여 그에게 복종하였다. 진주鎭州의 왕용王熔은 인질을 바치고 동맹을 맺기를 청하였으며, 정주定州 왕처직王處直은 두 손 들고 투항하였다. 양주襄州의 조광응趙匡凝은 군대를 물리고 휴전을 요청하였으며 청주靑州의 왕사범王師范은 돈을 바치고 복종하였으며...

이러한 혼전 중에서 주전충은 지기도 하고 이기기도 하였지만 승리가 많았고 패배기 적었다. 그는 승리의 깃발을 날리며 한 귀퉁이의 평범한 인물로부터 싸움을 통해 천하에 가장 강한 '제후'가 되었다.

중원의 패권을 차지하는데 있어 승리를 확신한 후에 그는 정치중심인 장안으로 관심을 돌렸다. 봉상鳳翔에서 할거하던 이무정李茂貞의 수중에서 소종昭宗을 빼앗은 후에 삼국시대 조조曹操의 모양을 본 따 천자를 옆에 끼고 '제후'들을 호령하기 시작하였다. 그는 환관, 종실, 조정의 신하들을 대량 학살하였다. 이로써 철저하게 당唐의 정치기반을 제거하였다. 유효적절하게 천자를 조종하기 위하여 그는 강제로 소종을 낙양으로 옮겨가게 했다. '제후'가 복종하지 않으면 동맹을 맺은 후에 군대을 일으켜 토벌하였다. 그는 한편으론 전쟁을 준비하면서 다른 한편으로는 남보다 먼저 손을 써서 사람을 시켜 소종을 죽이고 어린아이인 애제哀帝 이축(李柷) 892~908년를 옹립하였다.

일정기간 과도기를 둔 후에 주전충은 시기가 무르익자 개평開平 원년(907년) 4월 당의 옛 관리들과 부하들의 추대 속에 황제의 보좌에 앉았다. 자신의 이름을 황晃으로 바꾸고 국호는 대량大梁으로하고 개봉開封을 도읍으로 정했다.

양梁왕조의 건립으로 당 왕조는 종말을 고하였다.

양 왕조의 건립은 오대五代시대의 개막을 알렸다.

양 왕조는 중원지역을 기본 범위로 하는 작은 조정에 불과하였다. 비록 작기는 하였지만 북방을 정치 중심지로 여기던 전통적인 관념 속에서 양 왕조는 정통의 왕조가 되었다.

지위가 변하자 일을 처리하는 방식도 따라서 변하였으며 일을 처리하는 관점도 따라서 변하였다. 줄곧 효웅梟雄의 자태로 세상과 대하였던 양梁 태조 주전충은 정통의 위치에서 나라를 안정시키고 잘 다스려 천하를 평정시키려는 일련의 조치들을 취하였다. 이런 조치들을 통하여 그가 피와 땀을 쏟으며 얻은 국가를 계속 확대하여 전국을 통일한 국가가 되어서 영원히 존재하기를 바랐다.

군주가 된 그는 이전의 군사업무를 편제하던 입장에서 정치를 벼리로 하는 입장이 되었다. 백성과 토지가 그의 근본적인 재산과 부요함이 됨을 이해하였다. 그는 일체의 노력을 쏟아 농업생산을 발전시켜 백성들이 전쟁의 틈새에서 일정한 휴식을 얻도록 하였다. 또한 이를 통해 국가전체에 필요한 물자를 안정적으로 제공하였다.

그는 천하를 얻으려면 무장이 필요하지만 천하를 다스리려면 문신文臣이 필요하다는 것을 인식하고 있었다. 이에 따라 그는 수차례에 걸쳐 모든 군인들에게 명령하였다. 직위가 얼마나 높던 병력과 말이 아무리 건장하고 많을지라도 그들의 지위를 소재지의 지방관리 밑에 두어 복종토록 하여 지방관의 권력과 작용을 강화하였다.

당唐 말기에 교만한 군대와 사나운 장수들이 여러 차례 시끄러운 일을 벌였으며, 절도사들의 세력이 커져서 처리할 수 없는 상황이 되었던 것을 거울삼아 이러한 일들이 그의 치세에 재연되지 않도록 그는 많은 병력을 장악하고 있는 장수들에 대해 고도의 경계심을 유지하였다. 조금이라도 의심할만한 싹이 보이면 그는 바로 행동에 나서서 죽이거나 감금하거나 하면서 환란이 일어나지 않도록 방비하였다.

전쟁과정에서 탄생한 왕조는 나라를 세운 후에도 왕왕 옛날처럼 전쟁에서 벗어나지 못하였다. 양 태조가 황제에 등극한 행동은 수많은 사람들의 분노를 자아내어 더욱 많은 적을 만들어 냈다. 유인공劉仁恭, 유수광劉守光, 이무정李茂貞, 조광응趙匡凝, 왕건王建, 양행밀楊行密 등이 분분히 그와 대적하였으며, 이로인해 그는 시종일관 전쟁의 소용돌이 속에 빠질 수밖에 없었다.

양 태조와 가장 강력하게 싸웠던 상대는 이극용李克用, 이존욱李存勖 부자로 거듭거듭 전쟁을 하였다. 특히 그들과 벌인 협성夾城의 전쟁, 백향柏鄉의 전쟁으로 양梁 왕조는 원기가 크게 상하였으며, 우월적 위치에서 열세로 바뀌게 되었다.

각각의 전쟁을 전체적으로 보면 양 태조가 승리하였으며 대승을 거두었지만 특정시기 특정 지역에 그쳤기 때문에 전략적인 진전을 이루는 데는 도움을 주지 못하였다.

작은 조정이었던 양 왕조는 끝내 큰 조정을 이루지 못하였다.

나라를 다스리느라 힘을 다 썼으며, 전쟁을 하느라 모든 힘을 다 썼다. 그러느라 피로해진 정신을 조절하기 위해 색을 즐겼던 것이 버릇이 된 주온은 제위에 오른 후에 조금도 거리낌 없이 색을 즐겼다. 끝내는 며느리들을 애인으로 삼아 누가 더 잘 모시느냐에 따라 그녀에게 더욱 은혜를 더 하였으며, 그녀의 남편이 이득을 보았다. 이러한 일이 지속되면서 그는 뜻밖에도 이를 통해 제위 계승자의 표준을 삼았다. 양아들 주우문朱友文의 아내가 그의 환심을 가장 많이 샀다. 그는 주우문을 후계자로 세울 준비를 하였다. 다른 아들인 주우규朱友珪가 장래에 화를 입을까봐 정변을 일으켜 그를 암살하였다.

장張황후(미상~904년)는 단주單州 탕산碭山 지금의 안휘성 탕산사람으로 집은 거정리渠亭里에 있었으며 아버지가 유명한 부자였다. 부친 장유張蕤는 송주宋州자사를 지냈다. 장씨가 혼인을 기다리며 규방에 머물 때 부친을 따라서 주온이 살고 있던 송주에 부임하였다. 그녀는 미모가 출중한데다 집안의 배경으로 인해 뭇 사람들의 주목을 받았다. 당시 주온은 아직 두각을 나타내지 못한 무뢰배에 불과하였다. 그는 장씨 처자의 아름다운 명성을 들은 후에 남몰래 그녀를 사랑하였다. 서한西漢말년 유수劉秀 BC5~AD57 동한 광무제(光武帝)가 "관리가 되려면 집금오執金吾가 되어야하고, 아내를 얻으려면 음려화陰麗華 5~64를 얻어야 한다."고 말한 바 있다. 음려화는 세상이 알아주는 미인 중의 미인이었다. 주온은 장씨 처자를 음려화에 비견된다고 생각하여 사무치게 그리워하며 그녀를 얻으려고 하였다. 그러나 쌍방의 사회적 지위가 하늘과 땅 차이여서 주온의 생각은 단지 일방적인 생각으로 근본적으로 실현할 수 없었다.

주온은 이러한 연정을 가슴에 묻은 채 황소 휘하에서 동주同州방어사가 될 때까지 기다렸다가 사람을 장씨 자택에 보내 혼인을 요청하였다. 이 시기에 주온은 이미 옛날의 주온이 아니었다. 강력한 군대를 거느린 세력이 엄청난 사람이 된 상황이어서 장씨 가문은 이를 감히 거절할 수 없었으며, 이 혼사를 응낙하였다. 비록 전쟁의 난세였지만 주온은 정식의 혼례식에 따라 아주 성대하게 장씨 처자를 받아들여 부부로 인연을 맺었다.

마음에 오랫동안 품었던 여인을 아내로 맞아들일 수 있게 된 주온은 이 혼인을 아주 중시하였다. 신혼 후에 신부의 이루다 형언할 수 없는 아름다운 사랑의 표정은 그를 그녀의 석류꽃 치마 아래 머리를 조아리게 하였다.

장씨는 부유한 관리의 집안에서 자랐기 때문에 교양이 있었고 또한 적지 않은 정치의 도리를 이해하였다. 그녀는 부드러우면서도 강인하였으며 남편을 자상하게 돌보면서도 자기의 주견을 잃지 않았다. 예법을 중시하였지만 아주 총명하여 부부관계를 아주 잘 처리하였을 뿐만 아니라 남편의 사업에 자신의 지혜를 공헌할 수 있었다.

현명한 내조와 너무 좋은 성격의 아름다운 여인. 성격이 조악하고 폭력적이었던 주온은 그녀에게 감탄하였으며 그녀를 경외하였다. 그녀 앞에서는 사람이 변하여 아주 부드러웠으며, 말을 잘 들었으며 법도를 잘 지켰다. 매번 큰일을 만나면 모두 그녀에게 의견을 구하였다. 장씨는 아는 것은 다 말하였으며 또한 사리분석에 잘 맞아 예측하는 일마다 정확하였다. 보통을 넘는 예견 능력을 가지고 있었다. 장씨의 한 마디 말이면 군대가 이미 먼 곳으로 떠나갔을 지라도 주온은 군대를 즉각 돌려서 올 수 있었다.

주온은 의심이 많은 성격이어서 걸핏하면 손아래 장수들을 살육하였기에 본진은 늘 긴장된 분위기가 감돌았다. 곁에서 이를 똑똑히 지켜보고 있던 장씨는 있는 힘을 다해 남편이 지나치게 화를 내는 행동을 저지하여, 칼날 아래서 적지 않은 무고자들을 구출함으로써 집단내부의 관계가 순조롭게 되는데 도움을 주었다. 주온의 큰 아들 주우유朱友裕가 주근朱瑾을 격파한 후에 더 이상 추격을 하지 않자 아버지 주온이 격노하였다. 이에 놀라서 주우유가 깊은 산 속으로 도망갔다. 장씨는 그에게 은밀히 사람을 보내 돌아와서 죄를 지었다고 고하라고 하였다. 주온은 그를 참수하려고 하였다. 이에 장씨는 맨발로 내실에서 뛰어나와 주우유를 끌어안고 말하였다. "네가 돌아와 죄를 청하였으니 이것이 바로 네가 모반한 적이 없음을 나타내는 것이 아니겠느냐?" 이러한 감정이 풍부한 장면을 본 주온이 감동하여 아들의 죄를 면해주었다.

주근이 다시 패하였고 그의 아내가 전리품과 마찬가지로 주온의 장막으로 불러들여졌다. 장씨는 주근의 아내를 자기 처소로 불렀다. 장씨를 본 그녀는 황급하게 땅에 엎드려 절을 올렸다. 이에 장씨가 답례의 절을 한 후에 남편을 잃고 가정이 망한 여인에 대해 깊이 동정을 표하였다. "우리들은 본래 같은 성씨를 가진 나라이며 형제 사이인데, 조그마한 일로 커다란 전쟁을 하게 되어 내 언니에게도 이와 같은 일이 닥쳤습니다. 만일 변주汴州가 공격당하였다면 첩이 오늘날의 언니와 같은 상황이 되었을 것입니다."

장씨가 얼굴 가득 눈물을 흘리며 말하였기 때문에 이를 본 주온이 측은한 마음이 들어 주근의 처를 절로 보내 머리를 깎고 여승이 되게 하였다. 장씨는 이 가련한 여인을 끝까지 잊지 않고 늘 옷과 음식을 보내주며 관심을 가졌다.

장씨는 주온에게 시집을 간 후에 아들을 하나 낳는데 그가 뒷날 양梁의 말제末弟가 된 주우정朱友貞이다. 주온이 위왕魏王으로 책봉 받았을 때 그녀는 위국부인으로 책봉되었다. 그녀는 수명이 길지 않아서 대량 왕조가 건국되는 것을 볼 수 없었다. 아마도 장씨를 그리워하였기에 양 태조는 황제위에 오른 후에 황후를 세우지 않았다. 양 말제가 등극한 후에 어머니에게 '원정황후元貞皇后', '원정황태후元貞皇太后'로 시호를 추증하였다.

평가 양 태조는 오대시대 첫 번째 황제이다. 그는 생존을 최고의 원칙으로 삼았으며, 어떠한 정치적 신념도 없었다. 생존하기 위하여 그는 반란군에 가담하여 당 조정을 반대하였다. 생존을 위해서 그는 당 조정으로 뛰어들어 자기가 모셨던 황소黃巢를 반대로 공격하였다. 생존하기 위하여 당 조정을 뒤엎고 자신이 황제의 보좌에 앉았다. 그는 개성과 매력, 수단과 추진력이 있어 수많은 무리가 그를 위해 목숨을 바치도록 끌어들일 수 있었다. 수많은 '제후'들을 땅바닥에 뒤집어 엎을 수 있었으며 대업을 이룰 수 있었다. 그는 환관들을 모두 다 죽여 당나라의 70여년에 걸친 환관정치의 화禍를 끝냈다. 그는 사족士族을 대량 살육하여 수백 년간 존재하였던 사족문벌이 다시는 존재하지 못하도록 하였다. 그는 마지막에는 난륜을 행하여 아들의 손에 폭사하였다.

장씨는 그 시대에 능력이 있는 여성의 한 사람이었다. 귀한 집의 따님에서 강력한 군벌의 내자가 된 장씨는 특수한 신분, 비범한 지혜, 선량한 마음과 여성 특유의 세미함으로 남편이 패업을 이루는데 도움을 주었다.

[참고: 주온의 변태적 여색 즐기기]

일세의 효웅이었던 후량 태조 주온은 중원에 왕조를 세운 후에 마음껏 가무와 여색의 즐거움에 빠져 들어갔다. 그러나 그가 가지고 즐겼던 대상은 비빈이 아니라 며느리들이었다. 그는 여러 명의 아들을 낳았으며, 당시의 풍속에 따라 또한 몇 명의 양아들이 있었다. 전쟁으로 인해 변경을 지킬 필요가 커짐에 따라 아들들은 거의 모두 외지로 파견되었다. 이러한 상황아래 그는 며느리들에 대해 시아버지의 책임을 다하지 않았을 뿐만 아니라 그녀들을 불러 자기 시중을 들게 하였다. 시간이 길어지면서 그와 며느리들 사이에 결국은 남녀관계가 발생하였다. 이들 며느리들은 이를 부끄럽게 여기지 않았을 뿐만 아니라 서로가 총애를 얻으려고 서로 앞 다투어 모시면서, 시아버지의 얼굴은 기쁨으로 웃음이 가득하게 되었다. 그중 양아들 주우문의 아내 왕씨의 미모가 제일 뛰어나, 주온의 환심을 가장 많이 얻었다. 게다가 그는 줄곧 주우문을 편애하여 태자로 세우려고 준비하였다. 셋째 아들 주우규의 아내 장張씨가 옆에서 그 징조를 알아채고서는 비밀리에 남편에게 편지를 보냈다. 주우규는 첫째는 태자가 되고 싶어서, 둘째는 살해당하는 화를 피하기 위해 심복을 데리고 입궐하여 음란에 빠져있던 아버지를 찔러 죽였다. 주온은 30년 넘게 세상을 주름잡았던, 수많은 영웅호걸들도 감히 맞설 수 없었던 인물이었는데, 최후에는 윤리도덕을 위반한 것으로 인해 갑자기 죽게 되었다.(치마폭에 흐르는 중국역사 (짜오지엔민 저, 곽복선 역, 마인드탭 출판) p49~50)

▣ 경상敬翔, 갈종주葛從周

경상미상~923년은 자가 자진子振이며 동주同州 풍익馮翊, 지금의 섬서 대려(大荔)사람이다. 당나라 말기에 삼대가 지방관료를 지냈던 가정에서 출생하였다. 아버지 경곤敬衮은 집주集州, 지금의 사천성 남강(南江)자사였으며, 스스로가 당나라 평양왕平陽王 경휘敬暉의 후예라고 하였다.

경상은 젊었을 때 반응이 민첩하였고 가슴에 깊은 뜻을 가지고 있었다. 책읽기를 좋아하였으며 글을 잘 썼다. 당시 사회의 풍속에 따라 그는 장안에 가서 진사進士시험을 보았지만 결과는 낙방이었다. 얼마 지나지 않아 황소가 장안을 함락시키자 그는 동쪽으로 변주汴州, 지금의 하남성 개봉에 가서 주온의 수하로 관찰지사觀察支使를 맡고 있는 동향사람 왕발王發에게 의탁하였다. 그러나 왕발은 그를 위로 추천할 적합한 기회를 갖지 못하였다. 경상은 어쩔 수 없이 군관사병을 대신하여 대필을 하거나 다른 사람을 대신하여 편지를 쓰는 것으로 생계를 삼았다. 그가 쓴 문장 속에는 수많은 경구들이 있어서 점점 더 그 소문이 군영 내에 퍼져나갔다.

변주의 수령인 주온은 문화수준이 없어서 천박하고 속된 서면언어를 즐겨 썼는데 왕발에게 이러한 뛰어난 고향친구가 있다는 것을 듣자 즉각 그를 불러 오게 하였다. 그를 만나서 서로 이야기를 나누어보니 너무 죽이 잘 맞았다. 전쟁에 대한 이야기에 이르자 주온이 물어보았다. "너는 <춘추春秋>에 익숙한데 그 중의 병법을 나를 위해 사용할 수 있는가?" 돌아온 답은 다음과 같았다. "불가합니다! 병가는 기민하게 변화하는 것을 귀하게 여기며, 기묘함으로 승리를 얻을 수 있습니다. 옛것을 그대로 조문대로 따를 수는 없습니다. 그렇게 하면 대업을 이룰 수 없습니다." 경상의 답변이 주온을 기쁘게 하였고 당장에 발탁되어 군대직위를 받았다.

이후 전쟁을 나갈 때마다 경상은 주온을 지근에서 모셨다. 그러나 경상은 자신은 선두에 서서 돌격하며 진지를 함락시키는 재목이 아니라고 느껴서, 자기의 특기를 잘 발휘할 수 있도록 문관의 직으로 바꾸어 달라고 요구하였다. 주온이 이에 응하여 그를 관역순관館驛巡官으로 임명하여 문서관련 업무를 전적으로 맡도록 하였다.

주온과 진종권이 쟁탈전을 벌일 때 경상이 점차로 두각을 드러내기 시작하였다. 당시 진종권이 강대한 채주蔡州병력을 동원하여 국경을 압박하면서, 36개 영營으로 변주를 물샐틈없이 포위하였다. 변주의 형세가 위급하였다. 경상이 전략전술을 세워 묘한 계책과 훌륭한 대책을 연달아 내놓으면서 변주 군이 마침내 채주 군대를 격퇴시키게 되어 변주가 위기상황에서 안전한 상황으로 되었다. 이 전쟁으로 인해 주온의 마음속에 경상의 지위가 급속히 상승하였다. 주온은 그를 너무 늦게 만났음을 한스러워 하면서 그를 가장 신임하는 신하로 의지하였다. 일체의 군사적 대사에 대해 그의 의견을 구하였다. 그는 주온 신변에서 잠시도 없어서는 안 되는 인물이 되었다. 주온이 마음속에 있던 말을 하였다. "하늘이 기인을 보내 나를 돕는 도다."

경상이 효웅 주온의 최대의 신임을 얻을 수 있었던 것은 쉬운 일이 아니었다. 그는 장기간에 걸친 실천을 통해 점차로 주온이 그의 견해의 정확성을 인식하도록 하였다. 주온이 적수들을 소탕한 후에 자신이 위대하다는 심리가 팽창하기 시작하였다. 그는 강압적으로 소종에게 회남淮南절도사 직을 자신에게 달라고 하였으며, 실제상황이 허락하든 말든 한바탕 준비를 한 후에 회남을 차지하고 있던 양행밀을 공격하였다. 경상이 절절한 간언을 하며 반대하였다. 싸움에 이긴 군대는 응당 휴식을 취하고 정비를 하여야하며 가볍게 진격해서는 안 된다는 내용이었다. 그러나 주온은 그 말을 듣지 않았다. 결과는 대군이 도중에 큰 비를 맞았으며 뒤에는 성을 공격하였으나 손실을 입고 말았다. 이러한 상황이 되자 주온은 비로소 경상의 간언이 너무 귀한 것이라고 느끼게 되었고 이 군사전략가에 대해 더욱 신임하게 되었다.

왕조가 바뀌고 시대가 변화하는 풍운의 시대에 경상은 상당히 큰 역할을 하였다. 주온의 세력이 지속적으로 커지는 상황에서 봉상鳳翔을 차지하고 있던 이무정李茂貞의 수중에서 당唐 소종昭宗에 대한 통제권을 빼앗은 후에 주온은 군대를 이끌고 장안으로 들어갔다. 경상은 주온의 수석대표가 되어 이진李振과 함께 이름뿐이며 이미 망한 당 조정을 위해 주선에 나섰다. 당 소종은 그에게 '영란엽찬공신迎鑾葉贊功臣'이란 칭호를 내렸다. 이 시기에 그는 높은 지붕위에서 아래를 내려다보듯 천하의 형세를 분석하여 주온이 당나라에서 선위를 받는 유효적절한 정치적 전략을 만들었다.

후량後梁정권이 들어 선 이후에 그는 실질적인 정치중심인 숭정원崇政院의 수장을 맡았으며 당나라의 옛 관리가 이름을 걸고 있던 재상과 양 태조 사이에서 가장 높은 수준의 문서를 보고하고 지시하는 일과 군사 및 국가대사를 책임졌다. 그는 모든 정력을 자신의 직무에 쏟아 부으며, 각 지역 산천의 허와 실, 모든 군대의 군량 수자 등을 모두 익숙하게 마음에 새겼으며, 수자를 가보처럼 여겼다. 이로써 양 태조의 높은 평가를 얻었다.

경상이 양 태조와 같이 한 시간은 30년에 달했다. 크고 작은 일들을 처리함에 있어 그는 모든 일에 대해 자세히 알아보고 검토하며 늘 밤을 새며 새벽까지 일하곤 하였다. 스스로 말하기를 말 잔등에 앉아야 비로소 휴식을 취할 수 있다고 할 정도였다.

양 태조는 성격이 불같고 다른 사람에 대해 시기심이 강해서 걸핏하면 꾸짖거나 살육을 하여 옆에 있는 사람들이 그의 심사를 알 수 없어 군주를 모시는 것이 호랑이와 같이 지내는 것 같아서 문신이든 무장이든 모두 두려움에 떨었다. 그러나 경상만은 그와의 관계를 상당히 잘 처리하였다. 매번 군주가 부당한일을 할 때마다 경상은 몇 가지 암시를 함으로써 상대방이 깨닫고 이를 고치도록 하였다.

경상의 충성심과 능력을 격려하기 위하여 양 태조는 아름다운 유劉씨를 그에게 아내로 주었다. 유씨는 원래 황소 정권의 재상이었던 상양尙讓의 아내로 반란이 실패한 후에 세상을 떠돌게 되어 기녀가 되었다. 그 뒤 시부時溥가 그녀를 얻었으나 시부가 피살되고 다시 주온의 내실로 들어가 총애를 받았으며 사람들이 그녀를 "국부인國夫人"이라고 불렀다. 그녀는 경상의 아내가 된 후에도 여전히 공개적으로 군주의 침전을 드나들어 경상을 상당히 난처하게 하였다. 경상이 이에 불만을 갖게 되었고 점차 그녀에게 냉담하게 되었다. 그러자 그녀는 도리어 남편을 책망하였다. "당신은 내가 일찍이 도적들에게 몸을 버렸다고 싫어하는데, 상양은 황가皇家의 재상이었고, 시부는 국가의 충신이었다. 당신의 출신을 보면 사실상 당신이 나를 욕보이는 것이다. 그러니 나를 놓아 주시오!" 경상은 군주에게 죄를 지을까 두려워서 마음과는 달리 그녀에게 잘못을 빌며 다른 데로 가지 말라고 하였다. 유씨는 군주를 의지처로 삼아 경상을 정복하였으며 이때부터 더욱 제멋대로 굴었다. 술판을 벌이고 개인적으로 관리를 둘 뿐만 아니라 외부의 장수들과 왕래를 하면서 개봉에서 가장 두드러진 인물의 하나가 되었다.

서로 삼십여 년을 지낸 군주가 병이 중할 때 뒷날의 일을 경상에게 맡기며 그를 고명대신顧命大臣으로 삼았다. 경상은 눈물을 흘리며 그 명령을 받았다. 그러나 양 태조의 명이 끊어지기도 전에 그의 아들 주우규朱友珪가 그를 찔러 죽이고 제위를 찬탈하였다. 여러 신하들과 그가 함께 덕성과 인망이 높았던 경상을 재상으로 임명하였다. 경상은 비록 재상의 임명을 받아들이기는 하였으나 늘 병을 핑계로 집에 머물렀으며 정사를 처리하지 않았다.

양 말제는 제위에 오른 후에 비록 경상에 대해 상당한 예를 표하였지만, 각 조정마다 그 조정에 맞는 신하가 따로 있다고 조암趙巖, 장한걸張漢杰 등 인물을 주요한 권력에 배치하였다. 이러한 신진들은 늙은 신하들을 싫어하였기 때문에 경상을 배척하였다. 이존욱의 진晉나라 군대가 하삭河朔, 황하 북쪽 지역을 함락시키고, 양 나라 군대를 양유楊劉, 지금의 산동성 제남(濟南)시 서남지역에서 크게 이겼을 때, 그는 진나라 군대가 양의 땅으로 깊숙이 쳐들어오는 것을 참고 볼 수만 없어 대궐에 나가 자신이 병력을 이끌고 적을 막겠다고 아뢰었다. "국가가 매년 전쟁을 치르고 있지만, 병사들은 교만하고 장수들은 겁쟁이들이어서 군대가 전투력이 없는 상황입니다. 폐하는 깊은 궁궐 안에 계시면서 군대의 일을 모르는 지근의 신하나 친척들과 일을 의론하고 계시니 어찌 적을 막고 이길 수 있겠습니까? 선제께서 이 세상에 계실 때도 호랑이 같은 신하들과 용맹한 장수들과 같이 하셨지만 여전히 진나라를 이길 수 없었습니다. 이제 이존욱이 앞장서서 진나라 군대를 양유로 휘몰아 왔습니다. 폐하께서는 우아하고 부드러우셔서 문文에 뛰어나시고, 전쟁터에 내보낸 장수 하환賀環 역시 적의 상대가 되지 않습니다. 신이 비록 늙고 힘이 없으나 나라의 은혜를 많이 입었사오니 폐하께서 장수의 재목이 부족하시면 신이 변방에 나가 힘을 다할까합니다!" 그의 진언이 너무 엄중하였기 때문에 말제는 조암과 장한걸 같은 자들의 부추김 아래 자연히 그 말을 받아들일 수 없었다.

얼마 지나지 않아 진나라 군대가 개봉성으로 몰려왔다. 어디로 도망갈 길이 없었던 양의 말제는 이때가 돼서야 비로소 경상을 다시 생각하게 되어 급하게 그를 불러 계책을 물어 보았다. 대세가 이미 기울어서 지혜와 모략으로 유명하였던 노신하도 더 이상 이를 변화시킬 힘이 없었다. "신은 나라의 은혜를 입은 지 이미 삼십여 년입니다. 비록 이름은 재상이지만 사실은 주朱씨의 늙은 종입니다. 국가의 일을 신이 이미 극언을 하였었지만 폐하께서 줄곧 듣지 않으셨습니다. 조정에 소인들만 가득하여 오늘에 이르게 되었습니다. 비록 장량張良 BC250~BC186 서한 개국공신, 진평陳平 미상~BC178 서한의 개국공신이 다시 살아나도 이 난국을 되돌리기 어려울 것입니다. 신은 먼저 죽음을 청합니다. 차마 사직이 무너지는 것을 볼 수 없습니다."

한바탕 원망하는 말을 늘어놓은 후에 군주와 신하가 서로 통곡하였다.

진나라 군대가 개봉성으로 밀려오자 경상은 새 왕조와의 협력을 거절하고 자살하였다. 몇일지나 그의 전 가족이 도살되었다.

갈종주葛從周, 출생년도 미상~915년는 자가 통미通美이며 복주濮州 견성鄄城, 지금의 산동성 견성 북부사람으로 당나라 말기 보잘 것 없는 집안에서 태어났다. 그는 성격이 활달하고 기지가 있었으며 책략이 있었다. 어린 시절의 갈종주는 보통 사람과는 다른 풍모를 보였다. 황소의 난이 일어난 후에 그는 반란군에 가담하여 용감함과 재능으로 점차 승진하여 군관이 되었다.

중화中和 4년(884년) 3월 그가 소속한 부대와 주온의 군대가 왕만도王滿渡, 지금의 하남성 중모(中牟) 북부지역에서 큰 싸움을 벌였는데 대패하자 곽존霍存, 장귀패張歸霸, 장귀후張歸厚, 장귀윤張歸允 등 장수와 함께 주온에게 항복하였다.

갈종주는 수많은 반란군의 장수들과 마찬가지로 어떤 군대에 속하든 명확한 정치적 목표가 없었다. 그들은 한편으론 생존을 위해서 다른 한편으론 공을 세워 부귀영화를 얻기 위하여 싸웠을 뿐이다. 소속을 바꾼 후에 갈종주는 대단히 빨리 새로운 주종관계에 적응하여 주온을 위해 온몸을 다 바쳤다. 그 해에 주온이 직접 군대를 몰아 채주蔡州를 공략하면서 치열한 전투가 벌어졌다. 그런데 전투 중에 그가 탄 말의 앞발굽이 꺾이면서 그가 말에서 굴러 떨어졌다. 이에 적병들이 벌떼처럼 몰려와 주온을 공격하였다. 갈종주가 잽싸게 주온을 부축하여 말에 태우고는 있는 힘을 다해 그를 보호하며 싸우고 또 싸웠다. 그는 얼굴 가득 피를 흘렸으며 어깨에는 화살을 맞았고 여러 군데 창에 찔렸으나 조금도 물러서지 않았다. 다행히 장군 장연수張延壽가 포위진을 뚫고 들어와 도움으로써 그와 주온은 비로소 도망칠 수 있었다. 그 일이 있은 후에 공격에 나섰던 장수들이 모두 계급이 내려간 반면에 갈종주와 장연수 만은 파격적으로 대장으로 승진하였다.

이 전쟁에서 비록 변군汴軍, 주온의 군대, 변주=개봉이 패전하였으나 갈종주는 오히려 단기필마로 주인을 구한 공로로 변군 중에서 두각을 나타내면서 주온이 아끼는 장수가 되었으며, 다른 사람들의 주목을 받는 대장이 되었다. 이후에 그는 수중에 있는 창 한 자루와 가슴 속에 있는 군사적인 지략을 가지고 조수로서 또는 주장으로 부대를 이끌며 조금도 쉬지 않고 남과 북 온 전선에서 전쟁을 하는 생애를 보냈으며, 주온을 위해 연속해서 큰 공을 세웠다.

초이焦夷의 싸움에서 진종권秦宗權의 장군 왕연王涓을 사로잡았다.
섬주陝州로 진격하여 황화자黃花子 집단을 격파하였다.
형양滎陽에선 말을 휘몰아 진현秦賢의 군대를 다시 조직하였다.
치淄, 청靑 지역의 항복을 받아냄으로써 혁혁한 공적을 세웠다.
치, 청 지역이 돌아서자 진압을 하러 가서 치淄군의 용장 공약鞏約을 사로잡았으며, 청주靑州 보병 만여 명을 섬멸하였다.
진종권이 변주汴州를 물샐 틈 없이 포위하여 본부가 위급한 상황이 되자, 군대를 되돌려 변주를 구하려고 쉬지 않고 말을 휘몰아 즉시 한 영채를 공격하여 이만여 명의 적을 죽이고 변주의 포위망을 와해시키는데 큰 공을 세웠다.
박주亳州를 토벌할 때 우두머리인 사은謝殷을 사로잡았다.
조주曹州를 기습할 때에 자사 구홍례丘弘禮를 사로잡았다.
유교劉橋의 싸움에서 연兗, 운鄆 연합군을 섬멸하였다. 주선朱瑄, 주근朱瑾은 겨우 몸만 빠져 나갔고, 적장 추무경鄒務卿 등 50여 명을 사로잡았다.
범현范縣의 싸움에서 다시 한 번 주선朱瑄을 격파하고 복주濮州를 빼앗았다.
진陳, 박亳 지역을 다니며 싸운 끝에 진종권의 도장都將 석번石璠을 사로 잡았다.
주온이 악종훈樂從訓을 도와 위박魏博군대의 반란을 평정할 때 여러 성을 연달아 빼앗았으며, 내황內黃의 싸움에서 위의 군대 만여 명을 죽이고 장군 주유周儒 등 십여 명을 포로로 잡았다.
하양河陽 장전의張全義를 구출하는 싸움에서 진晉 군대를 격파하면서 이만여 명을 죽여 하양의 포위망을 풀었다.
오강吳康의 전쟁에서 서주의 시부時溥를 대파하면서 수많은 병장기를 노획하였다.
회남淮南 손유孫儒를 토벌하면서 깊숙이 쳐들어가 각 주와 현을 석권하였으며 호주濠州를 공격하여 자사 위훈魏勛을 죽이고 식량운반선 10 척을 빼앗았다.
결사대를 이끌고 진晉나라 깊숙이 들어가 로주潞州를 접수하였으나 이극용李克用의 대군에게 포위되어 어쩔 수 없이 이를 포기하였다.
위주魏州를 정벌할 때 영정교永定橋의 싸움에서 위魏 군대를 다섯 번이나 패퇴시키면서 만여 명의 목을 베었다.
숙주宿州로 진격할 때 물을 끌어들여 성城을 침수시킴으로써 자사 장균張筠이 어쩔 수없이 투항하게 하였다.
정회丁會에서 연주兗州를 토벌할 때 먼저 마구馬溝에서 싸움이 붙었는데 주근朱瑾을 격파하고 연주를 포위한 후에 계책을 써서 적군을 성 밖으로 유인하여 천여 명을 죽이고 도장都將 손한균孫漢筠을 사로잡았다.
원수洹水의 싸움에서 이극용에게 패배를 당하였지만 적진에서 그 아들 낙낙落落을 사로잡았다.
방향을 바꾸어 운주鄆州를 공격하여 주선朱瑄을 사로잡은 후, 다시 연주를 공격하여 주근朱瑾을 몰아내어 두 주를 취득하였다.
산동을 경영하며 진晉나라 군대를 대파하였으며, 불과 며칠 사이에 잇달아 형주邢州, 명주洺州, 자주磁州 세 주를 공격하여 이만여 명의 적의 목을 베었다.

갈종주가 치른 가장 큰 전쟁은 유주幽州, 오늘날 북경시와 하북성 일부를 지배하던 유인공劉仁恭과의 대치였다. 광화光化 2년(899년) 봄 유인공은 10만 대군을 휘몰아 주온에게 기대고 있던 위주魏州, 지금의 하북성 대명(大名) 동북지역를 공격하였으며, 갈종주는 명령을 받고 이 지역을 구출하러 출동하였다. 그가 위주로 들어간 후에 오백여 기병을 이끌고 돌연히 성문을 열고 나가 싸웠다. 그는 뒤를 돌아보며 성문을 관리하는 자에게 소리쳤다. "대적을 앞에 두고 뒤를 돌아볼 수 없다!" 그는 성문을 닫도록 명령하고 자신이 선두에 서서 죽음을 무릅쓰고 돌격하여 적군의 진영을 무너뜨렸다. 적장을 생포하였으며 연속해서 여덟 개의 영채를 돌파하였다. 승기를 타서 계속 적군을 추격하여 유인공이 어쩔 수 없이 퇴각하도록 하였다.

그 다음해 그는 다시 명령을 받들어 군대를 거느리고 유인공의 큰 아들 유수문劉守文이 지키고 있던 창주滄州, 지금의 하북성 창주 동남지역를 공략하여 그 지역을 얻었다. 그는 군대를 지휘하는데 재간이 있었다. 먼저 한 성을 탈취한 후에 창주의 교두보인 부양浮陽을 압박하였다. 창주가 위급함을 고하자 연燕군은 부대를 증원하며 반격하였다. 앞뒤로 적을 맞아 어떠한 전술을 써야할 지에 대해 변汴군 내부에서 의견이 갈라졌다. 장휘蔣暉가 감군監軍이라는 특수한 권력에 의지하여 명령을 내렸다. "왕께서 나더러 제장들을 감독하라고 하셨다. 연군이 대규모로 쳐들어오고 있으니 맞부딪쳐 싸울 수 없다. 영채의 일부를 열어주어 그들이 들어오도록 하고, 그들이 밥을 먹도록 그대로 놔둔 뒤에 포위를 하라. 그들이 지치고 양식이 다 떨어질 때까지 기다리면 반드시 그들을 이길 수 있다." 갈종주가 화를 내었다."군대의 활동은 상장군이 결정을 하는 것인데 어찌 감군이 말을 하느냐! 너의 이러한 말은 늙은이들이 일상적으로 하는 이야기에 불과하다. 승패의 전략은 일찍이 내 마음 속에 있다." 그는 자신이 직접 출격하여 유인공을 대파하였으며 삼만여 명의 적을 죽였다.

당시 진나라 군대는 유수문의 요구에 응하여 병력을 출동하여 형주, 명주를 공략하여 변군의 발을 묶으려 하였는데, 갈종주는 부양에서 승리를 얻은 후에 바로 군대를 형주, 명주로 휘몰아쳐 진나라 군대를 격퇴하였다.

혈투, 용맹한 전투, 교묘한 전략. 갈종주의 대명은 전쟁을 통해 널리 사방으로 전파되었다.

하북河北지역에선 "산동의 한 줄기 칡葛이 건드리지 않는 일이 없다."는 속담이 생길 정도였다. 갈종주의 명성은 당시 뭇 영웅들을 진동시켰으며 천하의 명장이 되었다. 그는 전쟁 중 잠깐잠깐 얻는 틈을 타, 동전으로 큰 쟁반에 진을 만들고 이를 통해 병법을 연구하였으며 제자에게 이를 전수하였다.

장기간의 군대생활, 바람과 이슬을 맞으며 한데서 지내는 생활과 전투로 인해 얻은 수많은 상처들로 명장 갈종주는 병을 얻었으나 병든 몸을 이끌고 주온을 위해 충성을 다했으며 연달아서 승리의 소식을 변주汴州로 전해주었다.

후량이 건국된 후에 갈종주는 체면을 차리며 은퇴하였고 호화로운 별장에서 병을 치료하였다. 양 말제 때 생애가 얼마 남지 않은 노인은 높은 명예와 풍성한 대우를 받은 후에 이 세상과 작별하였다.

평가 경상은 기울어가는 당나라 말기에 태어나 과거에 낙방한 실의에 찬 선비로 부패한 당나라 정부에 극도의 불만을 가지고 있었다. 마침 군웅할거의 시대가 열리면서 그는 주온 집단에 몸을 맡겼으며 주온을 위하여 군웅들을 소탕하면서 당나라 정권을 빼앗는데 큰 공적을 세웠다. 그는 후량의 첫째가는 공신이자 충신이며 중신이었다. 후량정권이 내리막길을 걸어간 후에, 이 '주씨 가문의 노예'는 양태조가 자기를 알아 준 은혜에 기대어 충성을 다하며 양 말제를 보조하였지만, 신진세력인 정적들의 배척을 받았다. 후당後唐의 군대가 개봉으로 진격한 후에 그는 죽음으로써 충성을 다하는 길을 갔다.

갈종주는 승리가 많고 패배가 적었던 장군으로 전쟁마다 피를 흘리며 싸움을 벌였다. 그는 먼저 황소의 반란군에 참가하여 당나라 군대와 싸웠으며, 후에는 주온에게 투항하여 군웅들과 싸움을 하였다. 그는 말 그대로 순전한 무장으로 군대를 이끌고 전쟁만 하였지 정치에는 전혀 관여하지 않았다. 그는 실전 속에서 경험을 바탕으로 병법을 연구하였으며 주온이 의지하는 대장 중의 한 명이 되었으며, 제일 유명한 장군의 하나가 되었다. 그는 불행한 난세 속에서 이를 잘 헤쳐 나갔으며, 아주 다행스럽게도 편안히 집안에서 임종을 맞을 수 있었다.

2. 후당後唐의 주요 인물

■ 장종莊宗, 명종明宗

장종 이존욱李存勖 885~926년의 어릴 적 이름은 아자亞子, 아차亞次였으며, 예명藝名은 이천하李天下로 서돌궐西突厥의 별도 부족인 사타부沙陀部 사람이다. 조부는 주사적심朱邪赤心으로 방훈龐勛을 격파하는 공을 세워 당 의종懿宗 이최(李漼) 833~873년이 이국창李國昌이라는 이름을 하사하였다. 아버지인 이극용李克用은 황소를 쳐부순 공이 있어 진왕晉王으로 책봉되었으며 태원太原을 중심으로 한 하동河東지역을 지배하였다.

당나라 말기 군인가문에서 태어난 이존욱은 어려서부터 아버지를 따라 전쟁터를 누비는 생애를 시작하였다. 이극용이 형주邢州에 할거하고 있던 맹방립孟方立을 격파 멸망시킨 후에 상당上黨, 지금의 산서성 장치(長治)으로 개선하여 돌아왔을 때 삼수강三垂崗에서 술을 마시며 즐거움을 나눌 때 연예인들이 옆에서 <백년가百年歌>를 연주하였다. 백년가 중에 몸이 늙어 쇠약해지는 부분에 이르자 곡조가 슬픈 음조를 띠게 되었고 그 바람에 온 좌중에 처량함이 어렸다. 이때 이극용이 갑자기 수염을 쓰다듬으며 큰 소리로 웃으며 옆에 앉아있던 다섯 살 밖에 안 된 이존욱을 가리키며 말하였다. “나는 늙었다만, 이 아이는 참으로 뛰어난 아이이니 20년 후에 나를 대신하여 이 땅에서 싸울 것이다!"

소년 이존욱은 생김새가 비범하였고 내향적이어서 말이 적었고 신중하여 함부로 다른 사람과 어울리지 않았다. 열한 살 때 아버지를 따라 장안에 가서 승리의 소식을 전할 때, 당唐 소종昭宗이 크게 감탄하여 어린아이인 그의 등을 어루만지며 말하였다. "아이에게 비범한 표징이 있구나. 뒷날 반드시 국가의 동량이 되리라. 우리 가문에 충성을 다하는 것을 잊지 말거라!"

나이가 어렸지만 아버지가 중시하고 천자가 중시하자, 사람들은 이존욱에게 큰 기대를 걸게 되었다.

세월이 흐르고 이존욱이 장성하였다. 그는 말을 잘 탔으며, 활을 잘 쏘았고, <춘추春秋>를 공부하였으며 음악을 듣고, 연극을 보았다. 그는 무예와 문장에 정통하였으며 운치 있고 호방하였다.

이존욱은 영웅의 재능과 커다란 전략을 가지고 있던 아버지보다 더욱 견식이 있었다. 유주幽州의 지배자인 유인공劉仁恭이 변군汴軍 주온의 군대의 공격을 견디지 못하여 이극용에게 도움을 구하였다. 이극용은 유인공의 이랬다저랬다 하는 것을 싫어하여 거절하려고 마음먹고 있었다. 이에 이존욱이 간언하였다. "지금 천하의 형세는 주온에게 열의 일곱, 여덟이 돌아가고 있습니다. 위주魏州, 박주博州, 진주鎭州, 정주定州가 비록 강대하지만 주온에게 속하지 않은 것이 없습니다. 황하 북쪽에서 주온과 서로 대등하게 싸울 수 있는 세력은 유일하게 우리와 유주幽州, 창주滄州인데 오늘날 유주와 창주가 주온에게 포위당하여 있는데 만일 그와 협력하여 힘을 합쳐 저항하지 않으면 우리에게 불리합니다. 천하를 도모하는 자는 작은 원한은 따지지 않는다고 합니다. 현재 저쪽이 어려움에 처하였는데 우리가 그 어려움을 구해주면 저쪽은 반드시 은혜에 감격하여 우리에게 귀순할 것입니다. 이것이 우리가 다시 일어서는 계기가 될 것이니 결코 기회를 잃어서는 안 됩니다."

이극용은 아들의 말을 받아들여 군대를 보내 유주를 구출하면서 주온이 점거하는 것을 막았다. 부친이 병으로 죽자 이존욱은 진왕晉王을 계승하였다. 그가 대내외적으로 부닥친 상황은 가시가 손을 찌르는 듯 어려운 국면이었다. 내부적으론 비록 작은 아버지 이극녕李克寧의 지지 아래 등극하였다 할지라도 수많은 원로대신들이 그를 얕잡아 보고 있었다. 그들은 이극녕의 주변에 모여서 그가 이존욱을 대신하여 왕이 되도록 종용하였다. 외부적으론 로주潞州가 양나라 군대에게 오랫동안 포위당해 있어서 바로 함락 당할 위험에 처해 있었다.

거센 비바람이 불어야 바람에 꺾이지 않는 억센 나무를 알 수 있다고, 내부 혼란과 외부 위험에 처한 이존욱은 비범한 기개를 표현하였다. 숙부의 위협에 기회가 무르익기를 기다렸다가 일거에 상대를 제거하는 수단으로 이극녕이 죽어도 아무 말을 할 수 없게 하였다. 로주의 포위에 대해선 명철하게 형세를 분석한 후에 군사회의를 소집하였다. "후량 사람들은 내가 국상을 당하고 있는 시기이며 어린 나이에 새로 세워졌으니 능력이 없을 것이라고 여겨, 반드시 준비 없이 느슨한 상황일 것이다. 상대가 예측하지 못할 때 기습 공격을 가하면 반드시 성공할 것이다!"

대군이 출동하여 삼수강三垂崗지역을 지나가게 되자 그는 20년 전의 옛일을 생각하며 감개무량하여 말하였다."이곳은 선왕께서 내게 술을 주셨던 곳이다!"

그는 안개가 자욱한 틈을 타서 병력을 여러 갈래로 나누어 영채를 협공하였다. 양나라 군대가 손쓸 겨를도 없이 그들을 대파하여 온 들판에 시체가 나뒹굴게 하였다. 이로써 로주의 포위가 풀렸다. 양 태조는 철통같은 영채가 격파 당했다는 이야기를 듣자 놀라서 넋이 나갔다. 한참 지나서야 한 마디를 내뱉었다. "아들을 낳으려면 이아자李亞子, 이존욱같은 아들을 낳아야 한다. 이극용은 죽었지만 살아 있는 것과 진배없지 않은가? 우리 집 아들놈들은 개돼지에 불과하다." 협성夾城의 싸움에서 처음 무대에 오른 이존욱이 위풍당당함을 드러내자, 전쟁터에서 상대편들이 겁을 집어먹던 양 태조조차 그의 실력을 인정하였다.

막상막하! 이존욱은 아버지의 실력을 이어받아 양 태조와 대지라는 바둑판 위에서 계속해서 바둑을 두었다. 거의 삼년에 걸친 지구전 끝에 쌍방 간에 백향柏鄉대전이 발생하였다. 이 전쟁에서 이존욱은 다시 한 번 기적을 창조하면서 양나라 군대를 대패시키고 황하의 물을 마시게 되면서 서로 간의 세력대비를 변화시켰다.

이와 동시에 이존욱은 태원에서 전면적으로 내정을 정리하였다. 지방관들에게 현명한 인재들을 천거하도록 명령하였으며, 탐관오리들을 파면시키고 조세부담을 낮추었다. 고아와 어려운 자들을 돌보고, 억울한 자들의 맺힌것을 풀어주었으며, 도적질을 엄금하였다. 이러한 일련의 나라를 안정시키고 백성을 이롭게 하는 조치를 실행하면서 그는 민심을 얻었으며 국내를 잘 다스려 그의 근거지를 확고하게 하였다. 이외에도 그는 군대의 실력을 강화하여 엄격한 군기를 세웠다. 이에 따라 휘하에 있는 군대가 백성들에게 해를 끼치지 않았을 뿐만 아니라 적군을 맞아서는 용감하게 싸우는 군대가 되었다. 백향대전을 거치면서 진나라군대는 피동적 위치에서 주동적 위치로 올라섰으며 몇몇 전선에서는 양나라에 대해 공세를 취하는 등 현저한 발전을 보였다.

바로 이때에 유주幽州를 지배하고 있던 유수광劉守光이 진나라 군대에게 위협이 되었다. 뒷걱정을 제거하기 위하여 이존욱은 양나라에 대한 공세를 잠시 늦추고 유수광을 먼저 처리하기로 결정하였다. 대장 주덕위周德威의 빼어난 지휘 아래 진나라 군대가 유주를 압박해 들어가면서 순조롭게 익각의 성들과 거점을 소탕하였으며, 마지막에는 유수광을 유주성 안에 갇히도록 하였다. 이존욱이 직접 유주성 아래에서 군대를 독려하여 한 달음에 유주를 획득하였다.

건화乾化 5년(915)초 양나라 위박진魏博鎭의 우두머리 장수인 양사후楊師厚가 죽자 일찍이 위박진의 세력이 너무 커서 이를 없애지 못하였던 후량 말제가 이 기회를 타서 위박진을 나누어 다스리려 하였다. 하지만 결과는 군사정변을 불러 일으켰다. 변란을 일으킨 병사들이 진나라에 구원을 요청하자 이존욱은 군대를 이끌고 전진하여 반란을 평정하고 위박진을 점령하였다.

위박진이 진나라에 귀속된 후에 양나라는 하북河北을 지킬 방패막이를 상실하였다. 이존욱은 말채찍을 하남河南을 향해 높이 치켜들었다. 비록 이존욱이 하남을 향해 말채찍을 들었지만 황하 이북 역시 여전히 제후들이 많이 있었고, 거란이 제멋대로 행동하고 있었다. 이로 인해 그는 어쩔 수 없이 제후들과 싸울 수밖에 없었으며 거란과 싸울 수밖에 없었다. 싸움은 그가 전체적인 국면을 장악할 때까지 줄곧 이어졌다.

용덕龍德 3년(923) 4월 이존욱은 위박에서 황제위에 올라 국호를 대당大唐으로 정하고, 연호를 동광同光으로 수도를 낙양洛陽으로 정하였다.

당唐을 국호로 삼은 것은 이존욱이 총명하기 그지없음을 보여준다. 우선 그가 당 소종昭宗의 가르침을 잊지 않고 있다는 것을 보여주면서 충성을 표방하여 인심을 얻었으며, 다른 한편으로는 자신이 당나라의 계통으로 정통임을 표시하여 이를 천하에 호소하였다.

같은 해 시월 그는 대군을 휘몰아 개봉開封을 공략하여 양나라를 멸망시켰다.

장종(이존욱)이 개봉을 장악한 후에 그의 형편은 주씨 왕조보다 좋아 외부에 그를 압박할 강력한 적이 없었다. 상대적으로 지내기 좋은 시절이 되자 그만 그의 긴장이 풀렸다. 뜻을 이루게 되자 자신의 위치를 잊어버렸으며, 자신의 강산은 쇠로 만든 것처럼 튼튼하다고 여기게 되었다. 오랫동안 억눌러 왔던 욕망을 분출하기 시작하면서 자기의 뜻대로 풍류를 즐기는 천자가 되었다. 그는 천여 명에 이르는 환관들을 불러들였으며 자신의 심복으로 삼아 자신의 생활과 사무를 보도록 하였다. 그는 예능인들을 사귀어 그들이 궁정에 드나들도록 하였으며 일반 관리들보다 더 높은 지위를 갖도록 하였다. 그는 재물을 잘 끌어 모으는 관리들을 중용하여 백성들의 재산을 긁어 들였으며, 무장들이 제멋대로 굴도록 놔두어서 지방에서 참혹한 일들이 벌어졌다.

정사를 돌보지 않고 놀기만 하였다. 어디를 가든 노느라 정신이 없었다. 온갖 방법을 짜내어 놀았다. 아내와 자녀들과 함께 놀이에 빠졌다. 결과는 나라의 창고가 완전히 비게 되었으며, 군인들이 돈이 없어 아내를 저당 잡히고 자녀를 파는 지경이 되었으며 백성들은 암담한 나날들을 보낼 뿐이었다.

이런 지경이 되었는데도 그는 깨닫지 못하고 자신의 기반이 여전히 태산과 같이 안정적이라고 생각하였다. 그는 환관들과 예능인들의 꼬임에 빠져 공신, 장군들을 아무런 이유 없이 의심하고 멋대로 살해하였다. 정권을 바쳐주던 곽숭도郭崇韜, 주우겸朱友謙이 죽자 조정에 남아있는 장군들과 신하들 개개인이 위험한 지경에 빠졌다. 특히 이사원李嗣源은 종일 바늘방석에 앉아있는 것 같은 상황이었다. 이사원은 어찌할 수 없는 지경에 이르자 명령을 받아 군대를 이끌고 위박으로 가서 반란을 제압하는 기회를 틈타 군사정변을 일으켜 군대를 되돌려 개봉으로 진격하였다. 수도 낙양은 대란에 빠졌으며 당 장종은 정변을 일으킨 군사들에게 죽임을 당하였다.

명종明宗 이사원李嗣源 867~933년은 사타부 사람으로 본명이 막길열邈佶烈로 성씨가 없었다. 이극용이 그를 양자로 삼아 이름을 이사원으로 개명하였다. 즉위한 후에는 이단李亶으로 개명하였다. 아버지 이예李霓는 이국창李國昌의 부장이었다.

아버지가 죽은 후에 겨우 십삼 세였지만 이사원은 말을 잘 타고 활을 잘 쏘았기 때문에 이국창에게 발탁이 되어 그의 시위무사가 되었다. 얼마 지나지 않아 이극용이 그를 자기의 장막으로 데려갔다.

웅대, 과감, 관대, 심사숙고, 공손, 높은 수준의 무예를 갖춘 젊은 이사원을 이극용은 새로운 안목으로 보게 되었으며, 그를 양자로 거두어 들였다. 이극용에게는 여러 명의 양자가 있었는데 이사원이 가장 뛰어났다. 양아버지가 변주에서 주온의 습격을 받았을 때 그는 자신의 위험을 돌보지 않고 양아버지가 담장을 넘어 도망가도록 하였다. 군대를 이끌고 싸울 때는 병사들 보다 앞에 서서 싸웠으며, 승리의 소식을 연이어서 본진에 전하였다.

공이 있지만 공을 내세우지 않았고, 어려움을 만나도 어렵다고 울지 않았다. 이사원은 앞장서서 적진을 돌파하였으며, 상을 타는 경우는 가장 늦게 뒤에서 받았다. 그는 사병들을 잘 대우해 주어서 인심을 깊이 샀다. 그는 경박하지 않았고 침착한 장군의 품격을 유지하였다.

그가 이끈 오백 명의 정병은 바라보기만 해도 적군들이 도망갈 정도였다. 사람들은 이들을 '모든 것을 휩쓸어 버리는 무리橫沖都'라고 불렀다. 이들에게 우두머리가 있었는데 사람들은 '종횡무진 이 장군'이라고 불렀다. 장군들이 앞 다투어 자신들이 뛰어나다고 뽐내는 장면에 대해 '종횡무진 이 장군'은 "이들은 입으로 도적을 토벌하지만 나는 손으로 도적을 격파한다."고 꼬집었다.

대장군 이사소李嗣昭가 변汴군의 장군인 갈종주葛從周와 격전을 벌이다 패하여 청산靑山입구로 퇴각하였을 때 적들이 산길을 제압하고 있어서 보병들의 전열을 재정비할 수 없었다. 바로 이 때 이사원이 부대를 이끌고 도착하였다. 그가 말에서 내려 높은 곳에 진을 치고는 두 손을 좌우로 휘휘 저으며 부대를 움직이는 모습을 보이자, 적군들은 이 이상한 모습에 어리둥절하였다. 그 틈을 타 그가 잽싸게 말에 올라타 적진으로 돌진하였으며 이에 놀란 적군들이 퇴각함으로써 패배국면을 되돌려놓았다. 이 한 번의 싸움에 그는 네 대의 화살을 맞았으며 피가 무릎까지 흘러내렸다. 이극용이 직접 그의 옷을 풀어헤치고 약을 발라주었다. 그의 등을 어루만져 주면서 말했다. "내 아들은 진짜 신인神人이다. 내 아들이 아니었으면 갈종주의 웃음거리가 될 뻔했다." 청산의 일전으로 이사원의 이름이 온 천하에 알려졌다.

이극용의 휘하에서 이사원은 전적이 휘황찬란하였고, 이존욱이 제위에 오른 후에도 그는 여전히 계속해서 공을 세웠다, 큰 싸움이 있는 곳, 바로 그곳에 이사원이 있었으며, 격렬한 전투가 있는 곳, 바로 그곳에 이사원이 있었다. 백향柏鄉의 전쟁에서는 위풍당당하게 쳐들어온 양나라 군대를 꺾으며, 그 자리에서 적의 장수 두 명을 생포하였다. 유수광劉守光을 정벌할 때는 너무도 빠르게 병력을 휘몰아 가면서 연속으로 몇 개 주를 접수하였다. 양나라 군대와 황하를 마주하여 대치하고 있을 때는 기묘한 계책을 세워 전선을 우회한 후에 운주鄆州를 습격하였다. 양나라 군대가 온힘을 다해 압박해 오자 그는 주력 부대와 호응하여 적의 최고 장군인 왕언장王彦章을 사로잡았다.

양나라 군대와 대치하고 있던 시기가 끝나갈 무렵에 적의 대군이 단응段凝의 지휘아래 황하에 운집하였는데 이존욱은 그 모습에 당황하여 뚜렷한 주견을 갖지 못하였다. 수많은 장령들이 적의 예봉을 피하여 동쪽에 있는 청주青州, 제주齊州지역으로 가자고 하였다. 이사원은 이러한 일반적인 견해에 반대하고, 직접 양나라의 정치 심장인 개봉을 공격하여 적의 대군이 머리가 없는 군대가 되어 붕괴되도록 하자고 건의하였다. 그가 말하길 "왕언장이 패한 것을 단응이 아직 모르고 있습니다. 알게 된다면 군사전략을 조정하는데 삼일 이상이 걸릴 것입니다. 우리의 공격방향을 알아차린 후에 구원병을 보내려면 수만 명이 황하를 건너야 하는데, 필요한 선박을 하루 이틀 만에 준비할 수 있는 것이 아닙니다. 개봉으로 진격한다면 불과 수백리 길밖에 안 되며 더구나 앞길에 험준한 지역도 없습니다. 방진方陣을 벌려 앞으로 달려간다면 많은 시간이 걸리지 않습니다. 개봉이 일단 무너진다면 단응이 더 이상 무엇을 할 수 있겠습니까?"

이사원의 말이 도리가 있는데다 곽숭도의 뜻이 더해지면서 이존욱은 군대를 개봉으로 휘몰아 갔다. 이사원은 주동적으로 임무를 간청하여 선봉으로 명을 받자, 일천 여 기병을 이끌고 개봉 봉구문封丘門을 향해 돌격하였다. 그는 군사적 책략과 정치적 책략을 동원하여 적의 수문장이 성문을 열고 나와 항복하도록 하였다. 뒤이어 도착한 이존욱은 그 상황을 보고 크게 기뻐하였다. 손으로 이사원의 옷깃을 잡아당기어 머리를 서로 맞대면서 말하였다. "천하를 당연히 너와 같이 나누리라!"

공적을 논하고 상을 줄 때에 이사원은 사형을 면해주는 철권鐵券을 받았고, 중서령中書令으로 제수되었으며, 번한내외마보군총관蕃漢內外馬步軍總管을 맡았다.

이사원과 공신들이 보필하여 이존욱이 천하를 얻도록 하였으나 이 군주가 '천하'를 얻은 후에는 도리어 공신들을 불안하게 하였다. 점차 여러 가지 방법을 생각하여 자신이 가시로 여기는 신하들을 제거하기 시작하였다. 먼저 곽숭도, 주우겸이라는 큰 가시를 뽑아버린 후에 이존욱의 제거목표가 이사원에게로 초점이 맞추어졌다. 이때 위박진魏博鎭, 이 때는 업도(鄴都)라고 불렀다에서 대규모 군사정변이 일어났다. 대신들이 이사원이 군대를 이끌고 가서 군사정변을 평정해야 한다고 앞 다투어 추천하였다. 이존욱은 의심하는 마음이 있어서 응답하지 않았다. 그러나 마지막에는 그보다 더 적합한 인물을 뽑아서 보낼 수가 없게 되자 할 수 없이 그를 대장으로 삼았다.

이사원이 이끈 군사가 업도鄴都의 성벽 아래까지 이르렀으나 성을 아직 공략하지 못한 상황에서 본진에서 소란이 발생하였다. 병사들이 이사원에게 반기를 들도록 강요하였으며, 이사원은 그들의 요구를 따르지 않을 수 없었다. 그들에게 추대되어 성안으로 들어간 후에 위박의 군사들과 합하여 장종에게 반기를 들었다. 한바탕의 엎치락뒤치락, 좌절, 심지어 소란을 거쳐 이사원이 마침내 여러 종류의 부대를 자기의 장막아래에 하나로 단결시킨 후에 위풍당당하게 개봉으로 쳐들어갔다.

이존욱은 수도(낙양)에서 난을 일으킨 군사들에게 살해 되었으며, 이사원은 문무백관들에 의해 낙양으로 불러들여졌다. 그는 성급하게 제위에 오르지 않았다. 전략적으로 먼저 '감국監國'의 신분으로 정국을 장악하고는 천하대세를 면밀히 살펴보았다. 시기가 무르익은 후에야 비로소 신하들의 여러 번에 걸친 '요청'을 받아들였다. 그는 그자신이 제위를 찬탈한 것이 아니며, 대역무도하지 않다는 점, 본 왕조의 충신이자 효자라는 점을 표시하기 위하여 국호를 바꾸자는 논조를 물리치고 계속해서 대당大唐이란 국호를 사용하였다. 그가 말하기를 "무황武皇 이극용의 기업이 바로 나의 기업이며, 선제先帝 이존욱의 천하가 바로 나의 천하다."라고 하였다.

천성天成 원년(926년) 이사원은 이존욱의 영전 앞에서 황관을 썼다.

자신이 직접 이존욱이 어떻게 천하를 잃게 되었는가를 보았기 때문에, 나이가 많았던 당 명종은 방법을 바꾸어, 자신이 직접 솔선수범하여 나라를 이롭게 하고 국민에게 혜택이 되는 밝은 정치를 실행했다. 그는 색과 오락을 멀리하고 미인을 물리쳤으며 이존욱이 남겨놓은 천여 명의 궁녀들을 궁 밖으로 내보냈다. 황제의 내탕고를 없애고 각지에서 올라 온 공물들은 모두 국고로 귀속시켰다. 그는 예능인들을 쫓아내고 궁정의 기풍을 바로 잡았으며, 대량으로 환관들을 주살하여 다시 타오르려던 환관의 폐해를 소멸시키려 시도하였다. 그는 탐관오리를 철저하게 다루어 도탄에 빠진 백성들을 구하였다. 그는 청렴한 관리들을 장려하여 정부와 백성사이의 관계를 개선하였다. 그는 토목공사를 일으키지 않아 백성들의 부담을 경감해 주었다. 그는 세금을 줄이고 노역을 가볍게 해주어 백성들이 휴식을 취하게 하였다.

당 명종은 백성만이 비로소 그의 진정한 기반이라는 것을 명확히 알고 있었다. 그는 처음부터 끝까지 백성을 근본으로 여겼으며, 백성을 제일 중요한 위치에 놓았으며 마음을 다해 백성을 위하는 일을 생각하였다. 재상이 곡식과 직물의 가격이 싸졌으며, 백성들의 질고를 적어지게 하였다고 말하자 그는 기뻐하며 말하였다. "내게 무슨 덕이나 능력이 있다면, 당연히 너희들과 더불어 좋은 일을 하여 하늘에 보답을 하는 것이다!"

군대출신인 당 명종은 비록 글을 읽을 수 없었을지라도 정치의 도리를 잘 알고 있었다. 그는 백성 외에도 관원들 역시 결코 없어서는 안 되는 역량임을 이해하였다. 이에 따라 제위에 오른 초기에 두 가지 조야를 떠들썩하게 한 일을 하였다. 재물착취로 추악한 이름이 널리 알려졌던 공겸孔謙을 단두대로 보내어 백성들의 옹호를 얻었다. 곽숭도, 주우겸의 사건을 뒤집어 억울함을 풀어줌으로써 관원들의 지지를 얻었다.

당 명종은 도리가 있고 성과가 있는 군주로 명군이라 일컬을 수 있다. 난세 중에는 얻기 어려운 명군이었다. 이 명군은 스스로의 능력을 잘 아는 사람으로 자신이 노력을 다한다 할지라도 근본적으로 난세를 끝낼 수 있는 힘이 없다는 것을 알았다. 그가 밤에 향을 사르며 하늘에게 축원하였다. "나는 본래 번진의 사람으로, 어찌 족히 천하를 다스릴 수 있겠습니까? 난세가 이미 오래되었으니, 하늘이시여 어서 성인을 보내주시길 바랍니다!"

당 명종을 명군이라 할 수 있지만, 오대시대 군주들과 상대적으로 비교해서 그렇다는 것이지 그 역시 잘못이 있었다. 처음에 추밀사樞密使 안중회安重誨를 중용하였으나 그가 소동을 일으키고, 그 소동이 자신의 지위에 영향을 주게 되자 경솔하게 그를 죽였다. 후계를 세우는 문제를 줄곧 잘 해결하지 못해 결과적으로 둘째 아들 이종영李從榮이 그가 병든 틈을 타서 군사정변을 일으키고 무력으로 황제 위를 얻으려는 상황까지 갔다. 비록 이종영의 군사정변이 진압되기는 하였지만 뒷날 황실 구성원이 제위를 다투는 선례가 되었다.

장흥長興 4년(933년) 당 명종은 병으로 궁중에서 죽었다.

평가 당 장종은 후당後唐 정권의 건립자이다. 그는 비교적 뛰어난 군사적 소질, 어떠한 어려움에도 굽히지 않는 정신, 용감하게 전쟁에 나서는 기개로 아버지의 유지를 이어받아 무수한 어려움을 겪은 전쟁을 통해 마침내 그들의 오랜 원수인 후량後梁정권을 소멸시켰다. 그러나 그는 천하를 싸워 얻는 데는 능하였지만 천하를 다스리는 데는 뛰어나지 못하였다. 후량을 멸망시킨 후에 그 근본을 잊어버렸다. 부패한 후량 정권의 멸망을 교훈으로 삼지 못하고 반대로 더 심한 일을 하였다. 환관, 예능인, 가렴주구의 신하를 중용하여 자신의 향락을 추구함으로써 후당을 후량보다 더 부패하게 하였다. 나아가 그는 공신들과의 관계를 잘 처리하지 못하였으며 마지막에는 군사정변을 야기하였고 자신은 살해당했으며 집안이 망하는 큰 화를 입었다.

당 명종은 이극용의 양아들이라는 특수한 지위와 전공에 힘입어 진나라 군대에서 신속하게 일어섰으며 후당 정권의 건립을 위하여 큰 공을 세웠다. 공이 크고 위치가 높은 그는 도리어 이로 인해 당 장종의 시기를 받았으며 어쩔 수 없는 상황이 되자 그는 위험을 무릅쓰고 군사정변을 일으켜 정권을 탈취하였다. 그가 제위에 오른 후에 정치를 정돈하고 폐단을 청소하였으며, 백성을 근본으로 삼아 백성에게 쉴 수 있는 환경을 조성하였다. 오대시대 군주 중에서 정치적 업적이 지극히 컸던 덕 있는 명군이 되었다.

▣ 곽숭도郭崇韜, 주덕위周德威

곽숭도미상~926년의 자는 안시安時로 대주代州 연문燕門, 사선성 대현(代縣) 사람으로 곽홍정郭弘正의 아들이다.

곽숭도는 난세에 태어나서 생계를 위해 당지에서 군대에 들어갔다. 그는 기민하고 총명하였으며, 구변이 좋고 능력이 있어서 상사들의 깊은 환심을 샀다. 몇 차례의 승진과 전직을 통해 그는 이존욱의 휘하로 들어갔으며 중용되었다. 이존욱이 진왕晉王이 되자 그는 정권의 핵심으로 들어갔으며 기무機務, 중요하고 비밀한 정무를 담당하였다.

이존욱이 대군을 이끌고 진주鎮州를 공략했을 때, 거란이 진주를 구한다는 명분으로 이 틈을 타서 국경을 침범하자 일시에 인심이 흉흉해졌다. 수많은 장령들이 진주의 포위망을 풀고 위주魏州로 철수하여 그 예봉을 피하자고 제의하였다. 이존욱은 이러한 의견에 흔들려 자신의 주견을 내놓지 못하였다. 이때 유일하게 곽숭도가 있는 힘을 다해 중론을 물리치며 말하였다. "아보기阿保機가 군대를 몰아 온 것은 진주를 구하려는 것이 아니라 재물의 유혹에 끌린 것입니다. 만일 선봉부대가 조금만 패배하면 반드시 도망칠 것입니다. 우리가 새로이 변군汴軍, 후량의 군대을 격파하였기 때문에 그 위세가 북쪽지방을 흔들고 있습니다. 우리가 기세등등하게 앞으로 나아가 그들을 친다면, 반드시 승리할 것입니다! 우리 스스로 물러설 수는 없습니다."

곽숭도의 도리있는 말에 이존욱이 갑자기 깨닫게 되어, 침범해오는 적을 정면에서 강력히 공격함으로써 대승을 거두었다.

생존이 가장 중요한 난세에 문화수준이 높지 않은 곽숭도는 도리어 문화에 대해 존중하는 태도를 가지고 있었다. 그는 천하를 얻으려면 칼에 의존해야할 뿐만 아니라 책을 떠나서는 안 된다고 여겼다. 진주를 공략한 후에 그가 명령을 받고 창고들을 시찰하자 옛 관료들이 앞 다투어 그에게 뇌물을 주려하였으나 그는 이를 거절하였으며 뜻밖에도 '서적을 널리 모으라'는 명령을 내렸다.

변汴과 진晉이 서로 싸울 때 변은 강하고 진이 약하였기 때문에 이존욱이 겨우 버티는 형세였다. 악전고투하며 버티었으나 위주衛州를 잃게 되어 형세가 더욱 어려워졌다. 변군은 단주澶州와 상주相州를 여러 차례 공략하였다. 이에 따라 농지가 대량으로 유실되었으며 인구가 격감하였고 비축한 물자도 급격히 줄어들었다. 그에 더해 변군의 장군 왕언장王彦章이 이존욱이 주둔하고 있는 양류楊柳에 맹공을 퍼부어, 이존욱의 침식조차 불안한 지경이 되자 부하들은 이미 대세가 기울었다고 여기게 되었다. 이때 다시 곽숭도가 분연히 일어나 계책을 올렸다. "변군이 우리를 둘러싸고 있는데 목표는 운주鄆州입니다. 신이 군사를 이끌고 강 하류에 축대를 쌓아 거짓으로 운주에 호응하는 모습을 보이면, 적군은 이를 보고 반드시 병력을 나누어 이에 응할 것입니다. 폐하께서는 정병을 내보내 이들을 가로 막아, 동쪽으로 진격하지 못하게 하십시오. 축대가 다 쌓아진 후에 폐하와 제가 양쪽에서 그들을 협공한다면 승리를 거머쥘 수 있을 것입니다."이존욱이 이 계책에 동의하여 그대로 행하였다. 결과는 왕언장의 대패였으며, 양류는 위기에서 벗어나 안정을 되찾게 되었다.

이 싸움은 요행히도 승리하였지만 국면을 근본적으로 전환시키지는 못하였다. 변군이 다시 군대를 집결시켜 전 전선에 걸쳐 공격군을 배치하자 진나라 정권은 다시 허둥대기 시작하였다. 대부분의 사람들이 "우리가 운주鄆州를 얻었으나 황하를 사이에 두고 있어 지키기가 어렵습니다. 운주를 포기하고 서쪽의 위주衛州, 여양黎陽을 얻은 후에 황하를 경계로 하여 변汴과 서로 군대를 거두어 들여 다시는 공격하지 않기로 약정해야 합니다. 형세가 변하기를 기다려 이다음을 모색해야 합니다."라고 제안하였다.

잠시의 안전함을 추구하는 이런 주장에 대해 이존욱은 크게 화를 내었으나 여러 사람들의 정서를 위배하기 어려워 불만족한 표정으로 침소로 돌아간 후에 곽숭도를 불러 의논을 하였다. 곽숭도는 단도직입적으로 말하였다. "폐하께서 의義를 위해 거병하신지 십 수 년이 되었습니다. 군사들은 전쟁에 지쳐있으며 백성들은 생활에 어려움을 겪고 있습니다. 이미 당나라가 건국되었으며, 이에 황하 이북의 백성들은 모두 대업이 성공하여 휴식하기를 바라고 있습니다. 오늘날 운주를 얻고도 지키지 않고 포기하여 황하를 경계로 삼는다면 누가 와서 폐하를 지키겠습니까? 지금의 형세는 우리가 백성이 적고 물자가 부족하기 때문에 장기전으로 가면 불리합니다. 신이 생각건대 병력을 나누어 위주魏州를 지키며 양류楊柳를 확보하면서, 폐하께서 친히 6군을 거느리고 운주로부터 출발해 적의 근거지를 직접 공격하십시오. 변汴성에는 군사가 없기 때문에 일단 적의 우두머리를 친다면, 적군은 지도자가 없는 오합지졸의 상태에 빠질 것입니다. 그리되면 반달이 지나지 않아 천하가 결정될 것입니다. 제왕의 창업에는 반드시 천명이 있어 승패는 하늘에 달려 있습니다. 오직 폐하께서 처결하시길 바랄 뿐입니다!"

이존욱은 침대에서 벌떡 일어나 밝은 목소리로 이야기 하였다. "이것이야말로 대장부의 일이다!" 그날로 이존욱은 명령을 내려 모든 장령들의 가족을 위주로 보내고, 대군을 움직이기 시작하였다. 8일 후에 대량大梁을 함락시켰다.

논공행상에서 곽숭도의 공적은 다른 장수들보다 위였다. 그는 재상이 되었으며 진주鎭州, 기주冀州절도사로 임명되었다. 조군공趙郡公의 작위를 받았으며, 사형을 10번 면할 수 있는 철표鐵券를 하사받았다.

일인지하만인지상一人之下萬人之上의 신하로서 최고 자리에 오른 곽숭도는 승리로 인해 이성을 잃지 않았으며, 또한 자기의 공적으로 이성을 잃지 않았다. 근면 성실하게 일하면서 후당後唐정권을 위해 온 힘을 다 쏟았다. 아는 것은 다 아뢰었으며, 끊임없이 충언을 하였다. 인재들을 장려하고 발탁하였으며, 사람을 쓰는데 있어 한쪽에 치우친 사람은 쓰지 않았다. 인심을 안정시키고 사람들을 융통성있게 다루었으며 백성들을 위해 노심초사하였으며 군주가 누각을 짓는 것도 막았다.

곽숭도는 높은 자리에 있으면서 멀리 내다보았다. 그가 있기에 이존욱은 순조롭게 개봉開封에서 자리를 확고히 하였다. 그러나 높은 곳에 있으면 추위를 견딜 수 없다고 얼마 지나지 않아 그는 정치적 소용돌이에 빠져들어 갔다. 추밀원의 권력을 제어하기 위하여 그는 당초 그 자리에 있던 환관 마소굉馬紹宏을 밀어내고 경력이 비교적 일천한 환관 장거한張居翰과 자기가 함께 추밀사樞密使를 맡았다. 마소굉은 이를 부득부득 갈며 환관들을 동원해 그를 공격하였다. 곽숭도는 사리를 명백히 아는 사람이어서 자신의 권세가 손을 델 수 있는 뜨거운 불임을 보고 나무가 커서 바람을 맞는 것을 피하고 만일의 사태를 대비하며, 만년을 보장하기 위하여 아들과 친신들에게 자신의 심사를 이야기 하였다. "내가 천자를 도와 천하를 취하여 이미 큰 공을 이루었다. 그러나 소인배 무리들이 나를 참소하고 해치려하고 있으니, 나는 이를 피하여, 한 곳의 진鎭으로 돌아가 이를 지키며 큰 화를 면할까한다."

아들 곽정열郭廷說이 반대하였다. "호랑이 등에 올라탄 자는 내려설 수 없는 법입니다. 오늘날 대인의 권세와 지위가 대단한데 일단 세력을 잃으면 마치 용이 물을 떠난 것과 같아서 개미새끼들에게 뜯기게 될 터인데 어찌 능히 자신을 보존할 수 있겠습니까?"

"그러면 어떻게 한단 말이냐?" 진퇴유곡, 곽숭도는 이럴 수도 저럴 수도 없는 상황이었다.

친신들이 계책을 올렸다. "지금 황후가 아직 세워지지 않았는데 위魏부인 유劉씨가 총애를 받고 있으니 유씨가 황후가 되도록 황상께 청할 수 있습니다. 그 외에 천하의 이해관계를 살펴 널리 백성을 이롭게 하는 조치를 실시하고 다시 뒤로 물러나기를 구하십시오. 이와 같이 하면 밖으로는 권력을 탐하지 않는다는 명성을 얻게 되며, 안으로는 황후의 도움을 받게 되어 천하의 인심을 얻게 될 것입니다. 황제께서 공이 업적은 많으나 잘못이 없는 것을 살피시면 반드시 공이 물러나는 것을 허락하지 않을 것입니다. 여러 환관들이 비록 참언을 한다 해도 공을 해칠 방법이 전혀 없습니다." 곽숭도는 계획대로 행하여 효과를 얻었다. 이보 전진을 위해 한 걸음 물러서면서 곽숭도는 이존욱의 양해를 얻어 조정에서 잠시 자리를 확고히 하였지만 근본적인 처지는 변하지 않았다. 여전히 언제 어디서나 위험이 도사리고 있었다. 더욱더 위험한 국면을 벗어나기 위하여 그는 큰 공을 세워 자신의 안전을 도모하는 계책을 세웠다. 마침 이존욱이 서천西川을 정벌하려고 아들 위왕魏王 이계급李繼岌을 '원수'로 삼자, 그는 자천하여 그의 조수가 되어 대군을 이끌고 촉蜀으로 진군하였다.

이계급은 젊고 경험이 없었기 때문에 군사대권은 곽숭도가 장악하였다. 병법을 잘 알고 있던 곽숭도는 한편으론 성을 공략하고 한편으론 군수물자를 보충하는 전술을 채택하여, 당나라 군대가 싸우면 싸울수록 강해지고 싸우면 싸울수록 그 기세가 더욱 커지게 하여 대적할 자가 없게 하였다. 그가 직접 성도成都로 진격하여 서천을 지배하고 있던 왕연王衍이 성을 바치고 투항하도록 압박하였다. 70여 일만에 전촉前蜀을 멸망시켰다.

전촉을 평정하면서 그는 아주 교묘하게 현지인들과의 인간관계를 처리하였다. 곽숭도의 공적이 커지면서 그 명성이 하늘을 찌를 듯하였다. 촉나라 사람들은 곽숭도만 알았지 이계급이 있는지는 알지 못하였다. 전촉 정권의 관료들은 앞 다투어 곽숭도의 휘하로 들어왔으며, 가장 화려한 집, 가장 아름다운 미인들, 가장 귀중한 재물들을 그에게 보냈으며, 그들 공동으로 곽숭도를 촉나라에 머물게 해달라고 상소를 하였다.

이계급은 푸대접을 받았다. 정말 기분이 상할 정도로 푸대접을 받는데다 환관들이 그를 부추키자 그는 곽숭도에 대해 의심을 품게 되었으며 두 사람 사이에 점차 갈등이 생겼다. 촉에 있던 이계급은 푸대접으로 인해 화가 났으며, 수도에 있는 이존욱은 촉에 갔던 신하들의 보고를 듣자 곽숭도가 독립할까봐 전전긍긍하였다. 일찍이 곽숭도의 도움을 받았던 유 황후는 아들 때문에 불만을 품게 되어 화가 나서, 과거의 동맹군을 보호하기는커녕 조서를 가장하여 아들에게 밀명을 내렸다.

곽숭도가 부름을 받아 이계급과 일을 의논하러 누각에 들어서자 갑자기 한 무리의 사람들이 한꺼번에 달려들어 몽둥이질을 하였다. 그는 그 자리에서 유명을 달리 했다. 그의 아들은 주살되었고 가산은 전부 몰수되었다.

주덕위미상~918년의 자는 진원鎭遠이며 어릴 적 이름은 양오陽五로 삭주朔州 마읍馬邑, 지금의 산서성 사현(朔縣) 사람이다. 주덕위는 어려서부터 군인이 되어 이극용을 따랐으며 그림자처럼 그의 곁을 따르는 장군이 되었다. 그는 지혜와 용기를 모두 갖춘 얻기 어려운 장수로 무예와 지모, 담력 모두 뛰어났으며, 거기에 풍부한 군사적 경험까지 있어 적진에서 피어오르는 연기만 보아도 적군이 많은지 적은지를 알 수 있었다. 그는 생김새가 훤칠하고 당당하였으며, 키가 크고 얼굴이 검고, 성격은 신중 침착하였다. 그가 군진에 임하면 그 엄숙한 모양에 주위 사람들이 그를 존경하였다. 생사를 넘나들면서 사병들보다 앞장을 서 싸우면서 주덕위는 전쟁터에서 자신의 기품을 드러냈다. 군대에서 계급이 한 계단 한 계단 올라가면서 '주양오周陽五'란 이름으로 천하에 명성이 자자했다.

변汴, 양나라과 진晋, 후일의 당나라이 서로 싸울 때 양나라 측에서는 주덕위를 가장 큰 근심거리로 여겼다. 변군이 태원太原을 포위 공격했을 때 '주양오를 생포할 수 있는 자는 자사刺史로 삼는다.'고 상금을 내걸 정도였다.

양나라 군대에 사람들이 야차野叉라고 부르던 용장인 진장陳章이 있었는데, 그는 자사가 되기 위하여 붉은 갑옷을 입고 백마를 몰면서 주덕위를 어디든 쫓아다니며 죽이려고 하였다. 이극용은 자신이 아끼고 돌보는 주덕위를 걱정하였으나 그는 웃으며 "사슴이 누구 손에 죽을지는 지켜보아야 하지 않을까요?"라고 말하였다. 그는 병졸로 가장하여 병사들 틈에 섞여 들어가 부대가 거짓으로 퇴각하여 적을 유인하도록 지휘하였다. 진장이 돌격해 오는 것을 기다렸다가 주덕위가 쌍 철퇴를 휘둘러 그를 말에서 떨어뜨려 그를 사로잡았다.

천복天復 연간에는 진군이 변군과의 싸움에서 번번이 실패하면서 변군이 승세를 타고 진군의 중심지인 태원을 압박해 왔다. 당시 태원은 병력이 거의 없는 상황이었고 구원군은 아직 오지 않은 상황이었다. 주덕위는 대장인 이사소李嗣昭와 정예부대를 조직하여 돌연히 성문을 열고 공격을 감행하여 대승을 거둠으로써 변군이 성 공격을 포기하고 퇴각토록 하였다.

이후 그와 이사소는 여러 차례 손을 잡고 로주潞州, 지금의 산서성 장치(長治)를 포위 공격하여, 성을 지키던 변군의 장수 정회丁會가 항복의 깃발을 내걸 수밖에 없게 하였다. 로주를 손에 넣은 후에 이사소는 로주를 지키고 주덕위는 군사를 몰아 태원으로 돌아갔다. 주덕위와 이사조의 두 번에 걸친 협력은 두 번 모두 성공을 거두었지만 두 사람 사이에 갈등을 불러왔다. 주온이 진나라 땅에 박아 놓았던 군사

요충지(로주)를 잃어버렸다는 소식을 듣자 장군 이사안李思安에게 십만의 대군을 이끌고 로주를 수복하도록 명령하였다. 이사안은 로주성에 도착하자 물샐 틈이 없을 정도로 로주성을 겹겹이 영채로 에워쌓다. 주덕위는 명령을 받아 로주성을 구출하러 갔으나 강력한 적군을 맞아 정면공격을 하지 못하고 게릴라전을 펴면서 적군의 힘을 빼려고 하였다.

서로 그렇게 일 년여를 대치하면서 주덕위는 자주 승전보를 알려왔으나 로주의 포위를 풀지 못하였다. 바로 이때에 이극용이 병이 깊이 들었다. 주덕위가 그 소식을 듣자 병력을 철수시키며 새로운 영채를 세웠다. 이극용이 임종 무렵에 병상을 지키던 이존욱에게 말하였다. "이사소는 충성스러워 나를 배반하지는 않지만 주덕위와 사이가 벌어져 있다. 지금 겹겹이 쌓인 포위망을 해결하지 못하면 내가 죽어도 눈을 감지 못하겠구나!"

이극용이 죽자 이존욱이 왕위를 이어받았으며 주덕위에게 회군토록 명령을 내렸다. 주인이 새롭게 바뀌는 시기에 사람들은 밖에서 병력을 거느리고 있는 주덕위에 대해 의견이 분분하였으며, 인심이 불안한 상황이었다. 주덕위는 태원으로 돌아오자 부대를 성 밖에 놔두고 본인 혼자만 걸어서 성으로 들어가 옛 주인의 영전에 엎드려 통곡하였으며, 몇 차례나 혼절할 뻔하였다. 주덕위의 이러한 충심을 보자 사람들은 비로소 마음을 놓기 시작하였다.

상을 치른 후에 이존욱이 친히 대군을 이끌고 로주를 향해 진격해 갔으며 주덕위에게 이극용의 유언을 전달하였다. 주덕위는 이에 감동하여 실제 행동으로 하늘에 있는 옛 주인의 영을 위로하기로 결심하였다. 그는 선봉부대를 이끌고 자욱한 안개를 이용하여 하늘에서 쏟아져 내려오는 군사들처럼 성을 둘러싸고 있는 영채들을 직접 공격하였으며 변군에게 치명적인 타격을 가하여 로주의 포위망을 풀었다. 포위망이 풀리면서 그와 이사소는 앞전의 거리감을 해소하고 이전의 우호적인 관계를 회복하였다.

영채를 부순 전쟁 일 년 후에 백향柏鄉, 지금의 하북성에서 전쟁이 발발하였다. 당시 변군의 장수 왕경인王景仁이 팔만의 대군을 이끌고 진주鎮州를 지배하고 있던 조왕趙王 왕용王鎔을 정벌하였다. 이에 왕용은 진나라에 구원을 요청하였다. 이존욱은 주덕위를 선봉으로 파견하고 자신은 대부대를 이끌고 뒤쪽에서 응전하였다. 두 나라 군대가 백향에서 마주쳤다. 변군은 늠름한 말과 금과 은으로 수를 놓은 갑옷을 입어 눈이 부셨으며 그 기세가 압도적이었다. 진나라 군대가 이 모습을 보자 두려워하는 마음이 갑자기 일어났으며, 사기가 땅바닥에 떨어졌다. 주덕위가 장군 이존장李存璋에게 말하였다. "적군의 태세를 보니 그 뜻이 전쟁에 있지 않고, 병사들로써 위세를 떨쳐 우리 군심을 흔들려는 데 있습니다. 우리 군사들을 얼핏 보니 적군의 날카로운 기세를 감당치 못하리라고 느끼는 것 같습니다. 만일 적군의 예기를 꺾지 않으면 우리군의 사기를 진작시키기 어려울 것입니다."

그는 이존장에게 군중에 가서 명령을 내리도록 하였다."너희들은 적군을 보았겠지? 본래 변주의 백정 놈들로 겉모습은 그럴듯해서 멋진 갑옷을 입었을지라도 정말 싸움이 붙으면 열 놈이 우리 한 사람을 당하기 어렵다. 저 갑옷 하나가 수천 금이니 저를 생포하여 우리 자금으로 만들자. 그냥 바라만보며 탐내지 말고 응당 힘을 다해 앞으로 나아가 이를 빼앗도록 하자!" 진나라 군인들은 이 말을 진짜로 알아듣고 주덕위와 함께 몇 차례 돌격을 감행하였으며 서서히 적군의 예기를 꺾어갔다. 그러나 중군中軍의 본진으로 돌아 온 주덕위는 오히려 이존욱에게 아뢰었다. "적군은 오만한 기운이 왕성하니, 병력을 가볍게 움직이시면 안 됩니다. 저들의 기세가 꺾이길 기다리셔야 합니다."

이존욱은 동의하지 않았다."우리군은 단독부대로 적진에 깊숙이 들어와 있는데 속전속결이 유리하오. 지금 전세를 타고 급속히 공격하지 않아, 만일 적군이 우리군의 허와 실을 알게 된다면 어떤 계책도 펴기 어려울 것이오. 경은 이를 이해하지 못하고 신중함만을 견지하고 있으니 일이 벌어질까 두렵소." 주덕위가 해명조로 말하였다. "그렇지 않습니다. 조趙나라 군대는 오랫동안 성을 지키고 있었기 때문에, 진을 펼쳐 야전을 진행하기 어려운 상황입니다. 우리 군이 적을 깨뜨리려면 기병에 의지하여야 하는데 평탄한 광야에서만이 우리의 특기를 발휘할 수 있습니다. 오늘날 창졸간에 결전을 하여 적군이 우리의 허와 실을 알게 된다면 승산이 너무 적습니다." 이존욱은 그 말을 듣지 않고 화가 나서 내실로 들어가 잠을 청하였다. 이에 따라 누구도 감히 더 이상 이존욱에게 권하려하지 않았다.

주덕위는 인내심을 가지고 감군監軍인 장승업張承業에게 말했다. "왕께서 속전을 펼치려고 오합지졸을 사용하여 강적을 부수려고 하고 있는데, 우리자신의 실력을 실제로 모르시는 것입니다. 우리와 적은 강 하나만을 사이에 두고 있는데 저가 만일 가교를 만들어 강을 넘어와 공격하면 우리군 모두가 포로가 될 것입니다. 군대를 물려서 다른 영채를 구축하여 적군이 성 밖으로 나오도록 유인하고, 경기병으로 그 식량보급로를 절단한다면 한 달이 지나지 않아 능히 적을 이길 수 있을 것입니다." 장승업을 통한 설득을 통해 이존욱이 주덕위의 주장을 받아들였다.

주덕위의 예상대로 변군이 과연 부교를 만들어 강공할 준비를 마친 상태였다. 그러나 멀리 물러서는 진나라 군대에게 이 전술은 쓸모가 없어졌다.

몇 일후 주덕위는 삼백 명의 경기병을 변군 진영에 보내 도전하면서 스스로는 삼천의 정병을 이끌고 응전하였다. 왕경인王景仁은 이에 전 병력을 동원하여 응전하였으며, 주덕위는 한편으론 싸우면서 다른 한편으론 퇴각하면서 변군을 평원으로 유인하였다. 정오에 양쪽 군대가 전열을 가다듬었는데 변군은 왼쪽에 정렬하고 연합군인 위박魏博군은 오른쪽에 정렬하여 짐승의 뿔과 같은 진형을 형성하였다. 주덕위는 이존욱에게 조금도 움직이지 말고 적군이 배고프고 목이 타서 견디기 어려울 황혼까지 기다리다 전면적으로 공격하자고 건의하였다. 오후 내내 쌍방은 진을 친 채 대기하였다. 태양이 점차 석양으로 넘어가기 시작하자 변군의 진형이 이미 느슨해졌다. 주덕위는 좌우에서 사람들에게 "변군이 퇴각하였다!", "위박魏博군이 퇴각하였다!"라고 외치게 하였다.

이렇게 소리치자 변군과 위박군의 진영에 혼란이 일어났으며, 예기를 가다듬던 진晉군이 돌진해 들어갔다. 적군의 피가 강이 되어 흘렀으며 전군이 궤멸되었다. 시체가 십 여리 길에 가득하였으며 280여명의 군관을 생포하였다. 왕경인은 몇 십 기의 보호아래 간신히 도망칠 수 있었다.

백향전쟁의 승리는 진군이 변군에 수십 년간 대항하여 싸운 전쟁 중에서 이전에 없던 대승리였다. 이 승리를 거둔 이후에 주덕위는 칼끝을 북방의 지배자인 '대연大燕황제' 유수광劉守光에게로 향하였다. 그는 성을 공략하고 땅을 점령하면서 적장을 베고 적을 무찌르면서 한 걸음 한 걸음 압박해 들어가 끝내는 유수광과 아버지인 유인공劉仁恭을 무릎 꿇게 하였다.

유수광을 멸망시킨 후에 그는 절도사의 신분으로 유주幽州, 지금의 북경를 지켰으며 경기병을 출동시켜 이존욱을 도와 변군의 장수 유심劉鄩의 태원 공격을 분쇄하였다. 거란의 군대가 침범해 오자 그는 군대을 휘몰아 거용관居庸關 등 지역에서 반격을 하였으나 대패하였다. 삼만 명의 병력을 잃은 후에 그는 유주성으로 퇴각하였으며 백성들을 동원하여 아주 고생스러운 방어전을 펴서 거란군이 포위를 풀고 물러가도록 하였다.

천복 15년(918년) 이존욱은 대군을 출동시켜 변주汴州를 일거에 빼앗으려하였다. 주덕위는 소규모의 빈번한 접전을 펼쳐 적진을 교란시키자고 건의하였으나 승리하고자하는 마음이 간절하였던 이존욱은 이를 거부하였다. 이에 할 수 없이 변군과의 대전에 참여할 수밖에 없었으며 아들과 함께 전사하였다.

평가 곽숭도는 참모형의 문관 직업군인으로 적진에 돌격하며 싸운 적은 없었지만 자신의 식견과 도략, 용기와 계책으로 후당이 후량을 멸망시키는데 핵심적인 역할을 하였다. 재상으로서 그는 군주와 신하관계, 군주와 백성의 관계 및 각종 관계를 적절하게 조절하여 후당정권이 건국 초기에 순조롭게 안정되도록 하였다. 그러나 누구나 인정하는 지혜로운 그가 '공적을 이루고 나면 뒤로 물러나야한다.'는 역사의 경험을 제대로 헤아리지 못하고 계속해서 큰 공을 세우려고 추구하여 전촉前蜀을 멸망시켰지만 자신을 오히려 영원히 회복되지 않는 상황으로 몰아넣었다.

주덕위는 오대시대의 명장으로 적의 간담을 서늘하게 하는 상승常勝장군이었다. 그는 신중하고 도략이 있어 준비되지 않은 전쟁은 하지 않았다. 로주潞州성을 포위한 적군을 물리치는 전쟁夾城之戰에서 그는 전체적인 국면을 고려하여 성주와의 개인적인 원한을 내려놓고 죽음도 불사하며 적군의 포위망을 무너뜨려, 적군이 하동河東으로 깊이 진격해 들어가는 것을 막았다. 백향柏鄕전쟁에서 그는 다시 한 번 군주의 뜻을 거스려 직언을 함으로써 뛰어난 전술로 변군을 섬멸하였으며, 이로써 진군과 변군사이의 역량의 근본적 변화를 가져왔다. 그 후에 그는 또한 유수광을 소멸시켜 진나라 정권의 배후 근심거리를 없앴다. 그는 잇달아 공적을 세웠으며 후당의 건립을 위해 결코 낮게 평가할 수 없는 역할을 하였다.

3. 후진後晉의 주요 인물

▣ 고조高祖, 이李 황후皇后

고조 석경당石敬瑭 892~942년은 석랑石郞으로 불렸으며 조상들이 서쪽 변경의 이민족이었다. 아버지는 얼열계臬捩鷄로 이극용의 부장이었으며 전공을 세워 명주洺州자사를 지냈다. 석경당은 얼열계의 둘째 아들로, 석경당이란 이름은 자신이 진짜 한인漢人이라는 것을 표시하기 위하여 스스로 바꾼 이름이다.

아들로서 아버지의 직무를 이어받아 군대에서 자란 석경당은 장성한 후엔 이사원李嗣源의 부대로 들어가 복무하였다. 그는 사람됨이 과묵하여 말 수가 적었으나 가슴에 큰 뜻을 품고 있었으며 병법서 읽기를 좋아하여 고대의 명장인 이목李牧, 주아부周亞夫를 숭배하였다. 이사원은 이 젊은이를 좋아하여 심복으로 여겼으며 자기의 딸을 그와 맺어주었으며 싸움을 잘하는 '좌사군左射軍'을 맡도록 하였다.

이존욱이 하북河北을 얻은 후에 후량後梁의 상장군 유심劉鄩의 습격을 받았을 때 군진을 펼칠 시간이 없어 심각한 손실을 입었다. 전군이 전멸당할 상황에서 군대를 따르고 있던 석경당이 십여 기의 군사를 이끌고 강력하게 적진으로 돌진하였다. 자루가 긴 창을 비껴들고 적진을 동서로 오가며 막아서면서 상대방의 기세를 꺾음으로써 본진이 위기에서 벗어나도록 하였다. 군대를 구한 큰 공! 이존욱은 석경당을 크게 표창하였으며, 그의 군대 내에서의 명성이 자자해졌다.

석경당은 이존욱을 구출했을 뿐만 아니라 이후 수년간의 종군생활에서 여러 차례 그의 장인인 이사원의 목숨을 구해주어 장인이 더욱 그를 중시하게 되었다. 피 튀기는 격전이 벌어지는 전쟁터에서 석경당은 얻기 쉽지 않은 용장이었다. 예측 불가능하게 변하는 정치계에서 그는 통찰력을 가진 모략가였다.

이사원이 이존욱의 시기와 의심을 받자, 군대를 이끌고 위박魏博의 군사변란을 진압할 때, 이사원의 본진에서도 소란이 발생하였다. 이러지도 저러지도 못할 상황에 빠진 이사원은 낙양으로 돌아가 군주에게 자신의 마음을 표명할 준비를 하였다. 석경당은 이런 어리석은 방법에 반대하면서 이 기회를 틈타 깃발을 내걸고 대업을 이루어야 한다고 생각하여 비밀리에 장인에게 말하였다. "군대를 이끌고 출병하였으나, 그 군대 내에서 소란이 발생하였는데 전체를 지휘하는 장군 혼자만 무사한 일이 어디에 있습니까? 머뭇거리는 것은 병가에서 꺼리는 것입니다. 지금 바로 남쪽으로 쳐내려감만 못합니다. 제가 삼백 여 기병을 이끌고 먼저 변주汴州로 진격하고자 합니다. 그곳은 천하의 요충지로 일단 우리 손에 넣으면 대업을 반드시 이룰 수 있습니다."

사위의 가르침을 얻은 이사원은 마음이 탁 트이면서 결심을 하였다. 석경당이 선발대를 이끌고 먼저 떠나고 이사원이 그 뒤를 이어 대군을 몰아가서 제 때에 변주를 손에 넣었다.

이사원이 천하를 얻은 후에 석경당은 '진충건책흥복공신盡忠建策興復功臣'의 칭호를 받았다. 아끼는 장수이자, 사위이며, 공신이란 세 가지 특별한 명분을 한 몸에 가지게 된 석경당은 새 왕조에서 지위가 혁혁하였으며 덕망이 높았다. 그는 먼저 섬서陝西지역으로 들어가 최고군정장관이 되었는데 청렴한 정치를 폈다. 일 년이 못되어 그 지역의 통치가 잘 이루어졌다. 그 뒤에는 위박魏博지역을 다스렸는데 그 지역은 백성들이 사납고 송사가 많은 지역이어서 안건이 무수히 쌓여 있었으나 그는 부임하자말자 바로 이들을 처리하여 안건이 대폭 줄어들게 하였다.

어디로 가든 석경당은 늘 육군제위부사六軍諸衛副使라는 직함을 가지고 있었다. 이 직위는 금군禁軍의 부장관 중에서 가장 높은 자리로 중요하기 그지없는 자리다. 금군의 최고장관은 이사원의 아들인 진왕秦王 이종영李從榮이 맡고 있었는데 석경당은 그를 잘 알고 있어서 조만간에 일을 저지를 것이라고 예측하고 있었다. 그래서 그는 완곡하게 이 직위를 거절하고 여러 대신의 도움을 받아 하동河東절도사로 전직하여 태원太原으로 가서 군사업무를 맡았다.

태원은 북방의 군사중심이자 후당의 발원지여서 석경당은 부임한 후에 외부로는 거란에 대한 방어업무를 주재하면서 내부로는 현지의 민정을 관리하였다. 그는 생활이 검소 질박하였으며 여색과 오락을 가까이 하지 않았고 연회를 열지 않았다. 일이 끝난 후에는 늘 막료들을 불러 백성들의 어려움과 정치의 득실을 논하였다. 그는 일처리에 있어 총명하고 결단력이 있었으며, 겉모습에 미혹되지 않았다. 그가 내리는 판결은 원고와 피고 모두 마음으로 흔쾌히 받아들일 수 있었다. 정무처리를 잘 하면서 석경당은 인심을 얻었으며 그 명성이 더욱 커졌다.

당 명종이 죽자 그의 다섯째 아들인 이종후李從厚, 민제(愍帝)가 제위에 올랐으나 이사원의 양아들인 이종가李從珂, 폐제(廢帝)가 이에 승복하지 않았다. 몇 개월 지나지 않아 그가 봉상鳳翔에서 군사변란을 일으켰으며 낙양을 향해 진격하였다. 민제는 이를 당해낼 수 없어 성문을 열고 도망쳤다. 도망치는 길 위에서 마침 수도로 가던 석경당을 만났다. 석경당은 형세와 조정의 세력상황을 헤아려 본 후에, 손을 뻗쳐 이 어린 황제를 도와주지 않고 반대로 그를 위주衛州에 감금하고 그의 수종들은 전부 살해하였다.

이종가는 황제가 된 후에 형세를 살펴보았다. 강력한 군대를 거느렸을 뿐만 아니라 인심을 얻고 있는 석경당이 그에게 최대 위협이 된다고 여기게 되었다. 이에 온갖 계책을 세워 석경당이 기대고 있는 근거지인 태원에서 그를 분리시키려고 하였다. 폐제의 기세등등한 압박에 대한 석경당의 방침은 우선 이를 모른 척 하는 것이었으며 일단 어찌할 수 없는 지경에 이르면 거란과 연합하여 공동으로 조정에 대항하는 것이었다. 그는 부하들에게 말했다. "지금의 천자가 나를 의심하여 그 압박이 날이 갈수록 심해지고 있다. 내 본래 다른 뜻이 없었으나 조정에서 스스로 사단을 일으키고 있다. 태원은 험준한 지역이며, 비축한 곡식도 상당히 많다. 만일 조정에서 관대하게 나를 대한다면 내가 당연히 조정을 떠받들 것이다. 만일 반드시 군대를 보내오겠다고 하면 나는 장차 인근 국가에 이를 알려서 북쪽에서 강적과 연합할 것이다."

그는 병이 나서 움직일 수 없다고 하였으며, 폐제는 그의 관직과 작위를 삭탈한다고 명령을 내리고 부대를 보내 태원을 포위하였다.

석경당은 미리 계획했던 방안대로 행동하였다. 심복인 상유한桑維翰을 거란에 보내 야율덕광耶律德光 902~947년과 담판을 하였다. 밀고 당기고 한 끝에 마지막으로는 상대방이 제시한 굴욕적인 조건에 동의하였다. 석경당이 야율덕광을 아버지로 모시고 연운燕雲 16주를 떼어주며, 매년 30만 필의 비단을 바친다는 조건이었다. 연운 16주는 지금의 하북河北성, 산서山西성의 광활한 땅으로 유주幽州, 지금의 북경, 계주薊州, 지금의 하북성 계현, 영주瀛州, 지금의 하북성 하간(河間), 막주莫州, 지금의 하북성 임구(任丘), 탁주涿州, 지금의 하북성 탁현, 단주檀州, 지금의 하북성 밀운(密雲), 순주順州, 지금의 북경 순의(順義), 신주新州, 지금의 하북성 탁록(涿鹿), 규주嬀州, 지금의 하북성 회래(懷來), 유주儒州, 지금의 하북성 연경(延慶), 무주武州, 지금의 하북성 선화(宣化), 울주蔚州, 지금의 하북성 울현, 운주雲州, 지금의 산서성 대동(大同), 응주應州, 지금의 산서성 응현, 환주寰州, 지금의 산서성 삭현(朔縣) 동쪽의 마음진(馬邑鎮), 삭주朔州, 지금의 산서성 삭현등 지역이다.

청태清泰 3년(936년) 야율덕광이 직접 군대를 이끌고 석경당을 구원하러 왔으며 당나라 군대를 대파하였다. 중원을 지배하기 위하여 야율덕광은 석경당을 무대로 올려 친 거란 정권을 수립하기로 결정하였다. 그가 석경당에게 말했다. "내가 삼천리를 달려와 난을 제압하면 반드시 성공할 것이다. 너의 모습과 식견을 보니 진정한 중원의 주인이다." 석경당은 한 바탕 양보하는 척 몸짓을 한 후에, 야율덕광이 그를 위해 마련해 놓은 보좌에 올라 '아들 황제"가 되었으며, 국호를 대진大晉이라 하고 연호를 천복天福으로 하였다. 아들황제는 45세였고 아버지 황제는 35세로 아들의 나이가 많고 아비의 나이가 적어 중국역사상 드물게 보는 골계를 연출하였다.

황제에 오른 후에 거란이란 산에 기대어 석경당은 낙양을 향해 대반격을 하였다.

후당의 군대는 계속해서 패배하였으며 폐제는 스스로 불을 질러 죽었다. 후당 군대의 남아있는 역량을 소멸시키거나 항복을 받으면서 석경당은 수도를 개봉開封으로 정하였다. 석경당은 마침내 황제의 꿈을 이루었다. 그러나 이 꿈은 엄청난 대가 즉, 북방의 요충지인 연운 16주를 거란의 손에 넘겨준 데다 끝도 없이 공물을 바치는 대가로 얻은 것으로 정부와 백성들에게 너무 무거운 짐을 지게 하였다. 장군 안중영安重榮은 "중국을 낮추고 오랑캐를 높이어, 백성을 어려움에 빠뜨리고 자신의 끝없는 욕망을 채운 이 진晉나라는 만고의 치욕이다!"라고 말하였다.

'아들 황제'를 하기는 쉽지 않았다. 석경당은 온갖 억울함을 겪었다. 거란의 사절이 진나라에 오면 의기양양하여 마음 내키는 대로 진나라 조정에 욕설을 퍼붓고 모욕을 주었으나, 석경당은 거듭거듭 몸을 낮출 수밖에 없었으며 그저 듣기 좋은 말만 하였다. 거란의 실력과 끊임없는 쥐어짜기로 인해 조정안은 주전파와 주화파 둘로 나뉘어졌다. 그는 모욕을 당할 수밖에 없었다. 주전파와 주화파 사이를 오갔지만 끝끝내 감히 거란에 대해 전쟁을 선포하지 못하고 울분을 삭이면서 계속해서 '아들황제' 노릇을 하였다.

통치권을 지키기 위하여 석경당은 후당 명종의 일부 정책을 회복하였다. 농업을 발전시켜 창고를 채웠으며 상인들에게 편리함을 주어 화물의 유통이 원활히 이루어지게 하여 중원지역에 약간의 생기가 돌게 하였다. 그러나 등극한 후에 그 자신의 생활이 방탕해졌으며 사치가 극에 달하여 궁전 전체를 금과 옥, 비취로 장식하였다. 누군가가 반란을 일으키는 것을 막기 위하여 수많은 머리털을 곤두서게 하는 잔혹한 형벌을 만들어냈다. 예를 들면 코에 물 붓기, 혀 자르기, 신체 해체, 살을 후벼 파내기, 불에 태워 죽이기, 삶아죽이기 등등이 있었다. 그는 문관들을 믿지 못하였다. 문관들은 대부분 그들의 자손을 위해 일을 도모한다고 여겨서 환관을 대량으로 등용하여 환관이 다시 궁정에 가득 차게 하였다.

천복天福 7년(942년) 석경당은 거란의 압박으로 인해 우울해 하다 병을 얻어 죽었다.

이李 황후미상~950년는 당 명종의 셋째 딸로 처음에는 영녕永寧공주로 책봉되었으나 후에는 위국魏國 장공주長公主로 책봉되었다.

이 씨는 군영에서 태어났으며, 장성하자 부친이 중매를 서서 전도가 양양한 것으로 여겨지던 석경당의 부인이 되었다. 그녀의 배경이 강력한데다 그녀 자신도 총명하고 능력이 있으며, 주견이 뚜렷하고 성격이 강하며 고집이 세서 석경당은 그녀를 대단히 두려워하였다.

남편은 전장에서 공을 세우면서 한 계단씩 직위가 올라갔으며, 그녀의 아버지가 정권을 얻은 후에는 명을 받아 북방의 군사요충지인 태원을 지키게 되었다. 몇 년 후에 황제위에 대변화가 일어났고 한 바탕 파란을 거쳐 폐제가 용상에 앉게 되었다. 새 황제는 석경당에 대해 반란을 일으킬까 늘 의심하면서 마음을 놓지 못하여 걱정이 태산 같았다. 이 씨가 낙양에 가서 형제간인 황제(명종의 양아들)를 만나 본 후에 아주 급하게 돌아가려하자 술이 대취한 황제가 그녀를 며칠 더 머물게 하려고 하였다. 그러나 그렇게 하지 못하게 되자 황제는 기분이 상하여 말했다. "네가 이렇게 급하게 돌아가려고 하는 것은 네 남편과 함께 반란을 일으키려는 것이 아니냐?" 이 씨는 몇 마디말로 얼버무리고는 여전히 작별을 고하였다. 태원으로 돌아와 황제의 말을 남편에게 알려주었다. 원래 반란을 생각하던 석경당은 이 말을 듣자 반란을 일으키려는 발걸음을 더욱 빨리 하였다.

남편이 굴욕적인 조건으로 거란의 지지를 받아 후당정권을 뒤 엎은 후에 대진大晉황제가 되었다. 이 씨 역시 황후가 되었다. 거란을 대하는 태도에 있어 그들 부부는 보는 눈이 거의 같았다. 부창부수! 그들은 모두 '화和'가 중요하다고 주장하였다.

남편이 병으로 죽자 그 자리를 이은 조카 석중귀石重貴, 出帝 913~974년가 등극하자 물이 높아지면 배 역시 높이 뜬다고 이 씨는 황태후가 되었다.

출제는 황제위에 오른 후에 거란의 지나친 압박에 더 이상 참을 수 없게 되자 이전의 '화和'의 입장에서 돌아서서 대항하는 태도를 취하였다. 그의 황후인 풍馮씨가 남편의 방침을 지지하면서 그를 격려하였다. 이 씨는 이에 찬성치 않고, 그들이 계란으로 바위를 치고 있는 것이라고 여러 차례 교훈하면서 황제가 정책을 바꾸기를 희망하였다. 출제는 황태후의 견해에 동의하지 않고 의로운 일은 뒤돌아 볼 필요가 없다는 식으로 자기의 주장을 고집하였다.

진과 요遼, 거란의 관계가 급속히 악화되면서 거란군이 대거 남하하여 말을 듣지 않은 진나라 정권을 향해 진격하였다. 출제는 두려워하지 않고 군대를 보내 침입해 오는 거란군에 반격을 가하였다. 전쟁의 첫 2년은 진나라 군대가 여러 차례 큰 승리를 거두어서 거란군이 피동적인 입장이 되었다. 그러나 그 이후에 한 지역의 대장을 맡고 있던 두중위杜重威, 미상~948년가 거란의 지지를 얻어 황제가 되려고 전군을 이끌고 투항하였으며, 거란군을 이끌고 거꾸로 개봉을 향해 진격하였다.

개봉을 지킬 수 없게 되자 이 태후와 출제는 이미 살길이 없음을 보고 불을 질러 죽으려고 하였다. 바로 이 때 야율덕광이 서신을 써서 그의 전방부대가 이 태후에게 전해주도록 하여 그녀를 모욕하였다. "내게 머리를 빗어주는 계집아이가 있었는데 약 한 주머니를 훔쳐 진晉으로 달아났는데 아직도 있느냐? 내가 양성陽城에서 싸울 때에 마차를 한 대 잃어버렸는데 아직 있는지 모르겠다!" 이 태후가 서신을 읽은 후에 마음속에 요행을 바라며 살고자하는 마음이 갑자기 일어났다. 사람들에게 불을 끄라고 하고는 대학사인 범질范質을 불러오게 하여, 그에게 두 가지 일을 하도록 하였다. 그가 두중위를 추천해 주었던 은혜를 빌어 두중위와 연락하여 모자의 생명을 보전할 방법을 찾을 것과 모자를 위한 항복문서를 써서 야율덕광에게 올리라는 것이었다. 범질의 활동으로 야율덕광이 회답하였다. "걱정하지 말라. 틀림없이 밥을 먹을 곳이 있을 것이다."

칼에 피를 묻히지 않고 야율덕광은 개봉으로 들어갔다. 이 씨 모자는 그를 만나고자 하였으나 거절당하고 봉선사封禪寺에 감금되었다. 당시 아주 추운 계절이어서 눈비가 교대로 내렸으며 이 씨는 배가 고파 마음이 황망하였다. 수종을 보내 화상和尙들에게 먹을 것을 청하면서 말을 전하였다. "내가 일찍이 수만의 승려들에게 먹을 것을 보낸 적이 있는데 오늘날 설마 우리를 가엽게 여기지 않는 것인가?" 그래도 승려들은 거란에게 죄를 살까봐 감히 먹을 것을 주려고 하지 않았다. 출제가 감시를 하는 사병에게 호소해서 겨우 먹을 것을 얻었다.

야율덕광은 출제를 '부의후負義侯'로 책봉하고 군대를 북쪽으로 철수 시키면서 그를 데려가려고 할 때 이 씨에게 말을 전했다. "내가 듣기로 중귀가 어미의 가르침을 듣지 않아 일이 여기에 이르렀다고 하니 너는 네 편한 대로 하면 된다. 우리를 따라 올 필요가 없다."

이 씨는 제위를 이었던 아들(실제론 조카)를 차마 버리지 못하고 같이 가게해달라고 요청하면서 답하였다. "중귀는 첩을 잘 받들었었습니다. 그의 잘못은 선대 군주의 뜻을 위반한 것으로 양국 간에 즐거움이 사라지게 한 것입니다. 그러나 중귀가 이번에 가는 것은 폐하의 큰 은혜와 은덕을 받아 목숨을 보전한 덕입니다. 어미가 아들을 따르지 않으면 또한 어디로 가겠습니까?"

동의를 얻은 후에 이 씨, 부의후는 궁녀, 환관, 하인 등을 데리고 길을 떠났다. 수개월간 장거리를 가면서 나라를 잃은 이들은 온갖 고생을 하였고 모욕을 받은 끝에 황룡부黃龍府, 지금의 길림성 농안(農安)로 끌려갔다. 이 후에 그들은 또한 말이나 노새처럼 이리저리 끌려다니다 황량한 건주建州, 지금의 요녕성 조양(朝陽) 서남지역까지 끌려갔다. 살아있었지만 사람의 꼴이 아니었던 이 태후는 거란 귀족에게 그들이 스스로 먹고살게 조금의 밭을 달라고 구걸하였다. 밭을 얻었으나 이 씨는 병들어 쓰러졌다. 병을 치료할 약이 없자 그녀는 하늘을 향해 통곡하면서 두중위 등을 통렬히 욕하였다. 며칠을 끌은 후에 그녀는 임종 무렵에 아들을 돌아보며 말했다. "내가 죽은 후에 시체를 범양范陽의 절로 보내다오. 내가 이방 땅의 귀신이 되지 않게 해 다오!"

평가 진晉 고조高祖는 후진의 건립자이다. 그는 용맹함, 권모술수를 통해 여러 차례 공을 세웠고 명종明宗의 사위로 후당 정치계의 고위층이었다. 그는 정치생애 전기에는 청렴하게 자신을 관리하고 백성의 심정을 잘 헤아려서 백성들을 위하여 유익한 일을 할 수 있었다. 후기에는 자신을 보호하기 위하여 또한 권력의 정점에 오르기 위하여 자기나라의 이익을 팔아먹는 것도 아끼지 않았다. 거란의 지지를 받아 부끄러움도 없고 청렴함도 없이 후대에 더러운 냄새를 남긴 '아들 황제'가 되었고 끝내는 역사의 치욕스러운 기둥 위에 못 박혔다.

세상의 관점에서 보면 이 씨는 행운의 여인이었다. 두 명의 황제와 가장 친밀한 관계에 있었다. 부친은 황제였고 남편 역시 황제였으며 이로써 천하에 가장 존귀하고 부유하며 가장 생존보장을 받는 여인이 되었다. 그러나 내일을 보장할 수 없는 난세 속에서 그녀는 모든 사람들과 마찬가지로 다른 사람의 손에 도살될 운명인 '고급' 새끼양에 불과하였다. 황후가 되기 위하여 그녀는 남편과 마찬가지로 민족의 절개를 저버리고 거란에 아첨하였다. 마지막에는 거란의 철기군에게 짓밟혀 나라가 망하고 가정이 풍지박산 났으며, 이리저리 끌려다니고 모욕을 받고 치욕을 겪은 후에 처참하게 이방 땅에서 죽었다.

▣ 상유한桑維翰, 경연광景延廣

상유한899~947년은 자가 국교國僑로 낙양洛陽 사람이다. 아버지는 상공桑拱으로 하남윤河南尹인 장전의張全義의 부장이었다. 상유한은 괴기한 모습으로 태어났는데 용모가 추악하기 그지없었다. 게다가 얼굴이 지나치게 길고 몸은 지나치게 짧았다. 그는 늘 거울을 보며 혼잣말을 하였다. "7척의 몸이 1척의 얼굴만 못하다."

그는 신중하게 처신하면서도 자부심을 갖고서 자신이 장래에 반드시 재상의 지위에 오를 것이라고 생각하였다. 이러한 소망을 실현하기 위하여 그는 진사進士시험에 참가하였으나 수석시험관이 그의 성姓의 발음('쌍')이 듣기에 거북하다고 여겨 그를 낙제시켰다. 누군가 그에게 다시는 이 길로 가지 말 것을 권유하였으나 그는 오히려 사각형의 쇠로 만든 벼루를 주문 제작하고는 선언하였다. "이 쇠 벼루가 닳아서 구멍이 뚫어질 때까진 절대로 뜻을 바꾸지 않겠다." 아버지인 상공은 아들이 두각을 나타내도록 하게하기 위하여 장전의를 찾아가 부탁을 하였다. 경력이 많고 체면을 크게 차리는 장전의는 상유한을 당시의 대유학자에게 추천해 주었고 마침내 동광同光 연간에 상유한은 마음의 소원을 이루어 과거에 급제하였다.

진사가 된 후에 상유한은 하양河陽, 지금의 하남성 맹현(孟縣) 남쪽지역으로 가서 절도사 석경당 수하에서 서기일을 보았다. 이때 이후로 그는 석경당을 따라 다녔다. 석경당이 태원을 지킬 때, 후당의 폐제와 정치적인 충돌이 발생하여 강제로 다른 직무를 맡도록 명령을 받았다. 석경당은 속수무책으로 죽지 않으려고 거란에 의지하려는 음모를 꾸미면서 부하들에게 의견을 구하였다. 사람들은 벙어리처럼 입을 다물었으며 오직 상유한과 유지원劉知遠만이 찬성을 표시하였다. 이로써 석경당이 반란을 결심하게 되었다. 석경당은 여러 차례 거란과 싸운 바가 있어 서로가 서로를 원수로 여기고 있는 상황에서 갑자기 180도 방향을 전환하여 상대의 지지를 얻는 것은 쉬운 일이 아니었다. 그는 여러 번 생각한 끝에 상유한 만이 이 사명을 완수할 수 있다고 여겼다.

상유한은 글재주가 있고 달변이었다. 더욱 중요한 것은 그와 석경당이 똑같은 정치적 견해를 가지고 있다는 것이었다. 그가 임무를 맡은 후에 감동적인 문장을 사용하여 거침없이 거란의 군주 야율덕광을 칭찬하는 서신을 써내려갔다. 그 글 가운데 석경당이 아들로서 그를 모시겠다는 것과 연운 16주를 떼어주겠다는 등의 교환조건을 열거하였다. 서한이 효과를 발휘 해 상대방이 석경당을 만족시켜주는 답변을 보내왔을 뿐만 아니라 신속하게 병력을 출동시켜 구원에 나섰다.

그러나 석경당이 황제가 된 후 후당의 군대와 격렬한 싸움을 할 때에 상황이 돌변하였다. 유주幽州를 지키던 후당의 조덕균趙德均, 조연수趙延壽 부자 역시 황제가 되려고 거란에게 상당한 뇌물을 보내 거란이 석경당에 대한 지지를 포기하고 그들을 지지하도록 요구하였다. 그 소식이 전해지자 석경당은 당황하여 어찌할 바를 몰랐으며, 즉시 상유한을 거란에 보내 야율덕광이 자기를 포기하지 말라고 간절히 요청하였다.

거란에 도착한 상유한은 능숙한 혀를 놀려 야율덕광에게 말했다.

"대국이 의병을 일으켜 외로운 자의 위험을 구하려고, 한 번 싸움을 하자 당나라 군대가 와해되어 영채만을 지키고 있으며, 이미 식량이 다 떨어지고 힘이 다했습니다. 조덕균 부자는 충성도 신의도 없는 자들로 대국의 강대함을 두려워하여 원래부터 다른 마음을 품고 있었으며, 군대를 움직이지 않고 변화를 살펴보고 있는 자로 결코 죽음으로서 국가를 지키려는 자들이 아닙니다. 그들을 두려워할 것이 무엇이 있습니까? 어찌 그 망령된 말을 믿고 그 조그만 이익을 탐하여 다 이룬 공업을 포기하려 하십니까? 만일 진晉이 천하를 얻도록 한다면 반드시 중원의 재물과 부유함을 다하여 대국을 섬길 것인데 어찌 작은 이익에 비교할 수 있습니까?"

노련한 야율덕광은 정면으로 답을 하지 않고 돌려서 말했다. "너는 쥐를 잡는 사람을 본 적이 있느냐? 만일 방비를 하지 않으면 쥐에게 손가락을 물릴 우려가 있느니라. 어찌 대적을 앞에 두고 있는데 방비를 하지 않겠느냐?" 상유한이 계속 다그치며 말했다. "지금 대국이 이미 그 모가지를 누르고 있는데 어찌 다시 사람을 물 수 있습니까?" 야율덕광이 궁지에 몰려 더 이상 우회할 말이 없게되자 그때서야 사실을 말하였다. "내가 앞에서 한 약속을 어기는 것이 아니다. 그러나 병법상의 권모술수를 고려하여 어쩔 수 없이 그리한 것이다."

여기까지 말하게 되자 상유한은 모든 패를 보여주며 승부를 결정짓듯 말하였다. "황제께서 신의로써 다른 사람의 위급함을 구하는 일을 온 세상 사람들이 모두 똑똑히 보고 있는데, 어찌하여 중도에 변화를 일으켜 대의를 중도에 포기하려 하십니까! 신은 황제께서 이렇게 하시는 것은 전혀 가치 없는 일이라고 생각합니다." 야율덕광은 그래도 고집을 꺾지 않았다.

상유한은 황제의 장막 앞에서 무릎을 꿇고 새벽부터 황혼 무렵까지 울면서 계속 아뢰어 상대방을 감동시키길 바랐다. 야율덕광이 마침내 그 모습에 감동하여 그의 간절한 요구에 답하면서, 몸을 돌려 장막 앞에 서 있는 바위를 가리키며 조덕균의 사절에게 이야기하였다. "내가 이미 석경당에게 약속을 하였다. 이 바위가 문드러질 때까지는 결코 약속을 바꾸지 않을 것이다."

상유한은 거란에 대해 친선의 태도를 견지하였다. 야율덕광은 그를 마음에 들어 하여, 용상에 앉아있는 석경당에게 말하였다. "상유한은 너에게 충성을 다하고 있으니 마땅히 그를 재상으로 임명하여야 한다."

재상! 반평생을 꿈꾸어 왔던 상유한은 거란이 그의 꿈을 실현시키는 것을 도와주리라고는 전혀 생각지도 못하였었다. 그는 모든 사람이 주목하는 정치의 중심인물이 되었다. 감격한 끝에 은혜를 갚으려는 상유한은 야율덕광이 그를 재상으로 끌어 올린 뜻을 알아채고는 이 이방 황제의 기대를 저버리지 않았다. 그가 재상으로 있는 동안에 힘을 다해 거란과의 종속관계를 유지하였으며, 거란을 반대하는 각종의 움직임이 우세를 차지하지 못하도록 저지하고 나섰다.

재상이 된지 4년차에 상유한은 더 이상 재상을 할 수 없었다. 비록 사람들이 그가 재상의 도량과 능력을 가지고 있다고 칭찬하였다할지라도 그는 지나치게 탐욕스러웠다. 개봉과 낙양에 각각 사저를 대규모로 지었으며, 점포를 열어 백성들과 이익을 다투었다. 정부인사의 안배에 있어서는 임명하는 자마다 모두 친척이었으며 수많은 요직을 그의 친신에게 주었다. 이러한 일은 원래 관료사회에서는 흔히 있는 일이어서 기이할 것이 없었다.

그러나 그가 중앙집권을 강화하려는 생각에서 큰 세력을 가지고 있던 절도사 양광원楊光遠을 다른 지역으로 옮겨가라는 명령을 내려 그를 그의 부대로부터 떨어뜨려 놓으려고 하였을 때 문제가 생겼다. 양광원이 크게 불만을 터뜨리며, 공적인 일을 빌어 사적인 욕심을 채워 백성들과 이익을 다투고 있다는 이유를 들어 상유한을 탄핵하는 상소를 올렸기 때문이다. 석경당은 절도사들에게 지나치게 노여움을 사는 것을 피하기 위하여 상유한의 재상직을 파면하고, 그를 지방관으로 내보내 그와 절도사들 간의 불화를 완화시켰다.

상유한이 중앙정계를 떠난 후에 주전파인 안중영安重榮 장군이 거란에 반대하는 토곡혼吐谷渾 세력을 이용하여 석경당에게 표문表文을 올렸다. 기회를 잡아 거란에게 전쟁을 선포하라는 표문이었다. 석경당은 거란에게 압박을 받은 지 오래된 터이라 반감이 날이 갈수록 깊은 상황에서 안중영의 표문을 보았으나 망설이며 결정을 내리지 못하였다.

조정에 눈과 귀가 많았던 상유한은 이 소식을 신속하게 얻을 수 있었다. 그는 즉시 비밀리에 상소하여 거란과 다툴 수 없는 일곱 가지 사유를 말하였다. "상대방은 땅이 크고 인구가 많으며, 군대가 강력하여 가장 강성한 시기이니 이것이 첫째로 다툴 수 없는 사유입니다. 우리 측 창고는 재물이 비어있고 백성들은 곤궁하며 군사력도 아주 약한 것이 둘째로 다툴 수 없는 사유입니다. 먼저 전쟁을 일으켜 맹약을 깨면 우리 측의 합리성이 부족하게 되니 이것이 셋째로 다툴 수 없는 사유입니다. 상대방 내부는 단결되어 있고 자연재해가 없으니 이것이 넷째로 다툴 수 없는 사유입니다. 상대방은 유목민족으로 기동성이 민첩하여 잘 싸울 뿐만 아니라 어려움도 잘 견디니 이것이 다섯째로 다툴 수 없는 사유입니다. 상대방의 기병은 평지에서 싸움을 잘 하는데 쌍방이 교전해야하는 지세가 바로 이와 같으니 이것이 여섯째로 다툴 수 없는 사유입니다. 전쟁이 일단 발발하면 소모해야 하는 것이 얻는 것보다 더욱 많고, 무장들이 교만해지고 제멋대로 행하여 통제하기가 어려워질 것이니 이것이 일곱째로 다툴 수 없는 사유입니다." 거란에 대해 불만을 갖고 있는 군주의 심리를 겨냥하여 권면하며 말했다. "이것을 일컬어 권변權變이라 하는데 펴는 것과 굽히는 것을 능숙하게 잘 하면 손실은 적고 얻는 이익은 큰 법입니다."

석경당이 비밀 표문을 보고나자 밀지를 상유한에게 보냈다. "짐이 북쪽으로 거란을 섬기며 기쁘지 않고 불만이 많았는데 오늘 경의 표문을 보니 깨달아 알게 되었소. 짐이 이미 계책을 결정하였으니 경은 근심하지 마시오!"

상유한의 주장이 받아들여졌지만 그는 여전히 지방에 머물렀으며 후진後晉 출제出帝가 제위를 이은 후에야 비로소 다시 중앙으로 돌아갈 수 있었다. 그는 계책을 써서 주전파인 경연광을 밀어내고 대권을 혼자 휘두르며 대량으로 뇌물을 받았다. 비록 상유한이 조정의 세력을 쥐고 있었으나 출제가 항전의 정책을 견지하고 있어서 그도 어쩔 수 없이 같이 갈 수 밖에 없었다. 전쟁이 전면적으로 실패한 후에 그는 거란의 선봉장 장언택張彦澤에게 붙잡혀 처형당했다.

경연광892~947년은 자가 항천航川으로 섬주陜州, 하남성 섬현(陜縣)사람이다. 아버지 경건景建은 화살을 무척 잘 쏘았는데 일찍이 아들에게 말했다. "화살을 쏘아 쇠(철)를 뚫지 못한다면 쏘지 않는 것이 낫다." 아버지의 영향으로 경연광의 활 쏘는 기술은 날이 갈수록 정밀해졌다. 군인이 가장 좋은 직업이었던 난세에서 그는 후량의 군대에 들어갔다. 처음에는 섬주陜州에 주둔하고 있던 소왕卲王 주우회朱友誨 밑에서 일을 하였으나, 그가 모반을 하다 처벌을 받게 되자 이에 연좌되어 화를 입는 것을 피하기 위하여 도망쳤다. 몇 번의 곡절을 거쳐 대장군 왕언장王彦章의 부대에 들어갔으나 얼마 지나지 않아 이존욱과 대전투가 발생하였다. 이 싸움은 후량군의 참패로 끝났으며 그는 수많은 상처를 입은 채 개봉開封으로 도망갔다.

후당이 건국된 후에 경연광은 항복한 장수로 편제되었다. 이사원이 정권을 얻은 후에 개봉을 지키던 장수 주수은朱守殷은 이사원과 협력을 거절하였다. 그러나 이사원이 보낸 군대에게 개봉이 평정되었고 경연광은 주수은과 연루되어 사형수 감옥에 갇혔다. 석경당이 이사원의 명령을 받고 와서 안건을 심사하는데 이 죄수가 재능이 있는 것이 아까와 은밀히 그를 풀어 주었다. 사태가 진정되고 상황이 변하자 그는 석경당에게 몸을 의탁하였으며 그때부터 순탄하지 못했던 생애가 끝나고 새로운 인생을 맞게 되었다.

주견과 모략이 있는 경연광을 석경당이 남다르게 주목하면서 자신의 친신으로 여겼다. 석경당이 대진의 황제가 된 이후에 그의 상황이 날로 좋아졌다. 여러 곳에 주재한 후에 극히 중요한 군사직위를 맡게 되어 후진 정권에서 저명한 지방 수석장관이 되었다. 은인인 석경당이 살아 있을 때 경연광은 말을 적게 하면서 일을 많이 하였으며 자신의 칼끝을 결코 세상에 드러내지 않았다.

석경당은 줄곧 태자를 세우지 않았는데 중병이 들어 임종할 무렵에서야 겨우 남아있던 나이 어린 친 아들 석중예石重睿를 재상 풍도馮道에게 부탁하여 제위를 잇도록 하였다. 그러나 석경당이 죽자 강력한 군대를 거느리고 있던 경연광이 앞으로 나섰다. 그는 국가가 어려움을 겪고 있는 시기에는 마땅히 나이가 있는 군주를 세워야한다고 말하면서, 석경당의 양아들--원래 조카인 석중귀石重貴, 후진 출제(出帝)를 자신이 지명하여 제위로 올렸다. 군사집단의 대표자인 경연광에 대해 풍도는 감히 소리를 내지 못하였으며 백관들도 감히 이의를 제기하지 못하였다.

후진 출제가 세워진 후에 그가 기댄 것은 경연광이었다. 경연광은 이러한 공적에 기대어 조정을 장악하였다. 조정을 장악한 경연광은 오랫동안 감추고 있었던 반反 거란 사상을 드러내었을 뿐만 아니라 실천하였다. 새로운 황제가 등극한 후에 규례에 따라 종주국인 거란에 이를 보고하였다. 새로운 황제가 어떠한 신분으로 거란에게 보고하느냐를 놓고 군신들이 격렬한 토론을 전개하였다. 다수는 응당 이전 쌍방의 실제관계에 따라 상대방에게 머리를 숙이고 '신臣'이라고 칭해야 한다고 생각하였다. 경연광은 이에 동의하지 않았다. 그는 선제先帝가 거란에 대해 '아들'이라고 칭하다 뒤에는 '신臣'이라고 칭하였는데 이것은 어쩔 수 없는 일이었다고 지적하면서, 이제 진나라의 국력이 변하였으니 새 황제는 이러한 유추에 따라 '손자'라고 칭할 수는 있으나, 이것보다 더 국격을 모욕되게 할 수는 없다고 하였다.

경연광의 한 마디가 천금보다 중하여 중신들이 그저 그의 말대로 가부를 결정하였다.

거란 군주가 분노하여 문건을 보내 책망하였으며, 또한 사절 교영喬榮을 보내 꾸짖었다. 사절의 꾸짖음에 대해 경연광이 강경하게 대응했다. "돌아가서 네 주인에게 말하여라. 선제께서는 너희 북방의 왕조가 세운 바가 되어 신하라고 칭한 것이다. 오늘의 새 황제는 중국이 세운 바로 여전히 북방왕조에 대해 자기의 신분을 낮춘 것은 선제가 맺은 맹약을 감히 잊지 않으려는 것이다. 이웃국가로서 손자라고 칭하는 것으로 족하며, 다시 신하라고 칭할 이유가 없다. 북쪽의 황제는 참소하는 말을 가볍게 믿어 중국을 모욕하지 말라. 중국의 병마는 네가 직접 네 눈으로 목도한 것이다. 진晉 왕조는 십만의 군대가 칼을 날카롭게 갈고 있다. '할아버지'가 만일 전쟁을 하려면 일찍 와야 할 것이다. 다른 날 '손자'에게 패배를 당한다면 천하에 웃음거리가 될 것이며 후회해도 소용없을 것이다!"

교영은 노련한 외교관으로 그는 양국사이에 조만간 전쟁이 일어날 것을 알고 있었기에, 경연광과 정면으로 변론할 필요가 없다고 느꼈다. 그는 계략을 깊숙이 감추고 종이에 쓴 증거를 요구하며 침착하게 말했다. "공께서 많은 말을 하셨는데 제가 돌아가면 잊어버릴까 두렵습니다. 종이에 기록하여 주시기 바랍니다." 극도로 흥분하여 말을 하던 경연광은 교영의 속마음을 조금도 알아차리지 못하고 흔쾌히 답변하였다. 문서작성 관리에게 자신의 말을 기록하여 교영에게 건네주도록 하였다. 교영이 귀국하여 상황을 보고하자 야율덕광은 화를 참을 수 없어 모든 진晉의 사절들을 감금하고 전면전을 준비하여 속박에서 벗어나려는 진 조정에 대응하라고 명령하였다.

거란의 전쟁준비에 대해 경연광은 전혀 개의치 않았다. 그는 진왕조의 국력이 이미 옛날과 비교할 수 없으며, 거란이 감히 대거 공격하지 않을 것이라고 생각하여 거란이 그저 거드름만 피우는 것이라고 여겼다. 그는 조정내의 일에만 모든 신경을 써서 자기의 권력과 지위를 공고히 하고 군주에 대한 통제력을 강화하여 자기와 다른 세력의 출현을 방비하였다. 천하에 대 가뭄이 들어 수십만 백성이 굶어 죽는 상황에서도 그는 놀랍게도 무수한 금은보석을 가져다 군주의 외출을 따라가는 수많은 수행 인원들에게 상을 주었다.

반년이 못되어 거란의 중무장 기병들이 하북河北지역을 덮쳐 와 하북의 식량저장지인 감릉甘陵을 함락시켰다. 사태가 심각했다! 진晉 출세出帝가 어쩔 수 없이 직접 정벌에 나섰으며 경연광이 군사업무를 조정하는 책임을 졌다. 두 나라 군대가 하북에서 서로 만난 후에 수많은 장수들이 전장에 나가 적을 맞아 용감히 싸웠으나 선봉인 석공패石公覇가 적에게 포위되었다. 장군 고행주高行周, 부언경符彦卿이 병력이 부족해 나가서 구할 방법이 없자 여러 차례 사람을 보내 경연광에게 위급을 알리며 구원을 요청하였다. 그러나 경연광은 전혀 꿈쩍도 하지 않았으며 세 명의 장군 모두 적의 포위망에 갇혔다. 출제는 상황이 좋지 않음을 보자 자신이 직접 어림군御林軍을 거느리고 전장에 나가 그들을 도왔으며, 세 장군이 그때서야 겨우 포위를 뚫고 나올 수 있었다. 세 장군은 군주에게 경연광을 성토하였으나, 경연광은 거만하고 난폭하며 제멋대로 날 뛰었을 뿐만 아니라 실력이 강력한 자신의 군대를 장악하고 있었기 때문에 출제는 그를 처리할 방법이 없어서 그냥 흐지부지 그 일을 끝냈다.

두 나라 군대가 서로 교전을 벌일 때 거란군사들이 큰 소리로 외쳤다."경연광이 우리를 불러 여기까지 왔는데 어째서 빨리 나와 싸우지 않느냐?" 거란병들이 큰 소리로 외쳤지만 평소 전쟁을 해야 한다고 큰소리치던 경연광은 오히려 못들은 척하였다. 신속하게 나와 응전을 하지 않았을 뿐만 아니라 심지어는 영내로 피해 적군과 단 한 번도 대면하지 않았다. 거란군이 물러 간 후에 그는 이것이 적군의 유인책이라고 여겨 여전히 영채 밖으로 나오지 않고 주저주저 하였다. 사대부들이 등 뒤에서 경연광에 대해 의론이 분분하였다. "지난 날 거란과 절교할 때는 그 말이 얼마나 용감하였었나! 그런데 오늘날 거란 군사가 쳐들어오니 그 기개가 얼마나 없는지!"

대군이 수도로 돌아 온 후에 경연광은 뭇 사람의 비난의 표적이 되었다. 거란의 외교문서가 전쟁의 화근인 경연광을 처벌하라고 끊임없이 날아오면서 주화파가 세력을 얻게 되었고 그가 평화로운 국면을 깨뜨렸다고 비난하였다. 사회적으로도 도덕적인 비난여론이 일어났다. 그가 모친의 상을 당하고도 여전히 군사업무를 주재하고 있어 효도의 예를 위배하였다는 비난이었다. 출제는 그의 세력이 너무 커지면 이를 감당하기 어려울 까봐 그를 서경인 낙양을 지키도록 하였다. 낙양으로 간 이후에 경연광은 기운을 잃었으며 다시는 이전의 생기를 찾아 볼 수 없었다. 이번의 전쟁을 통해 그의 태도가 완전히 바뀌었다. 그는 진의 국력이 이미 심각하게 손상을 입어 다시는 거란과 대항할 방법이 없다고 비관적으로 생각하였다. 이외에도 그는 직급이 내려가면서 우울해 했으며 조정에 대해 이전의 열정을 잃어버렸다. 그는 퇴폐의 길로 가기 시작하였다. 주의력을 다른 곳에 집중하였다. 저택을 크게 짓고 밤새워 술을 마셨으며 가무와 여색에 깊이 빠졌다.

조정에 있는 출제 역시 전쟁을 겪고 나자 두려움에 빠졌다. 그는 태도를 바꾸어 사절을 보내 거란에게 '신하'로 자신을 지칭하며 화해를 요청하였다. 야율덕광은 평화담판을 할 수 있으나 추가 조건을 내세웠다. "상유한과 경연광을 파견하여 담판을 하는 외에 진주鎮州, 정주定州 두 주를 더 할양하라." 진 출제는 상대방이 성의가 없음을 보자, 더 이상 담판을 할 수 없어서 사태가 흘러가는 대로 몸을 맡겼다. 거란군이 다시 대거 진격해오자 경연광은 낙양에 주둔하는 군사들을 이끌고 하양河陽으로 가서 적을 맞을 준비를 하였다. 그러나 전신의 주장인 두중위杜重威가 거란에 항복하였다는 소식을 들은 후에 대세가 이미 글렀다고 느껴 낙양으로 철군하였다.

야율덕광이 후진 정권을 멸망시킨 후에 경연광을 붙잡으려고 사람을 낙양으로 보내면서 명령을 내렸다. "경연광이 남쪽의 오吳로 도망치든 서쪽의 촉蜀으로 도망치든 반드시 쫓아가서 잡아올 것이다." 경연광은 가족들을 보호하기 위하여 도망치지 않고 스스로 투항하였다. 교영이 옛날의 증거를 가지고 나오자 그는 머리 숙여 굴복할 뿐이었다. 북방으로 압송되어 가는 길에서 더 이상의 치욕과 고통을 면하기 위하여 스스로 목을 졸라 생을 마감하였다.

평가 상유한은 오랜 기간 석경당을 쫓아 다녔다. 석경당이 후당군대의 맹렬한 공격을 받을 때 거란에 의지하여 '아들황제'가 되려고하자 그가 가장 먼저 몸을 일으켜 찬성을 표하였다. 그 이후에 거란에 사절로 오가면서 온 힘을 다하여 석경당이 이 계획을 실현하는 것을 도와주었다. 후진정권이 개봉에 자리 잡은 후에 그는 주화파의 대표가 되었으며, 조금도 흔들리지 않고 거란에 대한 종속관계를 유지하면서 주전파를 억눌렀다. 그는 권력을 좋아하고 재물을 탐하여 부패한 관료의 전형이 되었다. 마지막에는 비참하게도 자신이 빚어 놓은 쓴 술을 마시게 되었다.

경연광은 후진 후기의 중요인물이다. 몸소 거란의 후진에 대한 압박과 능멸을 겪었기 때문에 강렬하게 거란에 반항하는 경향을 보였다. 출제의 등극을 돕고 보정대신輔政大臣이 된 후에 이를 계기로 거란에 대항하는 정책을 세웠다. 그러나 비록 국가적인 자존심이 높았지만 그는 오히려 맹목적인 자부심과 낙관적인 생각만 보여주었을 뿐이다. 정작 전쟁이 일어난 후에는 적을 두려워하여 쥐처럼 숨기만 하여 웃음거리가 되었다. 그가 일으킨 전쟁으로 후진은 거란과의 전쟁에서 대단히 피동적인 입장에 빠지게 되었을 뿐만 아니라, 후진의 멸망을 초래하였다.

4. 후한後漢의 주요인물

▣ 고조高祖, 이李 황후皇后

후한 고조 유지원劉知遠 895~948년은 제위에 오른 후에 이름을 숭嵩으로 바꾸었다. 사타부沙陀部 사람으로 대대로 태원에서 살았다. 가세가 기울었기 때문에 아버지 유전劉琠에 이르기까지 조상들 모두 이렇다 할 업적이 없었다.

유지원은 어렸을 때 내성적 성격이어서 과묵하였으며, 병치레를 많이 하고 재난도 많이 당해 양육이 어려웠다. 장성했을 때 그의 얼굴은 기이한 모습이 되었다. 얼굴색이 자줏빛 붉은 색이었으며, 눈동자가 작고 흰자위가 무척 많아 아주 음산한 느낌이었다. 그의 집안이 아주 가난하여 생계를 잇기 위해 이李씨 성을 가진 부자 집에 데릴사위가 되었다. 처가살이를 하며 처가의 말을 키웠는데, 어느 날 말들이 절 소유의 밭을 짓밟는 일이 발생하였다. 승려들이 화가 나서 그를 묶어서 두드려 팼다. 데릴사위 노릇도 쉽지 않았고 신분도 너무 낮아 늘 사람들의 멸시를 받았다.

전쟁이 끊임없이 벌어지고 있는 세상이었기에 유지원은 자신의 앞길을 바꾸기 위하여 또한 밥 문제를 해결하기 위해 군인의 길로 접어들었으며 이사원李嗣源의 부하가 되었다. 그는 전쟁에 나가 용감히 싸웠으며 얼마 되지 않아 편대장偏將으로 승진하였다. 이사원이 후량

군대와 덕승德勝에서 전쟁을 벌일 때 치열한 전투가 벌어졌는데 석경당이 탄 말의 안장이 갑자기 찢어지면서 아주 위급한 상황이 되었다. 이때 유지원이 돌진해 들어가 석경당에게 자신의 말로 갈아타도록 한 후에 후방을 막으면서 석경당이 위험에서 벗어나도록 보호하였다. 그 일이 있은 후에 석경당은 그의 행동에 감격하여 그를 이사원 수하에서 자신의 수하로 오게 하였다.

석경당이 태원을 지키고 있을 때 조정에서 정변이 발생하였다. 후당 민제愍帝가 어쩔 수 없이 도망치게 되었는데 도중에 외출 중이던 석경당과 만나게 되었으며 그들이 같이 한 집으로 들어가 밀담을 나누게 되었다. 유지원은 만약의 사태를 대비하여, 용사인 석감石敢을 보내 석경당을 보호하도록 하였다. 석감은 소매 속에 철퇴를 숨긴 채 석경당을 수종들었다. 결국 양측에서 다툼이 일어났고, 유지원이 사람들을 데리고 집안으로 뛰어 들어가 민제의 수종들을 전부 죽여 버리고 다시 한 번 석경당의 생명을 구하였다.

두 번이나 석경당을 구출한 유지원은 점차 그의 휘하에서 두드러진 인물이 되었으며, 병마를 총 관리하는 마보군도지휘사馬步軍都指揮使로 승진하였다. 그는 군대를 다스리는데 있어 사적인 것이 없었으며, 병사든 장군이든 다 똑같이 대우하여 전군이 일심동체가 되게 하였다. 후당 폐제廢帝가 석경당이 반란을 일으킬까 의심하여 대군을 이끌고 태원을 포위하자 그는 성을 지키는 책임을 맡아 철옹성처럼 굳건히 수비하였다.

석경당은 곤경을 벗어나기 위하여 또한 자신이 천하를 얻기 위하여 거란의 지지를 받으려고 하였다. 유지원과 상유한은 다른 의견들을 물리치고 찬성을 표하였다. 그러나 석경당이 아들 자격으로 땅을 할양하는 조건으로 담판을 할 때 유지원은 그렇게 하는 것은 지나친 굴욕이라고 반대하였다. "신하라고 칭하는 것은 가능하지만 아들로 아버지를 모신다는 것은 너무 지나칩니다. 금은보화와 비단으로 뇌물을 바치는 것만으로도 그들을 출병시키기에 족합니다. 토지 할양에 응답할 필요가 없습니다. 훗날 중원에 큰 우환이 될 수 있으며 후회해도 소용없는 일이 될 것입니다." 석경당이 이 말을 받아들이지 않자 유지원은 그저 그대로 내버려 둘 수밖에 없었다.

거란군은 석경당을 도와 후당의 포위공격을 분쇄하였다. 서로 협력하는 과정 속에서 야율덕광은 작전 실력이 있었던 유지원을 대단히 중시하여 석경당과 헤어질 때 특별히 관심을 쏟아 말했다."이 장군은 대단히 용맹한데, 큰 잘못이 없다면 절대로 내치지 말라."

후진 정권이 개봉으로 옮겨간 후에 큰 공을 세웠을 뿐만 아니라 거란의 관심을 받고 있던 유지원과 거란에 항복한 두중위가 동시에 절도사로 임명되었다. 유지원은 두중위와 같이 벼슬 받은 것을 부끄러워하여 두문불출하였다. 그의 불만을 표시한 것이다. 석경당은 그가 공을 믿고 오만하여 안하무인이 되었다고 화를 내면서 그의 군사 직위를 박탈하였다. 다행히도 재상인 조영趙瑩이 그를 대신하여 황제에게 호소하고 다른 한편으론 대학사인 화응和凝을 유지원의 장군부에 보내 조서를 읽도록 하였다. 그때서야 비로소 유지원이 명령을 받아들였다.

몇 번의 자리이동을 거쳐 유지원은 태원의 최고군정장관으로 임명되어 북방의 제일 중요한 영토를 관리하게 되었다. 그는 세상사와 인정을 잘 이해하였기에 부임한 후에 공무를 제쳐놓고 먼저 시급하게 한 가지 일을 하였다. 왕년에 그를 두드려팼던 승려들을 불러와서 좋은 말로 위로 하였다. 이 일은 비록 소소한 일이었지만 이를 통해 그가 도량이 크다는 아름다운 명성을 얻게 되었으며 당지의 인심을 얻었다.

출제가 제위를 이어받은 후에 경연광이 조정을 장악하고 강경한 태도로 거란과 관계를 악화시켰다. 조신들이 경연광의 권세를 두려워하여 모두 늦가을 매미처럼 아무소리도 못 냈다. 태원에 있던 유지원도 조정에 대해 단 한마디도 하지 않으면서, 은밀하고 자세하게 천하의 형세를 분석하였다. 그는 거란의 침범이 시간문제라고 생각했다. 이에 따라 그는 적극적으로 군대를 확충하며 전쟁을 준비하여 하동河東지역의 안전을 확보하려고 하였다. 그가 애쓰고 힘쓰며 경영한 결과 하동이 여러 진鎭들 중에서 가장 강하였으며, 병력이 마병, 보병 도합 5만 명에 달했다. 상황은 유지원이 예측한대로 발생하였고, 유지원은 죽기를 기다리고 있는 조정을 구출하려는 어떠한 군사적 자세도 보이지 않았다.

야율덕광이 개봉에서 제위에 올라 진晉나라를 대요大遼로 바꾼다고 선포하였다. 눈앞의 형세에 밀려 유지원은 왕준王峻을 사절로 개봉에 파견하여 야율덕광에게 축하하는 표문을 올렸다. 야율덕광은 후진의 잔여세력 중 가장 실력있는 유지원의 축하표문을 보자 말로 표현할 수 없을 정도로 기뻐하면서 유지원을 '아들'이라고 칭하였으며, 특별한 은혜를 내려 그에게 최고의 영예를 상징하는 나무지팡이를 하사하였다.

왕준이 나무지팡이를 가지고 태원으로 돌아올 때, 도중에 거란인들이 그 지팡이를 보면 앞다투어 길을 양보하였다. 야율덕광에게 축하표문을 올린 것은 사실 유지원의 변통책으로 시간을 벌며 형세의 발전을 관망하려는 것이었다. 어느 정도 시간이 지나자 유지원은 거란이 장기간 중원에 머물지 못할 것이라고 보았다. 그들의 약탈정책과 잔인한 행동으로 중원백성들과 각 지역 군대의 반항을 불러왔기에 조만간에 그들이 중원에서 철수할 것이라고 내다보았다.

이 시기에 그의 부하들 다수가 그가 황제위에 올라서 사방을 호령하며 각 지역의 '제후'들을 불러 모아야한다고 요구하였다. 유지원은 황제위에 오르는 것을 서두르지 않았으며 일부러 자기를 위해 이미지를 만들어 갔다. 자신이 병력을 내서 출제를 구하여 태원으로 모시고 와서 군주로 섬길 것이라고 떠들었다. 그의 집단의 주요 간부들의 선동으로 군사들이 광장에 운집하여 대장에게 말하였다. "지금 거란이 수도를 함락시키고 천자를 잡아가서 천하에 주인이 없는 상황입니다. 이제 천하를 능히 다스릴 수 있는 사람은 우리 왕뿐입니다. 마땅히 먼저 정당한 자리에 오른 후에 군사를 출동시켜도 늦지 않습니다." 이 말이 끝나자 함께 환호하였다. "만세! 만세! 만만세!" 내심으로는 흥분하였지만 유지원은 표면적으론 냉정함을 가장하고 병사들이 그렇게 하지 못하도록 하면서 꾸짖는 조로 말했다. "오랑캐의 세력이 아직 강하고, 우리군대의 위세는 아직 떨쳐 일어나지 못하였다. 우선 공적을 세운 후에 대업을 세워야 한다. 너희들 병사들이 무엇을 안다는 말이냐?"

사병들의 권함이 아무런 효과가 없자 장군들이 연이어 권하였다.

재삼재사 권하면서 곽위郭威 등이 유지원에게 아뢰었다. "지금 가까운 곳이나 먼 곳이나 할 것 없이 서로 모의를 하지 않았는데도 의견이 같은 것은 실로 하늘의 뜻입니다. 왕께서 만일 이 기회에 이를 취하지 않고 겸양으로 제위에 오르지 않는다면, 인심이 흩어져 오히려 그 해를 받을 시기가 올까 두렵습니다." 너무나 논리정연한 말에 유지원은 그들의 견해에 동의하였다.

개운開運 4년(947년) 유지원이 황제위에 올랐다. 후진의 관리와 백성들의 마음을 얻기 위하여 그가 계승한 것은 진 고조의 사업이라는 것을 표시하기 위하여 개운 4년을 천복天福 12년으로 바꾼다고 선포하였다. 그는 등극하자마자 바로 명령을 내려 거란이 적敵이라고 선포하였다. 그는 명령을 내려 "각지에서 거란을 위해 돈과 재물을 거두어들이는 일을 즉각 중지하라. 진의 신하로 어쩔 수 없이 사절이 된 자는 그 잘못을 추궁하지 말라. 각지의 거란인은 전부 처형하라." 유지원의 등극은 중원지역에서 거란에 반대하는 파도가 계속 일어나는 작용을 하였다.

야율덕광은 개봉에서 더 이상 앉아있을 수가 없어 자기의 외삼촌인 소한蕭翰에게 개봉을 지키게 하고 자신은 문무백관과 후진에서 항복한 관리들을 데리고 북방으로 철수하였다. 야율덕광이 막 떠나간 후에 유지원이 중원으로 발길을 돌려 진군하였다. 그가 대군을 휘몰아 거란에 붙어있던 세력들을 정벌하였으며, 각지에 할거 하고 있던 '제후'들을 소탕하였다. 순조롭게 일이 진행되었다. 소한은 이미 중원에서 거란의 대세가 기울어진 국면을 맞아 남고 싶은 미련이 전혀 없었다. 그는 후당 명종明宗의 아들 이종익李從益을 찾아내어 꼭두각시 황제를 세워 유지원 정권에 대항하도록 하였으며 자신은 북방으로 돌아갔다.

유지원이 낙양에 도착한 후에 사람을 개봉에 먼저 보내 비밀리에 이종익을 처형하였다. 그 후에 군대를 이끌고 개봉으로 들어갔으며 개봉을 동쪽 수도東京로 선포하고 국호를 한漢으로 바꾸었다. 새 정권을 안정시키기 위하여 거란이 임명한 모든 관원에 대해 지위고하를 막론하고 직위 변동 없이 모두 원래 자리에 있도록 조치하였다.

제위에 오른 지 겨우 1년 만에 고조는 중병이 들었다. 죽음이 임박했을 때 아들 유승우劉承右, 은제(隱帝) 930~951년를 소봉길蘇逢吉, 양빈楊邠, 사홍조史弘肇, 곽위郭威 네 사람의 고명대신에게 부탁하였다. "내 기운이 쇠약해져서 더 이상 많은 말을 할 수 없습니다. 승우가 아직 어리고 약하니 후사를 경들에게 맡기오."

이李 **황후**미상~954년는 진양晉陽 지금의 산서성 태원사람이며 부친은 평범한 농부였다. 농민가정에서 태어나 어려서부터 거친 생활을 하였지만 외모가 괜찮았다. 농가 중에서는 뛰어난 용모의 아가씨라고 할 수 있었다.

아가씨가 뛰어난 용모이면 자연스레 눈길을 끌게 되어 현지 군인 중의 병졸인 유지원이 암암리에 그녀를 마음에 들어 하였다. 당시 유지원은 지위가 낮아도 더 이상 낮을 수 없는 졸병이었다. 군대에 들어가기 전에 말을 키웠었는데 군대에 들어가서도 그는 여전히 상관의 명령으로 말을 돌보게 되었다. 아가씨를 마음에 들어 하였으나 스스로가 혼인을 요청할 아무런 조건도 갖추지 못하였음을 잘 알고 있는 그였지만 결코 포기하려 하지 않았다. 이에 따라 당시 군인들의 행태를 따라서 빼앗아 오기로 결정하였다. 어느 날 밤 그는 농가의 문을 부수고 들어가 아가씨를 빼앗아 달아났다.

병졸이 도적과 다름없던 세상과 대면하면서 이 씨는 어느 정도 버티다가 더 이상 큰 반항을 하지 않았다. 비록 원하지는 않았으나 그래도 이 병졸에게 순종하였다. 엎질러진 물이라 무슨 혼례를 이야기할 것도 없이 이 씨는 유지원의 조강지처가 되었다. 이 씨는 본래 결혼하면 남편을 따라야 한다고 생각하였기 때문에 조금도 장래에 어떻게 할지를 생각한 적이 없었다. 그러나 세월이 흐르면서 그 부부는 그래도 궁합이 잘 맞았다. 이런 저런 일을 겪으면서 남편이 날아오르기 시작하였다. 보잘것없는 졸병에서 점차 승진하여 장군이 되었으며 후진 고조의 오른팔이 되었다. 출제가 등극한 후에는 놀랍게도 태원의 최고군정장관이 되었다.

아내는 남편으로 인해 귀하게 된다고 원래 빼앗아 온 이 씨가 남편이 잘 나감에 따라 위국魏國부인으로 책봉되었으며 또한 남편에게 아들 하나를 낳아주었다.(훗날 한 은제隱帝 유승우劉承祐) 중후하고 선량하며 순박한 이 씨는 자기의 마음을 다해 현명하게 내조를 하였으며 남편이 그들 공동의 사업을 잘 경영하도록 도왔다. 남편이 태원에서 황제에 오른 후에 군대가 자신에게 충성을 다하도록 하고 전투력을 높이기 위하여 군인들에게 큰 상을 내리려고 준비하였다. 창고에 있는 물품이 너무 적어 고심하던 그는 백성의 재물을 긁어모아 상을 주는 자본을 보충하려고 하였다. 이 씨는 군인들의 마음을 사려고 오히려 백성들의 마음을 잃어버리는 이런 방법에 반대하며 남편에게 말했다. "오늘날 우리는 하동 사람들에게 기대어 병사를 일으켰으며 또한 의로운 군대라고 일컬어지고 있기는 하지만, 백성들은 아직 어떠한 실질적인 이득도 본 적이 없습니다. 그런데 오히려 먼저 재산을 빼앗기게 된다면 이것은 새 천자가 백성을 구하려하던 뜻과는 완전히 어긋나는 것입니다. 오늘날 궁중의 재산을 신첩이 전부 가지고 나와 군대를 위로하는 용도로 쓴다면 비록 풍부하지는 못할 지라도 사람들의 원망은 듣지 않을 것입니다."

유지원이 부인의 권고를 받아들여 그대로 실시하였다.

이 씨의 덕스러움이 바깥으로 전해지자 현지 백성들은 크게 감동하였다.

유지원은 머리를 얹은 부인의 충성스러운 권고와 그녀의 강직하고 대범함에 감격하였다. 또한 그녀가 여러 해 동안 같이 어려움을 겪은 것에 감사하여 그녀를 황후로 세웠다.

황후가 된지 일 년이 못되어 남편이 세상을 떠나 아들이 제위를 이었으며 이 황후는 이 태후가 되었다. 태후는 조정에서 가장 존귀한 사람이었기에 그녀의 친척들이 그 영광에 기대어 높은 벼슬과 두둑한 봉록을 앞 다투어 취하려고 하였다. 이 태후는 친정집 사람들을 생각하여 이 기회에 그들을 도와주었다. 그들은 농隴땅을 얻으면 촉蜀땅까지 얻으려 한다고 결국 조정일에 간섭하기 시작하였다.

새 황제는 나이가 어려 아직 20세가 되지 못하였다. 그는 그를 떠받드는 친신인 곽윤명郭允明, 후찬後贊 및 이 태후의 동생인 이업李業 등과 어울리는 것을 좋아하였고 국가대사를 아이들 유희로 여겼다. 이 태후는 아들을 마음에 들어 하지 않았으며 여러 차례 교훈하였다.

한 두 차례는 은제가 참았으나 여러 차례 그런 일이 있게 되자 그는 화가 나서 모친에게 말했다. "국가의 대사는 내궁 밖의 조정에서 관리하는 것이니 태후께서는 더 이상 많은 말을 하지 마십시오!"

이 태후는 조정안에서 명망이 높았다. 고명대신인 곽위가 북방을 방어하러 가기 전에 간곡하면서 의미있게 은제에게 간하였다. "태후께서는 선제와 오랜 세월 같이 하시면서 수많은 천하의 일들을 겪었습니다. 폐하께서 어떤 일이 생기시면 마땅히 태후의 교훈을 받들어 행하셔야합니다." 그러나 은제는 그 말을 듣지 않았다. 시간이 더 길어지면서 이들 고명대신들을 성가시게 여기게 되었고, 그들이 늙은 티를 내며 거만하게 굴면서 자신을 안중에 두지 않는다고 생각하게 되었다. 곽윤명 등의 꼬드김을 받은 그는 고명대신들 내부의 모순을 이용하여 그들을 죽이려는 생각을 갖게 되었고, 조정에 남아 있는 양빈, 사홍조를 제거하려 하였다. 그는 그러한 결정을 한 후에 이 태후에게 이를 알리면서 짐짓 의견을 구하는 척하였다. 아들로 인해 난관에 부딪힌 이 태후는 완곡하게 말했다. "이 일은 국가대사입니다. 응당 재상과 상의하여야 합니다." 곁에 서 있던 이업이 말을 섞었다."선제께서 생전에 말씀하신 적이 있습니다. '조정의 대사는 서생들과 서로 상의할 수 없다. 겁이 많고 유약하여 사람을 잘못된 길로 가게하기 때문이다.'라고 말입니다."

그러나 이 태후는 자신의 견해를 고집하였다: 이 일은 반드시 재상과 의논하라!

은제는 더 이상 참지 못하고 옷을 떨치며 일어나서 한 마디 내뱉고는 가버렸다.

"국가대사는 규중에서 알 수 없는 것이다."

양빈, 사홍조 등이 피살을 당하자 곽위가 격분하여 반기를 들고 개봉을 향해 진격하기 시작하였다. 은제가 직접 정벌하려고 하자 이 태후가 말리면서 말했다. "곽위는 본래 우리 집안 사람입니다. 자신이 위험에 빠지지 않으면 어찌 이러한 길을 걸어가겠습니까! 이제 병력을 움직이시지 않고 조서를 내려서 설명하면 반드시 그 의견을 표시할 것입니다. 이렇게 해야 재난을 면할 수 있습니다." 은제는 그 말을 듣지 않고 자기 뜻대로 행하다 성 밖에서 사망하였다.

곽위가 성으로 들어간 후에 만사에 있어 이 태후를 떠받들었다. 먼저 그녀의 이름으로 각종 명령을 내렸으며, 그녀가 과도기에 수렴청정을 하도록 하였다. 자신이 황제가 된 후에는 그녀를 모친으로 받들었으며 '소성황태후昭聖皇太后'란 존호를 올렸다. 수년간 평안하고 조용한 삶을 지낸 후에 이 태후는 이세상과 작별을 고하였다.

평가 유지원은 후한의 건국자로 권모술수에 뛰어났으며 시류에 잘 적응하였다. 그러나 물결가는대로 그대로 좇아만 간 것은 아니며 약간의 자존심을 가지고 있었다. 그가 비록 석경당과 거란의 맹약을 적극적으로 찬성하였지만 석경당이 아들을 칭하고 땅을 떼어주는 것은 반대하였다. 비록 야율덕광이 개봉에 들어와 황제가 되었을 때 축하의 표문을 올렸지만 겉으로만 추종하면서 형세의 변화를 관찰하였다. 그가 건립한 후한정권은 어느 정도는 중원백성들의 거란에 대한 항거 경향을 대표하였다. 그러나 그는 대신들을 격려하면서도 엄격하고 잔인한 형법으로 나라를 다스려 오대시대 가장 참혹한 정권을 만들었다.

이 씨는 운명의 여성이다. 그러나 엄청난 격변의 생애 속에서 그녀는 줄곧 선량한 마음씨로 자족하면서, 벌어지는 일들을 밝히 헤아리고 인정이 풍부한 농촌 여인들의 장점을 유지하였다. 일이 잘 풀릴 때는 마음 편히 평화롭게 지냈고, 일이 잘 안될 때는 누구에 대한 원망이나 후회 없이 지냈다. 이로 인해 사람들이 그녀를 사랑하고 떠받들었으며, 나라가 망한 후에도 새 왕조의 군주가 그녀를 존경하고 예의를 다하였다. 그녀의 일생에 있어 중요한 두 가지일은 남편을 돕고 자식을 가르치는 것으로, 그녀는 이를 위해 자신의 온 힘을 쏟았다. 그러나 전자는 성공하였지만 후자는 실패하였다. 그 외에 외척에 대해서도 제대로 관리하지 못하였다.

▣ 소봉길蘇逢吉, 사홍조史弘肇

소봉길미상~950년은 경소京昭 장안長安 지금의 섬서성 서안사람으로 아버지 소열蘇悅은 일찍이 촉蜀에서 벼슬을 한 바 있으며, 뒷날 태원을 지키던 유지원의 수하가 되어 문서종사文書從事를 하였다.

소봉길은 어려서 모친이 죽어 홀아비인 아버지와 지냈다. 소열은 술을 좋아하여 어느 때는 문서를 작성하지 않고 한 구석에 내팽개쳐 두곤 하였다. 소봉길은 시험삼아 아버지 대신 글을 써 보았는데 뜻밖에도 아버지 글씨와 아주 흡사하였다. 소열이 늙자 유지원에게 아들을 추천하였다. 유지원이 소봉길을 만나본 후에 그의 생각이 시원스럽고 뛰어남을 보고 자신의 곁에서 문서업무를 맡도록 하였다.

유지원은 사람됨이 엄숙하고 위엄이 있어서 문서를 다루는 자들이 감히 가까이 가려하지 않아 문서가 산더미처럼 쌓이게 되었다. 영리한 소봉길 만을 유지원이 좋아하여 그를 종일 곁에서 따르게 하였다. 소봉길은 늘 중요한 문서를 골라내어 가슴에 품고 있다가 유지원이 비교적 기분이 좋을 때 이를 올려서 그가 즐겁게 허락을 하도록 하였다. 일처리를 잘 하면서 소봉길은 유지원의 환심을 샀으며, 또한 고관들의 인정을 받았기 때문에 앞길이 훤히 열리면서 눈에 띄는 높은 지위인 절도사판관節度使判官이 되었다.

유지원의 면전에선 귀여움을 차지하는 행동을 하는 소봉길의 성격은 오히려 음험하고 악랄하였다. 사람 죽이는 것을 좋아하였고, 이를 통해 자기 마음속의 쌓인 것을 배설하였다. 유지원이 생일을 지내면서 복을 기원하기 위하여 그를 파견하여 감옥에 있는 범인들을 관대하게 처리하여 '감옥을 안정시키라'고 하였다. 그러나 소봉길은 명령을 받자 안건의 경중을 따지지 않고 전부다 사형을 시키곤 보고하였다. "이미 감옥을 안정시켰습니다."

유지원이 황제위에 오른 후에 소봉길을 재상으로 삼고 각종 제도를 만들도록 명령하였다. 그는 배운 것이 없었기 때문에 사회경험과 자신의 뜻에 근거하여 제도정비를 지휘하였으며, 이로 인해 조신들의 의견이 분분하여 시끄러웠다. 그러나 그는 일처리에 과단성이 있었으며 대단히 열심히 하였고 정무를 질질 끈 적이 없었다.

누군가가 말했다:

후한정권에 전통적인 법도가 없었던 것은 소봉길과 관계가 있다.

이 새 재상은 후한정권을 안정시키는 데는 크게 공헌을 하였으나, 군주의 신임을 빌어 재임 초기에 이미 부패하였다. 대량으로 뇌물을 받았으며 벼슬을 사고팔아 조정을 자신의 개인점포처럼 만들었다. 관료 이영길李永吉이 외지에서 수도로 올라왔는데 그가 후진後晉 왕실의 후예임을 알게 되자 소봉길이 사람을 보내어 그에게 말했다; 그에게 주州 장관직을 줄 수 있다. 그러나 선왕의 옥대玉帶를 바쳐야한다. 이영길이 옥대가 없다고 말하자, 소봉길은 사람을 보내 옥대를 사게 한 후에 가격이 천민千緡이라고 말하면서 이영길에게 그 값을 지불하라고 하였다. 이영길은 어쩔 수 없이 돈을 지불하였으나 관직은 받지 못하였다. 이러한 일이 한 두건이 아니었지만 조신들은 그의 권세를 두려워하여 감히 그를 고발하는 사람이 없었다.

후진後晉의 재상 이숭李崧을 거란이 데리고 가자, 후한 고조高祖는 개봉에 있는 그의 재산을 소봉길에게 하사하였다. 그는 이에 만족치 못하고 제멋대로 이숭의 낙양에 있는 저택까지 삼키려고 하였다. 이숭이 거란에서 돌아 온 후에 현실의 상황에 떠밀려 소봉길의 마음을 사려고 주택계약서를 헌납하였다. 소봉길은 오히려 그가 자기를 비웃는 뜻이 있다고 여겨 마음속으로 꽁하였다. 또한 후에 이숭 가문의 자제들이 원망하는 말을 내뱉는다는 소문을 듣자 결국은 사람들을 시켜 이숭과 동생이 모반하였다고 고발토록 하여 이 씨를 멸족시켰다. 이숭이 억울하게 죽자, 많은 사람들이 그가 부당하게 죽었다고 호소하였다.

당시는 전쟁이 끊이지 않던 시대여서 백성들이 정상적으로 생계를 유지할 수 없었다. 생명을 유지하기 위하여 수많은 사람들이 도적이 되었다. 잡아도 죽여도 끝이 없는 도적문제를 해결하려고 소봉길은 한 번도 있어 본 적이 없는 특별 연좌법을 생각해 냈다: 도적이 출현하면 그 본가는 물론 가문전체 및 주변이웃에서 그를 보호한 모든 사람을 한꺼번에 목을 치도록 하였다. 누군가가 이의를 제기하자 그는 문서상에서 '가문전체'란 단어만 빼고는 이 절대명령을 내려 각급 정부기관이 집행하도록 하였다. 이 문서에 근거하여 운주鄆州 포적사捕賊使 장영유張令柔는 한 번에 17개 촌의 촌민들을 도륙하였다. 위주衛州자사刺史 엽인로葉仁魯는 도적을 추적하러 가야하는 촌村의 주민들을 도적으로 여겨 그들의 발뒤꿈치 근육을 자르고는 산기슭에 그들을 내비렸다. 이들은 여러 날 동안이나 아픔에 비명을 지르다 죽어갔다.

후한이 덕정을 펴지 못한 것은 소봉길이 주요 원인 중 하나였다.

천하 백성들이 먹을 것을 달라고 소리치는 때에 재상인 소봉길은 오히려 사치스럽기 그지없는 생활을 하였다. 그가 당직을 서는 날이 되면 사무처의 음식이 거칠고 맛이 없어 먹기 어렵다고 여겨 자기 집의 요리사더러 기름지고 맛있는 음식을 가져오게 하였으며 매일매일 다른 음식을 가져오게 하였다. 아내 무武씨가 병들어 죽자 그는 은근하게 소문을 내서 조정의 백관들과 각 지방관들이 비단을 올리도록 하여 상복을 만들었다.

후한의 정부 관료가 지나치게 부패하였는데, 소봉길이 그 분위기를 앞장서 만들었다.

소봉길의 죄악이 너무 많아 일일이 열거하기 어려울 정도였다. 그러나 그의 군주에 대한 충성심은 일편단심이었으며 정권을 유지하기 위해서는 온 힘을 다하였다. 이에 따라 후한 고조高祖의 눈에는 그가 변함없이 아름답고 사랑스럽게 보였다.

득의만만하게 몇 년을 지낸 소봉길은 고조가 죽고 은제隱帝가 즉위하자 그 운세가 기울기 시작하였다. 그는 비록 양빈, 사홍조, 곽위와 같이 고명대신이 되었지만 이 세 명과의 관계는 특별한 것이 없었다. 특히 여러 차례 술자리를 빌어 상대방들에게 모욕을 주었기 때문에 곽위와의 사이에는 깊은 응어리가 맺어져 있었다. 양빈과 곽위는 병권을 장악하고 있는 추밀사樞密使를 이끌고 있었기 때문에 소봉길은 은밀하게 또 다른 재상인 이도李濤에게 상소를 하여 이 태후와 은제가 협의하여 그들의 직무를 내려놓도록 하게 하려하였다. 이 태후가 이도의 속셈이 좋지 않음을 간파하였다. 그녀는 그가 대신들 간의 사이를 벌리려한다고 말하여 그의 재상직을 파면하고 양빈이 전권을 쥐고 조정을 관리하도록 하였다. 소봉길은 비록 재상직에서 쫓겨나지는 않았으나 유명무실한 곤란한 지경에 처하게 되었다. 양빈이 정권을 잡자 소봉길의 방법을 가능한 고쳐나갔으며 창고를 충실하게 채우고 군대를 정비하여 어느 정도 효과를 거두었다. 소봉길은 그를 원망하면서 원수로 여겼다.

거란의 침입을 막기 위하여 조정이 곽위를 보내 하북河北을 다스리며 각지의 군대를 감독 지휘하여 공동으로 방어업무를 맡도록 하였다. 소봉길은 규정에 따라 곽위가 추밀사의 직무를 내려놓고 가야 한다고 생각하였다. '안에서 밖을 관리하는 것이 일의 순리인데, 오늘날 반대로 밖에서 안을 제어하는 형국이니 절대로 안 된다.'는 것이 이유였다. 사홍조가 강렬하게 반대하였다. 결국 곽위는 추밀사의 직위를 가지고 외지로 가게 되었다. 이 일로 소봉길과 사홍조 사이에 원한이 생겼다. 몇 차례 힘겨루기에서 소봉길이 모두 패하였다. 그러나 그는 이를 달갑게 여기지 않았고 국면을 뒤집을 기회를 엿보고 있었다. 그는 은제와 그 심복들이 양빈, 사홍조, 곽위 등 원로들에 대해 불만이 깊음을 보고 아무 때나 불에 기름을 부었다. 결국 다른 사람의 손을 빌어 복수를 하였지만, 이로 인해 곽위가 반란을 일으킬 수밖에 없게 되었다. 곽위가 쳐들어오자 그는 자살밖에 다른 길이 없었다.

사홍조미상~950년의 자는 원화元化로 정주鄭州 형택滎澤, 오늘의 하남 정주의 서북지역사람이다. 부친 사반史潘은 밭을 갈아 먹고사는 소농이었다.

사홍조는 젊을 때부터 줄곧 황토만을 다루며 농사를 짓던 부친과는 달리 농가생활을 원치 않아서 종일 빈둥거리며 창이나 봉을 가지고 놀면서 촌사람들이 싫어하는 일들만 해서 행실이 나쁜 자로 여겨졌다. 그러나 그는 열심히 무술을 연마하여 손과 발재간이 남보다 뛰어나게 되었다. 하루에 2백리 길을 갈 수 있었으며 달리는 말을 쫓아 뛰어 갈 수 있었다.

후량後梁 왕조 말년에 매 일곱 가구마다 1명이 병사가 되어야 한다는 정부의 명령이 있었다. 이에 따라 그는 군대에 가담하였으며 금군禁軍의 병사로 뽑혔다. 몇 년 후에 석경당에 의해 하급군관으로 발탁되었다. 유지원이 태원을 지킬 때 그를 태원으로 이동시켜 도장都將을 맡도록하여 뢰주雷州자사를 관리토록 하였다. 이때부터 그는 이름이 잘 알려진 인물이 되었다.

유지원이 태원에서 황제위에 오르자 사홍조가 그를 위하여 연달아 큰 공로를 세웠다. 대주代州를 지키고 있는 장수 왕휘王暉가 신 정권을 인정하기를 거절하자 사홍조가 군대를 이끌고 가서 진압하였다. 거란이 북으로 철수하자 남아있던 장군 경숭미耿崇美가 로주潞州를 공략하였다. 이에 사홍조가 다시 한 번 지원군을 이끌고 가 로주가 후한에 귀순하도록 하였다. 이 두 번의 싸움을 사홍조가 승리로 장식하였다. 이 싸움으로 이름을 날리면서 사홍조는 자신의 위엄을 드러냈으며 또한 유지원의 명망 역시 드날리게 되었다. 하양河陽, 택주澤州 등 지역을 지키던 장수들은 그 상황을 보자 항복하였다.

사홍조가 하양으로 병력을 이동시키면서 유지원이 낙양으로 입성하는 대문을 열어주었다. 공로가 있는 선봉장인 그는 싸움을 잘 하는 용장일 뿐만 아니라 군대를 잘 다스리는 능력있는 장군이었다. 그는 걸출한 장수로 위엄이 있으며 결기가 있었고 침착하며 생각이 깊었다. 명령이 떨어지면 어김없이 출전하였으며, 특히 두드러진 부분은 군기가 엄격하였다는 것으로 거기에 다시 무엇을 보탤 여지가 없을 정도로 엄격하였다. 부하가 군기를 위반하든 아니면 그의 뜻을 거스르든 관계없이 모두 엄중하게 처벌하였으며 결코 끈을 느슨하게 풀어주지 않았다. 지휘관들이 조금이라도 명령을 듣지 않으면 즉각 처형하였다. 사병들이 농민의 밭을 밟거나 말을 나무에 매어두거나 한 것이 발각되면 그 자리에서 참수하였다. 그의 관리 아래 그의 군대는 백성들에 대해 조금도 범죄를 저지르지 않아 세상에서 군기가 가장 잘 잡힌 부대가 되었으며 또한 전투력이 가장 강한 부대가 되었다. 이로써 공격했다 하면 승리하였고 대적할 자가 없었다.

이 부대에 기대어 유지원은 칼날에 피를 묻히지 않고 낙양으로 입성하였다.
이 부대에 기대어 유지원은 손바닥 뒤집듯이 가볍게 개봉을 획득하였다.

사홍조의 통제 하에 낙양에 입성하자 낙양시내가 평온하였다. 개봉에 입성하자 백성들이 편안하였다.

전쟁 후에 군공을 논할 때 온 조정이 사홍조의 공로가 으뜸이라고 인정하였다. 공로에 따라 벼슬을 줄 때 그는 명의상의 재상이 되었고, 시위친군마보군도지휘사侍衛親軍馬步軍都指揮使를 맡았으며 귀덕군절도사歸德軍節度使를 하였다. 군사 분야의 요직을 겸하면서 그는 후한정권에서 가장 두드러진 인물 중 하나가 되었다. 후한 고조 임종시에 그와 양빈, 소봉길, 곽위가 함께 고명대신으로 임명되었다.

선제의 부탁을 받은 사홍조는 그 중임을 저버리지 않고 새 군주인 후한 은제에 대해 책임을 다하였다. 당시 하중河中, 봉상鳳翔, 영흥永興 세 지역이 같이 맹약을 맺고 반란을 일으켰다. 후한 조정에서 끊임없이 군대를 보내면서 수도의 인심이 흉흉하여 유언비어가 난무하였고 사회질서가 크게 어지러워졌다. 수도의 치안을 맡고 있던 사홍조가 이전에 군대를 다스렸던 방법을 끄집어내어 혼란한 국면에 대처하였다. 그는 금군을 출동시켜 계엄을 실시하면서 치안에 불리한 자가 발견되면 말이나 행동이 어떠하든지 죄가 무겁든 가볍든 관계없이 일률적으로 처형하였으며 예외가 없었다. 어떤 사람이 흉조로 여겨지는 태백금성을 바라보자 시장으로 끌고 가서 군중들이 보는 앞에서 허리를 잘라 죽였다. 어떤 사람이 술에 취하여 한 군졸과 말다툼을 벌였는데 요설을 뿌렸다고 무고를 하여 단두대에서 목을 잘랐다. 어떤 한 부자는 집안의 종에게 고발을 당했는데 본인은 머리가 잘렸고 가산은 전부 적몰되었으며 아내와 첩들은 군사들에게 배분되었다…

혀 자르기, 입 찢기, 힘줄 뽑아버리기, 다리 자르기…공포정치를 시행하는 사홍조의 형벌은 잔인하기 그지없었으며 사람 죽이기를 밥 먹듯이 하였다. 그는 늘 직접 범인을 심문하였으며, 무릇 '죄'가 있는 사람이 자기 앞에 끌려와 관원이 안건내용을 보고하면 그는 단지 손가락 셋으로 자기 뜻을 표시하였으며 그 사람은 즉각 끌려 나가 허리가 잘렸다. 반란이 끝난 후에 사홍조는 수도의 치안을 잘 지켰다는 공으로 승진하여 명의 재상에서 정식 재상이 되었다.

사홍조는 선제에 대해 천하를 얻게 하는 공로가 있었으며, 새 군주에 대해선 천하를 안정시키는 공로가 있었다. 이러한 공적을 어떠한 방법을 써서 얻었든지 간에 어쨌든 그는 명실상부한 두 조정의 공신이었다. 그는 이러한 신분을 빌어 한 층 더 조정에 대해 책임을 지는 정신을 가지게 되었다. 이에 따라 군주의 친신들이 더 좋은 관직을 요구하는 것을 여러 방법을 동원해 막았으며, 태후의 친척이 군사요직을 달라고 하자 그를 처형하기까지 하였다. 또한 군주가 예능인들에게 옥대玉帶, 비단옷 등을 하사하자 그것을 빼앗아 관청의 창고에 도로 집어넣도록 하면서 말했다. “군인들은 국가를 위해 변경에서 근무를 서며 추위를 참고 더위를 견뎌내고 있는데 전혀 상을 받지 못하고 있다. 너희들은 어떠한 자들이기에 감히 이러한 것을 하사받으려 하느냐?”

비록 사홍조가 공로가 있었지만 후한 은제는 이 고명대신을 싫어하였으며, 그가 나이 들었다고 나이든 티를 내는 것에 반감을 가졌다. 그의 주장이 너무 지나칠 뿐만 아니라 군주에 대해 최소한의 존중도 표시하지 않은 것을 혐오하였다.

군주와 태후의 타당치 못한 일에 사홍조는 조금도 봐주는 것이 없었지만, 오히려 본인도 법을 제멋대로 구부려 행동하였고 탐욕스럽기 그지없었다. 그는 원거리에서 휴양절도사睢陽節度使로 임무를 수행하고 있었기에 자신의 친신인 양을楊乙을 그곳에 보내 자기 대신 구체적인 업무를 관리하도록 하였다. 양을은 탐욕스럽고 흉포하기 이를 데 없었으며 권세를 믿고 사람들을 능멸하곤 해서 현지의 군인과 백성들이 그를 호랑이처럼 무서워하였다. 멀리 수도에 있는 사홍조에게 잘 보이고 갑자기 닥쳐오는 화를 피하기 위하여 부사副使 이하의 군관들은 각 사람마다 매월 사홍조에게 민간에서 주조한 화폐로 천민千緡을 바쳤다.

군졸출신인 사홍조는 극단적으로 문인들을 눈에 들어 하지 않았다. 일찍이 “문인들은 다루기가 어렵다. 그들은 우리 같은 사람들을 얕보면서 늘 ‘졸’로 여기고 있다. 정말 한이 맺힌다!”고 말한 적이 있다. 이러한 편견이 있어 그는 고명대신들 중에서 자기편을 만들려고 자신과 신분에 큰 차이가 없는 곽위를 끌어들였다. 그러나 문인출신이라 할 수 있는 소봉길에 대해선 사사건건 어렵게 하였다. 곽위가 하북을 지키려갈 때, 그는 제멋대로 관례를 어기고 곽위가 추밀사의 직함을 가지고 가야한다고 고집하였다. 이유는 "추밀사 직함을 가지고 가면 편리하게 행사할 수 있어 군사들을 복종시킬 수 있고 명령이 통하게 된다.'는 것이었다.

소봉길이 동의하지 않자 그가 곽위를 도와 난리법석을 떨었는데 군주가 그의 말을 받아들일 때까지 그렇게 하였다. 그 다음날 곽위를 전별하는 연회에서 그는 큰 소리로 외쳤다. "국가를 안정시키고 난리를 평정하는 데는 긴 창과 큰 칼이 필요한 것이다. 붓들은 어디에 쓸 데가 있단 말이냐!" 재정을 주관하는 삼사사三司使 왕장王章이 입술을 깨물며 비꼬았다. "붓이 없다면 군인들의 물품은 어디서 온단 말이냐?"

화가 잔뜩 났지만 소봉길은 말참견을 하지 않았다. 대신에 그 다음번 연회에서 그는 행주령行酒令을 빌어 사홍조의 부인이 원래 창기였다는 것을 은근히 풍자하였다. 사홍조는 그 말을 듣자 크게 화를 내면서 지저분한 쌍욕을 하면서 주먹을 불끈 쥐고 그에게로 달려갔다. 소봉길은 상황이 여의치 않음을 보자 밖으로 도망쳤다. 그러자 그가 칼을 들고 쫓아가려고 하였다. 양빈이 그를 가로막고 나서며 울면서 말했다. "소공은 후한의 재상인데 공이 만일 그를 죽인다면 천자를 어떤 위치에 놓아야 하는지 재삼 생각한 후에 행하시기 바랍니다." 소봉길은 사홍조가 끝까지 보복을 그만두지 않을까봐 두려워하여 스스로가 외직으로 바꾸어주도록 요청하려고 준비하였었다.

그러나 돌이켜 생각해보니 그렇게 하는 것이 타당치 않았다. "만일 사홍조가 간단한 처분만 내려도 나는 가루가 될 것이다." 소봉길은 결국 가지 않았고 사홍조도 다시는 그를 죽이려 하지 않았다. 그러나 쌍방의 갈등은 이미 물과 불의 관계가 되어 화해하기가 어려웠다.

서로의 갈등이 백열화 되자 후한 은제와 새 귀족집단이 이를 이용할 기회를 가질 수 있게 되었다. 그들은 일찍이 사홍조 등에 대해 뼈에 사무치는 한을 품고 말했었다. "사홍조가 군주를 위협하고 있는데 제거하지 않으면 반드시 난리가 일어날 것이다." 고명대신들 내부에 분열이 일어난 것을 보고는 시기가 되었다고 판단하여 손을 쓰기로 결정하였다. 사홍조, 양빈, 왕장이 각각 입궐하라는 통지를 받았다: 군주가 그들에게 입조하여 일을 의논하자고 요청하였다. 그들이 대전에 들어가 군주가 부르기를 기다리고 있을 때 수십 명의 무사들이 뛰어나와 칼과 창으로 세 사람을 찔러 죽였다.

평가 소봉길은 후한의 개국공신이자 또한 후한을 망하게 한 죄인이다. 그는 다른 사람보다 총명하여 후한 고조가 신왕조의 제도를 정립하는 것을 도와 대량의 업무를 처리하여, 후한이 건국 초기에 천하를 통제할 수 있게 하였다. 그러나 그는 정도로 나라를 다스린 적이 없으며 자기의 경험과 자신이 좋아하고 싫어하는 것만을 근거로 가혹한 법과 엄혹한 형벌을 남용하여 후한이 가장 잔인한 정권의 하나가 되게 하였다. 이외에 그는 탐욕스럽고 사치하였으며, 비열하였다. 그는 권력을 국가관리 수단으로 삼지 않고 자신의 재산을 얻는 수단으로 삼았기 때문에 후한의 관료세계를 부패하게 하였다.

사홍조는 후한의 개국공신이다. 천하를 얻으려 싸우던 시기에 그는 규율이 높은 군대를 훈련시키고 정비하여 당시로선 아주 드물게 백성들에게 피해를 주지 않았다. 이로써 백성들의 환영을 받았으며 이로써 가는 곳마다 승리를 거두었으며 빈번하게 승리의 소식을 전해주었다. 후한정권을 위해 피땀을 흘리는 공로를 세웠다. 그러나 그는 고명대신이 된 후에 사회질서를 유지하기 위하여 공포정치를 시행하였다. 새 왕조에 대한 책임감으로 황제의 권한을 침범하였으며 문인에 대한 편견으로 고명대신들 간에 내홍을 일으켰기 때문에 자신을 정치적인 심연의 구렁텅이에 빠지게 하였다.

5. 후주後周의 주요 인물

▣ 태조太祖, 세종世宗

후주 태조 곽위郭威 904~954년는 자가 문중文仲으로 형주邢州 요산堯山, 지금의 산동성 융요(隆堯) 사람이다. 목에 날아가는 참새 문신을 해서 사람들은 그를 '곽 참새'라고 불렀다. 그의 원래 성은 상常이며 어머니 왕王씨가 곽간郭簡에게 개가하여서 성이 곽이 되었다는 설도 있다. 곽간은 후진後晉에서 순주順州자사를 지냈는데 유인공劉仁恭에게 성이 함락당해 살해되었다.

18세 때 로주潞州를 지배하고 있던 이계도李繼韜가 용사를 모집할 때 곽위가 응모하여 그 무리에 들어갔다.

그의 생김새는 큰 키에 튼튼한 몸을 가졌으며 성격이 강하고 고집이 셌으며, 싸움을 좋아하고 도박을 즐기고 술을 즐겨 마셨다. 그가 어느 날 번화한 장터에 가서 놀았을 때, 그곳에 백정이 있었는데 몸이 건장하고 난폭하여 보는 사람마다 그를 두려워하였다. 몇 순 술을 먹은 기운에 곽위는 푸줏간에 들어가 백정에게 고기를 베어달라고 하였으나, 베어준 것이 자기 뜻에 맞지 않자 바로 욕을 해댔다. 백정은 곽위가 자기보다 난폭하다는 것을 알고 있었기에 처음에는 참았지만 끝내는 더 이상 참을 수 없어서 옷을 풀어헤치고 자기 배를 가리키며 말하였다. "네가 깡이 있다면 내배를 찔러 봐라!" 곽위는 두말없이 한칼에 배를 찔렀다.

사람이 죽는 사건을 일으켰기 때문에 그는 붙잡혀 감옥에 들어갔으나 이계도는 그의 용력과 담력을 사랑하여 그를 놔주었다.

이계도가 후당後唐 장종莊宗에게 멸망당하자 곽위는 후당 군대에 편입되었다. 몇 년간의 곡절을 겪으면서 그는 점차 사회를 이해하게 되었고 난폭한 힘만 기대어서는 일을 이루기 어려움을 알게 되었다. 이로 인해 문화적인 것에 관심을 갖게 되었고 한가할 때는 군대 안에 있는 얇은 책자들을 가져다 읽었다. 그는 사람됨이 총명하고 가슴에 큰 뜻을 품고 있었기 때문에 상황에 대처하는 관점이 더욱 깊어지기 시작하였으며, 이에 따라 주위 사람들이 그를 좋게 보게 되었다. 그는 사람들과 관계가 좋았다. 당시 군대 내에서 유행하던 습관에 따라 그와 이경李瓊 등 열사람과 막역한 친구가 되었으며, 서로 팔뚝에 문신을 새겨 피로써 맹세하였다. "무릇 우리 열 명은 용과 뱀이 서로 합쳐진 것으로 후일 부귀하게 되어도 서로 잊지 말자!"

이경은 기서奇書인 <곤외춘추閫外春秋>에 정통하였는데, 그는 "정도로 나라를 지키고, 기이함으로 군대를 움직이며, 생존 · 멸망 · 치세 ·난세를 비교하며, 현명함과 어리석음 성공과 실패를 기록함이 모두 이 책 속에 있다."고 하였다.

곽위가 이경을 스승으로 모시고 이 책을 읽고 또 읽으며 익혔으며 이 책을 소매 속에 넣고 다니며 틈이 나면 그 자리에서 바로 읽었다. 여러 차례 세상이 변하면서 그는 유지원의 수하로 들어갔다. 유지원은 그를 중시하여 친위부대의 고위군관으로 삼아 가는 곳마다 데리고 다녔다.

토곡혼吐谷渾 부족이 태원에 주재할 때 그 전투력이 강하고 재물 역시 풍부하였다. 유지원은 훗날 문제가 생길까봐 그들을 쫓아내려고 하였다. 곽위가 계책을 내놓았다: 그 두목인 백승복白承福에게 죄명을 씌워 처형하면 일거양득으로, 이랬다저랬다 하여 신뢰할 수 없는 그들 세력을 없앨 수 있을 뿐만 아니라, 그 재물을 취해 군수품으로 삼을 수 있다는 것이었다. 유지원이 그의 계책대로 시행하였으며 그 때부터 그의 군대는 풍부한 경제실력을 갖추게 되었다. 유지원이 황제가 되는 과정에서 곽위는 여러 차례 효과적인 좋은 계책을 제시하였으며 반은 군사君師의 역할을 하였다. 후한 건국 후에 곽위는 추밀부사樞密副使를 맡았다. 군주 교체기에 그는 고명대신이 되었으며 후한 은제가 등극한 후에는 추밀사로 승진하여 병권을 장악하였다.

하중河中 이수정李守貞, 봉상鳳翔 왕경숭王景崇, 영흥永興 조사관趙思綰 셋이 연합하여 모반을 하자 온 조정이 흔들거렸으며, 여러 명의 대장을 파견하여 반란을 평정하려고 하였으나 모두 진전이 없었다. 곽위는 이러한 위험한 시기에 명령을 받아 정벌군의 총사령관이 되어 전권을 휘두르며 각 군대를 관리하였다. 그가 군대를 이끌고 개봉의 전선으로 간 후에는 유교에서 말하는 덕장德將의 풍모로 문인들과 교류하며, 군사들을 보듬어 주고 직접 화살과 돌이 쏟아지는 곳을 뚫고 나가며 앞으로 돌진하였다. 군대와 같이 어려움과 즐거움을 같이하면서 군심을 얻었다. 그는 물리적인 성城 공격과 심리공격을 동시에 진행하였으며 얼마 지나지 않아 세 곳을 하나하나 평정하고 조정으로 개선하였다.

세 지역의 반란을 평정한 일은 조정을 위기에서 평안으로 전환케

하는 큰일이었다. 큰일을 한 곽위는 조야가 주목하는 대공신이 되었다. 이 공신은 최고 높은 영예를 얻은 후에 다시 새로운 사명을 부여 받았다. 하북의 업도鄴都로 가서 거란을 막는 방위업무를 주재하게 되었다. 그 사명은 중대하였으며 비상한 전략적 의의를 가졌는데 후한이 능히 거란의 침략을 저지할 수 있느냐는 큰 문제였다. 곽위가 다시 중임을 맡은 것은 조정에서 그를 대단히 중시하고 있음을 설명한다. 그러나 임지로 떠나기 전에 고명대신 내부에서 그가 추밀사의 직함을 가지고 임지에 가야할지에 대해 심각한 논쟁이 발생하였다. 그 배후에는 은제와 그 친신들의 고명대신들에 대한 불만의 정서가 깔려 있었다. 마지막에는 추밀사의 직함을 달고 가게 되었는데, 가면서도 마음이 놓이지 않아 가기 전에 군주에게 권유하는 말을 하였다. "폐하 소봉길, 양빈, 사홍조는 모두 선제의 신하들로 목숨을 바쳐 충성을 하는 자들이오니, 바라옵기는 폐하께서 마음을 다하여 그들을 신임하시면 아무런 실패도 없을 것입니다. 전쟁터의 일은 신이 충성을 다하여 은혜에 보답하여 폐하의 명을 저버리지 않을 것입니다." 업도鄴都에 도착하자 그는 거란의 소요에 대비하여 수비를 강화하는 조치를 취하여 성벽을 굳건히 하고 성 밖의 들판은 완전히 빈터가 되게 하는 대책을 취하였다.

곽위가 업도에 간 지 얼마 안 되어 조정에서 대 격변이 일어났다: 은제가 일을 의논한다는 명의로 유인하여 양빈, 사홍조, 왕장 세 원로중신을 살해하였고 또한 수도에 있던 곽위의 모든 가족들을 죽였으며, 동시에 곽위 및 관련자들을 죽이려고 이 태후의 동생인 이홍의李洪義 등을 업도에 보냈다. 이홍의는 조정의 세력 분포를 깊이 헤아려 본 후에 곽위와 감히 적이 되려하지 않고 관련 소식을 곽위에게 털어 놓았다. 악몽같은 일을 들은 곽위는 당황하지 않고 장수와 사병들의 마음을 하나로 모았다. 양아들 곽영郭榮이 업도를 지키게 하고, 본인은 대군을 이끌고 간신을 처형한다는 명의로 개봉을 향해 진격해 갔다. 그는 사람을 보내 전군에게 허락하였다. "만일 수도를 공략한다면 너희들이 10일 동안 마음대로 약탈하는 것을 허락하겠다!"

조정의 군대는 상대가 되지 않았으며 은제는 싸움에서 패해 반란 병사들에게 살해되었다.

개봉에 입성한 곽위는 노련한 정치가적 소질을 보여주었다: 군대의 약탈을 제지하여 수도의 질서를 바로 잡았으며, 이 태후를 정권대표로 전면에 내세워 사람들의 마음을 다독였다: 사람을 보내 종실인 유빈劉贇을 수도로 맞아들여 제위를 잇게 하여 정치적인 과도기를 거치면서 자신이 감국監國이 되어 막후에서 조종하였다: 가장 악한 자 몇을 제외하고는 정적들을 관대하게 처리하여 인심을 얻었다.

단계를 착착 밟아 한 걸음 한걸음 자리를 잡아가며 곽위는 신속하게 정국을 장악하였다.

시기가 성숙해지기를 기다린 후에 그는 태후의 명령을 '받들어' 부대를 개봉에서 이끌어내어 거란을 치러 북쪽으로 향하였다. 부대가 전주澶州에 이르렀을 때 수 천 명의 군사들이 큰 소란을 피우며 곽위보고 천자위에 오르라고 요구하면서 '만세!'를 연호하였다. 누군가 노란 깃발로 곤룡포를 삼아 사람들의 뜻을 '거절'하는 곽위의 몸에 입혔다. 많은 사람들의 뜻을 어기기 어려워 곽위는 '억지로' 운명을 받아 들였다.

대군이 개봉으로 회군한 후에 건우乾祐 3년(950년) 곽위가 황제가 되어 대주大周를 건국하고 연호를 광순廣順으로 수도를 개봉으로 정했다. 이 일이 이루어지기 전에 그는 사람을 보내 수도로 오는 도중에 있던 유빈劉贇을 살해 하였다.

황제가 된 후주 태조는 태어나면서부터 난세를 겪으면서 인간 세상의 참극을 직접 목도하였기에 덕이 있는 명군이 되어 백성들을 도탄에서 벗어나게 하겠다고 결심하였다. 그는 수많은 가혹한 세금들, 엄혹한 형벌들을 폐지한다고 선포하였으며, 각지 정부에서 맛있는 식품, 진귀한 물품, 특산품을 상납하지 않도록 하였다. 그는 검소하게 생활하여 의식주 모두 간단한 것을 추구하였으며, 몸소 이전 왕조 이래 지속된 부패한 분위기를 근절시켰다. 그가 말하길 "짐은 미천한 집안에서 컸기에 늘 어려움을 맛보았고 난리를 겪으며 살아왔다. 이제 제왕이 되었다고 해서 어찌 감히 나 자신을 후대하여 천하를 병들게 할 수 있느냐?"

그는 나라를 다스리는 도리에 마음을 쏟아 오랫동안 내려온 무인 정권의 추악한 형상을 고치키로 결심하였다. 이에 따라 나라를 안정시키는 책략을 갖춘 위인포魏仁浦, 왕박王朴, 범질范質, 이곡李谷 등 문인을 관료로 등용하였다. 그는 간절하게 말했다. "짐은 평생 군대에서 생활을 하여 학문을 잘 모르며, 천하를 다스리는 도리를 모르오. 문무관원 중 국가와 백성에게 이익이 되는 방책이 있으면 각자 상소를 올려 논하기 바라오. 또한 관련된 일을 솔직하게 기술하지 절대로 화려한 어휘로 장난치지 말기를 바라오."

나라를 다스림에 도리가 있었고, 천하가 맑아지는 기상이 그 첫

단서를 보였다.

용상에 앉은 지 4년. 후주 태조는 병이 들어 사망하였다. 그가 남긴 유언은 가능한대로 화려한 장례를 피하고, 백성을 강제로 동원하지 말며 백성들의 생명을 상하게 하지 말며, 궁인들을 순장하지 말며, 돌로 조각한 말이나 사람을 세우지 말고 단지 돌비석 하나만 세우되, 상면에 다음의 한 줄만 새기도록 하라는 것이었다. '대주천자가 죽을 무렵에 뒤를 잇는 천자에게 약속하게 하여, 평생을 검소하게 지내는 것을 좋아하였기에 토기 관과 거친 옷으로 장사하라고 명하였다.'

세종 시영柴榮 921~959년은 나중에 곽영郭榮으로 이름을 바꾸었다. 후세에서는 시柴 세종世宗으로 불렸으며, 형주邢州 용강龍崗 지금의 하북성 형대(邢臺) 사람이다. 부친은 시수례柴守禮로 사회의 하층이었다.

가세가 완전히 기울자 젊은 시영이 곽위에게 시집간 고모에게 몸을 맡겼다. 그의 용모가 당당하면서 사람됨이 공손하고 함부로 굴지 않는 기질과 덕스러움이 있었다. 말이 많지 않았으며 일처리가 성실하여 곽위가 그를 심히 좋아하여 양아들로 거두어 들였다. 당시의 곽위는 아직 이렇다 할 지위가 없던 상황으로 가계 형편이 별로였다. 시영이 양아버지를 위해 장사를 하여, 강릉江陵으로 가서 찻잎 등 화물을 판매 운송하였다. 그는 장사를 하면서도 다른 한편으로는 문무를 열심히 익혔다. 이런 훈련을 통해 그는 말 타기와 활쏘기 등 무예에 정통하였으며, 역사서와 도교(황로黃老)의 저작들을 대량으로 읽었다.

후한 건국 후에 양아버지가 정권의 핵심인물이 되자 그는 상업계를 떠나 좌감문위대장군左監門衛大將軍직을 맡았다. 양아버지가 업도에서 군사를 움직여 개봉으로 쳐들어 갈 때, 그는 업도를 지키도록 명령을 받아 세력 근거지의 일을 주재하였다. 양아버지가 대주 황제가 되자 그는 일련의 빛나는 직무를 맡게 되었다. 양아버지는 아들들이 전부 후한 은제에 의해 살해되었기 때문에 그가 유일한 계승자여서 진왕晉王으로 책봉되었다.

현덕顯德 원년(954년) 후주 태조가 붕어하자 진왕이 유명에 따라 문무백관의 추대로 황제위에 올랐다. 후주 세종이 제위에 오른 후에 개인적인 소망을 세워 하늘이 그에게 30년의 시간을 주기를 원하였다. "과인이 10년의 시간을 들여 천하를 개척하고, 10년의 시간을 들여 백성을 보살피며, 10년의 시간을 들여 태평성세를 이루고자 한다."

새 황제가 등장하자 사회에 새로운 기상이 나타났다. 5년여의 통치 생애 중에 그는 힘을 다하여 국가를 잘 다스려 가면서 마침내 역사의 새로운 국면을 열어갔다.

후한이 망한 후에 유숭劉崇을 우두머리로 하는 세력이 남아 태원에 북한北漢정권을 건립하였다. 유숭은 후주를 극도로 적대시 하였다. 세종이 등극한 후 얼마 되지 않아 유숭이 석경당을 본 떠 거란과 연합하여 공동으로 후주를 공격해 왔다. 세종은 화해하라는 의견을 물리치고 직접 군사를 이끌고 나가 적과 싸웠다. 두 군대가 서로 맞닥뜨리자 고평高平 지금의 산서(山西)성 지역의 전쟁이 발발하였다.

적군의 연합세력은 강력한 군사와 날랜 말들로 그 기세가 흉흉하여, 단번에 주나라 군대를 집어삼킬 기세였다. 주나라 군대는 그들에 비해 군사가 적고 얼핏 보아도 세력이 아주 빈약해 보였다. 유승은 자신의 강력함을 드러내려고 자기의 군대만으로도 승리를 얻을 수 있다고 말하면서 거란군은 옆에서 구경하라고 하였다. 후주 세종은 직접 갑옷을 입고 싸움터로 나가 군사들을 독려하였다. 싸움이 개시되자 북한 군대가 강력한 공세를 펼치면서 주나라 군대의 우익을 허물어뜨렸다. 형세가 지극히 위험한 순간에 세종이 군사들의 사기를 돋우려고 직접 병력을 이끌고 우익을 향해 돌진해 갔다. 조광윤趙匡胤, 장영덕張永德 등 장수들이 목숨을 걸고 싸우면서 마침내 무너진 전열을 막아서게 되었으며, 뒤에 도착한 구원군의 협력 하에 그 기세를 업고 역공을 가하면서 적군을 전면적으로 붕괴시켰다. 유승은 머리를 감싸고 달아났다.

고평의 전쟁을 승리하면서 후주는 온 천하에 군사적 지위를 확립하였다.

그 사건 후에 세종은 군대가 전쟁 중에 드러낸 결함과 '제후'들의 세력이 커서 이를 없애기 어려운 현상에 대처하기 위하여 대폭적인 군대제도 개혁을 하였다. 그는 번진藩鎭들에게 가장 전투력이 강한 병사들을 중앙으로 보내도록 명령을 내렸으며, 그 병사들을 기초로 하여 노약한 병력을 도태시켜 절대적 우세를 지닌 금군禁軍을 구축하였다. 이로써 그는 기본적으로 중앙이 지방을 유효적절하게 통제할 수 있게 하였다. 그는 장수들과 신료들을 다루는데 있어 은혜와 위엄 두 가지를 사용하였다. 할 말이 있으면 그 자리에서 바로 말하였고, 상을 받아야 할 자에게는 상을 주고, 벌을 주어야 할 자에게 벌을 줌으로써 자신의 위신을 확고히 세우게 되면서, 그 당시의 병폐였던 교만한 병사와 사나운 장수들을 다스리기 어려웠던 국면을 변화시켰다.

이와 동시에 세종은 태조의 정치와 경제개혁 정책을 계승하였고 심화확대하기 시작하였다.

그는 좋은 천자, 좋은 정부, 좋은 관리의 형상을 세우려고 노력하였다. 자신이 앞장서서 검소 질박한 생활을 하면서 밑에서 그에게 진상하는 진귀한 보석, 기물 및 맛있는 음식을 거절하였다. 식견이 있는 선비를 파격적으로 선발하여 일처리가 효율적인 정부를 구성하였다. 과거시험을 정비하여 재능이 있는 자들이 입신하는 길이 열리도록 보장하였다. <대주형통大周刑統>을 수정하여 형벌의 남용과 가혹한 법을 없앴다. 관리들이 행정을 깨끗하게 시행하도록 제도를 정비하였으며, 부패하고 법을 제멋대로 적용하는 관원들에 대해선 조금도 봐주는 것 없이 타격을 가하였다. 예를 들면 세수를 주관하는 대장군 맹한경孟漢卿이 정해진 세금 외에 백성들에게 더 거두어들인 일이 발생하자, 그를 극형에 처했다.

그는 관원들 각자가 <군주하기 어렵고 신하되기 쉽지 않다爲君難爲臣不易論>는 제목의 문장을 한편씩 쓰도록 하였다.

그는 국가가 강대해지려면 가장 기본적으로 백성에게 의지해야하며, 그들이 생산을 발전시키는데 기대어 국가의 부를 증가시켜야 한다는 것을 알았다. 이에 따라 그는 각 부문에 손을 써서 백성들의 생존환경을 조정하여 그들의 생산조건을 개선하였다. 세금을 낮추고 불합리한 비용들을 없앴다. <균전도均田圖>를 반포하여 경작자가 땅을 갖도록 노력하였다. 유랑하는 사람들을 모아서 노동력의 부족을 해결하였다. 수리시설을 정비하고 새로 만들어 황하와 변하汴河의 물길을 잘 다스렸다. 구리로 만든 불상들을 녹여 동전을 주조하여 상업유통을 촉진시켰다.

매 조치마다 효과가 있었다. 매 조치마다 조리가 있던 세종은 몇 년 지나지 않아 국가를 부강하게 만들었다. 국력이 강해지면 일하기가 수월해진다. 세종은 점차 증가하는 국력에 기대어 그의 원대한 구상 즉, 남북 정벌을 통해 전국을 통일한다는 구상을 향해 진군하기 시작하였다.

첫 전략적 발걸음으로 군대를 서쪽으로 발진시켰다.

서쪽의 진秦 지금의 감숙성 천수(天水), 봉鳳, 지금의 섬서성 봉현(鳳縣) 동쪽지역, 성成 지금의 감숙성 성현(成縣), 계階 지금의 감숙성 무도(武都)의 네 개 주州는 원래 중원정권에 속하는 지역이었지만 거란이 중원에 침입한 후에 후촉後蜀으로 복속되었다. 현지에선 후촉이 과중하게 세금을 거두어들이는 것을 감당할 수 없으니 중원으로 복귀하자는 백성들의 소리가 날이 갈수록 커졌다. 세종은 이러한 유리한 바람을 이용하여 대군을 보내 이 땅들을 수복하였다. 불과 반년의 시간 만에 네 지역의 성벽위에 후주의 깃발을 가득 꽂게 되었다.

두 번째 전략적 발걸음으로 군대를 남방으로 보냈다.

남방으로 가서 싸운 대상은 남당南唐이었다. 남당은 큰 나라이고 실력이 강해서 싸우기 어려웠으며 굉장히 어려운 싸움을 하였다. 2년 5개월의 오랜 기간 싸움을 하였는데 세종 본인이 세 차례나 직접 정벌에 나섰다. 첫 번째 정벌에서 후주군의 강력한 작전을 통해 적지 않은 지방을 빼앗았으나 여러 가지 원인으로 얻었던 땅을 다시 잃었다. 성공을 눈앞에 두고 실패하고 말았다. 두 번째 친정에서 후주군이 수륙 양군을 동원하여 수주壽州등 지역을 얻었으나 계절 상의 문제로 철군하여 북으로 돌아갔다. 세 번째 친정 시에는 후주의 군대가 힘을 내서 강북지역 10개 주를 정복하였으며 동시에 수백 척의 전선을 장강에 진수시켜 도강을 준비하였다.

금릉金陵에 있던 남당의 군주 이경李璟은 사태가 심상치 않음을 보고 '남아있는 강산'을 지키기 위하여 아주 말을 잘 하는 대신 종모鍾謨, 이덕명李德明을 파견하여 강화를 요청하였다. 세종은 사절들이 입을 열기도 전에 먼저 기풍 있고 위엄 있게 말했다. "너희들이 교묘한 말로 과인이 병사를 물리기를 바라고 있는데, 이는 과인을 육조시대의 어리석은 놈들과 비교하고 있는 것이다. 어찌 이렇게 사람을 볼 줄 모른단 말이냐? 너희는 말할 필요도 없다. 속히 돌아가서 너희 주인에게 이야기하라. 그로 하여금 바로 와서 과인에게 절하게 한다면 그나마 사정이 좋을 것이다. 그렇지 않다면 과인이 금릉성을 반드시 볼 것이며 창고에 있는 것으로 군대에게 상을 내릴 것이다. 그때 가서 너희는 후회하지 말라!"

이경은 더 이상 대항할 방법이 없자 땅을 떼어주고 강화를 요청할 수밖에 없었기에 기타 네 주를 한꺼번에 세종에게 헌납하였다.

세종은 세 번째 정벌에서 남당의 14개 주를 얻었다. 광光 지금의 하남성 황천(潢川), 수壽 지금의 안휘 수현(壽縣), 려廬 지금의 안휘성 합비(合肥), 서舒 지금의 안휘성 잠산(潛山), 기蘄 지금의 호북성 기춘(蘄春), 황黃 지금의 호북성 황강(黃岡), 저滁

지금의 안휘성 저현(滁縣), 화和 지금의 안휘성 화현(和縣), 호濠 지금의 안휘성 봉양(鳳陽) 동쪽, 사泗 지금의 강소성 우이(盱眙) 맞은 편, 초楚 지금의 강소성 회안(淮安), 양揚 지금의 강소성 양주(揚州), 태泰 지금의 강소성 태주(泰州), 통通 지금의 강소성 남통(南通).

그의 세 번째 단계 전략으로 병거를 북쪽으로 돌렸다.

북쪽지역은 거란으로 세종이 여전히 직접 정벌에 나섰다. 북벌이 대단히 순조로워 불과 40여일 사이에 손쉽게 거란의 손에서 와교瓦橋 지금의 하북성 웅현(雄縣), 익진益津 지금의 하북성 패현(霸縣), 어구淤口 지금의 하북성 패현 동쪽의 신안진(信安鎭)의 세 관구, 녕寧 지금의 하북성 청현(靑縣), 막莫 지금의 하북성 임구(任丘) 북쪽, 영瀛 지금의 하북성 하간(河間) 3주 등 지역을 획득하였다.

깃발을 죽 펼치면서 그는 여전히 유주幽州를 직접 취하려고 하였지만 그만 병이 들어 남쪽으로 철군할 수밖에 없었다.

개봉으로 돌아온 후에 세종이 병들어 죽었다. 겨우 39세였다.

평가 후주 태조 곽위는 후주정권을 세운 사람으로 비록 군졸 출신이었지만 오히려 문화의 중요성을 이해하였기에 장기적인 노력을 통해 적지 않은 책을 읽어 자신을 일개 무부에서 문무를 겸비한 유교적 장수로 변화시켰다. 그는 오대 시절 개국군주 중에서 유일하게 문화 수준이 비교적 높았던 사람이며 또한 당시에는 드물게 보는 우수한 정치가였다. 그가 재위한 시간이 비록 무척 짧았지만 도리어 왕조와 군주의 형상을 크게 변화시켰다. 그의 계승자가 큰일을 이루도록 기초를 튼튼히 해 주었다.

세종柴榮, 郭榮은 오대 시대 가장 실력을 발휘한 정치가이다. 그는 장기간 세상을 떠돌며 경험을 쌓았기 때문에 민간의 질곡을 깊이 알고 있었으며, 시대조류의 흐름을 깊이 알고 있었다. 제위에 오른 후에 그는 시대조류에 순응하여 태조의 계보를 이어 전면적으로 개혁을 진행하였다. 개혁에 기대어 후주의 국력을 신장시켰으며 또한 상승하는 국력에 기대어 그는 전쟁의 힘듦과 어려움을 사양치 않고, 자신이 직접 대군을 이끌고 남북을 정벌하여 이전에 없었던 군사적 성취를 이루었으며, 분열을 끝내고 천하를 통일하는 서막을 열었다.

▣ 왕준王峻, 왕박王朴

왕준미상~953년은 자가 수봉秀峰으로 상주相州 안양安陽 지금의 하남성 안양(安陽) 동남쪽사람이다.

가정의 영향을 받아 왕준은 어려서부터 음악에 비교적 깊은 조예가 있었다. 노래를 부르면 아주 소리가 미묘하여 사람의 마음을 흔들었다. 후량後梁의 봉강대리封疆大吏 장균張筠이 그를 잘 보아서 자신의 신변에 두었으며 뒷날 권신인 조암趙巖에게 바쳤다. 후량이 멸망하자 그는 기댈 곳을 잃어버리고 민간을 전전하였다. 얼마 후에 그는 후당後唐에서 재정을 주관하던 삼사사三司使 장연랑張延朗에게 몸을 의탁하였으나, 이 재정분야 고관은 그의 노래를 좋게 여기지 않았기 때문에 특별대우를 하지는 않았다. 후당이 무너지고 장연랑이 피살되자 석경당이 왕준을 장연랑의 모든 재산과 함께 유지원에게 하사하였다.

사람들에게 줄곧 장난감 취급을 받던 왕준이 유지원의 수중에 들어가자 비로소 굴욕적인 인생에서 벗어나 정규적인 벼슬길에 들어섰으며 하급 군관이 되었다. 유지원이 천하의 주인이 되자 이에 따라 그 역시 중앙의 관직을 얻었으며 객성사客省使에서 황제의 명령을 전달하는 선휘북원사宣徽北院使로 승진하였다.

관직이 한 계단 한 계단 올라가 직위가 높아지면서 왕준은 날이 갈수록 정치소용돌이에 깊이 빠져 들어갔다. 특히 후한後漢 은제가 제위에 오른 후에 조정의 원로와 신귀족들 간에 갈등이 날이 갈수록 첨예화되었다. 마지막에는 원로들이 주살되는 참극이 발생하였다. 이 사건이 발생할 때 왕준은 마침 업도鄴都에서 곽위의 감군으로 있었는데, 수도에 있던 두 사람의 가족들이 전부 피살되었으며 동시에 두 사람의 생명이 조정의 추살령追殺令의 위협을 받았다. 왕준과 곽위는 같은 배를 타고 있었다.

치명적인 재난에서 벗어나기 위하여 씩씩한 기개로 감연히 몸을 떨쳐 일어나 곽위와 함께 조정에 저항하는 전략계획을 가다듬었다. 군대가 개봉으로 들어간 후에 그는 추밀사樞密使로 임명되었으며 곽위를 도와 정국을 주재하였다. 곽위가 군대를 이끌고 정벌에 나섰다가 황제의 옷을 걸치게 되자 수도를 지키던 그는 적시에 부대를 송주宋州, 허주許州 두 주를 향해 움직이게 함으로써 성공적으로 후한황실의 잔여세력을 통제하였다.

후주를 세우는데 왕준의 공이 가장 컸기에 추밀사로서 재상의 직무를 겸임하였다. 정권과 병권을 한 손에 쥐고 있던 왕준은 후주태조를 도와 새 조정의 수레바퀴를 움직여 나갔다. 국가가 새로 세워져 천하의 일들이 많아지자 왕준은 밤낮없이 열심히 정사를 처리하였으며 신속하게 정부업무를 정상궤도로 올려놓았다. 그는 아는 것이면 빠짐없이 이를 다 말하였으며 때를 얻든 못 얻든 충언을 하면서 새 조정의 정권을 공고하게하기 위하여 전력을 다 하였다.

북한北漢군대가 진주晉州 지금의 산서성 임분(臨汾) 동쪽 지역를 공격하자 왕준은 원수의 깃발을 내걸고 출전하였다. 후주 태조가 진주를 잃어버릴까봐 안절부절 못하면서 사절을 급히 보내 만일 왕준이 더 진군을 하지 않으면 본인이 직접 군대를 이끌고 가겠노라고 하였다. 이에 왕준이 좌우를 물러가게 하고 사절에게 은밀하게 말했다. "진주는 성이 견고하여 공격하기 어려운 지역으로 그리 쉽게 공략되지 않을 것입니다. 더욱이 적군의 기세가 왕성한 상태여서 힘들여 싸우는 것이 불가한 상황입니다. 제가 앞으로 나아가지 않고 멈추어 있는 것은 결코 적을 두려워하기 때문이 아니라 적의 기세가 꺾이기를 기다리고 있는 것입니다. 황제께서 막 제위에 오르신 시기라 사방의 번진藩鎭들에 아직 그 위엄과 덕이 미치지 못한 상황이니 어찌 황제께서 가볍게 움직일 수 있겠습니까? 현재의 형세를 살펴보건대 연주兗州의 모용언초慕容彦超가 반역을 할 기미가 이미 드러나고 있는데 만일 황제께서 출정을 하신다면 모용언초가 반드시 그 기회를 타서 수도로 들어올 텐데 그때가면 황제께서 장차 어떻게 하시려는 것입니까!"

사절이 수도로 돌아와 보고를 하자 태조가 불현듯이 깨달았다. 그는 자기의 귀를 잡아당기면서 말했다. "하마터면 일을 망칠 뻔하였네!"

군주의 친정을 막고 나서 왕준은 여러 날을 기다렸다가 돌연히 군대를 몰아 급속 행군을 하면서 진주를 향해 진격해 갔다. 성을 포위하고 있던 북한군은 오랫동안 성을 공략하지 못하면서 사기가 점차 떨어지고 있었는데 원군까지 온다는 소식을 듣자, 원군의 그림자조차 못 보았는데도 서둘러 철군하여 돌아갔다. 왕준이 진주에 입성하자 장령들이 다 같이 승세를 틈타 추격하자고 요구하였으나 그는 결단을 내리지 못하고 주저주저하였다. 그 다음날이 되어서야 비로소 추격하라는 명령을 내렸으나 적군은 이미 멀리 가버린 상태였다.

진주의 포위를 푸는데 있어 왕준이 큰 공을 세웠다. 태조가 연주의 모용언초를 직접 정벌하러 나서자 그는 명령대로 다시 군주를 수행하였으며, 자신이 거느린 부대를 이끌고 선발로 성을 강공하면서 다시 한 번 성을 점령하는데 일등 공신이 되었다.

황제에 등극하도록 결정적으로 도와준 공적! 황제의 명령을 멋지게 이행한 공적! 정사를 잘 다스린 공적! 전쟁을 잘 치룬 공적! 한 몸에 여러 공훈을 갖춘 왕준은 자만하여 모든 것을 다 잊어버리고 공적부의 기록에 기대어 군주와 힘을 겨루기 시작하였다. 그는 천하를 모두 자기의 임무로 알아 무슨 일이든지 일의 크고 작음도 관계치 않고 그가 무언가 하려고 생각하면, 그가 하려는 것을 군주가 즉시 동의하도록 요구하였다. 일단 조금만 뜻에 맞지 않으면 불쾌한 기색이 얼굴에 나타났으며 내뱉는 말들이 불손하기 그지없었다.

태조는 참고, 양보하면서 가능한 한 그를 만족시켜주려고 하였다. 그는 태조보다 두 살이 위였기 때문에 태조는 그를 존중하여 왕왕 '형'이라고 칭하거나 그의 '자字'로 그를 부르면서 출세하기 전의 교제를 잊지 않았다. 왕준은 군주가 자기에 대해 극도로 인내하고 있음을 알지 못하고 군주가 자기보다 못하다고 여겨 더욱 의기양양하였다.

태조에게는 형제 같은 사람들 예를 들면 정인회鄭仁誨, 이중진李重進, 향훈向訓 등 일군의 무리가 있었다. 등극한 초기에는 그들을 중용하지 못하였지만 일체를 안정시킨 후에는 점차 한 사람 한 사람 요직에 앉히기 시작하였다. 기민한 왕준은 이것이 하나의 신호 즉, 군주가 자기를 다시는 신뢰하지 않는다는 신호, 자신을 껍데기로 만들려는 신호로 여겼다. 그는 즉각 세 가지 조치를 취했다. 이보 전진을 위한 일보 후퇴의 전략으로 군주에게 추밀사의 직위를 해제해달라는 사직서를 올려 군주의 의향을 알아보고자 했다. 자신은 집안에 숨어 지내면서 공무처리를 중지하였다. 동시에 각지의 '제후諸侯'들에게 상소를 올려 군주가 그의 직무를 해제치 않도록 요구하라고 암묵적인 사인을 보냈다.

며칠 연속 '제후'들의 상소가 눈발처럼 황제의 책상에 날라 와 쌓였다. 태조는 왕준이 그에게 이러한 술수를 부리리라고는 전혀 생각지 못하였기 때문에 깜짝 놀랐다. 전후 일의 문맥을 살펴 본 후에 노련한 태조는 즉시 사람을 왕준의 사저로 보내 위로와 위협이 동시에 담긴 말을 전하였다. "경이 만일 조정에 나와 일을 처리하지 않는다면, 짐이 직접 가서 경을 데리고 오겠소." 왕준은 입으로만 연달아 감당치 못한다고 말할 뿐 여전히 집에 머물렀다. 태조는 왕준과 잘 지내는 대신 진동陳同을 보내어 권유하면서 한편으론 자신이 반드시 직접 와서 데려가겠다고 다시 한 번 강조하자 어쩔 수 없게 된 왕준이 비로소 궁궐에 들어가 군주를 알현하였다.

이번의 풍파는 가라앉았으며, 왕준은 다시 업무를 시작하였다. 그러나 그의 기세등등함은 이전과 마찬가지로 조금도 변하지 않았다.

군주가 내원에 조그만 전각을 지으려고 했는데 왕준이 이를 알게 되자 백성과 국가를 위하는 어투로 이를 질책하였다. "궁궐에 전각이 이미 많은데 어찌 이 전각을 다시 질 필요가 있습니까?"

도리에 맞자면 왕준은 응당 본인이 솔선수범하여 검소하고 질박함을 선도하는 모범이 되어야했다. 그러나 그는 추밀원에 대규모 토목공사를 하여 극히 호화로운 사무실을 조성하였다. 공사가 다 끝나고 완공된 후에 뜻밖에도 그는 군주를 초청하여 와서 보도록 하였다. 태조가 와서 사무실을 보자 이전 전각을 지으려던 일이 떠올라 상대방에게 비난조로 힐문하였다.

"추밀원의 사무실들이 적지 않은데 경은 어째서 이 사무실을 또 지었소?"

왕준은 할 말을 잃고 답을 하지 못하였다.

이 일이 벌어진 후에도 왕준은 계속해서 무제한으로 자신의 권력을 확대하였으며 자기와 뜻이 맞지 않는 세력은 배척하면서 군주를 고립시켜갔다. 그는 자신의 실질적 권세를 강화하기 위하여 규모가 큰 진鎭 한 곳을 원거리에서 다스리겠다고 주청하였다. 태조는 마지못해 그의 청을 들어 주었다. 그와 시영柴榮 郭榮 훗날 후주 세종 사이가 오랜 기간 틀어져 있었다. 그는 황제 계승자인 시영이 수도에 오는 것을 가로막고 나섰으며 태조는 그 일을 듣고도 못들은 척하였다. 태조는 범질范質, 이곡李谷 등 재능과 학문이 상당한 문사들을 재상으로 삼았으며 아주 마음에 들어 하였다. 왕준은 그들이 자신의 말을 듣지 않는다고 느끼자 그들을 못 마땅해 하였고 자기 세력에 속하는 안건顔愆, 진동陳同으로 그들을 대체하려고 하였다. 그가 주청을 드려 군주에게 즉각 비준하여 줄 것을 요청하자 태조는 마음속의 분노를 억누르며 완곡하게 말하였다. "재상의 진퇴를 어찌 창졸간에 결정한단 말이오? 신중하게 고려해야합니다."

왕준은 뜻을 수그리지 않고 자기의견을 고집하면서 불손한 말까지 하였다. 태조는 압박을 받아 피 할 방법이 없게 되자 그 날이 한식寒食이니 절기가 지난 후에 다시 처리하자고 처리를 미루었다.

오래 동안 참아왔던 태조는 더 이상 참으려 해도 참을 수 없는 상황이 되었다. 그 다음날 조회시간에 무사를 안배하였다가 왕준을 체포하여 그를 감금하였다. 줄곧 자신을 굽혀 온전함을 추구하였던 군주가 눈물을 흘리며 풍도馮道 등 원로들에게 해명하였다. "왕준이 짐을 너무 지나치게 몰아 붙였으며 지나치게 예의가 없고, 짐의 모든 날개를 꺾으려고 하였소. 짐의 아들이 외지에 있는데 줄곧 사이를 갈라놓았으며 어쩌다 수도에 오면 바로 원망의 말을 쏟아놓곤 했소. 그가 추밀원을 총괄면서 또한 재상을 겸임하였는데도 다시 군사중심지인 큰 진鎭을 요구하여 짐은 그것까지 주었소. 그렇게 해도 그의 욕심을 도저히 다 채워주기 어려울 뿐만 아니라 그의 눈에는 군주가 보이지 않으니, 누가 능히 이를 좋은 마음으로 참을 수 있겠소."

일이 발전하여 극에 달하면 반드시 반전한다고 했다. 끝까지 올라갔던 왕준은 상주商州 사마司馬로 좌천되었으며, 결국 그 곳에서 생을 마감하였다.

왕박王朴 905~959의 자는 문백文伯이며 동평東平 지금의 산동성에 속하는 지역 사람이다. 부친 왕서王序의 가계 상황은 자세히 알려진 것이 없다. 왕박은 어렸을 때 기민하고 지혜가 넘치는 것으로 이름이 났으며, 배우기를 좋아하였고 아주 아름다운 문장을 쓸 수 있었다. 박학다식과 출중한 문재로 후한後漢 때 진사進士 시험을 보아 단번에 합격자명단科榜에 이름을 올렸다. 급제한 후에 교서랑校書郎을 제수 받았다.

조정에서 벼슬을 하면서 두각을 나타내려면 반드시 기대야할 곳을 찾아야 한다. 왕박이 찾아낸 기댈 곳은 고명대신 양빈이었다. 양빈 역시 그의 재능을 마음에 들어 하여 자기의 부府에 머물도록 하고 막료로 삼았다. 일반적인 관례에 따르자면 이러한 큰 산에 기대게 되었으니 관료세계에 발을 들여놓은 왕박의 앞길이 보장되어야 했다. 그러나 사정이 그렇게 간단하지 않았다. 양빈과 다른 원로중신들 사이에 대단히 복잡하며 어떻게 해도 메꿀 수 없는 모순이 있었기 때문이다. 왕박은 상황을 깊이 살펴보고는 조만간에 큰 일이 벌어질 것이라고 느꼈다. 자기가 기대고 있는 산이 빙산에 불과하여 기댈 수 없다고 느꼈다. 그는 결연히 결정을 내려 양빈의 부府를 떠나 산동 고향으로 돌아갔다. 고향으로 돌아간 지 얼마 안 되어 조정에서 소식이 들려왔다. 양빈 등 여러 대신이 은제에게 살해당하였다는 것이다. 원래 양빈에게 붙어있던 관원과 막료들은 대다수가 연좌되었으나 오직 왕박 만이 그 그물에서 벗어났다.

후주가 건국된 후에 왕박이 다시 한 번 세상으로 나왔다. 새 조정에서 기용되어 전주澶州를 지키고 있던 시영柴榮의 수하로 파견되어 문서를 관리하는 관원이 되었다. 그는 문서를 빼어나게 잘 작성하였다. 시영이 개봉으로 전근하여 부윤府尹이 된 후에 그를 우습유右拾遺로 삼아 개봉부 추천 관리推官 자격으로 데려갔다. 그렇게 된지 얼마 되지 않아 황제가 된 시영은 그를 형부刑部의 비부랑중比部郎中에 앉혀 조정의 경비와 관료들의 봉급 등을 관리하는 일을 맡겼다.

이번에는 왕박이 기대었던 사람과 함께 관직이 직선으로 상승하였다.

후주 세종은 실무적인 사람이었기에 관원들에게도 실무적인 것을 요구하였다. 그는 조정에 문학적 명망이 있는 이십여 명의 신하를 불러서 사람마다 정책논문策論을 한편씩 써서 바치라고 명령하여 그들의 재능과 학문을 시험하여 보았다. 왕박은 황제의 뜻에 따라 처소에 돌아가 <평변책平邊策>이라 불리는 논문을 썼다.

당唐이 도의를 배반하여 오吳와 촉蜀 두 곳을 잃었으며, 진晉이 도의를 배반하여 유幽와 병幷 두 곳을 잃었는데, 그 잃은 까닭을 살펴보면 변경 지역을 수복할 책략을 알 수 있다. 도의를 배반하고 땅을 잃어버린 시대는 군주가 혼용하고 정치가 혼란하였으며, 군사가 교만하고 백성이 곤핍하였고, 내부적으로는 간신이 들끓고 외부적으론 반란을 일으키는 장수들이 있어 훗날 제위를 찬탈하는 자들이 출현하지 않은 적이 없었다. 이로 인해 천하의 인심이 떠나가고 사람들이 명령을 따르지 않게 되어 오, 촉, 유, 병 네 곳을 연달아 잃게 되었다.

땅을 수복하는 방법은 당과 진의 실책과 반대로 행하는 것이다. 우선 현명한 군자들을 조정으로 불러들이고 간사한 자들을 내쳐서 정치를 맑게 하는 것이다. 능력 있는 자를 등용하고 어리석은 자를 제거하여 진실한 인재를 얻는 것이다. 은혜와 신뢰를 두드러지게 하여 민심을 하나로 엮는 것이다. 공 세운 자에게 상을 주고 죄지은 자에게 벌을 주는 것으로 신하와 백성들이 자신들의 힘을 다 쏟도록 하는 것이다. 검약과 절제를

통해 재력을 풍부하게 하는 것이다. 노역을 징발할 때 적합한 시기에 맞추어 백성을 편하게 하는 것이다. 창고가 가득차고 군비가 갖추어지고 인력동원이 가능한 시기에 능히 변경을 수복하는 행동을 할 수 있다.

상대국의 백성이 우리의 정치가 맑고 밝으며, 상하가 한 마음이며, 힘이 세고 재정이 풍족하며, 백성들이 화목하고 평화로우며 필승의 형세가 있는 것을 보면, 우리의 상황을 명확히 아는 사람이 즐거이 우리의 간첩 역할을 하며 상대방의 지형에 익숙한 사람이 즐거이 길 안내자가 될 것이다. 상대방의 백성과 우리 백성이 마음에 바라는 바가 서로 같으니 곧 하늘의 뜻에 합하는 것이다. 하늘의 뜻에 합한다면 성공을 하지 못할 이유가 없다.

공격을 통해 획득하는 길은 쉬운 것부터 손을 쓰는 것이다. 오늘날의 상황을 볼 때 오吳가 가장 쉽게 취할 수 있는 지역이다. 오의 땅은 동으로는 바다에 이르고 남으로는 강에 닿아있으며 교란시킬 수 있는 변경이 이 천리에 달하고 있다. 우리가 그들의 방비가 취약한 곳에 대해 교란작전을 펼 수 있다. 그들이 동쪽을 방비하면 서쪽을 교란시키고 서쪽을 방비하면 동쪽을 교란시킨다면 그들이 반드시 서로 구하려고 바삐 오가게 될 것이다. 그 오가는 과정 속에서 우리는 그들의 허실虛實과 군대의 강약을 이해할 수 있게 될 것이다. 그런 후에 우리가 허술한 곳과 약한 곳을 공격한다면 대적할 자가 없을 것이다. 절대로 대규모로 공격에 나서면 안 되며, 단지 경기병으로 교란해야한다. 오나라 사람들은 겁이 많고 약해서 우리 군대가 그들의 땅에 들어간 것을 보면 반드시 대규모로 군대와 백성을 동원하여 대응할 것이다. 대규모로 군대와 백성을 동원하면 백성을 곤핍케 하고 국가의 재정을 바닥나게 할 것이다. 우리가 대규모로 군사와 백성을 동원하지 않는다면 우리가 이익을 얻을 수 있다. 그들

이 피폐해지고 우리는 이익을 얻게 된다면 강북의 땅은 능히 우리의 것이 될 수 있다.

강북을 얻게 되면 그들의 백성을 활용하여 우리의 군사를 돕게 하면 이를 통해 강남지역 역시 평정하기가 어렵지 않을 것이다. 이렇게 한다면 적은 힘으로 많은 공을 세울 수 있다. 일단 오나라를 얻으면 계桂, 광廣 지역이 모두 신하가 될 것이며 민岷, 촉蜀은 조서만 내려도 복종할 수 있게 될 것이다. 만일 이를 따르지 않는다면 사면에서 한꺼번에 진격한다면 촉 땅을 석권하고 평정할 수 있다. 오, 촉이 평정되면 유幽도 그 상황을 보고 항복할 것이다. 오직 병幷은 반드시 없애야할 적으로 은혜와 신뢰로 유도하기가 어려우므로 반드시 강병을 동원해야하며, 이를 통해 그들의 힘이 빠지고 기력이 쇠해지길 기다리면 다시는 변방의 우환이 되기 어려울 것이며, 뒤로 미루어 두었다가 해결할 수 있을 것이다. 오늘날 우리의 군대는 정병이며 무기 역시 잘 갖추어져 있고, 신하들이 법을 잘 알며, 장수들이 명령을 잘 따르니 추수가 끝난 후에 변경을 평정하는 일을 시작할 수 있다.

문장이 좋았을 뿐만 아니라 그 내용도 대단히 실제적이고 구체적인 전략이 있었다. 후주 세종은 이 논문이 자신의 생각과 가장 잘 부합된다고 느껴 마음에 들어 하였다. 이에 따라 왕박을 개봉부지부開封府知府로 승진시켰다.

당시 웅대한 포부를 갖고 있던 세종은 정사를 처리하고 군대를 훈련시키며 한 마음으로 통일대업을 실현하려고 하였다. 그러나 그가 여러 문신들의 의견을 구하였을 때 도리어 반대하는 사람들이 많았다. 문신들은 그가 급하게 군대를 움직이려는 것에 반대하면서 문치를 통해 덕을 쌓는 것이 먼저여야 한다고 말하였다. 단지 도곡陶谷, 두의竇儀, 양소검楊昭儉과 왕박 등 신하들만 군주의 주장에 찬성하였다. 이 네 사람 중에서 왕박의 견해가 그의 뜻에 가장 잘 맞았다. 왕박의 문장을 본 후에 세종은 여러 차례 그를 불러와 의견을 나누었다. 전략적 사고가 극히 풍부했던 문신 왕박은 세종에게 수많은 실질적이고 실행 가능한 구체적인 조치를 건의 하였다.

군주와 신하가 의기투합하였으며 천하의 대사에 대해 의견이 대부분 일치 하였다.

왕박의 의견은 웅대하였는데 세종은 그의 전략을 쫓아하기로 결정하였으며, 그를 더욱 중요한 위치에 앉혔다. 대군이 오나라를 정벌하는 기간에 왕박은 동경유수東京留守로 제수되었고 추밀사로 승진하여 후방의 업무를 총괄하였다.

개봉에 남아있는 왕박은 전선에 물자를 공급하는 일을 책임지는 일 외에도 개봉성을 대규모로 개축하였다. 그는 도시의 구성을 다시 기획하고 도로를 넓혀 오래되고 낡아 좁아터진 도시를 장대하고 위엄있는 새로운 성城으로 개조하여 정부, 주민, 상인들이 유기적으로 결합되게 하여 진정으로 나라의 수도로서의 품격을 갖추도록 하였다.

개봉성을 개축할 때 왕박은 어려움도 마다하지 않고 자신이 직접 순시를 하면서 검사하였다. 하루는 향군鄕軍의 하급군관이 게으름을 피우며 힘을 다하지 않자 사람을 시켜 그 자리에서 채찍질을 하였다. 이 사람은 그 일에 대해 승복하지 않고 그가 곧 승진할 것인데 어떻게 때리는가라고 대들었다. 왕박이 이 사정을 알게 된 후에 즉시 이 사람을 다시 잡아와 말 앞에서 곤장을 때려 죽였다. 세종이 이 일을 들은 후에 크게 웃으며 말했다. "이 자는 정말 어리석은 자로다. 왕박 앞에서 어떻게 승진하는 것을 자랑한단 말이냐? 죽어도 마땅하다."

왕박은 정치에 대해서도 전문적이었으며 전략적 식견이 있었다. 토목공사도 잘 이해하였으며, 천문, 역법, 음악에 대해서도 모두 정통하였다. 그는 일찍이 명을 받들어 역법을 수정하였다. 황당하기 그지없는 옛 역법의 내용을 대담하게 제거해 버리고 사람들이 칭송했던 <흠천력欽天曆>을 제정하였다. 그는 또한 아악雅樂을 고증하여 잘못된 부분을 고쳤으며, 악기와 악률에 대해서도 탁월한 효과가 있는 개혁을 하였다.

왕박은 성격이 직설적이어서 일처리가 과감하고 식견이 탁월하여 세종에게 중용되었다. 누구도 감히 그에게 반대하거나 그를 어려움에 처하게 하려 하지 않았다. 조정의 대신이든 외지에 있는 장군들이든 모두 그에 대해 두려움을 가지고 있었지만, 존경과 찬탄이 섞인 두려움이었다. 능력 있는 사람은 수고가 많다고 왕박은 너무 바쁘고 너무 피곤하여 결국 피로 누적으로 병이 걸렸으며, 병으로 죽었다. 세종이 직접 그 상가에 갔으며 네 차례나 크게 울며 옥도끼玉鉞로 땅을 치며 몸을 못 가눌 정도로 낙심하였다.

왕박과 같이 일을 했던 송宋 태조太祖 조광윤(趙匡胤)는 제위에 오른 후에도 일찍이 자신을 화나게 했던 명신에 대해 여전히 경외하는 마음을 가지고 있었다. 한번은 후주의 공신각功臣閣 앞을 지나가고 있었는데 마침 바람이 불면서 문이 열렸는데 정면에 왕박의 화상이 있었다. 그러자 즉각 태조가 엄숙하게 서서 경의를 표하였다. 수종들이 태조의 이러한 행동에 의아해하자 그가 해명하며 말했다. "만일 왕박이 아직도 살아 있었다면 이 곤룡포는 내 차지가 되지 않았을 것이다."

평가 왕준은 후주 정권의 중신으로 담이 크고 견식이 있었으며, 생사를 개의치 않고 곽위가 후한정권을 뒤엎는 것을 도와주었다. 후주를 세운 후에 군사적인 일에서 연속해서 큰 공을 세웠으며, 이로 인해 그는 후주 조정의 대공신이 되었다. 그러나 그의 권력욕이 지나치게 커지면서 같이 생사를 넘나들었던 후주 태조를 가볍게 여겨 군주의 권위를 무시하였다. 일심으로 공신의 자격을 권신의 자격으로 바꾸고자 하였다. 그것도 군주가 그에 대해 무엇이든지 다 양보해야하는 권신이 되고자 하였다. 그는 권력을 옆에 끼고 권력을 제멋대로 휘두르며 군주를 모욕하고 황제가 될 태자를 원수처럼 대하면서 군주의 친신세력을 제거하려고 하였지만, 결국은 본인이 제거되는 것으로 끝났다.

왕박은 후주에서 가장 업적이 컸던 대신이며 또한 오대시대에 드물게 보는 명신이었다. 그는 처음에 민간에서 나와 벼슬길로 들어섰을 때 뭇사람과는 다른 정치적인 소질을 갖고 있어서 나아갈 때와 물러설 때를 잘 알았으며, 득실에 대해 개의치 않았다. 이로 인해 대재난을 다행스럽게 피해갈 수 있었다. 후주 세종을 위해 힘을 다하면서 그는 비범한 담량과 견식으로 저명한 <평변책>을 제시하여 멀리 내다보는 수준 높은 전략과 실시 방침을 정확하고도 심도 있게 제시하여 통일대업을 위한 이론적인 기초를 확고히 하였다. 이외에도 그는 문화예술 방면에서도 상당히 귀중한 공헌을 하였다.

III

십국十國을 개국한 인물

1. 오吳, 남당南唐

▣ 양행밀楊行密 852~905년

양행밀은 자가 화원化源이며 원래 이름은 행민行愍으로 여주廬州 합비合肥 지금의 안휘성 합비사람이다. 그는 어려서부터 고아로 집안이 찢어지게 가난하였다. 그는 기골이 장대하고 힘이 좋아서 백근을 가볍게 들 수 있었으며, 하루에 삼 백리를 갈 수 있었다. 당唐 건부乾符 년간에 강회江淮지역은 사람들이 살 수 없을 정도로 흉흉한 상황이었다. 여기저기 도둑들이 떼거리로 나타났으며 생활 기반이 없던 양행밀도 강도일당에 가입하였다. 강도를 하다보면 결국은 실수하는 경우가 있는데 한번은 관청에 붙잡혔다. 이치에 따르면 엄한 벌을 받아야 마땅했지만 자사刺史 정계鄭棨가 그의 생김새가 건장하고 비범한 것을 보고, 참으로 기이한 일이라고 여겨 그를 놓아주었다.

주州에서 병사를 모집할 때 달리 갈 곳이 없던 양행밀은 이에 응모하였고 현지의 부대에 편제되었다. 신체가 크고 힘이 세며 특히 담이 커서 본부대가 진종권秦宗權과 전쟁을 치룰 때 그는 싸움 때 마다 매번 적군을 포로로 잡았으며 이로인해 졸병에서 대장隊長으로 승진하였다. 그 후에 그는 삭방朔方 지금의 영하 자치주 영무(靈武) 서남쪽의 변경으로 파견되었다. 그곳에 간지 일 년 후에 돌아왔는데 돌아 온지 얼마 지나지 않아 그의 상사가 그를 싫어해서 그에게 다시 변방으로 가라고 요구하였다. 그는 화를 내며 상사의 머리를 잘라버렸다. 그는 100여 명의 용감하지만 별 볼일 없는 군사들을 불러 모아 군사반란을 일으켰으며 자신을 '팔영도지병마사八營都知兵馬使'라 칭하였다. 자사 랑유복郎幼復이 놀라서 성을 버리고 도망갔다. 그는 기회를 잡아 부대를 손아귀에 넣고 성을 점거하였다. 조정은 사정이 급박하자 그를 여주자사로 임명하였다.

여주는 회남淮南에 위치하여 있었고 그 중심이 양주揚州였다. 당시 양주는 당 말기의 명장인 고병高駢이 통제하고 있었으나, 통치기간이 오래되면서 점점 더 혼용해졌고 더욱이 미신에 빠져 요괴를 믿으면서 엉망으로 정치를 하였다. 그의 부장인 필사탁畢師鐸이 그에게 배척을 받자 고우高郵에서 병사를 일으켜 선주宣州를 차지하고 있던 진언秦彦과 연합하여 양주를 점령하고 고병을 옥에 가두었다. 성이 함락되기 직전에 고병은 양행밀에게 구원을 요청하였다.

양행밀은 그를 구원하려고 부대를 이끌고 달려갔다. 성안의 연합군과 치열한 공방전을 전개하였으며, 계책을 써서 적군을 유인하여 성 밖으로 나와 싸우도록 하였다. 매복시켰던 병사를 동원하여 적군을 대파하였다. 필사탁은 혼자서 포위망을 뚫고 달아나, 성으로 들어간 후에 고병을 살해하였다. 양행밀은 전군에 하얀 옷을 입히고 성을 향해 3일간 크게 울게 하여 슬퍼하는 병사들의 기운을 북돋았다. 뒤이어 성을 공격하라는 명령을 내렸으며, 병력을 서문에 집중하여 맹렬히 공격하여 성으로 진격해 들어갔다. 필사탁은 진언과 함께 도망쳤다.

성안은 참혹한 광경이었다. 주민들이 오랫동안 굶주렸기 때문에

서로가 서로를 죽여 배고픔을 채웠다. 더욱 무시무시한 일은 남편이 아내를 아비가 자식을 끌고 가 백정에게 팔아 치면 백정이 산 사람을 마치 돼지나 양처럼 살을 잘라서 덩어리를 만들어 판매대에 걸어 놓고 팔았다는 것이다. 양행밀이 군량을 사용하여 백성을 구제하였으나 장작더미에 한 사발의 물을 붓는 격으로 전혀 도움이 되지 않았고 그저 억지로 버틸 뿐이었다.

외부의 원조를 얻기 위하여 그는 중원의 주온朱溫에게 복속한다는 표를 올렸다. 주온은 그 때 이미 당조정을 향해 회남절도사의 관직을 요구한 상황이어서 양행밀과 결맹하는 것을 겉으로는 동의하면서 암암리에 군대를 보내 양주를 접수하려고 하였다. 양행밀이 그러한 단서를 보고는 명확하게 항명하며 불복종하는 입장을 표시하였다. 주온은 일시적으로 양주를 돌아볼 수 없는 상황이어서 어쩔 수 없이 양행밀의 회남에서의 지위를 인정하였다.

성안에 양식이 심각하게 부족하였고 외부로는 기댈 곳을 찾지 못하자 양행밀은 성을 지킬 의지를 잃어버렸다. 성에서 나가 다른 곳에서 발전을 꾀하려고 하였다. 그러나 그가 결단을 내리기도 전에 진종권의 부장 손유孫儒가 투항한 필사탁과 진언을 죽이고 그들의 잔여 병력을 집어삼킨 후에 대대적으로 양주로 진격해 와 성을 포위하였다. 성 바깥이 손유에게 점령당하면서 양주는 완전히 고립되었다. 안팎으로 어려움에 처하여 양행밀이 어떻게 노력을 해도 도저히 이 성을 지킬 수 없게 되자 그는 한 줄기 길을 열어 근거지인 여주廬州로 돌아갔다.

그는 여주에 의지하면서 전략적 배치를 다시 새롭게 하였다. 우선 선주宣州 지금의 안휘성 선성(宣城)를 공략하여 관할지를 확대하였다. 이후에 소주蘇州, 상주常州, 윤주潤州, 저주滁州, 화주和州, 초주楚州 등 지역을 파죽지세로 취득하면서 세력을 오늘날의 강소성, 절강성, 강서성, 호북성 등 지역으로 펼쳐나갔다.

손유는 양주를 계속해서 지켜나갈 수가 없는데다 양행밀의 세력이 커나가는 것을 원하지 않았기 때문에 불을 놓아 성을 태워버리고 늙고 약하고 병들고 불구인 백성들은 죽여 군량으로 삼았으며, 건강한 백성들은 가축 몰듯이 몰아 양자강을 건너게 한 후에 50만 대군이라 칭하면서 선주宣州로 달려들었다. 세력이 현격하게 차이가 났기 때문에 몇 차례 싸움에서 양행밀의 장령들이 계속해서 패배하였다. 그는 대단히 비관적이 되어 선주를 포기하려고 하였다.

막료인 대우규戴友規가 반대하였다. "손유의 기세가 날카롭고 병력도 많은 상황이어서 그 칼날을 쉽게 감당할 수는 없지만 좌절시킬 수는 있습니다. 적의 무리를 제압할 수는 없지만 피곤케 할 수는 있습니다. 만일 이를 피하여 이곳을 버린다면 형세를 보건대 반드시 적에게 사로잡히게 될 것입니다." 장군 유위劉威도 이러한 관점에 동의를 표하면서 구체적인 전술을 내놓았다. "성과 해자垓子를 배경으로 삼아 울타리 방책을 구축하면 싸우지 않고 적군을 피로하게 할 수 있습니다."

양행밀이 그들의 주장을 받아들여 굳게 지키며 전혀 출병하지 않았다.

손유는 울타리 방책에 막혀서 반발자국도 나갈 수 없었다. 시간이 조금 더 흐르자 군대 내에서 전염병이 돌아 신속하게 군사의 수가 줄어들었으며 손유 본인 역시 병이 들어 일어날 수 없었다. 양행밀은 기회를 틈타 공세를 펼쳐 적군을 대파하고 손유를 사로잡았으며 그의 목을 쳐서 백성들에게 보여주었다.

손유를 없앤 양행밀은 한 걸음에 양주로 들어갔다. 승리자의 자세로 양주에 다시 돌아간 양행밀은 두 분야의 일에 착수하였다. 사람의 종적이 거의 단절된 회남淮南을 목표로 그는 백성과 함께 휴식을 취하는 정책을 실행했으며 유랑민들을 정착시키며 생산을 발전시켰다. 손유의 잔여 부대를 개편하여 날랜 장수와 강한 병졸들을 선발하여 친위부대를 만들고 검은 옷을 입혀 '흑운도黑雲都'로 불렀다.

백성을 너그럽게 대하고 군대를 정비하면서 양행밀은 독자적으로 한 파벌을 형성하여 맹주의 깃발을 세웠다. 성을 공략하고 땅을 빼앗으면서 회남 남쪽으로부터 양자강 동쪽까지 전부가 양행밀의 판도로 들어왔다. 싸우며 싸우고 또 싸웠다. 후량과 싸우고, 오월吳越과 싸우고, 제후들과 싸우고, 반군들과 싸우고... 지리상의 변경선이 늘어나기도 줄기도 하였지만 회남은 처음부터 끝까지 양행밀의 천하였다.

누군가가 실력이 있고 지반을 가지고 있으면, 조정은 바로 그 사람을 인정하였다. 당 소종昭宗이 연달아 조서를 내려 보냈다; 양행밀을 회남절도사로 제수하고 오吳왕으로 책봉하였다.

양행밀이 회남에서 땅을 점거하고 왕을 칭하는 것을 보고 줄곧 회남에 대한 기도를 포기하지 않고 있던 주온朱溫이 중원의 형세가 다소 안정되자 즉각 대군을 징발하여 진격해왔다. 그는 대장 갈종주葛從周에게 군대를 이끌고 안풍安豐 지금의 안휘성 수현(壽縣) 남쪽지역에 주둔하면서 기회를 기다리다 수주壽州 지금의 안휘성 수현(壽縣)를 공격하라고 명령하였으며, 대장 방사고龐師古에게는 군대를 이끌고 청구淸口 지금의 강소성 회음(淮陰)의 서쪽지역에 주둔하면서 양주揚州를 목표로 삼도록 하였으며 자신은 직접 주력부대를 이끌고 후방에서 전방의 좌우군과 호응하였다.

태산이 내려누르는 듯한 기세로 몰려오는 적군에 대하여 상대적으로 역량이 부족한 양행밀은 우세한 병력을 집중하여 각개 격파하는 전략을 취하였다. 그는 우선 청구를 공략하였다; 물이 많은 지리조건을 이용하여 큰 수로를 판 후에 방사고의 군대를 수몰시켰으며, 그 기회를 이용하여 적은 군대로 다수의 군대를 격파하였고 전장에서 방사고의 목을 베면서 대승을 거두었다. 그런 후에 여세를 몰아 소식을 듣고 이미 철수하고 있는 갈종주의 부대를 추격하여 대승을 거두었다. 후량 군대는 전 전선이 무너지면서 중원으로 퇴각하였다.

대외전쟁과 동시에 양행밀은 내부의 정치관계 정리에 착수하였다. 당초 그가 여주에서 군사를 일으킬 때 일군의 지방호걸들과 사귀었는데 그중에 전군田頵, 안인의安仁義, 주연수朱延壽, 유위劉威, 도아陶雅, 서온徐溫, 유금劉金 등이 있었으며 이들을 36 영웅이라고 불렀다. 수년간의 군사생애 속에서 그들은 양행밀을 위해 혁혁한 전공을 세웠다. 사업이 커져감에 따라 그는 전군, 안인의, 주연수의 세 사람이 아주 사납고 다루기 어렵다고 여기게 되어 그들을 제거하기로 결심하였다. 전군, 안인의 두 사람은 사태가 심상치 않음을 보고 반기를 들었으나 하나하나 진압되었다. 그는 또한 눈이 실명한 척하면서 거짓으로 대업을 주연수에게 주려한다고 그를 속여서 자기에게 오게 한 후에 그를 찔러 죽였다.

수하의 장군을 악주鄂州 지금의 호북성 무창(武昌)에 보내 그곳을 점거한 두홍杜洪을 잡아와 양주에서 참수한 후에 양행밀은 병이 들었다. 몇 개월 지나지 않아 그가 평생 힘들여 얻어 온 강산을 후세에게 남겨주었다.

그의 둘째 아들 양위楊渭가 등극한 후에 권신 서온徐溫의 기획을 통해 오吳나라의 건국을 선포하였다. 그의 넷째 아들 양부楊溥가 스스로 황제가 되어 아버지에게 '태조무황제太祖武皇帝'라는 존호尊號를 올려 주었다.

▣ 이변李昪888~943년

이변의 어릴적 이름은 팽노彭奴, 자는 정윤正倫이었으며 한 때 이름을 서지고徐知誥로 바꾸었다. 서주徐州 지금의 강소성 서주사람이다. 전설에 따르면 그의 아버지는 성이 반潘 이름은 영榮이었으며 경건한 불교도였다.

이변의 어린 시절 이름은 고증할 수 없으며 6세에 아버지가 사망하여 고아가 되었다. 태어난 곳이 군사변란을 당하자 그의 큰 아버지가 그와 그의 어머니를 데리고 회남 일대로 갔다. 모친이 얼마 지나지 않아 죽었으며 그는 절에 들어가 생계를 이어갔다. 양행밀이 산동의 왕사범王師范을 구하려고 구원군을 보냈을 때 길 가던 그가 도중에 부장 서온徐溫과 만났다. 서온이 보기에 그가 다소 총명하고 기민한 것을 보고 그를 자기 곁에 두고 아꼈으며, 양자로 거두어 들였고 서지고徐知誥란 이름을 주었다.

양행밀이 죽은 후에 연이은 사건의 변화를 거치면서 서온은 새 군주를 모살한 권신 장호張顥를 죽이고 조정을 장악하였다. 먼저 양위楊渭를 위해 오나라를 건국하였으며, 후에는 양부楊溥가 황제위에 오르는 것을 추진하면서 조정의 대권을 혼자 휘두르는 주재자가 되었다. 그는 스스로 윤주潤州 지금의 강소성 진강(鎭江)에 머물며 정사를 원격 지휘하였고, 큰 아들 서지훈徐知訓을 양주에 머물게 하여 정무를 처리하며 꼭두각시인 군주를 통제하도록 하였다.

양아버지가 오나라에서 권세가 커지는 시기에 서지고徐知誥도 성인이 되어 있었다. 그는 미남이었으며 겉으로는 사람됨이 온화하고 후덕하게 보였으나 속에는 꿍꿍이를 깊이 감추고 있었다. 본인의 신체적 조건과 양아버지의 양육으로 그의 앞에는 벼슬길이 활짝 열려있었다. 일정기간 수군의 군관을 지낸 후에, 그는 승주升州 지금의 강소성 남경(南京)자사刺史로 임명되었다.

당시 각 지방정부는 전부 무인들이 지배하고 있었는데 그들은 백성들의 어려움을 조금도 돌보지 않고 제멋대로 빼앗고 거두어들여 군대물자를 채웠다. 서지고가 임지에 부임한 후에 그는 일반적인 관례를 벗어나 사건들을 못 본척하지 않았으며 유학자들과 널리 사귀었다. 근검절약함을 자기관리의 준칙으로 삼았으며 관대하고 후덕함을 정치적인 방침으로 삼았다.

승주 백성들이 오랫동안 고통을 받았기 때문에 조금의 은혜로운 정치를 펴자 서지고를 칭찬하기 시작했다. 윤주에 주재하던 서온은 양아들이 백성들의 칭찬을 듣는다는 소식을 듣자 승주로 바로 와서 상황을 살펴보았다. 현지 상황을 살펴보고는 놀라움에 말을 잃었다; 창고가 가득 찼으며, 성벽이 말끔하게 수리되어 있었고 시장에 생기가 돌고 있었다. 이렇게 사람의 마음을 흡족하게 하는 광경을 보자 그는 얼마 지나지 않아 지역을 맞바꾸는 결정을 내렸다. 승주를 금릉부金陵府로 승격시켜 자신이 직접 주재하였고, 서지고를 윤주로 보냈다.

서지고는 윤주로 가고 싶지 않아 선주宣州로 가고 싶다고 몇 차례나 제안하였지만, 양아버지가 허락을 하지 않자 마음속으로 굉장히 불쾌해했다. 그의 심복인 유학자 송제구宋齊丘가 오히려 윤주로 가는 것이 좋다고 말하며 그를 깨우쳤다. "서지훈은 아주 오만하여 중책을 담당하기 어렵습니다. 얼마 지나지 않아 양주에서 일이 발생할 것입니다. 선주는 양주에서 너무 멀어 서로 호응할 수가 없습니다. 윤주는 강만 건너면 되는 거리이니 긴급한 상황이 생기면 기회를 이용하여 공을 세울 수 있는 곳입니다. 절대로 사양하지 마십시오!" 이러한 형세분석을 듣고 나자 서지고는 확연히 깨닫게 되어 명령을 받고 윤주로 부임했다.

상황은 송제구의 예측대로였다. 얼마 지나지 않아 서지훈이 위로는 군주에 대해 제멋대로 기만하고 모욕을 주었으며, 아래로는 문무백관을 전혀 안중에 두지 않으면서 제멋대로 굴다 끝내는 사납고 용맹한 대장 주근朱謹에게 살해당했다. 양주에 대란이 일어나면서 화광이 충천하였다. 서지고가 강 건너에서 불빛을 보고는 바로 군대를 이끌고 강을 건너 양주로 들어가 주근 일당을 진압하였다. 서온은 서지훈에게 일이 발생했다는 소식을 듣자 바로 금릉에서 달려왔다. 그는 서지고가 이미 사태를 평정한 것을 보고는 화가 났던 상태에서 벗어나 기뻐하며 말했다. "다행히도 네가 윤주에 있었다. 그렇지 않았다면 우리 집안의 대사가 어그러질 뻔하였다. 네가 형제들 사이에서 큰 공을 세운 자이다." 그날 바로 서온은 서지고가 서지훈의 직무를 이어받도록 하였다.

서지고가 집정을 한 후에 그는 서지훈의 방법을 바꾸어 사람들을 부드럽게 대하고 널리 은혜를 베풀고 가혹한 형벌을 없앴으며 조정 안의 긴장되었던 분위기를 너그럽고 온화하게 바꾸었다. 조정 신하들에게 이렇게 하였을 뿐만 아니라 백성들에게도 어진 정책을 펴서 세금을 가볍게 해주고 생산을 장려하며 노비를 사고파는 것을 금지하였다. 이외에도 백성들 집안에 혼례나 상을 치루는 일이 있거나 심각한 경제적인 곤란이 발생하면 모두 그의 구제를 받을 수 있었다.

적절하게 아랫사람을 다루면서 서지고는 인심을 얻었다.

그는 문인들을 잘 대우해주고 중용하였다. 무릇 오나라에 정착한 문인들은 신분이나 재능에 관계없이 모두 일정한 직위를 얻을 수 있었다. 송제구, 낙지상駱知祥, 왕영모王令謀 등 지혜있고 책략이 있는 사람들을 자격에 구애받지 않고 위로 끌어 올려 남김없이 자신의 지혜를 쏟아내는 싱크탱크를 구성하였다. 재사들의 힘을 얻은 서지고는 시대의 추세 속에서 결정적인 시기를 장악하였다.

모든 일을 함에 있어 적당함이 있었으며, 인정에 맞게 하면서 서지고는 조정에서 기반을 확고하게 다졌으며, 정치적으로 더욱 크게 발전하였다. 그는 시종일관 오나라 행정대권을 20년 가까이 장악하였다. 전반의 10년은 서온이 여전히 살아 있을 때였지만 대다수의 인심은 이미 그에게 향하고 있었다.

서온이 금릉에서 병사하자 서지고가 즉각 행동을 취하여 서온의 친아들 서지순徐知詢이 자리를 이어받는 것을 저지하고 금릉을 자신의 수중에 넣었다. 동시에 그는 서온이 끝내지 못한 일, 오나라 군주 양부楊溥에게 천자의 면류관을 씌어주는 의식을 거행하였다. 천자옹립의 대례가 끝난 후에 그는 서온의 규례를 따라 자신이 금릉으로 가고 아들 서경통徐景通을 양주에 남게 하여 정치를 하도록 하였다.

그는 연달아 세 가지의 큰 조치를 취하였는데 이를 통하여 철저하게 서온의 모든 권력을 이어받았다. 겉으로 보면 오나라의 정권은 여전히 서 씨들의 통제 아래 있었지만, 사실은 오얏나무가 복숭아나무를 대신해서 좀이 먹고 말라죽는 다는 말처럼 완전하게 그들 부자의 체계 안에 장악되었다.

서지고는 양아버지와 달리 권신에 머무는 것을 달가워하지 않았다. 그가 기세를 얻은 후에는 조정에 있는 꼭두각시 황제가 실제로는 남아도는 불필요한 자리라고 여기게 되었고, 이로부터 황제 위를 대신 차지할 생각을 하게 되었다. 이러한 생각을 명확하게 이야기하기는 어렵기 때문에, 어느 날 거울을 보면서 손가락으로 흰 머리카락을 쓰다듬으며 친신인 주종周宗에게 말했다. "공업을 이미 이루었지만 나는 이미 늙었네. 어찌해야 하나?" 기민한 주종이 즉각 주인의 뜻을 알아차리고 사방으로 다니며 활동을 하면서 자신들의 집단에 속하는 주요 인사들에게 유세를 하였다. 송제구 한 사람을 제외한 주요 인사들은 주인이 하루 빨리 황제로 등극하기를 바랐으며 함께 받은 은혜에 감사하며 각종 형식의 등극을 권하는 활동을 조직하였다. 내부 사람들의 권유는 조정안의 문무백관들의 권유를 불러왔고 외부의 민閩, 월越 등 국가에서도 사람을 보내 권유하자 서지고는 결국 그들의 요구를 '승낙'하였다.

천조天祚 3년(937년) 시월, 양부는 눈치 있게 선위를 하였고 서지고는 황제 자리를 이어받았다. 국호를 '제齊'로 정하고 승원升元으로 연호를 바꾸었다. 제나라를 건국한지 얼마 되지 않아 천자의 귀한 몸이 된 서지고는 여전히 성을 '서徐'로 하는 것이 그렇게 적합하지 않다고 여겼다. 그는 조서를 내려 선포하였다: 그가 원래 이당李唐왕조의 후손이기 때문에, 지금부터 '이李' 성을 회복하며 이름도 변昪으로 바꾸고, 국호도 '당唐'으로 한다.

이 당나라는 남쪽에 있었기 때문에 '남당南唐'이라고 불렸다.

이때를 전후로 강남에 '동해의 잉어가 하늘로 날아오른다.'라는 한 구절의 동요가 유행하였다. 이변이 양씨 집안의 천하를 얻은 후에 동요를 잘 해석하는 자가 이를 해석하였다. "동해는 서 씨가 책봉 받은 작위의 이름(동해왕東海王)이며, 잉어는 바로 이변을 가리키는 것으로 그의 등극은 일찍부터 그 징조가 있었다."

황제가 된 이변은 자신의 실력을 아는 지혜가 있어 자신의 황제신분이 중원의 황제와 비교할 수 없고 실력 또한 비교할 수 없으며, 호소력 또한 비교할 수 없음을 이해하고 있었다. 국가의 현실적인 상황에 근거하여 그는 전체적인 대외관계방침을 제정하였다. 영토를 지키며 백성을 보호하고 힘을 다해 다른 나라와 잘 지내라는 방침이었다. 등극하기 전에 장기간 적국이었던 오월吳越에 큰 화재가 발생하여 궁궐, 창고, 무기장비 모두 심각한 손실을 입었었다. 군신들이 다 함께 이 하늘이 준 좋은 기회를 틈타 공격을 해야 한다고 요구하였다. 그는 여기에 동의하지 않았다. 군사적인 행동을 취하지 않았을 뿐만 아니라 반대로 사절을 보내 위로하고 대량의 물자를 보내주었다. 두 나라는 전쟁을 평화로 바꾸어 세세연연 우호관계를 유지하였다.

황제가 된 지 5년. 이변은 인간세상과 작별을 고하였으며 묘호는 열조烈祖였다.

평가 양행밀은 오대십국의 하나인 오吳나라의 기초를 놓은 사람이다. 정부의 핍박으로 백성이 어쩔 수없이 반란을 일으킬 수밖에 없었던 시대에 그는 담력과 힘에 기대어 생명의 위험을 무릅쓰고 싸워 영웅이 되었고 한 지역을 차지하는 자가 되었다. 그는 문화수준이 없었고 글도 읽지 못하였지만 뛰어난 호소력과 고도의 조직력, 정밀한 관찰력으로 수많은 인재를 끌어 모아 대사를 이루었다. 그가 회남을 차지한 후에 백성에게 혜택을 주는 관대한 정책을 취하여 오랜 기간 전쟁을 치르며 고통을 겪은 백성들이 어느 정도의 삶을 회복하도록 하였다. 회남경제의 회복은 양행밀이 이렇게 할 수 있는 기초를 제공하였다.

이변은 오대십국 중의 하나인 남당의 건국자이다. 나라를 세운 여타 사람들과는 달리 그의 천하는 전쟁을 통해 얻은 것이 아니라 권신의 신분으로 정치적인 수완을 통해 얻은 것이다. 그는 절대로 군인 가문이 아니다. 윤주에서 양주로 진격하여 사태를 평정한 것을 제외하면 거의 어떠한 전쟁도 지휘한 적이 없다. 그는 말 그대로 정치가로 사람의 마음과 백성의 마음의 작용을 깊이 이해하고 있었으며, 자신의 역량을 잘 이해하였고 행동하는 도리를 잘 알았다. 군대를 동원하고 무력을 제멋대로 휘두르는 것을 혐오하였다. 변경을 지키며 백성들을 안정시키는 정책을 추진하여 대란이 일어난 지 오래인 강회江淮지역에 생기를 회복하는데 일정한 공헌을 하였다.

2. 전촉前蜀, 후촉後蜀

▣ 왕건王建 847~918년

왕건은 자가 광도光圖이며 허주許州 무양舞陽 지금의 하남성 무양사람으로 가계에 관한 내용은 자세히 알 수 없다.

소를 도살하고 당나귀를 훔치고 사제 소금을 판매하면서 왕건은 나이가 적은데도 자신이 거주하는 지역에서 무뢰배로 이름을 떨쳤다. 집안에서 여덟째였기 때문에 사람들이 그를 '도적 왕팔賊王八'이라 별명을 붙였다. '도적 왕팔'의 이름은 듣기에 거북하였지만 사람됨은 도리어 민첩하고 용맹하였으며 생기기도 아주 괜찮았다. 풍속에 어긋나고 금기에서 벗어나는 일을 얼마 정도한 후에 그는 군대와 도적떼가 본래 같은 종류라는 것을 보고 안전함을 얻기 위하여 충무군忠武軍에 응모하여 참가하였다. 진종권秦宗權은 후한 상을 주면서 용사들을 모집하였다. 그는 소속부대를 바꾸어 진종권의 군대로 가서 하급군관자리를 채웠다.

당시 황소黃巢가 반란을 일으켜 엄청난 난리를 일으키면서 장안長安을 함락시키자 당唐 희종僖宗이 사천의 촉나라로 도망갔다. 진종권이 감군 양복광楊復光을 원수로 삼고 군관 녹안홍鹿晏弘을 장군으로 삼아 부대를 이끌고 장안으로 가서 황제를 모셨으며 왕건은 이를 따라서 갔다. 그 일 후에 양복광이 부대를 8도都로 나누었다. 1도는 일천 명으로 구성되어 있었는데 왕건은 도두都頭로 임명되었다. 양복광이 죽은 후에 녹안홍이 전체를 이끄는 우두머리가 되었다. 왕건은 그와 화합하지 못하여 진휘晉暉, 한건韓建, 장조張造, 이사태李師泰 네 명의 도두와 함께 각각 자기 부대를 인솔하고 촉나라에 가서 당 희종에게 직접적으로 의지하였다.

여러 차례 껍데기뿐인 천자를 하였던 당 희종은 크게 기뻐하면서 '황제의 어가를 따른 오도隨駕五都'라는 호를 내렸으며, 그들을 최고군사장관인 십군관군용사十軍觀軍容使 전령자田令孜의 직속으로 배치하였다. 전령자는 권력을 쥔 환관으로 이 몰락한 조정을 통제하고 있었다. 그는 왕건 등 다섯 명을 마음에 들어 하여 그들을 양자로 거두었다. 비록 추종하였던 사람이 어려움에 처한 이름뿐인 천자였지만, 왕건이 이쪽으로 감으로써 그의 신분이 크게 높아져서 이전의 그와 같이 논할 수 없었다. 제일 높은 정치상징의 신변에 있으면서 그의 식견이 늘어났으며 안목이 넓어졌다.

장안이 수복된 후에 당 희종은 수도로 되돌아갔으며, 왕건은 금군禁軍인 신책군神策軍의 주요 장령이 되어 군주를 보위하는 중책을 맡게 되었고 자사刺史들을 원격지시하는 직도 맡았다.

그러나 희종이 장안으로 돌아온 지 몇 년 되지 않아 전령자와 하중절도사河中節度使 왕중영王重榮 사이에 소금판매 이익을 놓고 싸움이 벌어져 서로 군대를 동원하는 일이 벌어졌다. 왕중영은 진晉의 군대와 연합하여 장안을 공격하였으며, 당 희종은 어쩔 수 없이 다시 도망을 갈 수 밖에 없어 흥원興元 지금의 섬서성 한중(漢中)으로 도망갔다. 왕건은 청도사淸道使로 임명되어 군주와 옥새를 호위하였다. 도중에 큰 화재가 일어나 잔도棧道가 진한 연기에 휩싸였으며 거의 끊어지려고 하였다. 왕건은 자신의 몸으로 군주의 말을 지탱해주면서 겨우 잔도를 뚫고 나갔다. 희종이 피곤하여 잠이 들었는데 그는 자기의 무릎을 베개 삼아 군주를 보호하였다. 희종이 깨어나서 이 상황을 보고는 감동하여 뜨거운 눈물을 흘리며 어의를 벗어서 그에게 하사하였다.

목적지에 도착하자 전령자는 천자를 도망가게 한 책임을 벗어나고자 스스로 동생인 서천西川절도사 진경선陳敬瑄이 감군을 맡도록 제안하였다. 태감太監 양복공楊復恭이 군용사軍容使의 직책을 이어 받자 전령자의 세력을 청소하기 위하여 왕건 등을 외지의 자사刺史로 가게 하였다.

왕건의 임지는 천촉川蜀의 벽주壁州 지금의 사천성 통강(通江)로 이 지역은 한족과 이민족들이 섞여 사는 곳이었다. 그중 계동溪洞부락은 전투능력이 대단하였기 때문에, 그는 이 지역의 세력을 거두어 들여 팔천 명의 군대를 조직하여 자신의 독립적인 무장부대로 만들었다. 그는 이 혼합군대를 이끌고 나아가 인근의 두 개 주州를 삼켜버렸다.

천촉川蜀은 크게 동천과 서천 둘로 나뉘어져 있었는데 동천東川은 고언랑顧彦郎이 장악하고 있었고 다른 한 지역 서천西川은 진경선이 통제하고 있었다. 왕건이 발전을 도모하려면 반드시 그들과 접촉이 있어야만 했다. 그와 고언랑은 일찍이 장안에서 전쟁 중에 서로 알고 있어서 교분이 있었다. 고언랑은 왕건의 군사적 재능을 알고 있어서 금전과 물건을 보내주었으며 관계가 괜찮았다. 좋은 친구를 침범할 수는 없었기에 왕건은 다른 출로를 찾을 수밖에 없었다.

진경선은 이 새로 일어나는 군사세력을 우려하여 전령자와 대책을 상의하였다. 전령자가 말했다. "왕팔은 내 아들이다. 다른 심산이 없다. 그가 남쪽에서 도적질을 하고 있는 것이 실제로 이럴 수도 저럴 수도 없어서 그런 것이다. 내가 서신을 써 보내면 그를 너의 휘하로 들어오게 할 수 있다."

양아버지의 서신을 받자 고민하던 왕건이 순식간에 즐거워하였다. 사람을 보내 고언랑에게 말했다. "감군인 아버지가 편지를 보내 나를 부르니 성도成都에 가서 아버지를 뵈어야겠습니다. 이를 통해 능히 진경선에 의탁하여 큰 군郡 하나를 얻을 수 있게 되면 제 마음에 아주 맞는 일입니다."

그는 가족을 고언랑에게 위탁하고 정병 삼천을 뽑아 성도로 향해 진격하였다.

왕건이 성도에 가까이 다가오자 누군가가 진경선에게 말했다. "왕건은 오늘날 흉폭한 도적으로 전문적으로 다른 사람의 땅을 취하고 있습니다. 일단 도착하면 공께서 어떻게 대처하시려고 합니까? 그는 웅대한 마음을 품고 있어 결국은 다른 사람 밑에 있으려하지 않을 것입니다. 만일 장군으로 대접을 해준다면 호랑이를 키우는 것으로 후환이 두렵습니다."

진경선은 즉각 서신을 왕건에게 보내 돌아가라고 하였다.

먼 길을 달려 온 왕건이 어떻게 순순히 후퇴하려고 하겠는가? 그는 고민을 한 후에 군대를 휘몰아 한주漢州 지금의 사천성 광한(廣漢)을 점령하였으며, 곧이어 경무장 병력을 뽑아 성도로 직접 향하게 하였다. 성도는 성벽이 높고 두꺼우며 게다가 이미 대비를 하고 있었기 때문에 일순간에 진격하지 못하였다. 그는 고언랑에게 지원을 요청하였고 대규모의 동천군들이 성도성 아래 모여들었다. 삼일 간 격전을 치렀지만 여전히 성만 바라보며 탄식을 할 수밖에 없었다. 그는 과감하게 철수명령을 내리고 한주를 근거지로 삼아 사방을 경영하였다.

왕건은 싸우면 싸울수록 강해졌으며 군대는 마치 눈덩이처럼 불어났다. 그가 재차 군대를 이끌고 성도로 쳐들어 왔다. 이 때 고언랑은 왕건이 성도를 점령하고 말 머리를 돌려 자신에게 대항할까봐 두려워하여, 표를 올려 조정에서 사람을 보내 서천절도사를 담당하도록 요구하였으며 쌍방이 병력을 거두도록 요구하였다. 재상 위소도韋昭度가 명령을 받들고 왔지만 진경선은 절도사의 자리를 넘겨주기를 거절하였다. 위소도는 고건랑, 왕건 등 부대와 함께 진경선을 공격하였으나 여전히 함락시키지 못하였다. 왕건이 위소도에게 장안으로 돌아갈 것을 요청하였지만 위소도는 주저주저 결정을 못하였다. 이에 왕건이 부하를 시켜 그의 친신을 죽이도록 하자 위소도가 놀라서 절도사의 직인을 내어놓고는 낭패하여 떠나갔다.

절도사의 직인을 얻은 왕건은 사천에서 아주 당당하게 성들을 공격하고 땅을 빼앗으면서 사방에 있는 사람들에게 모두 그의 요구에 응하도록 요청하였으며 그런 후에 그 세력을 끼고 성도를 공격하였다. 성도는 이미 고립무원의 성이 되었다. 전령자의 조절을 통해 갈 길이 없었던 진경선이 문을 열고 항복하였다. 왕건은 성도에 들어 간 후에 먼저 사람을 파견하여 다른 곳으로 옮겼던 진경선을 찔러 죽인 후에 또한 사고처럼 꾸며 전령자를 감옥에 넣은 후에 산채로 굶겨 죽였다.

서천을 얻은 왕건은 동천의 지도를 보며 깊은 생각에 잠겼다.

고언랑은 자신에게 은혜를 베풀었으며 또한 혼인관계가 있는 친척으로 공략할 구실을 찾기가 어려웠다. 마침 공교롭게도 고언랑이 갑자기 병들어 죽었다. 그 아우 고언휘顧彦暉가 그 자리를 이어 받았다. 왕건은 창졸간에 손을 쓸 수 없어서 여러 형태로 도전하기 시작했다. 고언휘는 봉상鳳翔 지금의 섬서성 봉상을 중심으로 산남山南지역을 점유하고 있던 이무정李茂貞과 동맹을 맺고 공동으로 왕건에게 대항하였다. 왕건이 적당한 구실을 얻게 되자 동천을 공격하기 시작했다. 고언휘는 동맹군의 지원에 의지하여 서천군의 공세를 저지하였다.

몇 년이 지나 이무정과 고언휘 사이에 갈등이 생기자 이무정이 군대를 파견하여 동천을 압박해 왔다. 병이 급하면 아무 약이나 쓴다고 고언휘는 왕건에게로 돌아서서 구원을 요청하였다. 왕건이 그 기회를 타서 군대를 출동하여 산남군대를 대파한 후에, 기회를 보아 남의 것을 슬쩍 하듯이 동천의 근거지-재주梓州 지금의 사천성 삼태(三台)를 들어내고 고언휘를 포로로 잡았다.

왕건이 동천을 겸병하면서 명실상부한 촉왕(蜀王)이 되었다.

당 소종을 서로 빼앗기 위하여 주온朱溫의 군대가 봉상을 포위하여 이무정을 그 안에 가두었다. 그렇게 갇힌 채 몇 년이 지나갔다. 이 시기에 왕건은 정치적 수완을 부리기 시작했다. 한 편으론 주온과 잘 지내면서 이무정을 비난하였고, 한편으론 이무정에게 굳게 지키면서 항복하지 말라고 하면서 자신이 병력을 보내 구원하겠다고 하였다. 사실상 그는 이무정이 외각 지역을 돌 볼 겨를이 없는 어려운 지경에 처하여 있자 그는 산남의 여러 주州를 반 이상 잡아먹었다. 주온이 포위를 풀고 철수한 후에 이무정의 역량은 대폭 삭감되었으며 왕건이 재삼재사 공격하여 다른 주들도 함락하였다. 이무정에게 봉상성 하나만 남겨주었다. 말하자면 그를 위한 방패가 되어 후량군대를 막게 하였다.

군세가 왕성한 왕건은 형남荊南지역의 난을 틈 타 4개주를 공략하였다.

주온이 개봉에서 후량을 건국하자 왕건에게 사절을 통해 임명장을 보내왔다. 왕건은 후량을 승인하기를 거절하고 격문을 보내 '제후'들이 연합하여 이 반역자를 토벌하자고 호소하였다.

천복天復 7년(907년) 왕건은 삼국시대 유비의 이야기를 본떠서 황제가 되었으며 국호를 촉蜀으로 정하고 수도를 성도成都에 두었으며 그 다음해에 무성武成으로 연호를 바꾸었다. 뒤에 다시 한 번 국호를 한漢으로 바꾸었다.

뒷날 맹지상孟知祥이 세운 후촉後蜀과 구분하기 위하여 사람들은 이를 전촉前蜀이라고 불렀다. 황제가 된 왕건은 유비와 비슷한 일련의 조치를 취하였다. 영토 내에 농업과 잠업을 장려하여 생산조건을 개선하고 이를 통해 백성을 부유하게하고 나라를 강하게 하려고 하였다. 그는 관원들을 엄격히 관리하면서 문사들을 중용하고 사족士族의 지위를 높여주면서 이를 통해 사회질서를 안정시켰다.

촉의 황제로 11년을 지낸 후에 왕건은 세상과 작별하였다. 그 때 나이 72세였으며 묘호가 고조高祖였다.

▣ 맹지상孟知祥 874~934년

맹지상은 자가 보윤保胤으로 형주邢州 용강龍岡 지금의 하북성 형태(邢台) 서남지역사람이다. 조부 맹찰孟察, 부친 맹도孟道는 연이어서 지방군대의 군관 생활을 하였다. 큰 아버지 맹방립孟方立, 작은 아버지 맹천孟遷은 관직이 절도사에 이르렀다. 시대가 혼란스럽고 불안한 시대였기에 그들이 기대었던 파벌들이 다양하였지만 크게 보면 하동河東의 이극용李克用과의 관계가 가장 깊었다. 이러한 가정 배경 위에 자신의 사람됨으로 인해 젊은 맹지상은 이극용의 총애를 받아서 군관으로 임명되었을 뿐만 아니라 그의 조카사위가 되었다.

이존욱李存勖이 진晉왕에 등극한 후에 맹지상의 재간을 높이 사서 기밀부서의 핵심으로 불러들였다. 어느 정도 시간이 지난 후에 그를 자리가 비어있는 기밀을 전문적으로 책임지는 중문사中門使의 자리에 앉히려고 하였다. 맹지상이 그 통지를 받은 후에 이전의 중문사들이 연달아 죄를 얻어 살해된 것을 고려하여 화를 피하려고 표를 올려 직책을 바꾸어 줄 것을 요청하였다. 이존욱의 반응은 직책을 바꾸는 것은 가능하지만 다만 그를 대신할 적합한 인물을 추천해야한다는 것이었다. 맹지상이 곽숭도郭崇韜를 추천하였고 자신은 군대의 고위 장령인 마보군도우후馬步軍都虞候를 맡았다.

당唐 장종莊宗 李存勖이 후량을 소멸시킨 후에 낙양에 입성하였고 근거지인 태원을 북쪽의 수도로 삼았으며, 맹지상은 최고군정장관으로 임명되었다.

곽숭도가 군대를 이끌고 사천으로 들어가 전촉을 평정하러 갈 때 맹지상이 이전에 자신을 추천해준 은혜에 감동하여 떠나기 전에 군주에게 말했다. "신이 촉을 평정한 후에 폐하께서는 장수를 선발하여 서천을 진압하여야하는데 맹지상보다 능한 자가 없습니다." 전촉이 예상대로 평정되자 장종은 곽숭도의 건의를 받아들여 크게 연회를 베풀고 맹지상을 떠나보냈다.

맹지상이 성도에 도착했을 때 곽숭도는 이미 위왕魏王 이계급李繼岌에 의해 주살되었고, 이계급은 군대를 이끌고 개봉으로 돌아갔으며, 그의 선봉장인 강연효康延孝는 신중하게 군대를 지휘하면서 한주漢州를 공략하여 점거하기 시작했다. 한주는 성도 부근에 있는 촉으로 가는 길의 중요한 지역이어서 맹지상은 병력을 나누어 진격시킨 후 그곳에서 연합하여 강연효를 제거하였으며 대량의 군사와 병기 및 물자를 획보히였다.

중원에서 일이 발생하였다. 명종明宗 李嗣源이 장종莊宗을 대체하였다. 새 황제가 천하를 다스리게 되자 정부조직을 대폭적으로 조정하였고 자신의 친신들을 주요 요직에 배치시켰다. 이전 조정의 인척관계를 가진 지방장관으로 맹지상은 새 군주를 신뢰하기 어려웠다. 자신의 권익을 보증하기 위하여 그는 땅을 점거하고 왕이 되려는 생각을 갖게 되었다. 그는 표면적으론 새 황제를 지지하면서 은밀하면서도 적극적으로 군대를 확대하면서 중원과의 전쟁에 대비하였다. 원래 있던 군대를 기초로 하여 다양한 부대를 증설하면서 병력이 신속하게 7만여 명으로 늘어났다. 이인한李仁罕, 조정은趙廷隱, 장업張業 등 사납고 강한 장령들이 각각 군대를 나누어 통솔하도록 하였다.

새 조정의 권신인 추밀사 안중회安重誨가 그 정황을 파악하고는 맹지상이 조만간에 모반할 것이라고 생각하여 여러 가지 방법을 생각하여 이를 억제하려고 하였다. 각 지역의 감군監軍을 맡았던 환관들이 전부 주살되는 상황을 맞아 그는 대신인 이엄李嚴을 서천에 감군으로 보내 맹지상을 견제하려고 하였다. 이엄이 성도에 도착하자 맹지상은 연회를 베풀어 그를 대접하였다. 몇 배의 술이 들어간 후에 그를 끌어내어 참수하였다.

명종은 힘이 미치지 못하자 맹지상에 대해 어찌할 수 없어서 '은혜'를 베풀어 그를 달랬다. 봉상의 군사장관이 이엄이 피살되었다는 소식을 듣자 마침 그 지역을 지나가고 있던 맹지상의 가족들을 구류하였다. 명종이 보고를 들은 후에 맹지상의 아내 경화瓊華공주와 아들 맹창을 서천으로 보내게 하고 나머지 가족은 남겨놓아 인질을 삼도록 하였다. 별도로 대신 이인구李仁矩를 서천에 보내어 맹지상을 위로하도록 하였다. 맹지상에 대해 온유함을 표시한 것은 당 명종이 결코 무능해서가 아니라 지연책을 쓰면서 맹지상이 서둘러 독립하는 것을 막으려는 것이었다. 맹지상 쪽이 어느 정도 안정되자 명종은 두 가지 명령을 내렸다. 맹지상의 수석모사인 조계량趙季良을 다른 지역에 가도록 하고 조정신하 하찬河瓚을 서천절도부사節度副使로 파견한다는 명령이었다.

조정의 임명서를 받자 바로 대비에 나선 맹지상은 조계량을 숨겨두고는 표를 올려 그가 원 직무에 남아있게 해달라고 요구하였다. 이 요구가 거절당하자 그는 장군 뢰정로雷廷魯를 낙양으로 보내 다시 요구하였다. 명종은 양보하여 이 요구를 받아들였다. 군주에게 보답하기 위하여 맹지상 역시 하찬이 부임하는 것을 허가하였지만 급수를 내려서 사용하는 것에 불과하였다. 서로 주거니 받거니 힘겨루기를 하면서 억지로 군신간의 명분을 유지하였다.

병권을 장악하고 있던 안중회는 명종과 각각 양면정책을 쓰면서 군주의 정치적 조치에 부합하여 천촉川蜀에 대해 군사방어구역의 조정을 단행하였다. 친신들이 천촉 각주의 자사를 담당하고 정병으로 구성된 호위부대를 배치하여 만일의 사태를 예방코자하였다. 몇 개 지역으로 나누어 절도사를 세워서 동천과 서천 절도사의 권력을 약화시키고자 하였다.

대규모의 군사지역 조정에 직면하자 맹지상은 이전에 없던 압력을 느꼈을 뿐만 아니라 동천절도사 동장董璋 역시 당황하였다. 그 둘 사이는 원래 갈등이 있어 서로 내왕을 한 적이 없었다. 그러나 이번에는 상황이 긴박하자 동장이 이것저것 고려치 않고 사람을 맹지상에게 보내 혼인관계를 맺고 공동으로 조정에 대항하자고 요구하였다. 맹지상은 처음에는 이를 원하지 않았다. 그러나 후에 조계량의 권유를 듣고 나서야 비로소 자녀들 간에 결혼 시키는 것을 응낙하였다. 동천과 서천이 동맹을 맺고 연합하여 상소를 올려 조정에서 파견하는 자사와 절도사를 철수시키도록 요구하였다.

명종은 양보하지 않았으며, 좋은 말로 그들의 요구를 막았다.

서천과 동천이 연명하여 올린 상소에 대한 안중회의 판단은 '반란을 일으킬 사람은 맹지상이며 동장은 충성을 다하여 나라에 보답하는 자로 결코 반란을 일으킬 수 없다.'라는 것이었다. 이러한 이유로 그는 동장에게 의존하여 맹지상에 대응할 준비를 하였다. 그러나 안중회의 계산은 크게 어긋났다. 얼마 지나지 않아 동장이 먼저 반란의 깃발을 높이 들고 중앙정부가 제어하고 있던 한 주州를 공략하였다. 맹지상이 적극적으로 이에 반응하여 전투의지를 북돋기 위하여 장병들을 집합시키고는 얼굴 가득 눈물을 흘리며 중앙조정의 죄악을 고발하였다. 눈물에 격앙된 장군과 사병들이 그와 같이 행동하겠노라고 함께 소리쳤다. 그는 부대별로 병사들을 조정하고 장수들을 보내었다. 이인한李仁罕 등에게 조정이 제어하고 있는 주州와 군郡들을 공격하도록 하는 한편 병력을 보내 동장이 동천을 지키도록 도왔다.

조정의 군대가 몰려왔다. 석경당石敬瑭이 군대를 직접 인솔하여 검주劍州 지금의 사천성 검각(劍閣)에 도착하였다. 맹지상은 조정은趙廷隱에게 만 명의 병사를 주어 응전하도록 하였다. 전투는 검문에서 발생했는데 조정에서 파견한 군대가 대패하였다. 검문에서 실패하고 다른 지방들도 연속해서 함락되자 석경당은 철수 명령을 내렸다. 동천과 서천의 전부가 동장, 맹지상의 것이 되었다.

조정의 군대가 전면적으로 붕괴된 중요한 원인은 식량공급이 부족하였기 때문이다, 명종은 안중회의 죄를 물었다. 얼마 지나지 않아 안중회가 권력을 제멋대로 사용하자 그를 주살하였다. 이에 사절을 서천에 파견하여 서로 간의 좋은 관계가 파괴된 것은 원래 안중회가 불러일으킨 것으로 이제 그 죄인을 제거하였으니 응당 좋은 관계로 돌아와야 한다고 설득하였다. 거기에 덧붙여 수도에 있는 맹지상의 가족들이 탈 없이 잘 지낸다고 말하였다.

조정이 타협을 원하고 있는 것을 보고 또한 가족을 고려하여 서천을 장악하고 있던 맹지상은 적정한 단계에서 멈추려는 생각이었다. 사람을 동장에게 보내어 같이 조정에 사죄하여 쌍방의 긴장된 관계를 변화시키자고 요구하였다. 그러나 동장은 동의하지 않고 사절에게 말했다. "맹공의 가속들은 모두 살아있지만, 내 자손들은 이미 전부 피살당하였다. 내가 무슨 죄를 청한단 말인가!"

맹지상이 여러 차례 요청하였지만 동장은 이에 응하지 않았으며, 혼인으로 인척이 된 사둔 쪽이 자신을 팔아먹지 않을까 의심하였다. 말하는 가운데 불만의 뜻이 드러났다. 사절이 돌아와 보고하자 맹지상은 군사행동에 나섰다. 그러나 맹지상이 아직 움직이지 않고 있을 때 동장이 먼저 손을 써서 한주漢州를 빼앗았다. 맹지상이 직접 출전하여 동장과 계구교鷄距橋에서 전투를 벌였으며 동장의 전군이 몰살하였다. 그는 진격하여 동천을 점거하였다.

동천을 얻은 후에 맹지상은 주판알을 굴려보았다. 왕을 칭하는 것이 가속들보다 더 중요하다고 생각하였다. 조정에 사죄하는 것을 중지시키고 아주 여유만만하게 촉蜀왕에 등극하였다. 서천과 동천, 독립왕국을 견고하게 하려고 그는 백성들에게 편리를 주는 정책들을 실시하였다: 유랑하는 사람들이 한곳에 정착하도록 하여 노동력을 증가시켰다: 불합리한 세수를 면제하여 백성들의 부담을 경감시켰다: 수리시설을 고치거나 새로 만들어 농업생산의 발전을 꾀하였다: 비교적 청렴하고 명민한 관료들을 지방관으로 파견하여 민심을 얻었다.

그는 여전히 명종의 체면을 고려하여 명종이 세상을 떠날 때까지 줄곧 정식으로 독립의 기치를 내걸지 않았다. 명종이 죽은 그 다음해 즉 응순應順 원년(934년) 맹지상이 스스로 황제가 되어 국호를 촉蜀으로 하고 수도를 성도로 정하였으며 명덕名德으로 연호를 바꾸었다. 역사적으로 후촉後蜀이라고 한다.

겨우 6개월간 황관을 쓴 후에 그는 이 세상과 작별하였다. 그의 묘호는 고조高祖이다.

평가 왕건은 오대십국 중 하나인 전촉前蜀의 건립자로 걸출한 군사적 재능과 최고의 경지에 이른 정치수완의 두 장점을 발휘하면서, 서천과 동천 및 산남과 형남 등 지역을 얻었다. 그는 유비와 조비曹丕가 대등한 지위로 서로 대항하였던 사례를 본떠 성도에서 황제로 등극하여 중원의 주온과 대항하였다. 실제로 그가 외친 구호는 많았으나 행한 것은 적었으며, 구호들을 빌어 정치적인 호소력을 증가시킨 것뿐이었다. 그가 황제를 칭한 후에 확실히 일련의 정치업적을 이루었으며 일정한 정도 문화도 보존하였다. 그러나 만년에는 오히려 상당히 혼미해져서 여색을 좋아하고 환관을 중용하였으며 태자를 죽이는 등 여러 가지 문제들을 불러 일으켰다.

맹지상은 오대십국 중 하나인 후촉의 건립자로 정치적 분수를 잘 이해하여 자신을 잘 보존하였다. 다른 사람들이 높은 지위를 얻고자 안달일 때 그는 오히려 지혜롭게 이를 물리치는 것을 택해 재난의 소용돌이에서 벗어났을 뿐만 아니라 사람들의 인정을 얻었다. 그는 후당後唐의 통치그룹 내부에서 튀어나온 지역의 실권자로 조정의 변화와 잠시 동안 같은 이익을 가졌던 동맹자를 잘 활용하여 서천과 동천 두 곳을 자기 것으로 만들었다. 그의 통치시기에 최저이긴 하지만 안정적인 국면을 만들어 천촉川蜀지역의 경제와 문화가 다른 지역에 비해 상대적으로 안정적으로 유지되게 하였다.

3. 남한南漢, 초楚

▣ 유척劉陟 889~942년

유척은 상채上蔡 지금의 하남성 지역 사람으로, 제위에 오른 후에 암岩, 공龔, 엄龑으로 세 번이나 이름을 바꾸었다. 조부인 유안인劉安仁이 민閩 지금의 복건성 지역으로 이사를 가서 남해에서 상업을 경영하였기 때문에 남해南海에 거주를 정하였다. 아버지 유겸劉謙은 당唐 말엽에 광주廣州 부대에 참가하여 하급군관에서 시작하여 봉주封州 지금의 광동성 덕경(德慶)자사가 되어 수하에 만여 명의 병력을 거느렸으며 수백 척의 전선戰船을 보유하고 있었다. 형 유은劉隱은 아버지의 가업을 이었으며 그 것을 더욱 발전시킴으로써 후량後梁에 의해 남해왕南海王으로 봉해졌으며 광동과 광서 두 지역의 지배자가 되었다.

유척은 유겸의 혼외자로 모친인 단段씨가 집 밖에서 그를 낳았다. 유겸의 정실 위韋씨는 당왕조의 재상 위주韋宙의 딸로 그 소식을 들은 후에 머리끝까지 화가 나서 유척을 잡아오라고 하였다. 칼을 빼서 그를 죽이려는 순간에 자세히 그 아이를 보니 너무나 잘 생겨서 즉각 생각을 바꾸어 그를 자기 아들로 삼고 3일 후에 단씨를 죽였다.

유척은 순서상 셋째 아들로, 장성하자 신체가 우람했으며 말을 잘 타고 활쏘기에 정통하였다. 전설에 따르면 유비처럼 두 팔이 무릎 아래로 내려갔으며 어느 면에서 보나 그는 말 그대로 사나이였다. 당시 큰 형 유은이 이미 상당히 빼어나게 활동을 하고 있어서 그는 큰 형에게 의지하여 중요한 직위를 얻으려 하였다. 큰 형이 청해군靑海軍절도사가 된 후에 그는 부사副使가 되어 함께 남해 지역을 경영하였다.

천하에 대란이 일어나자 남해지역 역시 난리가 일어났다. 유은이 비록 남해왕이었지만 근본적으로 이 지역을 장악하지 못하였다: 교주交州 곡호曲顥, 계주桂州 유사정劉士政, 옹주邕州 엽광략葉廣略, 용주容州 방거소龐巨昭가 각자 지역을 다스리며 독립의 깃발을 내걸었다; 노광조盧光稠와 동생 노광목盧光睦, 아들 노연창盧延昌이 각각 건주虔州, 조주潮州, 소주韶州를 나누어 지배하면서 시시때때로 병력을 이끌고 침범하였다; 고주高州 유창노劉昌魯, 신주新州 유잠劉潛 및 수많은 지방 세력들 역시 인사이동과 관련 그 말을 따르지 않았다.

이러한 자기와 다른 세력들을 거두어들이고 명실상부한 남해왕이 되기 위하여 유은은 먼저 소주韶州로 진격하여 군사적인 지배를 실현하려고 하였다. 이러한 전략적 배치에 대해 유척은 다른 의견을 표시하며 말하였다. "소주는 노연창의 거점으로 그가 의지하고 있는 것은 아버지 노광조입니다. 소주를 공격한다면 건주의 병력이 반드시 구원하러 올 것입니다. 이렇게 되면 우리 군은 앞뒤로 적을 맞게 될 것입니다. 제 의견으론 소주는 직접 공격하기보다 계책을 써서 획득해야합니다." 유은이 이 말을 듣지 않고 자기의견을 고집하였으나 결국은 대패하고 돌아왔다.

대패하고 돌아온 유은은 배다른 동생에게 감복하여 군사토벌권한을 전부 그에게 넘겨주었다. 유척은 명령을 받은 후에 군사공격의 화살 끝을 조정하였다: 먼저 쉬운 곳을 공격하고 후에 어려운 곳을 공격하며, 먼저 약한 곳을 공략하고 나중에 강한 곳을 공략한다. 얼마 지나지 않아 몇몇 지방을 제외하고는 독립하거나 반 독립했던 세력들을 하나하나 평정하게 되었다.

유은이 죽은 후에 남해왕의 월계관은 유척의 머리에 올려졌다.

제 2 대 남해왕 유척은 즉위 초에 관할지 내부에서 계속 군사를 동원하여 할거 하고 있던 세력을 정복하면서 자기의 깃발을 두루두루 꽂았다; 그러는 한편 유은의 외교노선을 계승하여 후량後梁에게 신하를 칭하여 정치적인 지지를 얻어냈다.

후량에 신하를 칭하는 일은 본래 마음속으로 원하는 것이 아니었고, 다만 후량의 승인을 얻어 자신이 정통의 지방정권이라는 것을 나타내려고 한 것이다. 전류錢鏐가 후량에 의해 오월吳越왕으로 책봉된 후에 유척은 남해왕의 호칭을 부끄러워하여 날로 쇠약해지고 있는 후량에 대해 극도의 불만을 나타내며 분노와 원망 섞인 말을 하였다. "중원에 지금 너무 많은 일이 일어나고 있어 진정한 군주가 누구인지 모르겠다. 내가 어찌 천리만리 멀리 떨어져 있는 비정통의 조정에 신하노릇을 하겠느냐!"

정명貞明 3년(917년) 유척은 후량과의 군신관계를 중지하고 황제위에 올랐다. 국호를 대월大越로 연호를 건형乾亨으로 바꾸었으며 광주廣州에 수도를 정하였다. 그 다음해에 자기 이름을 암岩으로 바꾸고, 국호를 한漢으로 바꾸었다. 역사적으로는 남한南漢이라 일컫는다.

대외관계에 있어 유척은 두 나라와 정치적인 혼인관계를 맺었다; 초楚나라와는 초왕 마은馬殷의 딸을 아내로 맞아들였다. 처음에는 월국부인越國夫人으로 책봉되었으며 그 후에 황후로 세워졌다. 남조南詔

와는 딸인 증성增城공주를 남조왕 정인민鄭仁旻에게 시집보냈다. 정치적 혼인을 통하여 그는 북면과 서면에 각각 남한을 위해 두 병풍을 설치하였다.

중원 정권과의 관계를 보면 그가 황제로 등극한 후에 일체 후량과 왕래를 하지 않았다. 그러나 후당 장종莊宗이 후량을 멸망시킨 후에는 사자를 보내 관계소통을 꾀하였다. 후당後唐의 군사적 실력이 극히 강하다는 소문을 듣게 되자 두려움에 빠졌기 때문이었다. 그가 보낸 서신의 언사는 '대한大漢의 국주國主는 대당大唐황제께 글을 올립니다.'라는 표현을 쓰는 등 상당히 공손하였다. 사자가 당 장종을 만나자 본국에서 대량의 공물을 이미 준비하였으며 가을이 된 후에 보내오겠다고 말했다. 그러나 사자가 귀국하여 직무에 복귀하고 나자 도리어 다른 말을했다; 후당의 정치가 어지러워 머지않아 난이 일어날 것이므로 근본적으로 후당이 남쪽을 돌아볼 능력이 없다. 유척이 이 말을 듣자 거드름을 피우며 즉각 공물 진상을 중지하라고 명령하였다.

남해는 소수민족이 많은 지역으로 이 지역에서 왕이나 황제를 칭하는 유척의 심사는 극히 복잡하여 우쭐함과 열등함이 섞여 이를 구분하기가 어려웠다. 그는 오랑캐의 왕이 된 것을 부끄럽게 여겨 북방사람에게 늘 말하기를 그의 고향이 함양咸陽이며 그는 결코 현지인이 아니라고 하였다. 이와 동시에 그는 또한 아주 광망하게도 후당 천자를 '낙주洛州자사'로 낮추어 불렀다. 그렇게 한 의도는 후당의 토지가 가련할 정도로 작으며 통제력에 큰 한계가 있다는 이유였다.

내부의 정치적 구조를 다지는데 있어, 유척은 유은의 수법을 계승하여 북방사람들에게 기대었다; 그들은 당唐시대에 본지에 유배를 당한 명신들의 자손과 난을 맞아 이곳으로 피난해 온 문인들이었다. 그는 그들에게 의지하였을 뿐만 아니라 또한 그들에게 최대의 관용을 베풀었다. 재상 조광윤趙光胤은 스스로가 당 왕조 명문대족의 후예이지만 어쩔 수 없이 비정통의 작은 조정을 섬기고 있다고 여겼다. 마음이 아주 불편해서 언젠가 북방으로 돌아가려고 하였다. 유척이 이를 눈치 채고는 사람을 시켜 그의 필적을 위조한 서신을 보내 그의 가속들을 낙양으로부터 전부 데리고 왔다. 이에 그가 감동하여 유척에게 마음과 힘을 다하였다. 대신 왕정보王定保는 원래 남한 건국에 반대하였다. 그러자 유척이 그를 형남荊南에 사절로 파견하였다. 그가 돌아 온 후에는 이미 나라가 세워져 있었다. 그가 조롱조의 말을 내뱉었으나 유척은 이것을 조금도 염두에 두지 않고 웃음으로 답했다.

유척은 총명하고 이해력이 높아 정치적으로는 나름의 방법이 있어 수많은 처리하기 어려운 일들도 잘 처리하였다. 그러나 그의 성격이 잔혹한 면이 있어 백성을 다스릴 때는 칼과 톱을 사용하여 팔다리를 자르고, 눈을 뽑아내고 살을 발라내고, 달군 쇠로 지지거나, 혀를 자르거나, 코에 물을 붓는 등 등골이 오싹한 형벌을 사용하였다. 그는 사람을 죽이는 것을 볼 때마다 너무 기뻐서 희색이 만면하여 입안으로 옹알옹알 무언가 말하면서 침을 질질 흘렸다. 이를 보는 사람들은 그가 괴물에게서 태어난 사람이라고 여겼다. 남해의 백성들은 화롯불 위에 앉아있는 듯한 느낌이었다.

그는 생활이 사치하여 백성의 재물을 대량으로 긁어 들였으며, 자기 자신을 돌보는 일이라면 더 이상 할 말이 없을 정도로 챙겼다. 부유함을 과시하기 위하여 그는 남해의 진귀한 보석을 수집하였으며 화려한 궁실과 궁전을 건축하였다. 건물의 상부를 금빛과 비취빛으로 장식하여 신선들이 사는 도원에서 노니는 듯하였다. 외지의 상인들이 지나가면 그는 늘 그들을 불러 화려함을 자랑하며 자신의 허영심을 만족시켰다.

그는 <주역周易>을 좋아하여 큰일을 만나면 이 책으로 해답을 구하였다. 그가 이름을 공龔으로 바꾼 후에 당시 외지에서 온 승려가 말했다. "도참서에 따르면 유씨를 멸망시키는 사람은 공龔씨이다." 그는 이 이름이 가문과 나라를 망칠까 두려워하여 <주역>에 있는 '용이 하늘을 난다.飛龍在天'는 구절에 근거하여 스스로 엄龑=龍+天이란 글자를 만들어 자기 이름으로 삼았다.·당(唐) 고종의 황후이자 남주(南周)의 황제가 되었던 무측천이 자기 이름을 명(明)+공(空)인 조(曌)로 지은 것과 유사하다.

초楚나라 군대가 봉주封州를 공격하였을 때 자기의 군대가 대패하자 그는 또 <주역>을 꺼내서 점을 쳐보고는 '대유大有'라는 말을 얻었다. 이로 인해 연호를 대유大有로 바꾸었으며 죄인들을 대규모로 사면하였다. 유척이 재위 시에 뒷날의 역사에 중대한 영향을 준 사건이 발생하였다; 대유 10년(937년) 남한에 속하는 교주交州 지금의 베트남 북부 지역의 장관인 양정예楊廷藝가 부장인 교공선皎公羡에게 살해되었으며, 교공선이 스스로 장관이 되었다. 양정예의 옛 장수인 오권吳權이 병력을 이끌고 교공선을 공격하자 교공선이 유척에게 구원을 요청하였다. 유척은 자기의 아들인 유홍조劉洪操를 교주왕으로 책봉하고 구출한다는 명분으로 대군을 몰아 오권을 공격하였다. 격렬한 해전을 치렀지만 남한군이 대패하였고 유홍조는 전사하였으며, 유척은 남은 병력을 이끌고 철수할 수밖에 없었다. 오권은 근거를 확고히 하게 되었으며 이로부터 베트남 오吳왕조의 서막을 열었다.

유척은 54세까지 살았으며 죽기 전에 후계자의 안배에 대해 근심이 가득하였다. "어찌하여 내 자손들은 제대로 된 놈이 없단 말이냐! 훗날 쥐가 소뿔을 파고들어가려는 듯이 우리 세력이 날이 갈수록 작아지겠구나!" 후계자는 그의 묘호를 고조高祖로 하였다.

▣ 마은馬殷852~930년

마은은 자가 패도霸圖로 허주許州 언릉鄢陵 지금 하남성의 언릉사람이다. 그의 출신은 목수로 당시로선 상당히 특수하였다. 사람들이 먹는 문제도 해결하기 어려운 그 시대에 목수로 생계를 찾기가 너무 어렵게 되자 어쩔 수 없이 실력자인 진종권秦宗權의 부대에 지원하여 병사가 되었다.

사람 됨됨이가 괜찮은데다가 싸움을 잘 할 수 있었으며 호방한 기질까지 있어서 마은은 얼마 지나지 않아 편대장으로 승격하였다. 당시 진종권이 양행밀楊行密과 회남淮南을 놓고 다툴 때였다. 진종권은 동생인 진종형秦宗衡을 파견하면서 손유孫儒, 유건봉劉建峰 등 장수를 거느리고 회하를 건너 양주揚州를 공격하도록 하였다. 마은은 손유의 부대에 속하였기 때문에 그들을 따라 갔다. 얼마 지나지 않아 손유가 진종형과 다툼이 생기면서 총사령관인 그를 죽이고 부대를 다 접수한 후에 양행밀과 일진일퇴의 공방전을 벌였다. 이러한 와중에 마은은 유건봉을 따라 주요한 전쟁터의 주변지역을 공격하여 양식을 모아 주력부대에 공급하였다.

손유가 전쟁에서 패해 피살된 후에 그 부대는 대부분 양행밀의 군대로 편제되었다. 마은이 속한 부대는 기댈 곳을 잃게 되자 유건봉을 총사령관으로 추대하고 마은이 선봉을 맡아 독립적인 깃발을 내걸고 예장豫章 지금의 강서(江西)성지역을 전전하면서 건주虔州, 길주吉州 등을 함락시켰으며 그 과정에서 부대가 수만 명으로 불어났다. 그런 후에 호남湖南으로 진격하여 계책으로 담주潭州 지금의 호남성 장사(長沙)를 획득하여 호남지역 최대의 지배자가 되었다. 당 희종僖宗은 유건봉을 호남절도사로 마은을 마보군도지휘사馬步軍都指揮使로 임명하였다.

소주邵州에 주재하고 있던 호남의 항복한 장수인 장훈蔣勛이 조정에 자사刺史직을 요구하였으나 거절을 당하자 군대를 동원하여 인근지역에서 소동을 일으켰다. 마은이 명령을 받고 소주에 대해 군사행동을 취하였다. 바로 이때에 본부에서 큰 사건이 발생했다. 유건봉이 군졸인 진섬陳贍의 아내의 미모에 빠져 그녀와 간통을 하였다가 진섬이 조직한 군사변란으로 살해당한 것이었다. 군대 안에 하루라도 대장이 없을 수 없었기에 장수들이 협의를 하여 행군사마行軍司馬인 장길張佶을 총사령관으로 추대하였다. 장길은 다른 사람을 잘 이해하였을 뿐만 아니라 자신의 능력도 잘 아는 사람이어서 자신이 결코 총사령관이 될 재목이 아니라고 생각하였다. 그는 간절하면서 성의 있게 장수들에게 말했다. "나는 너희들의 총사령관감이 아니다. 나의 재능은 마은에 미치지 못한다. 나는 너희와 함께 그를 총사령관으로 세울 수 있다." 장수들이 장길의 추천에 동의하여 사절을 소주에 보내 마은을 영접해 왔다.

마은이 빠른 속도로 소주에서 돌아와 장길로부터 총사령관의 지위를 이어 받았다. 장길의 추천은 확실히 일리가 있었다. 마은이 총사령관이 된 후에 내부부터 외부까지 국면을 바꾸어 나갔다. 그는 우선 진섬 등 변란을 일으킨 수십 명을 진압하여 군대 내부의 질서를 확립하여 총사령관으로서의 위엄과 신뢰를 세웠다. 뒤이어 대장 진언휘秦彦暉, 이경李瓊 등을 보내 각 주州의 지배자들을 격파하면서, 연주連州, 소주邵州, 침주郴州, 형주衡州, 도주道州, 영주永州의 여섯 주를 손에 넣었다. 호남지역의 절반 이상을 손에 넣은 마은은 엄연한 호남왕이 되었다.

마은은 결코 호남으로 만족하지 않고 군대의 기세가 왕성한 시기를 빌어 과감하게 군사지도상의 화살을 광서廣西로 향하였다. 그는 출병하기 전에 사절을 보내 계주桂州의 지배자 유사정劉士政에게 정치 공세를 펴려고 하였으나, 그가 보낸 사절이 요새인 전의령全義嶺 앞에서 저지당하자 그는 바로 이경李瓊에게 군대를 이끌고 정벌에 나서도록 하였다. 이경이 전의령을 돌파하여 계주를 함락시키고 유사정을 생포하였으며, 계주 관할지역을 획득하였다.

이후에 양행밀이 휘하 장수 유존劉存에게 강하江夏 지금의 호북성 무창(武昌)의 두홍杜洪을 공격하도록 하자 마은은 입술이 없으면 이가 시리게 되는 것순망치한(脣亡齒寒)을 막기 위하여 진언휘에게 수군을 이끌고 가서 구원하도록 하였다. 두홍이 전사하자 유존은 전 병력을 이끌고 마은을 공격해 왔다. 마은이 강을 따라 일렬로 전선을 배치하고 복병을 두어 싸우자 이에 유존이 군대를 뒤로 물리며 강화를 요청하였다. 진언휘가 동의하지 않았다. "회淮지역 사람들은 속임수를 잘 씁니다. 이를 통해 우리 군을 태만하게 하려하니 절대로 믿을 수 없습니다."

수륙 양동 작전을 펼쳐 진언휘가 유존을 죽이고 그 기회를 이용하여 악주岳州 지금의 호남성 악양(岳陽)를 획득하였다.

당시 호남 랑주朗州 지금의 호남성 상덕(常德)는 아직 마은의 판도에 들어오지 않았으며 지배자는 풍랑澧朗절도사 뢰언공雷彦恭이었다. 뢰언공은 양행밀이 두홍을 공격하는 시기에 형남荊南의 지배자인 성예成汭가 주력을 보내 두홍을 구원하는 기회를 이용하여 형주荊州를 습격하여 재물을 약탈하고 불을 질러 성과 해자를 불살랐다. 그런 후에 양행밀과 연계하여 장강長江, 영남嶺南의 통상로를 가로 막아 마은이 중원과 교류하는 것을 가로 막았다. 마은은 훗날 형남의 지배자가 된 고계흥高季興과 손을 잡고 진언휘를 지명 파견하여 랑주를 공략하였다. 수년간의 전쟁을 치른 끝에 마침내 랑주를 평정하고 뢰언공을 사로잡았다.

당 왕조는 마은에게 무안군武安軍절도사란 명칭을 내려주었다.

후량이 당 왕조를 대체하자 마은은 즉각 이를 승인하였으며 사절을 보내 조정에 들어가 공물을 바쳤다. 이에 대한 대가로 얻으려는 것은 당연히 더 한층 호남을 통제할 권력을 얻으려는 것이었다. 후량 태조는 아주 시원스럽게 여러 가지 직위를 마은에게 주었다.

이 여러 가지 직함 중에서 마은을 가장 기쁘게 한 것은 '초왕楚王'이었다.

초왕이 된 마은은 겉으로는 후량 왕조에 복종하였지만 실제로는 독립된 자주적인 국왕이었다. 그는 당 왕조 초기에 진왕秦王 이세민이 했던 것처럼 천책부天策府를 설치하여 소속 관리들을 둘 수 있도록 해달라고 후량 태조에게 요청하였다. 이것은 완전히 이름뿐인 인정으로 후량 태조가 동의하지 않을 이유가 없었으며, 즉각 마은을 천책상장군天策上將軍으로 임명하고 그의 모든 요구를 허락하였다.

마은은 천책부에 좌상左相, 우상右相 및 18학사를 두어 정치중추기구로 삼았다.

마은의 지리적 기반은 21개 주로 그는 이 지역들의 경영에 온 마음을 다 쏟았다. 그는 하층에서 태어났기 때문에 백성들의 어려움을 잘 알았으며, 국가의 근본이 무엇인지를 잘 알았다. 이로부터 백성과 함께 쉬는 정책을 취하였다. 정부의 각종 업무 중에서 그는 경제에 대해 특별히 큰 힘을 쏟았으며, 광범위하게 누에치기와 방직업을 촉진하였다. 이에 상응하여 그는 노역부과와 세법을 개선하여 백성들이 비단으로 돈을 대신하게 하여, 중간에서 관리들이 백성들을 가혹하게 착취하는 것을 감소시켰다.

그는 현지의 출산물의 특징에 근거하여 차茶산업을 제일 중요한 경제활동으로 삼고 백성들의 차 심기, 차 제조하기, 차 판매하기를 광범위하게 제창하였다. 그는 중원왕조와의 가까운 관계를 이용하여 개봉開封, 낙양洛陽 및 양주襄州 현재의 호북성 향양(襄陽), 당주唐州 지금의 하남성 당하(唐河), 영주郢州 지금의 호북성 종상(種祥), 복주復州 지금의 호북성 천문(天門) 등 지역에 큰 저택을 짓고 찻잎 판매에 힘을 쏟았으며, 이를 통해 거대한 이윤(당시 사람들은 백만 전에 달할 것이라고 하였다)을 얻었다.

관청이 국외에서 차茶를 경영하는 것을 제외하고는 백성들이 국내에서 자유롭게 찻잎을 매매하는 것을 허용하였으며 이를 통해 각 지역의 객상客商들이 와서 장사를 하도록 유도하고 이를 통해 차세茶稅를 거두어 들였다.

본지에서 생산한 물건의 판매량을 늘리기 위하여 차에 대한 세금 외에는 면세라는 특별 우대정책을 통해 객상들이 본지에 와서 매매를 하도록 장려하였다. 동시에 그는 특별히 납철로 돈을 제작하여 동전 한 개에 납철전 10개를 교환하는 화폐제도에 힘을 쏟아 철전을 가진 객상들이 본지에서 물건과 교환한 후에 가도록 하였다.

객상들이 모여들기 시작하였으며 상업이 번성하면서 마은이 큰 이득을 보게 되었다.

후당後唐이 후량을 멸망시키자 중원조정을 잘 떠받드는 마은이 신속하게 반응을 보여, 둘째 아들인 마희범馬希范을 낙양에 보내 조공하였다. 후당 장종莊宗이 동정호洞庭湖 면적 4,577㎢의 크기를 물어보자 마희범은 아주 기민하게 대답하였다. "만일 폐하께서 마차를 몰아 남쪽을 순행하신다면 이 호수는 그저 말을 물 먹이기에 족할 따름입니다."

장종이 기뻐하며 웃음을 보였다. 그는 마희범의 등을 어루만지며 다른 꿍꿍이가 있는 듯이 말했다. "내가 듣기로 마씨 집안의 사직이 장차 고욱高郁의 차지가 된다고 하던데 지금 마공에게 이러한 아들이 있는 것을 보니 고욱이 어찌 이를 취할 수 있겠는가?"

마희범은 이 말을 가슴에 새기고 귀국하였다.

고욱은 마은의 수석 참모로 지혜가 넘치며 계략이 많아 마은을 위해 적지 않은 좋은 계책을 올렸으며, 또한 사면이 적인 마은을 위해 나라를 세우는 방책을 설계하였다. 그는 당초 곤경에 처한 마은에게 말했다. 성예成汭는 지역이 좁고 병력이 적어 근심거리가 되지 않습니다. 유척은 자기 땅을 벗어나려는 뜻이 없으니 근심거리가 되기 어렵습니다. 양행밀과 손유는 원수관계이기 때문에 수만금을 준다고 해도 관계를 전환시키기 어렵습니다. 대왕은 중원의 조정을 떠받들어 작위를 취한 후에 강한 이웃들을 압박해야 합니다. 그런 연후에 군대를 정비하고 농업을 장려하여 힘을 비축하면서 패업을 도모하셔야 합니다."

마은은 그 계책대로 실행하여 큰 뜻을 펼쳐나갔다.

초楚가 강대해진 데는 고욱의 공이 가장 컸다.

고욱은 비록 재능이 있었지만 사람됨이 탐욕스러웠고 또한 오만하여 거드름을 잘 피웠다. 마희범은 왕위계승자로 군사대권을 장악하고 있었다. 낙양에서 돌아 온 후에 본국에서도 고욱에 대한 수많은 견해들을 들었다.(어떤 사람들은 그것들은 고계흥이 보낸 간첩들이 퍼뜨린 유언비어라고 하였다.) 만일을 방비하기 위하여, 더욱 중요한 것은 왕위에 오르는데 장애를 제거하기 위하여 먼저 고욱의 군사직위를 해제하고 그 후에 조서를 거짓으로 꾸며 모반죄로 그의 가족을 몰살시켰다.

마은은 이미 나이가 들었고 후당 명종明宗이 '초국왕'이란 작위를 내리고 담주潭州를 장사부長沙府로 승격시켜준 후에는 거의 정사에 관여하지 않았다. 고욱이 죽었다는 소식을 듣자 그는 크게 마음 아파하며 가슴을 치며 통곡하였다. "내가 이미 늙고 황당무계하여 공훈을 세운 옛 신하조차 보존할 수가 없구나! 일이 이 지경이 되었으니 나 역시 오래 살지 못하리라!"

79세 되던 그 해에 마은은 유감을 품은 채 이 세상을 하직하였다.

후당 명종은 이 '충실한 신하'를 애도하여 삼일 간 조회를 열지 않았으며 시호를 내리는 조서를 보냈다. '마은의 작위가 이미 최고 높은 상황이어서 더 높여줄 수 없으나, 그의 공적을 기려 시호를 무목武穆으로 내린다.'

평가 유척은 오대십국의 하나인 남한南漢의 건립자로 난세의 영웅이라고 할 수 있다. 군사의 도리를 잘 이해하여 무력을 잘 사용하였으나 무력을 절대적으로 믿지는 않았다. 유은을 위해 남해에서 혁혁한 전공을 세웠으며 왕위에 오른 후에는 기민하고 주동적인 대외정책을 제정하였고 천하형세에 근거하여 끊임없이 변화하면서 남한정권의 이익과 체면을 유지하였다. 정권의 구축에 있어 그는 전면적으로 높은 문화수준을 지닌 북방사람들을 사용하였으며 현지의 문화수준을 올리는데 일정한 역할을 하였다. 그러나 그는 지나치게 사치하였고 잔인하여 백성들을 도탄에 빠지게 하였다.

마은은 오대십국의 하나인 초楚의 건립자로 호남을 통일한 후에 일부 국가들의 군주처럼 황제가 되지 않았지만 실제적으로 그가 보유한 영토는 말 그대로 독립왕국이었다. 남을 위해 일해 주던 목수로부터 한 지역을 지배하는 군주가 된 그는 그의 손에 많은 피를 묻혔지만 다른 군벌들과 비교할 때에 어느 정도 인정이 있었다고 할 수 있다. 당시의 혼란한 사회환경에 비추어 보면 그는 특출한 경제적 두뇌를 지닌 군주라고 할 수 있다. 그는 양잠과 차의 생산 및 상업유통을 교묘하게 활용하면서 초나라를 위해 비교적 두터운 경제적 기초를 세웠다.

4. 오월吳越, 민閩

▣ 전류錢鏐 852~932년

전류는 어릴 적 이름이 파류婆留이며 자는 구미具美 또는 거미巨美로 항주杭州 임안臨安 지금의 절강성 임안 사람이다. 아버지는 전관錢寬으로 농사짓고 물고기를 잡는 것을 업으로 하였다.

전류는 젊었을 때 정상적으로 노동하고 생산하는 것을 싫어하였으며 주먹을 휘두르고 제멋대로 노는 것을 좋아하였다. 도참서적들을 읽고는 협객처럼 의를 위해 싸우기 시작하였으며 다른 사람들의 불만을 해결해 주려하였으나 고향의 어른들은 그를 무뢰배로 보았다. 주먹이나 막대기를 의지해서는 먹고사는 문제를 해결할 수 없었던 그는 강호江湖의 친구들에게 이끌려 사제 소금을 판매하는 무리에 들어갔다.

당唐왕조 말엽에 농민과 군인들이 죽창을 들고 여기저기서 봉기하였다. 절서浙西, 절강성 서부의 군관 왕영王郢이 부대를 이끌고 반란을 일으키자, 현지 부대의 장관인 동창董昌이 토벌에 참가한다는 명분으로 고향에서 병사를 모집하면서 기회를 이용하여 자기의 세력을 확대하면서, 당시 이름이 꽤 알려진 전류를 편장偏將으로 불렀다. 부대가 증편된 후에 전선을 확대하면서 전류는 전공을 세웠다.

왕영의 반란이 실패한 후에 황소黃巢 반란군의 일부가 절동浙東 절강의 동부으로 진입하여 임안을 압박하였다. 동창의 유능한 장관인 전류는 적군은 많은데 우리는 적은 수이니 강력히 맞서기보다 복병을 배치해 맞받아치자고 하였다. 그는 20명의 용감한 병사들을 데리고 좁은 산골짜기에서 매복하고 있다가 상대방의 선두부대를 패퇴시키고 수백 명의 목을 베었다. 그런 후에 그는 자기의 부대를 '팔백리'라는 땅으로 진격시켰다. 그는 이 지명으로 허세를 부렸고 적군은 이에 놀라 임안을 포기하고 우회하여 다른 지역으로 갔다.

왕영, 황소반군들과의 전쟁에서 동창은 고향을 지킨다는 명분으로 순조롭게 실력을 키웠으며 항주지역의 여덟 개 현을 통제하였다. 그는 매 현마다 천명을 모집하고 한 명의 도都를 두어 '항주 8도'를 구성하였고 전류를 최고 대장인 도지휘사都指揮使로 임명하였다.

의병을 일으켰던 일은 연기처럼 사라졌으나 강소 절강 일대의 실력을 갖춘 자들이 각자 세력을 확장하려 하면서 그들 간의 갈등이 날이 갈수록 깊어져 마지막에는 불가피하게 내분이 일어났다. 월주越州 지금의 절강성 소흥(紹興)관찰사觀察使 유한굉劉漢宏이 먼저 동창과 전쟁의 서막을 열었다. 두 군대는 전당강錢塘江을 사이에 두고 대치하였다. 전류가 전권을 받아 군대를 이끌고 강을 건너가서 적군으로 위장하고 적 진영에 들어가 공격을 하자 유한굉이 군대를 버리고 주방장의 옷을 입고 도망갔다. 이년 후에 전류가 군대를 이끌고 월주로 진격해 깊숙이 쳐들어갔다. 거칠 것 없이 휩쓸어 버리면서 상대방의 오랜 근거지를 깨뜨리고 유한굉을 참수하였다.

유한굉을 소멸시키자 동창이 그의 직무(관찰사)를 취하여 월주로 이동하였으며, 전류가 동창의 직무를 이어받아 항주자사가 되었다.

항주에 웅거하고 있던 전류는 지혜가 많고 모략이 풍부한 성급成及을 조수로 삼았고 용감하면서 싸움을 잘하는 두릉杜稜, 완결阮結, 고전무顧全武를 무장으로 삼았다. 또한 명성이 높았던 심숭沈崧, 피광업皮光業, 임정林鼎, 나은羅隱을 고문으로 삼았다. 문무인재를 두루 갖춘 정치집단을 구축하였다.

전류는 본래 다른 사람 밑에 있으려는 사람이 아니었다. 전쟁의 경험을 통해 그의 자신감이 크게 부풀어 올랐다.그는 항주 한 구석에 처박혀 있는 것에 만족하지 않고 한 마음으로 밖으로 팽창하려고 하였다. 그러나 남쪽은 절강성 동부지역浙東으로 그의 바로 위의 상사인 동창이 직접 관할하고 있었기 때문에 손을 댈 수 없었다. 비교적 가능성이 있는 것은 북쪽을 향하여 강소성 지역을 개척하는 것이었다. 이 시기에 장강 남쪽의 강소지역은 마침 큰 난리가 일어나고 있던 시기였다. 회남淮南의 서약徐約이 소주蘇州를 공격하여 획득하였으며, 윤주潤州 지금의 강소성 진강(鎭江)에서는 내부에서 변란이 발생하여 윤주장관인 주보周寶가 축출되어 상주常州로 도망갔다. 군사를 잘 지휘하는 전류는 혼란 그자체로 형세가 잘 구분되지 않는 국면을 접하자 그는 먼저 중앙을 돌파한 후에 양 쪽을 아우르는 지혜로운 전략을 채택하였다. 그는 위기를 구해준다는 기치를 내걸고 상주를 공략하여 주보周寶라는 정치자본을 획득한 후에 윤주를 탈취한 후에 다시 소주로 병력을 보냈다. 연달아 몇 개의 주州를 공략하자 전류의 이름이 크게 알려지면서 마침 혼전 중이던 양행밀, 손유가 감히 그의 경계로 들어오려 하지 않았다.

동창이 볼 때 전류의 전공은 자신의 성취였다. 확대된 판도를 바라보면서 그는 기쁜 나머지 자신의 실력이 실제로 어느 정도인지를 잊어버렸다. 술사 응지應智, 왕백예王百藝, 여자무당 한온韓媼의 꼬드김으로 그는 스스로 황제를 칭하고 국호를 나평羅平으로 하고 연호를 순천順川으로 하였다.

동창의 거동에 대해 전류는 뇌화부동하지 않았을 뿐만 아니라 반대로 이것을 동창의 계통에서 벗어나 자신이 크게 뜻을 펼칠 수 있는 좋은 기회로 여겼다. 그는 당唐 조정에 표表를 올려 강력하게 동창의 역적행위를 비판하였다. 소종昭宗은 조서를 내려 동창의 관작을 삭탈하고, 전류를 팽성군왕彭城郡王으로 책봉하였다. 또한 그에게 절강동도초토사浙江東道招討使의 직을 제수하여 조정을 위해 이 역적을 제거하라고 명하였다.

황제의 정식 명령을 받은 전류는 정의를 대표하는 기치를 얻었다. 그러나 자신이 결코 은혜를 저버리는 자가 아니라는 것을 증명하기 위하여 삼만의 대군을 월주성의 영은문 앞에 결집시켜놓고는 강력하게 공격을 하지 않고, 유세객을 월주성에 보내 동창이 대의를 깨달아 그가 스스로 잘못을 고치도록 권면하였다. 동창은 전류가 자기를 배반하리라고는 꿈에도 생각하지 못하고 있었기 때문에 맞서 싸울 준비를 전혀 하지 못하고 있었다. 게다가 용장과 정예부대가 전류의 수중에 있었기 때문에 그는 싸울 방법이 없었다. 그는 당장에 죄를 받는 자세를 보이며 이백 만전을 내어서 몰려 온 군사들을 위로하였으며, 별도로 응지, 왕백예, 한온 등을 전류에게 보내 처리하도록 하였다.

옛 주인의 이 같은 저자세에 전류는 더 이상 무어라고 말을 할 수 없어서 군대를 물려 돌아갈 수밖에 없었다.

전류가 떠나가기를 기다려 동창이 다시 황제의 칭호를 회복하였으며 병력을 동원하고 장수들을 파견하여 요새와 관문들을 단단히 지키도록 하였으며 동시에 양행밀에게 구원을 요청하였다. 전류가 그 소식을 들은 후에 다시 군사를 월주로 진격시켰으며 동창과 양행밀의 구원군과 수년에 걸친 전쟁을 치렀다. 마지막에는 고전무 등의 장수들이 유효적절한 작전을 펼쳤을 뿐만 아니라 동창 집단의 내부 갈등을 이용하여 동창을 격파하고 그를 생포하였다. 동창은 다시 전류를 볼 면목이 없어 항주로 압송되어가는 도중에 물에 뛰어 들어 자살하였다.

동창의 황관을 땅에 뒹굴게 함으로써 전류는 항주와 월주 전 지역을 장악하였다.

전류가 조정에 대해 '큰 공'을 세우자 당 조정이 이에 회답하였다; 진해鎭海, 진동鎭東 양군의 절도사직을 제수하였다; 쇠로된 표를 주어 아홉 번 사형을 면할 수 있는 자격도 하사하였다; 이후에 연속해서 그를 월왕越王, 오왕吳王으로 책봉하였다.

한 지역의 제후가 된 전류는 그의 정부를 항주에 설치하였다. 그는 조상과 가문을 빛낸 자신의 휘황찬란함을 과시하기 위하여 고향의 이름을 의금향衣錦鄕으로 바꾸었으며, 그가 거쳐 갔던 지역들의 이름을 차례로 의금영衣錦營, 의금성衣錦城, 의금군衣錦軍으로 바꾸었으며 자기 고향의 석감산石鑒山을 의금산衣錦山으로 개명하였다. 자기가 어릴 적 놀던 큰 나무에 의금장군衣錦將軍의 벼슬을 내렸다. 공업을 이루고 명성을 얻은 전류가 금의환향하였다. 수많은 사람들이 그 당당한 풍채를 보려고 다투면서 길가는 물샐틈없을 정도로 인파로 가득 찼다. 그러나 그의 부친 전관錢寬은 오히려 이 대열을 피해 아주 멀리 가려고 했다. 전류는 아버지의 이러한 거동이 이해가 되지 않아, 마차에서 내려 아버지를 쫓아가며 무슨 까닭으로 그러냐고 물었다. 얻게 된 응답이 "우리 집은 대대로 농사지으며 고기 잡는 것을 업으로 하여 이렇게 귀하게 된 적이 없다. 네가 지금 30주의 주인이 되었으나, 삼면으로 적을 맞고 있고 다른 사람들과 이익을 다투고 있는데 화가 우리 집안에 미칠까 두렵구나. 그래서 차마 너를 만나 볼 수가 없구나."였다.

금의환향한 전류는 그 자리에서 눈물을 터뜨리면서 늙은 아버지의 가르침에 감사하였다.

하층에서 싸움을 통해 헤쳐 나왔던 전류는 부유하고 귀한 지위로 올라가자 바로 즐거움을 누리기 시작하였다. 고향의 저택을 호화롭고 멋들어지게 다시 지었으며 궁정의 전각들을 아주 다양하게 지어 장관을 이루게 하였다. 그러나 그는 통치를 받는 백성들을 결코 잊지 않았으며, 농업수확을 보장하기 위하여 또한 자신의 장기적이고 안정적인 통치를 위하여 실질적이며 좋은 일들을 하였다. 특별히 광범위하게 수리시설을 만들고 개선하였다. 그 중에서 가장 주목을 받았던 일이자 후대가 계속해서 이익을 얻게 하였던 일은 전당강錢塘江변을 따라 바다를 막는 돌 제방을 쌓은 일이다. 둑을 건설하는 과정에서 파도와 풍랑이 너무 거세었기 때문에 공사하기가 지극히 곤란하였다. 둑 쌓은 일에 참가한 사람들의 믿음을 고무하기 위하여 그는 오백 명의 석궁수를 동원하여 파도를 향해 맹렬하게 석궁을 발사하도록 하였다. 뛰어난 장인匠人이 구체적인 기술적 난제를 해결하였다. 그는 거대한 돌을 담은 대나무 바구니와 큰 나무들의 목재를 섞어서 겹겹이 바다를 막는 둑을 쌓아 올렸다.

전류는 천하 형세를 면밀히 살펴 본 후에 자신의 실력이 결코 그렇게 강대하지 않아 천하를 제패하기 어렵다고 생각하였다. 오직 중원의 정권과 관계를 좋게 하는 길만이 이웃의 강적들과 균형을 이루며 자신의 땅을 지키는 것임을 인식하였다. 이로 인해 중원의 정치국면이 어떻게 변하든지 그는 변함없이 중원을 향해 '충심'을 유지하였다.

후량의 태조가 등극한 초기에 전류의 태도를 살펴 본 후에 즉각 그를 오월왕으로 책봉하였다. 어떤 사람이 전류에게 후량의 임명을 거절하고 공개적으로 독립의 기치를 내걸라고 하자 그는 웃으며 말했다. "내가 어찌 손중모孫仲謀 삼국시대 손권가 되는 실수를 저지르겠는가!"

전류는 장수하여 팔십일 세까지 살았다. 죽음이 임박하자 그는 그의 계승자에게 훈계하였다. "자손들이 중원을 잘 섬겨야 한다. 중원의 황제가 여러 차례 바뀐다고 해서 절대로 나라의 큰 방침을 바꾸면 안 된다."

▣ 왕심지 王審知 862~925년

왕심지는 자가 신통信通이었으며 광주光州 고시固始 지금의 하남성 고시 사람이다. 조상 대대로 농사를 지었으며 부친 왕빙王恁도 여전히 논밭에서 땀을 흘렸다.

왕심지의 형 왕조王潮는 현의 관리였는데 형제가 모두 재능과 용기가 있어 당지에서 명성이 있었다. 당시 황소 반란군이 장안으로 진격하면서 각지에서 반란군의 물결이 일어났다. 수주壽州 사람인 왕서王緖가 형세에 부응하여 스스로 일군의 병마를 이끌고 고시固始로 쳐들어갔다. 그는 그 땅을 점령한 후에 군대를 크게 확대하였다. 사람들이 왕씨 형제를 소개하는 소리를 듣자 그들을 불러와 군대에서 직책을 맡도록 하여 왕조를 군관으로 삼았다.

왕서는 병력이 적고 장수도 적었으며 자기세력만을 의지하고 있었기 때문에 장기간 작은 지역인 고시에 머물기 어려워, 기댈 수 있는 군벌을 찾아 나서 채주蔡州의 진종권秦宗權과 연결이 되었다. 진종권은 그를 광주光州자사로 임명하였으며 그의 모든 병력을 이끌고 황소를 공격하도록 하였다. 왕서는 황소를 두려워하여 시간을 끌며 공격을 미루었다. 진종권이 화가 나서 병력을 보내 고시를 공격하였다. 왕서는 버틸 힘이 없어 고시에서 퇴각하여 남쪽으로 내려가면서 활로를 모색하였다. 그는 한편으론 도망치며 한편으론 노략질을 하면서 민閩지역으로 들어갔는데 그사이 부대가 수만 명으로 장대해졌다.

부대는 볼만한 규모로 커졌지만 도리어 내부의 위기는 날이 갈수록 증가하였다. 수령이 된 왕서는 비록 호방하고 웅대한 기풍이 있었지만 사람됨이 포용력이 적고 시기질투가 버릇이 되어 무릇 재간이 그보다 뛰어난 사람은 모두 어떻게 해서든 방법을 찾아내어 죽였다. 여러 장수들이 근심하고 두려워하였으며 왕조 역시 그러하였다. 억울하게 죽은 귀신이 되는 것을 모면하려고 그는 대담하게 같은 처지에 있는 선봉을 맡는 부대의 장수에 말했다. "우리들은 조상이 물려준 땅, 가족을 떠나서 도둑이 되었는데, 이는 원래 왕서가 강압적으로 한 것으로 결코 우리의 본뜻이 아닙니다. 오늘날 왕서가 우리들을 시기질투하고 있습니다. 장수들 중 재간이 있는 사람은 죽음을 벗어나기 어렵고, 바로 앞날의 일도 어찌 될지 알 수 없는 상황이니 어찌 대사를 이루길 바라겠습니까?"

이 한마디 말을 하고는 서로 눈물을 흘리며 흐느꼈다. 흐느낌이 끝나자 그들은 눈물을 닦고 왕서를 없애기로 결정하였다. 그들은 장사 수십 명을 선발하여 대나무 숲에 매복시키고는 왕서가 오기를 기다려 한꺼번에 달려들어 그를 붙잡아 군대 안에 가두었다. 왕서는 살아갈 면목이 없자 목숨을 끊었다.

여러 군관들이 다시 자신들을 이끌 총사령관을 뽑으려 하였다. 왕조가 거사를 한 두목이며 또한 뛰어난 재능과 도략이 있었기 때문에 선봉을 맡은 부대의 장수가 그를 추천하며 "왕조는 모든 사람의 목숨을 건져 준 은인이니 마땅히 총사령관으로 세워야한다."고 말했다. 이에 모든 장수들이 동의하였다.

왕조가 총사령관이 된 후에 그는 일군의 주요 장령들과 피를 같이 나누어 마시며 맹약을 하고 그들을 핵심집단으로 세워 군대를 전면적으로 통제하였다. 이들 간부에 기대어 또한 본인이 직접 실천하면서 그는 군대 안에서 신속하게 위엄과 신뢰를 구축하였으며, 이에 전군이 그를 떠받들었다. 이에 따라 그는 군기를 확립하고 약탈하는 습관을 없애 군대와 백성간의 관계를 개선하였다.

이와 같이 군기가 잡힌 군대를 얻기 어려운 난세였기에 왕조는 현지 백성들의 마음을 얻었다. 왕조는 복건福建지방을 돌아다니며 전쟁을 치렀는데 백성들의 지지를 얻었다.

당시 천주泉州자사 료언약廖彦若은 잔혹한 정치를 펼쳤으며 전혀 인정이 없어서 통치를 받는 백성들의 고통은 이루 말로 다 할 수 없었으며, 휘하의 군인들 역시 고통을 참을 수 없을 정도였다. 그러나 제멋대로 휘두르는 권력 때문에 누구도 감히 그를 반대하지 못하였다. 왕조의 군대가 천주의 경계를 지나갈 때 천주의 군인과 백성들이 대표를 보내 그와 상담하면서 그가 백성들을 위해 해악을 제거해 줄 것을 요청하였다. 천주의 노인들이 떼로 몰려와 길을 막고는 소를 끌고 오고 술을 가져오면서 왕조가 떠나가지 않기를 청하였다.

천주는 복건의 큰 성읍이자 해상무역의 중요 항구였다. 왕조는 본래 이러한 지역을 얻고자 하였으나 얻지 못하고 있었다. 이제 현지 백성과 군인들이 그를 환영하고 있어 정말 기쁘기 짝이 없었다. 이에 그는 고생하는 백성을 위로하고 못된 통치자를 징벌한다는 기치를 내걸고 부대를 이끌고 천주성으로 몰려갔다.

성을 에워싼 지 일 년여 마침내 왕조는 군대를 이끌고 성안으로 들어갔다.

복건 관찰사 진암陳岩은 이미 이루어진 사실을 인정하고 왕조를 천주자사로 임명하였다. 천주를 손에 넣은 왕조는 아주 훌륭한 근거지를 갖게 되었고 천주의 군대를 흡수하여 재편하였다. 또한 랑산狼山의 산대왕山大王 설온薛蘊을 평정하고 최대한 실력을 확충하였다. 이와 같은 실력을 갖추게 되자 그는 복건의 다른 지역들을 살펴보기 시작하였다.

복건의 정치중심은 복주福州로 진암이 복주에 주재하고 있었다. 진암이 병들어 죽은 후에 그의 사위인 범휘范暉가 스스로를 후계자로 칭하고 정권을 접수하였다. 일찍부터 복주에 관심을 쏟고 있던 왕조는 즉각 이 하늘이 준 좋은 기회를 놓치지 않았다. 먼저 범휘를 인정하지 못한다는 태도를 표시한 후에 왕심지에게 군대를 이끌고 복주를 공격하도록 명령하였다.

복주의 성벽은 높고 두꺼운데다 수비 병력을 제대로 갖추고 있어 전투력이 강하였기 때문에 왕심지는 오랜 기간 공격을 하였으나 대량의 병력만 손실을 입고 조금도 전진하지 못하였다. 그는 더 이상 지탱할 수 없어서 형에게 철군하여 돌아가게 해달라고 요청하였다. 형은 허락지 못한다고 답변을 보내왔다. 이에 그는 형이 직접 전선으로 와서 병력을 증원하여 줄 것을 요청하였다. 형은 "너의 병사와 장수들이 모두 전쟁에서 죽으면 그때 내가 직접 갈 것이다!"라고 하였다. 이것은 절대명령으로 전혀 협상의 여지가 없는 명령이었다. 왕심지는 절망적인 상황에 내몰렸다. 병법에 사지死地에 처해야 비로소 살 수 있다는 말이 있다. 어떠한 퇴로도 없는 왕심지는 직접 전쟁터에 나가 전쟁을 독려하면서 연속해서 강공을 퍼부었다. 일 년 후에 성안의 양식이 바닥나자 수비하던 군인들이 범휘를 죽이고 문을 열고나와 항복하였다.

소식이 전해지자 왕조가 천주에서 복주로 와서 다스렸다. 이때 그는 이미 복건의 다섯 주州를 보유하고 있었다. 소종昭宗은 그를 위무군威武軍절도사이자 복건관찰사로 임명하였다. 명령을 받은 그는 왕심지를 부사副使로 삼았다.

왕심지는 우람한 체격에 높은 코, 일자 입을 가지고 있었으며 백말 타기를 좋아하여 군대 내에서는 '백마 삼랑三郞'이라 불렀다. 그는 두 번째 높은 지위의 인물이 된 후에도 여전히 형에게 절대 복종하였으며 개인의 위신 따위는 결코 개의치 않았다. 한번은 그가 잘못을 저지르자 엄격한 형이 몽둥이로 두들겨 팼다. 매를 다 맞은 후에도 그의 얼굴에는 조금도 원망의 기색이 없었다.

능력이 있으며 도량이 넓고 대세를 잘 아는 왕조는 왕심지를 가장 신임하였다. 그가 심한 병이 들어 일어나지 못하게 되자 놀랍게도 자신의 네 아들을 등용하지 않고 왕심지가 군사와 정치업무를 주재하도록 하였다.

왕조가 세상을 떠난 후에 왕심지는 형의 자리를 이어받았으며 당 조정은 그를 낭야琅琊군왕郡王으로 책봉하였다. 후량 태조가 개봉에서 등극한 후에 왕심지를 민왕閩王으로 승격 책봉하였다. 후량 태조가 자신을 승격책봉해 준 은혜에 대해 왕심지는 복숭아를 선물로 받고 자두로 답례한다는 말처럼 조공의 형식으로 후량왕조를 종주국으로 인정하였다. 당시 강회江淮지역은 후량왕조와 대결하고 있던 양행밀이 점거하고 있어서 육상교통은 단절되어 있었다. 조공을 바치는 사신은 해상으로 우회할 수밖에 없었는데 복주, 천주 두 곳에서 기항하여 산동에 이르러 등주登州, 래주萊州 해안에 상륙하여 개봉으로 갔다. 해상의 풍랑이 심했기 때문에 조공선박은 아주 쉽게 사고가 났는데 배가 뒤집히는 경우가 열이면 셋 넷이 되었다. 비록 치르는 대가가 대단히 컸지만 왕심지는 시종일관 이러한 의무를 다하였다.

정권내부의 인사안배에 있어서 사람됨이 겸손하고 화목하였던 왕심지는 인재를 중시하여, 복건으로 떠밀려 온 당唐의 사대부인 왕담王淡, 양기楊沂, 서인徐寅 등을 중용하였다. 그들의 문화를 통해 현지의 문화수준을 높이고 그들의 정치식견을 통해 통치를 개선하려고 하였다.

왕심지는 힘을 다해 학문을 장려하고 학교를 세우면서 현지의 인재를 육성하였다.

복건지방의 지력이 한계가 있자 왕심지는 항구가 많은 지리적 우세를 이용하여 적극적으로 해상무역을 발전시켰으며 각지의 상인들이 몰려와 상업을 하도록 유도하였다. 그의 조카인 왕연빈王延彬이 천주의 장관이 되어 해상무역을 아주 번성시켰다. 사람들은 그를 '보물을 끌어오는 시랑侍郎'이라고 불렀다.

가장 칭찬할만한 것은 왕심지의 정치 분야에서의 표현이었다. 그는 사치를 반대하고 검소하고 질박한 생활을 하여 관리들의 모범이 되었다. 재능과 덕을 겸비한자를 관리로 삼아 백성들과의 관계를 개선하였으며, 잔혹한 형벌을 없애고 요역과 세금을 가볍게 하여 백성들이 편안히 생업을 할 수 있는 환경을 조성하였다.

왕심지는 삼십년을 통치하였는데 줄곧 편안히 지냈다.

백성들이 이 통치자를 좋아하였기에, 비바람이 치며 벼락이 내리쳐 해변의 울퉁불퉁한 지역에 천연적인 항구가 조성되자 사람들은 이것이 왕심지의 덕정 때문이라고 인정할 정도였다.

왕심지가 죽은 후에 그의 큰 아들인 왕연한王延翰이 왕위를 계승하고 나라를 세우고 왕을 칭하였다. 둘째 아들 왕연균王延均이 형을 죽이고 왕위에 오른 후에 다시 황제위에 올라, 나라 이름을 민閩으로하고 왕심지를 추존하여 태조太祖라고 하였다.

평가 전류는 오대십국의 하나인 오월吳越의 건국자로 그는 무뢰배에서 군벌이 되었으며 군벌에서 군주가 되는 길을 걸어갔다. 그는 정치와 군사를 이해하였으나 정치적 감성이 그의 군사적 재간보다 더욱 강하였다. 그의 상관이었던 동창이 황제를 칭하자 그 문제를 대처하는데 있어 그는 교묘하게 도리와 은혜의 관계를 처리하여, 아랫사람으로서 윗사람을 범하려는 그의 야심을 가리었으며, 상관인 동창을 막다른 길로 몰아넣었다. 그는 중원 정권과의 관계에 있어서는 대국을 고려하여 양보하는 태도를 보였으며 적은 조공품과 어느 정도의 명분을 희생하는 대가로 지지를 받아내 자신이 삼면에서 적을 맞는 국면에서 근거를 확고하게 하였다.

왕심지는 오대십국 중의 하나인 민閩의 건국자로 오대 역사에 있어 다른 군주들과 가장 큰 차이를 보인 통치자였다. 그의 특징은 천성이 비교적 부드럽고 후덕하였다는 것이다. 이로 인해 형인 왕조가 전례를 깨고 그를 계승자로 정하였다. 또한 이로 인해 민지역의 인심을 얻었다. 그는 전쟁을 잘하였으나 오히려 전쟁을 싫어하였다. 그는 문화를 숭상하였고 덕정을 숭상하였다. 또한, 화목, 검소 질박함을 숭상하여 백성들이 안정적인 나날들을 지낼 수 있는 사회를 조성하여, 복건을 남다른 풍격을 지닌 난세 속의 '조그만 무릉도원'으로 만들었다.

5. 형남荊南, 북한北漢

▣ 고계흥高季興 858~928년

고계흥은 섬주陝州 협석硤石 지금의 하남성 삼문협(三門峽) 남쪽 지역 사람으로 자는 이손貽孫이며 본명은 계창季昌이었으나 뒷날 이극용李克用의 아버지 이국창李國昌의 이름을 피해 개명하였다.

고계흥은 어려서부터 부모와 헤어져 변주汴州의 대상인인 이양李讓의 집에서 심부름하는 아이가 되었다. 장성한 후에는 사람됨이 기민하고 지혜로웠으며 생김새도 괜찮아서 하인들 중에서 특출함을 보여주었다.

주온朱溫이 변주를 점거한 후에 이양은 자신을 보호하기 위하여 주동적으로 그에게 의탁하였으며 대량의 재물을 헌납하여 양자가 되었으며 이름을 주우양朱友讓으로 개명하였다. 고계흥은 주우양과 함께 주온을 만났다. 주온은 그를 무척 좋아하였으며 주우양에게 그를 양자로 받아들이라고 하면서 성을 주朱로 바꾸었다.

양자의 양자가 된 고계흥은 실제로는 주온의 양손자가 되었으며, 양할아버지에 기대어 변군汴軍에 가담하여 직책을 맡았으며, 몇 단계만 거치고는 고위군관으로 승진하여 늘 주온의 신변에서 같이 다녔다.

주온이 병력을 출동시켜 봉상鳳翔을 공격하면서 이무정李茂貞과 당唐 소종昭宗을 서로 차지하려고 하였다. 대군이 성을 에워싸고 오랜 기간 대치하면서 대량의 군사와 재물을 사용하였고 그저 성을 바라보며 탄식할 수밖에 없었다. 주온은 철수하려고 군사회의를 소집하였다. 여러 장수들은 대부분 계속해서 포위하고 있는 것은 좋은 방법이 아니니 즉각 철수해야한다고 하였다. 경력이 많지 않은 고계흥이 자리에서 일어나 여러 사람들의 뜻을 적극적으로 반대하였다.

"천하의 호걸들이 대왕의 거동을 일 년이 넘도록 지켜보고 있습니다. 지금 성을 지키는 병사들도 대단히 피로한 상태여서 돌파당하는 것은 시간문제입니다. 철군은 절대로 상책이 아닙니다. 대왕이 우려하는 바는 상대방이 문을 굳게 닫고 싸우지 않으면서 우리군의 역량을 소모시키는 것입니다. 이것을 처리하기가 결코 어렵지 않으며 적을 유인해 낼 수 있습니다."

이 한마디 말에 주온이 문득 깨닫는바가 있어 흥분하였다. 그는 고계흥에게 구체적인 방안을 내놓도록 명령하였다. 고계흥은 이미 마음속에 준비가 되어있었기에, 회합 이후에 바로 결사대를 조직할 수 있었으며 대장인 마경馬景에게 적절한 대책을 일러 주었다. 마경이 고계흥을 따라 총사령관의 장막으로 들어가 행동계획을 내어놓고 주온에게 싸움을 허락해 달라고 청하고는 이번 싸움에서 살아 돌아오기 어려우니 그의 가속들을 잘 보살펴 줄 것을 희망하였다. 주온이 이를 응낙하자 마경은 몇 명의 기병을 데리고 대오에서 탈락한 병사처럼 꾸미고는 성밑에 가서 큰 소리로 외쳤다.

"변군이 동쪽으로 돌아가려고 한다. 그 선봉이 벌써 출발하였다."

수비를 하던 군인들이 이를 진짜로 믿고 문을 열고 변군을 추격하려고 하였다. 마경 등이 이를 맞아 달려 들어가 성문이 닫히지 않도록 막아섰다. 후면에 숨어 있던 변군의 대부대가 기회를 틈 타 돌진해 들어가 구천 여명의 적군을 죽였다. 이무정은 어쩔 수 없이 주온과 타협을 하였으며 당 소종을 내놓았다.

마경은 전사하였으나, 고계흥은 도리어 이 한 번의 놀라운 일로 전군의 주목을 받았다.

당 소종이 장안으로 돌아간 후에 '영란의용공신迎鑾毅勇功臣'의 첩지를 내렸다.

고계흥이 두각을 나타낸 후에 지방의 실질적인 직무를 제수 받았다. 송주宋州자사가 되어 주온의 고향지역의 최고 장관이 되었다. 이후에 그는 주온을 따라 청주青州를 평정하였으며, 세운 공에 따라 영주潁州방어사防禦使로 자리를 옮겼으며 그 지역의 군사적 주요인물이 되었다.

고계흥의 인생전환점은 그가 형남유후荊南留候로 임명되었을 때였다.

형남은 형주荊州 지금의 호북성 강릉(江陵)를 중심으로 하는 호북 남부지역의 땅으로 역사적으로 병가兵家들이 반드시 얻으려는 땅이었다. 일찍이 성예成汭의 기반이었는데 후에 뢰언공雷彦恭이 빈틈을 타서 그리로 진격하였으며, 양주襄州 지배자인 조광응趙匡凝이 그를 싸워서 내쫓고 동생인 조광명趙匡明에게 주었었다. 변군이 조씨 형제를 격파한 후에 고계흥이 그 자리에 임명된 것이다.

몇 차례의 전란, 몇 차례의 대화재, 몇 차례의 제후들의 침탈이 있었던 형남은 고계흥이 부임하였을 때 눈뜨고 볼 수 없을 정도로 참담한 상황이었다. 황폐해져서 사람의 그림자가 보이지 않았으며 오직 형주성만이 외롭게 남아있었고 성 안에는 백성이 거의 없었으며 읍내가 쇠락하였다. 고계흥이 직면한 국면은 실제로 온갖 악폐가 일어날 상황이었다. 기왕 부임하였으니 안정을 시켜야했기에 그는 예가복倪可福, 포당鮑唐을 장령으로 삼고 양진梁震, 사공훈司空薰, 왕보의王保義를 모사로 삼아 지방정부의 군정집단을 구성하였다. 이 집단에 의지하여 백성들을 위무하고 유민들을 모으면서 그 지역에 어느 정도 생기가 돌게 하였다.

이 집단 중에서 꼽아 보자면 양진이 가장 힘이 되었다. 그는 사천사람으로 진사에 합격한 후에 대란을 만나 형남에 은거하고 있었으며 그 지혜와 모략으로 유명하였다. 고계흥이 간절히 그에게 세상으로 나오길 요청하였으며 판관判官의 직을 맡기를 원하였다. 그는 정당성이 별로 없는 작은 정권에서 벼슬하는 것을 부끄럽게 여겼으나 생존을 위해서 거절하기 어려웠다. 이에 따라 어떠한 직위도 맡을 수 없지만 '백의白衣'의 신분으로 일을 할 수 있다고 표시하였다. 고계흥은 그를 대단히 존경하였으며 그를 선배라고 부르거나 '전진사前進士'라고 불렀다.

고계흥이 유효적절하게 지방을 잘 다스리자 주온이 그를 정식으로 형남절도사로 임명하였다.

주온이 죽은 후에 후량왕조의 천하가 기울며 쇠약해져 힘이 없어졌다. 고계흥은 독립을 모색하기 시작하였다. 그는 성둘레에 해자를 구축하고 외성을 쌓았으며 세금을 더 부과하여 군자금으로 비축하고 은밀히 오吳, 촉蜀 정권에 신하가 되어 지지를 얻었다. 이와 동시에 땅을 개척하는 방안을 실시하여 병력을 귀주歸州, 섬주陜州 두 곳으로 출동시켰다. 또한 후량을 통해 후진後晉을 공격한다는 명분으로 군대를 파견하여 후량에 속하는 양주襄州를 공격하였다. 그러나 이 두 번의 군사행동은 모두 실패하였다.

양주를 가져오는데 실패한 고계흥은 고高씨 성을 회복하고 후량 왕조에 대한 조공을 끊었다. 연약한 후량 말제末帝는 표면적으로 제국을 유지하기 위하여 그가 제멋대로 하도록 놔두었으며 그와 다투지 않고 반대로 그를 발해왕渤海王으로 책봉하였다.

후당後唐정권이 후량정권을 대체한 후에 후당 장종莊宗의 위세가 하늘을 찌를듯하였다. 각 지역을 점거하고 있던 정권들 다수가 사절을 보내 그에게 축하와 신하로서의 뜻을 표하였다. 중원의 새 천자의 마음을 얻으려고 사공훈 등 대신들이 고계흥에게 직접 낙양에 가라고 권하였으나 양진이 반대하고 나섰다. "대왕은 본래 양나라의 신하였습니다. 양과 당이 20여 년간 혈전을 벌였기에 대대로 원수였습니다. 지금 천자가 양나라를 멸하였으나 여전히 이에 대한 감정이 남아있을까 두렵습니다. 다시 말해 대왕이 강병을 거느리고 중요 군사기지를 보유하고 있는데 일단 조정에 들어가면 포로가 되는 것을 면하기 어렵습니다."

고계흥은 이 말을 듣지 않고 정예기병 300명으로 호위대를 삼고 낙양으로 갔다. 당 장종이 그를 접견한 후에 과연 양진의 예측대로 그를 구류하려고 준비하였다. 다행히도 장종의 친신인 곽숭도가 신의가 중요함을 들어 권유함으로써 비로소 그가 위험에서 벗어나게 해주었다. 서로 대면했을 때 장종이 그에게 물었다. "내가 이미 양나라를 멸망시켰기에 오와 촉을 멸하려고 하는데 네가 보기에 어느 쪽을 먼저 공격해야 하느냐?"

고계흥의 대답은 이러했다. "마땅히 촉을 먼저 정벌해야 합니다. 신이 본부병력으로 선봉을 담당하고자 합니다." 장종이 그 말을 듣고 크게 기뻐하면서 그의 등을 손으로 쓰다듬으면서 만족을 표시하였다.

고계흥이 낙양을 떠나 양주襄州에 도착하여 아직 당나라의 국경을 벗어나지 않았을 때 갑자기 심장이 두근거리면서 장종이 변심하였을지 모른다는 의심이 들어 쉬지 않고 밤새 달려서 당나라의 관문을 통과해 갔다. 사실이 역시 그와 같았다. 장종은 고계흥이 떠나간 후에 그를 잡아두지 못한 것을 후회하면서 양주의 수비대장에게 그를 잡아두도록 명령하였다. 그러나 명령이 도달하였을 때는 그가 국경 밖으로 이미 도망간 상황이었다.

다행스럽게 형주로 돌아온 고계흥은 양진에게 말했다. "선배의 말을 듣지 않아 큰일 날 뻔했는데 겨우 돌아오게 되었습니다. 이번의 일에는 각자의 실책이 있었습니다. 내가 조정에 간 것도 실책이요, 저쪽에서 나를 놓아준 것 역시 실책입니다. 새 천자는 자긍심이 대단히 큽니다. 그가 여러 장수들에 의지하여 수많은 전쟁을 거쳐 하남지역을 손에 넣었건만 오히려 자기는 손으로 <춘추>를 쓰는 것 같았으며 손가락으로 천하를 얻었다고 말하면서 그 공을 전부 자기 한 사람에게 돌리며 공신들에게 돌릴 생각을 하지 않고 있습니다. 이외에도 그는 사냥을 좋아하여 정사를 팽개치고 있습니다. 이러한 상황이니 베개를 높이하고 근심 없이 지낼 수 있습니다." 말은 그렇게 하였지만 고계흥은 대외적인 선전의 필요성으로 수놓는 사람을 불러 장종이 자기 등을 쓰다듬었던 손자국을 수놓도록 하여 어딜 가나 자랑하였다.

동광同光 3년 장종은 고계흥을 남평왕南平王으로 책봉하였다.

이 책봉으로 고계흥은 엄연한 국왕이 되었다.

형남은 지역이 협소하고 병력이 약하며 오와 촉 사이에 끼어있는 작은 나라였다. 국경 안에 산물이 많지 않아 경제적 역량이 상당히 제한적이었다. 남한南漢, 민閩, 촉蜀 등의 국가가 사절을 보내 중원으로 조공품을 올리느라 형남지역을 지나갈 때 고계흥은 강도행각을 하여 강제로 사람을 구류하고 물건을 자기 것으로 삼았다. 그 나라에서 서신을 보내 책망하거나 군대를 보내오면 그는 재물을 도로 돌려보냈으며 조금도 부끄러워하는 기색이 없었다. 후당의 위왕魏王 이계급李繼岌이 촉을 멸망시킨 후에 촉에서 나는 금빛비단 40만 필을 중원으로 보낼 때 배가 형남을 지나가고 있었는데 마침 당 장종이 정변으로 죽었다. 그는 그 기회를 틈타 비단을 전부 빼앗았다.

당 명종이 등극한 후에 고계흥이 기주夔州, 충주忠州, 귀주歸州, 협주峽州 등의 주를 자신의 관할로 해달라고 요구하였다. 명종은 표면적으로는 이를 허락하였으나 실제로는 자신이 위임한 자사들을 보냈다. 이로 인해 두 세력이 싸우기 시작하였으며 끝내 전쟁이 발생하였다. 그 결과 고계흥이 대패하여 형주, 귀주, 협주 세 주만 남게 되었다. 그는 이 세주를 가지고 오나라에 복속하였으며 진왕秦王이 되었다.

천성天成 3년(928년) 71세의 고계흥은 세상을 떠났다.

▣ 유숭劉崇 895~954년

유숭은 사타沙陀부족으로 훗날 이름을 민旻으로 바꾸었다. 후한後漢 고조 유지원劉知遠의 동생이다. 아름다운 수염과 이중인 눈동자를 가진 잘 생긴 사람으로 감각도 좋았다. 동 시대에 발자취를 남긴 수많은 사람들처럼 유숭은 어렸을 때 무뢰배로 도박을 좋아하고 술을 즐겼다. 어른이 된 후에 하동河東의 이존욱李存勖의 부대에 끌려가 장정이 되었으며 얼굴에 먹으로 글자 새김을 당하였다.

유숭 자신의 힘으로는 그렇게 많은 노력을 기울이지 않았지만 그에게는 대단한 형(유지원)이 있었다. 피를 나눈 친형제의 보살핌으로 인해 그의 계급은 놀라울 정도로 위로 상승하였다. 형이 하동절도사가 되자 그는 하동마보군도지휘사가 되어 본부의 각 병과를 다루는 총책임자가 되었다.

유지원이 황제가 된 후에 개봉으로 가면서 최대의 군사요충지인 태원太原을 유숭에게 맡겼으며 그를 태원윤太原尹, 북경유수北京留守로 임명하고 재상宰相의 칭호를 더해주었다. 형은 황제이고 동생은 번진을 차지하면서 위아래가 조화를 이루어 각자가 적당함을 유지하게 되었다.

조카인 은제隱帝가 황제위에 오른 후에 조정의 형세에 대단히 큰 변화가 발생하였다. 원로들이 조정을 통제하면서 조카는 허수아비 같은 상황이 되었다. 이들 원로들은 유숭이 황실에서 가장 권세가 큰 구성원이었기 때문에 그를 가장 꺼려하였으며 이로 인해 상당한 거리가 생겼다. 특히 곽위郭威와 유숭은 줄곧 사이가 안 좋았으며 갈등이 심하였다. 곽위가 세지역의 반란을 아주 성공적으로 토벌하고 나자 유숭의 근심이 날이 갈수록 깊어졌다.

군주를 위해 정권을 위해 당연히 자기 자신을 위해 근심이 더욱더 깊었던 유숭이 판관인 정공鄭珙의 의견을 구했다. "주상이 유약하여 정권이 모두 권신의 손에 있으며, 나와 곽위의 사이가 좋지 않으니 이일을 어찌하면 좋겠소?"

가슴에 계책을 품고 있던 정공은 반은 형세를 분석하고 반은 계책을 올리는 방식으로 건의하였다. "한나라의 정국은 장차 필연적으로 혼란이 일어날 것이 틀림없습니다. 태원의 군사는 천하를 호령하고 있으며, 지형이 험악하고 견고하며 관할하는 열 개 주의 세금 역시 자급하기 족합니다. 공께서는 종실이시오니 만일 이를 근거로 자신을 위해 큰 계획을 도모하지 않으신다면 훗날 다른 사람에게 제압을 당하게 될 것입니다."

"그대의 말이 바로 내 뜻일세." 유숭은 눈앞이 환해짐을 느꼈다.

유숭은 모든 것을 자기 자신을 보전하는 것으로부터 시작하여 계책을 세운 후 이를 종국적인 방침으로 결정하였다. 이 방침에 따라 망명하는 무리들을 모으고 무기와 장비를 수선하면서 장졸들을 강제로 모아 군대를 확대하였다. 세금을 부과하였으며 조정에 조공과 세금을 납부하는 것을 중지하고 조정의 명령을 집행하는 것을 거절하였다. 그는 독립의 기치를 내걸지는 않았으나 관할지를 진정한 독립왕국으로 만들었다.

조정에서는 유숭에 대해 어떻게 할 수 없어서 그가 제멋대로 하도록 놔두었다.

곽위가 거사를 하자 후한 은제가 이에 대항하여 싸웠으나 실패하고 죽었다. 개봉으로 들어 간 후에 곽위는 자신이 등극할 시기가 아직 아니라고 생각하였으며 또한 강력한 군대를 장악하고 있는 유숭을 안정시키기 위하여 풍도馮道 등을 보내 서주徐州에서 유숭의 아들 유빈劉贇을 개봉으로 데리고 와 천자가 되게 하였다. 이러한 국면을 맞아 조금이라도 정치적 식견이 있는 사람들은 이것은 곽위가 정치적 과도기를 넘기기 위한 연극에 불과하며 곽위의 등극은 시간문제라는 것을 알았다. 그러나 유숭은 도리어 너무 기뻐하며 그 까닭을 잊어버리고는 말했다. "내 아들이 황제이니 내가 어찌 후환이 있으랴!"

누군가가 유숭에게 이 일은 믿기 어렵다고 주의를 환기시켰다. 유숭이 사실이 정말 어떠한지 명확히 알아보기 위하여 사절을 개봉에 보내 정치적 연합 문제를 상담한다는 명분으로 곽위의 진정한 의도를 시험해 보았다. 사절을 맞은 노련한 정치가인 곽위는 자기가 비천한 신분일 때 이마에 새긴 참새모양의 문신을 가리키며 말하였다. "예로부터 문신을 새긴 천자가 어디 있었습니까? 원컨대 유공이 나를 더 이상 의심하지 않기를 바랍니다."

사절이 돌아와 보고를 하자 유숭은 더욱 조금도 의심하지 않았다. 대신 이양李驤이 미혹에 빠져 깨어나지 못하는 주인을 각성시키기 위하여 직언을 아뢰었다. "곽공이 거병하여 윗분을 범하였는데, 그 기세로 보면 다시 권신의 자리에 머물러 있지 않을 것입니다. 또한 유씨가 황제가 되도록 할 수 없을 것입니다. 제가 병력을 이끌고 태항太

行에 가서 그 관문을 지키며 사태의 변화를 살피고 있다가 유빈이 황제위에 오른 후에 철병을 해도 늦지 않습니다."

유숭은 욕설을 퍼부었다. "이양 이 썩은 유학자야! 네가 부자간을 이간하려고 하는구나."

말을 끝내자 사람을 시켜 이양을 끌어 내 참수하라고 하였다. 이양이 처형되기 전에 길게 탄식하였다. "내가 어리석은 자를 위해 계책을 세웠으니 죽어 마땅하다!"

사태의 발전은 이양이 예측한 것을 벗어나지 않았다. 곽위가 철저히 국세를 장악한 후에 황제의 면류관을 자기의 머리에 썼으며, 비밀리에 사람을 보내 유빈을 죽였다. 아들의 사망소식을 듣자 비로소 유숭이 제정신이 들었다. 그는 한바탕 통곡을 한 후에 이양을 위해 사당을 세워주었다.

태원과 개봉의 관계가 완전히 깨지면서 광순廣順 원년(951년) 유숭이 스스로 황제 위에 올라 한漢을 국호로 하고 후한의 건우乾祐를 연호로 이어 사용하였다. 이 정권을 역사에서는 북한北漢이라고 한다.

후주後周와 대항하기 위하여 유숭은 석경당石敬瑭을 본떠서 거란과 종속관계를 구축하고 이를 의지처로 삼았다. 당시 거란은 영강왕永康王 올욕兀欲이 정권을 갖고 있었다. 그는 유숭과 아버지와 아들관계를 요구하였다. 유숭이 주거니 받거니 협상을 하였다. 결과는 숙부와 조카로 쌍방의 관계를 결정하였다. 올욕은 종주국의 신분으로 유숭을 대한신무황제大漢神武皇帝로 그 아내를 황후로 책봉하였다. 중원의 정국이 혼란해지는 것이 거란에게 유리하기 때문에 이러한 혼란을 더 부추키기 위하여 올욕은 수많은 진귀한 기물을 조카황제에게 보냈다. 그중에는 올욕 자신이 아끼는 황류마黃騮馬도 있었다.

거란의 지지를 얻은 유숭은 후주에 대해 대규모 군사행동을 취하였다. 거란 기병대의 협조아래 그는 주력군을 출동시켰다. 병력을 두 길로 나누어 진주晋州 지금의 산서성 임분(臨汾) 동북 지역와 강주絳州를 포위하였다. 후주 태조는 왕준王俊에게 대군을 이끌고 가서 포위망을 뚫고 구원하도록 하였다. 북한군이 후주군과 접촉한 후에 대패하여 태원 방향을 향해 철수하였다. 당시 날씨가 춥고 땅이 전부 얼은 상태에 북한군은 군량도 적고 옷도 적게 입어서 태원으로 돌아갔을 때 거의 병력의 반이 얼어 죽었다.

이 패배 그 다음해에 유숭은 상황을 약간 정리한 후에 다시 삼천의 병마를 파견하여 부주府州 지금의 산서성 부곡(府谷)를 공격하였다. 부주의 장관 절덕의折德扆 917~964년는 힘을 저축하였다가 피곤한 적과 싸우면서 몰려온 병마가 머리를 싸매고 도망가게 하였을 뿐만 아니라 승세를 타서 북한의 가란岢嵐 산서성 지역지역을 점령하였다.

두 번에 걸친 병력손실에도 유숭은 승복하지 못하고 후주 세종이 즉위한 시기를 틈타 다시 한 번 직접 대군을 이끌고 후주 국경을 압박하였다. 거란은 양곤楊袞을 대장으로 하여 오만의 군대를 출동시켰으며 십만 명이라고 과장하면서 북한을 돕고 나섰다. 연합군이 도도한 기세로 로주潞州를 포위하였다. 로주를 구출하기 위하여 또한 새 천자의 기세를 보여주기 위하여 후주 세종이 어가를 몰고 직접 정벌에 나섰다.

두 군대가 서로 맞부딪치면서 고평高平의 전쟁이 발발하였다.

쌍방이 대치하였는데 쌍방이 모두 좌군, 중군, 우군의 삼군을 거느렸다. 북한의 대장 장원휘張元徽가 동쪽을 맡았고 양곤이 서쪽을 맡았으며, 유숭이 가운데를 맡았다. 유숭은 후주군의 기세가 별로 대단치 않음을 보았기에 말투 중에 경멸의 뜻이 비쳐졌으며 개전할 준비를 하였다. 양곤이 경계하여 말하였다. "이들은 강적입니다. 결코 경거망동하면 안 됩니다."

유숭은 양곤이 적군의 기개를 높이 사는 것에 화가 나서 아름다운 수염을 쓰다듬으며 반박하였다."시기를 놓치면 안 되오. 쓸데없는 말을 하지 마시오!"

그는 거란군대가 전쟁에 참가할 필요가 없으며 자신의 본부대만으로 적을 깨뜨릴 수 있다고 말하며 양곤이 그 부대를 이끌고 멀리에서 관전하도록 하였다. 양곤이 크게 화를 내며 군대를 이끌고 높은 곳으로 올라가 버렸다.

유숭이 장원휘에게 출격을 명하였으나 대신 왕득중王得中이 사태가 여의치 않음을 보고 권고하였다. "남풍이 격렬하여 북군에게 불리합니다. 마땅히 잠시 더 기다려야 합니다."

이 말이 유숭을 격노케 하였다. 그는 욕설을 내뱉었다. "가난뱅이 서생 주제에 무엇을 안다고 그러느냐? 우리군의 사기를 망치지 말라!"

그가 깃발을 흔들자 북한군이 내달렸다. 처음에는 크게 이겼으나 시간이 지나자 전세가 바뀌면서 대패하였다. 계속 패하여 도저히 수습할 수 없는 상황이 되었으나 양곤은 조금도 움직이지 않고 높은 곳에 앉아 유숭을 보면서 웃음을 터뜨렸다.

전군이 함몰되어 유숭은 겨우 몇 명을 데리고 전장을 빠져나왔으며 태원을 향해 도망쳤다. 올욕兀欲이 보낸 명마 황류黃騮에 의지하여 태원까지 도망쳤다. 그러나 이미 사람 꼴이 아닌 모양이었다. 황류가 자신을 구명한 은혜를 표창하기 위하여 마구간을 지어주었으며 금옷과 은장식을 내리고 삼품관이 먹는 사료를 주며 '자재장군自在將軍'으로 책봉하였다.

이미 고령인 유숭은 이 패배로 놀라서 그 다음해에 병사하였다.

평가 고계흥은 오대십국의 하나인 형남荊南 남평(南平)이라고도 불림의 건립자로 사회 하층에서 치고 올라온 일부 지배자들과 달리 후량의 지방관리가 된 후에 점차 조정을 벗어나 독립을 하게 되었다. 그가 형남에서 땅을 차지하고 왕이 된 데에는 두 가지 요인이 있었다. 주관적 요인은 이곳을 완전히 그가 맨손으로 일으켜 고심 경영하여 만들어 낸 곳이라 심리적으로 자기 것으로 여기게 되었다는데 있다. 객관적인 요인은 중원의 조정이 여러 변화를 겪게 되면서 그에 대한 통제력을 잃어버렸다는데 있다.

유숭은 오대십국의 하나인 북한의 건립자로 시대의 운세가 만들어낸 작은 군주이자 또한 그 시대에 가장 군주답지 못한 군주 중의 하나였다. 그는 일찍부터 운이 따라서 형인 유지원에 기대어 후한의 최대 지방장관으로 승격하였다. 눈앞에 조정과 충돌이 일어날 상황에서 곽위의 변란이 그를 구해주었고 정정당당하게 황제가 될 수 있게 해주었다. 그는 지극히 어리석으면서 지극히 능숙하였다. 제 이의 석경당이 되었으나 명분상에서는 도리어 석경당 보다 '좀 더 듣기 좋은'명분을 가졌다는 점에서 능숙함을 보여주었다. 정치원리나 군사방면의 도략에 있어서는 너무 어리석어 이를 전혀 이해하지 못하였고 정치계와 군사 분야에서 곽위와 시영柴榮에게 모두 패하였다.

IV

난세의 인물들

1. 힘깨나 썼던 자들

▣ 이무정李茂貞856~924년

원래 성은 송宋 이름은 문통文通이었으며, 당 소종昭宗이 이름을 하사하였다. 심주深州 박야博野 지금의 하북성 박야사람이며 부친은 송단宋端이다.

사회에 처음 진출했을 때 당시 여전히 송문통이라 불리던 젊은이는 병졸에 불과하였으며, 하북성 진주鎭州의 박야군에 속해 있었다. 본진이 방어임무 교대를 위해 장안長安의 방어막인 봉천奉天 지금의 섬서성 건현(乾縣)으로 갈 때, 그도 부대를 따라 그곳에 갔으며 점점 승진하여 대장隊長이 되었다. 황소군이 장안에 진입했을 때 그는 관군에 참여하여 포위 공격을 하였으며, 공을 세워 신책군神策軍 군관으로 발탁되었다.

황소의 난이 평정된 후에 주민朱玫의 난이 또 일어났다. 반란군이 장안으로 진격하자 당 희종僖宗은 장안을 떠나 흥원興元 지금의 섬서성 한중(漢中) 동쪽 지역으로 도망갔으며, 주민朱玫이 군주를 따로 세웠다. 송문통은 병력을 인솔하여 희종을 따라갔으며 주민朱玫이 파견한 부대와 격렬한 전투를 치러 대승을 거두었다.

주민이 소멸된 후에 논공행상을 하였는데 송문통이 일등공신이어서 무정군武定軍절도사로 제수되었고 이무정李茂貞이란 이름을 하사 받았다.

당 희종이 수도로 돌아오면서 봉상鳳翔 지금의 섬서성에 속한 지역에 이르렀을 때 이미 아무런 위신도 없었던 군주가 다시 한 번 도전을 받았다. 봉상절도사 이창부李昌符가 길을 가로막고 나서면서 전위부대와 군사적 충돌이 발생하였다. 이창부는 충돌이 실패로 끝나자 부대를 이끌고 철수하였다. 희종은 이무정에게 추격하라고 명령을 내렸으며 그가 추격에 성공하여 이창부를 죽였다. 이번의 공이 지난번 공보다 더욱 커서 이무정은 봉상鳳翔절도사, 농우隴右절도사를 제수 받았으며 농서군왕隴西郡王으로 책봉되었다.

자기 지역을 갖게 되고, 실력과 명칭을 갖추게 되면서 이무정은 명실상부한 한 지역의 제후가 되었다.

강자가 살아남고 약자가 망하는 그러한 시대여서 이무정은 봉상을 본진으로 삼아 대외를 향해 일련의 영토를 확장하는 행동을 취하였다. 환관의 거두인 양복공楊復恭이 조정에서 지위가 흔들리자 자신의 양자인 흥원興元절도사 양수량楊守亮의 수비지역으로 도망가자 이 기회를 잡아 당 소종에게 종군을 자처하면서 쫓아가서 이 두 부자를 토벌하겠다고 하였다. 천자는 환관들의 압력에 쫓겨 이에 동의하지 않았다. 부정적인 회답을 얻었지만 그는 자기 멋대로 군대를 이끌고 흥원을 공격하여 양씨 부자를 죽이고 그 땅을 차지하였으며 조정의 태도를 고려하지 않고 양자인 이계밀李繼密을 그 지역의 최고 책임자로 만들었다.

이 발걸음이 성공하자 이무정은 행동의 폭을 더욱 넓혀서 연속적으로 경원涇原, 양주洋州, 봉주鳳州 세 곳의 땅을 차지하였으며, 그 세 지역의 절도사인 장구張球, 양수충楊守忠, 만존滿存을 내쫓고 자신의 아들과 동생들을 각각 지역장관을 맡도록 하였다.

봉상은 장안과 가까운 지역이어서 신속하게 세력이 커진 이무정이 조정 일에 간섭하기 시작하였으며 늘 표문을 올려 자신의 뜻을 표시하였다. 일부 대신들이 그가 지나치다고 여겨 질책을 하였다. 그러면 그가 바로 반박하는 글을 보냈는데 그 언사 속에 천자에 대한 불경이 가득 차 있었다. 성격이 강하였던 소종이 울화를 참지 못하고 그를 산남서도山南西道절도사로 보내고 재상 서언약徐彦若이 그 자리를 대체하도록 하는 조서를 내렸다. 그는 황제의 조서를 거절하고, 반대로 언사가 격렬한 표문을 상주하였다. '군사상황이 갑자기 변하면 병미를 제어하기 어렵게 되고 백성들이 쓸데없이 도탄에 빠지게 될까 두렵습니다. 폐하께서 어가를 몰고 멀리 가신다면 장차 어디로 가시겠나이까?'

이무정이 감히 이와 같이 조정을 거스르고 반역을 꾀하는 말을 내뱉는 것을 보자 당 소종은 화가 머리끝까지 났다. 그는 재상 두양능杜讓能을 대궐로 불러 이무정을 토벌하는 문제를 상의하였다. 두양능이 쌍방의 세력을 명확하게 대비하면서 천자가 감정적으로 일을 처리하는 것에 대해 무작정 동의하기를 원하지 않으면서 말했다. "이무정은 땅이 크고 병력이 강하여 국력으로 토벌하기가 어렵습니다. 봉상은 수도에 가까운 지역이어서 일단 패배하면 수습할 수 없습니다. 다른 날 비록 한漢의 경제景帝가 조착晁錯을 주살하여 제후들에게 사과했던 방식을 학습한다할지라도 역시 막지 못할까 두렵습니다."

당 소종은 전혀 여지를 주지 않고 화를 내며 말했다. "나는 허약하게 앉아서 능욕을 받을 수는 없습니다."

당 소종의 고집 속에 마침내 전쟁의 북소리가 울렸다. 그러나 오히려 이무정의 군대가 승리를 거두었으며, 이무정은 승리의 여세를 몰아 장안을 압박해 들어갔다. 당 소종은 크게 두려워하여 두 추밀사樞密使 서문중축西門重遂, 이중동李重潼을 죽이고 상대방에게 강화를 요청하였다. 이무정의 답은 다음과 같았다.

"거병을 꾸민자는 두 추밀사가 아니라 두양능입니다."

두양능이 군주에게 말했다.

"신이 일찍이 이일에 대해 말씀을 드린 바 있습니다. 오직 신을 죽여야만 국난이 평정될 것입니다." 당 소종은 얼굴 가득 눈물을 흘리면서 그를 속죄양으로 삼았으며 그때서야 비로소 이무정이 포위를 풀었다.

이후 얼마 되지 않아 하중河中절도사 왕중영王重盈이 죽고 그의 두 아들 왕가王珂와 왕공王珙이 그 자리를 차지하려 서로 싸웠으며, 이극용李克用의 성원을 받은 당 소종은 직위를 전자에게 제수하였다. 이무정이 지지한 것은 후자였다. 그는 일정지역을 지배하고 있던 한건韓建, 왕행유王行瑜와 같이 연합군을 구성하여 장안으로 진격하여 군주가 명령을 바꾸도록 압박하였다. 군주를 압박하여 재상 위소도韋昭度, 이계李溪를 죽여 세상에 사죄토록 하였다. 양자인 이계붕李繼鵬에게 이천 명의 병력을 주어 수도에 주둔케 한 후에 자신은 군사를 인솔하여 돌아갔다.

이극용이 그 소식을 듣자 병마를 거느리고 밤낮없이 달려갔다. 이

계봉 등이 궁궐 문을 불태우고 강제로 군주를 빼앗아 도망쳤다. 이무정 본인은 이극용을 상대하기 어렵다는 것을 알았기 때문에 이계봉을 참수하고 군주에게 사죄하였다. 이극용은 그때 이미 왕행유를 격파하였기 때문에 이무정을 추격하는 것을 군주가 허락하기를 요구하였다. 당 소종은 이리를 쫓아내고 호랑이를 맞아들이는 형국을 바라지 않았으며, 호랑이와 이리가 서로 공존하여 국면의 평형을 이루길 원했다. 이에 이극용에게 철군을 하도록 명령하였으며 동시에 이무정에게 선심을 썼다. 이극용이 떠나가면서 한 마디를 내뱉었다. "당唐이 이무정을 주살하지 않으면 우환이 그치지 않을 것이다!"

이 말이 그대로 적중하여 이극용이 떠나간 후에 과연 이무정의 옛 모습이 다시 싹텄다. 당 소종이 자신의 세력을 강화하기 위하여 대규모로 군대를 모집하고 군대를 조직하여 종실의 사람이 통솔하도록 하였다. 이무정은 이를 군주가 자신을 처리하려는 것으로 여겨 다시 군대를 이끌고 장안으로 들어갔다. 새롭게 구성된 관군이 창망한 중에 저항을 하였으나 아직 싸우기도 전에 이 오합지졸들은 스스로 붕괴되었고 소종은 화주華州 지금의 섬서성 화현(華縣)로 도망가 한건韓健에게 의지하였다. 이무정이 장안으로 들어가 대량의 약탈을 한 후에 궁궐을 불살라 잿더미가 되게 하였다.

한건이 거중 조정에 나선 후에, 이무정이 무죄라고 선포되었을 뿐만 아니라 오히려 기왕岐王으로 책봉되었다.

재난을 많이 겪은 당 소종은 폐허로 변한 장안으로 돌아갔으나 환관들의 수중에 떨어졌다. 재상 최윤崔胤이 환관과 갈등이 심해지자 비밀리에 주온과 결탁하여 변군汴軍을 수도로 끌어 들여 환관을 주살하려고 하였다. 환관의 우두머리인 한전회韓全誨가 이무정과 결탁하여 이무정에게 수천의 기병騎兵을 장안에 주둔시켜 자신의 보호막이 되기를 요청하였다.

천복天復 원년(901년) 주온의 군대가 장안을 핍박하여 오자 한전회가 기병의 도움을 받아 당 소종을 납치하여 봉상鳳翔으로 도망갔다. 주온이 대군을 이끌고 봉상성을 완전히 포위하고 해자를 이중으로 파고 성벽을 이중으로 싸서 물샐 틈이 없을 정도로 단단히 포위하였다. 이렇게 포위한지 일 년여가 되었다. 두 세력의 실력이 현격한 차이가 있었기 때문에 이무정이 싸우는 족족 패하였으며 성을 지키자니 식량이 바닥나고 힘이 다 떨어졌다. 또한 눈비가 그치지 않고 내려 성안에 매일 얼어 죽은 사람이 천여 명이 되었다. 소종의 궁인들조차 매일 세, 네 명씩 쓸어져 죽었다. 일부 주민들은 상황에 몰려 사람의 고기를 먹기 시작하였으며 아이들을 잡아먹기 시작하였다. 죽만 먹어 손발에 기운이 전혀 없는 당 소종이 이무정에게 주온과 화해하라고 권하였다.

일이 이 지경에 이르자 이무정 역시 성을 지키려는 의지가 무너져 내렸다. 그는 한전회 등 20여 명의 환관을 참수하고 그 수급을 성 밖의 주온에게 보냈다. 주온이 포위를 풀었을 뿐만 아니라 천자를 데리고 갔다.

이 한 번의 성을 지키는 전쟁으로 이무정은 기진맥진하였으며 심각한 손실을 입었다. 그는 본래 20개 주를 거느리고 있었으나 주온에게 일부를 떼어먹혔으며, 왕건에게 일부를 빼앗겨서 기반이 크게 축소되었다. 역사가들은 이때부터 이무정의 날개가 꺾였으며 더 이상 일어서지 못하였다고 한다.

비록 이무정이 대 제후에서 작은 제후로 변하였다 할지라도 어쨌든 아직은 제후였기 때문에 보복을 위해 또한 자신의 존재를 드러내기 위하여 주온이 황제가 된 후에 왕건, 이극용 등 제후들과 연명으로 토벌격문을 써서 이 거짓 조정에 대해 군사적인 제재를 하겠다고 말하였다. 그러나 이러한 행동은 마지막에 이르러서는 말뿐이었고 처음부터 끝까지 어느 쪽도 단 한 명의 병졸도 출동시키지 않았다.

주온이 제위에 오르자 강대한 제후들이 앞 다투어 황제를 칭하였으며 표면적으론 더욱 크게 맞섰으나 실제로는 각자 지배지역에 할거하는 국면이 심화되었다. 이무정은 황제를 칭하지 않았으나 여전히 기왕으로 자신의 명칭을 삼았다. 그러나 그는 괴상한 정치적인 포석을 펼쳤다. 아내가 황후가 되게 하고 자신은 천자의 의례를 누렸다.

모양세는 비록 그렇게 취하였으나 이무정의 천하는 결국 기우는 해가 되었다. 천하의 일에 대한 영향력이 날이 갈수록 적어졌으며, 날이 갈수록 그의 발언권이 없었다. 또한 땅도 다른 사람들이 집어삼키면서 후량 말기에 이르면 겨우 일곱 개 주만 남게 되었다.

전하는 말에 따르면 이무정의 생김새는 아주 못생겼는데 입이 뾰족하게 나오고 원숭이 볼을 하고 있어서 모양이 쥐와 같았다고 한다. 그러나 그의 성격은 관대하여 부하들에 대해서 아주 부드러웠으며 백성들에 대해서도 어느 정도 사랑하는 마음을 가지고 있어서 이로 인해 군민들의 옹호를 받았다.

후당 장종이 후량을 평정하고 개봉에 들어가자 이무정은 '계부季

父'의 명의로 편지를 써서 축하를 표시하였다. 장종이 정식으로 낙양에서 황제에 오르자 그는 비로소 현실을 인정하고 거드름 피는 자세를 내려놓고 스스로를 신하로 칭하면서 일정정도 후당에 귀속하였다. 장종은 그를 나이든 선배로 여겨 상당히 존경하였으며 기왕岐王에서 진왕秦王으로 바꾸어 책봉하였다. 새로운 작위를 받은지 얼마 되지 않아 이무정은 병사하였다. 향년 69세였다.

▣ 유수광劉守光 미상~914년

유수광은 심주深州 낙수樂壽 지금의 하북성 헌현(獻縣)사람이다. 그의 아버지 유인공劉仁恭은 노룡盧龍절도사로 유주幽州를 중심으로 한 큰 지역을 지배하였으며, 형인 유수문劉守文은 횡해橫海절도사와 연계되어 창주滄州, 경주景州, 덕주德州 세 주를 다스렸다. 아버지와 아들이 한 체계를 이루어 서로 호응하면서 하북河北지역을 지배하였다.

유수광은 천성이 우둔하고 용렬하였으나 그 속에 도리어 교활함을 감추고 있었다. 그는 비록 사람됨이 우둔하고 용렬하였으나 색욕이 대담하여서 아버지의 애첩인 나羅씨의 미색이 뛰어남을 보고 윤리관계를 한 쪽에 던져버리고 기회를 엿보아 그녀를 범하였다. 유인공이 그 소식을 알게 된 후에 부끄럽고 화가 나서 이 짐승 같은 불효자를 데려다가 죽도록 두드려 팬 후에 평주平州로 보내 군대를 이끌도록 하였다.

피 튀기는 전장에서 반평생을 보낸 유인공은 복을 누리고 장생불사를 얻기 위하여 유주幽州 서쪽의 대안산大安山에 화려한 궁전을 건축하고 미녀들을 대량으로 뽑아 그 곳에 두었으며 도사의 지시 아래 단약을 대량으로 만들었다. 그는 대안산에서 즐거움을 누렸는데 그곳에서 오랜 시간을 머물렀으며 유주성에는 드물게 갔다.

개평開平 원년(907년) 후량 태조가 기습적으로 군사를 보내 장군 이사안李思安에게 유주를 공격하라고 하였다. 유인공은 대안산에 머물고 있었기 때문에 성안에는 방비가 없었다. 이 위급한 시기에 부친에게 경멸당하던 유수광이 평주로부터 본부대를 이끌고 유주성으로 들어가 후량군을 격퇴시켰다.

후량군이 철수한 후에 유수광은 평주로 돌아가지 않았을 뿐만 아니라 반대로 자신이 노룡절도사라고 선포하였다. 동시에 부장 이소희李小喜에게 군대를 이끌고 대안산을 공격하라고 하였다. 유인공은 급하게 군대를 조직해 맞서 싸웠으나 패하여 생포되어 유주성으로 압송되었으며 장기간에 걸친 죄수생활을 시작하였다.

창주성에 있던 유수문이 동생이 대역무도한 짓을 저지른 것을 안 뒤에 비장한 맹세대회를 한 후에 대군을 출동시켜 유주를 향해 진격했다. 두 군대가 싸우면서 유수문이 연속으로 대패하였다. 어쩔 수 없이 그는 거란, 토곡혼에 병력을 구걸하여 원군 4만 명을 얻은 후에 계소鷄蘇 전쟁을 통해 패배를 승리로 바꾸었다. 승리한 유수문이 대장부의 기개를 드러내려 혼자 말을 타고 부대 앞에 서서 큰 소리로 외쳤다. "내 동생을 죽이지 말라!"

그때 유수광의 맹장인 원행흠元行欽이 갑자기 말을 달려 튀어나오면서 유수문을 나꿔챘다.

의외의 수확을 거둔 유수광은 우두머리가 없는 상대방 군대를 격퇴시켰을 뿐만 아니라, 유수문을 포로로 잡고 있는 승세를 타서 창주를 포위하였다. 창주 관원 손학孫鶴 등이 즉각 유수문의 아들 유연조劉延祚를 주인으로 삼아 방어전을 조직하였다. 몇 개월간 싸움을 계속하자 성안의 양식이 바닥을 드러냈으며 상황이 변하여 사람을 잡아먹었다. 문인들이 집 밖으로 나가면 대부분 수많은 힘센 자들에게 잡혀 음식이 되었다. 실제로 더 이상 지켜낼 수 없게 되자 유연조는 문을 열고 투항하였다.

창주 등 지역을 얻은 유수광은 형을 처형하였다.

아버지와 형의 땅을 겸병하면서 유수광은 하북 대부분 지역 즉, 연燕의 주인이 되었다. 자신의 위신을 높이기 위해 또한 통치 질서를 안정시키기 위해 내부에 대해 철권통치를 하면서 가혹한 형벌로 다스렸다. 그는 철제 상자와 철제 빗을 제작하게 하여 누군가 잘못을 저지르면 바로 이 사람을 철제 상자에 집어넣고는 그 외부에 불을 질렀다. 또는 철제 빗으로 범인의 피부와 살을 다 벗겨냈다. 연燕지방 사람들이 이를 도저히 참을 수 없어서 쉴 사이 없이 다른 지역으로 도망쳤다.

후량군대를 물리치고 아버지를 생포하고 형을 소멸시키는 연이은 승리로 유수광은 득의만만해했으며 하늘이 자기를 돕고 있다고 생각하였다. 그는 황포黃袍를 걸치고 전혀 부끄러운 기색 없이 장수와 관원들에게 큰 소리쳤다. "지금 세상이 사분오열되어 있으니 내가 이 옷을 입고 남쪽을 향해 앉아 천하를 호령할 수 있겠느냐?"

창주의 항복한 관리인 손학이 간절한 어조로 불가하다고 말했다.

"대왕께서는 서쪽에는 하동河東이라는 근심거리가 있으며, 북쪽에는 거란이라는 우환이 있습니다. 그들은 줄곧 우리 영토를 빼앗으려고 기회를 엿보고 있습니다. 우리가 비록 지형이 험악하고 군사가 많지만 일이 주도면밀하지 못하면 근심거리가 생겨나는 것을 막기 어렵습니다. 대왕께서는 사병들을 위로하며 백성을 사랑하시면서 병력을 훈련시키고 세금을 잘 관리 하신다면, 의로운 정치의 명성이 사방에 미쳐 제후들이 대왕을 자연히 모시게 될 것입니다. 심사숙고하시길 간절히 원하옵나이다." 유수광은 이 말에 불쾌해했다.

후량 군대가 조趙라는 명칭을 가진 진주鎮州의 지배자 왕용王鎔을 맹렬히 공격하였다. 왕용은 유수광에게 구원을 요청하였다. 유수광은 조가 일찍이 자기를 배반한 적이 있다면서 한 마디로 이를 거절하였다. 호랑이들 끼리 싸우는 것을 지켜보다가 어부지리를 얻을 수 있다고 스스로 생각하였다. 후진後晉의 군대가 백향柏鄉의 전쟁에서 후량의 군대를 대패시킨 후에 주력이 전부 하북 지역에 있어서 본진이 비어있었다. 그는 기회를 틈타 후진 등 제후들에게 압박을 가하여 맹주로 모시라고 제안하였다.

현실적인 압박에 밀려 이존욱은 임기응변의 태도를 취하여 본진에 있는 절도사와 하북 각 지역의 절도사를 모아서 연명으로 서명한 문서를 만들었다. 유수광을 상서령尙書令, 상부尙父로 높인다는 내용이었다.

이 문서에 기대어 유수광은 방향을 바꾸어 후량태조에게 압력을 가하였다. 하동, 하북의 지배세력들을 평정하려한다는 기치를 내세워 하북병마도통河北兵馬都統을 제수해 줄 것을 요구하였다. 후량 태조는 그의 기량을 알았지만 그를 이용하여 이들 지역의 지배 세력들을 견제하기 위하여 그를 하북채방사河北採訪使로 임명하였다.

진晉, 량梁의 사절이 앞서거니 뒤서거니 유주에 도착하였다. 유수광은 관련 기구에 취임식을 준비하라고 명령하였다. 관원들이 당나라의 태위太尉 취임의례를 참고하여 바쁘게 움직이기 시작했다. 그러자 유수광이 물었다. “이 의식에 어째서 하늘에 제사지내고 연호를 바꾸는 내용이 없느냐?” 아래 사람들이 “그렇게 하는 것은 천자의 예식입니다. 상부가 존귀하기는 하나 여전히 신하입니다.”라고 하였다. 유수광이 그 말에 대노하여 의식에 관한 문서들을 땅에 내던지며 크게 소리쳤다. “지금 천하가 들끓고. 영웅들이 각축을 벌이고 있다. 세력이 큰 자는 황제를 칭하고 작은 자는 왕을 칭하고 있다. 내가 소유한 대연大燕의 땅은 이 천리나 되며 병력이 삼십만 명이 있고, 동쪽에는 물고기와 소금이 풍부하며, 북쪽에는 튼튼한 변방의 말들이 있다. 내가 남쪽을 향해 앉아 황제를 칭한다고 누가 나를 어쩔 수 있겠느냐? 나는 상부인데 누가 천자를 한단 말이냐? 너희는 빨리 천자가 되는 의식을 준비하라. 내가 하삭河朔의 천자가 되겠다.”

그 자리에 있던 관원들이 은밀히 그일을 의논하였으나 그렇게 하는 것은 불가하다고 생각하였다. 유수광이 진, 량의 사절을 감옥에 하옥시키고, 호위병들에게 참수하는 형구를 관청 뜰 가운데 설치하도록 한 후에 찌푸린 얼굴로 말했다. “나를 따르는 자는 상을 내리겠고, 감히 내게 간언을 하는 자는 죽이겠다!” 이번에 또 손학이 나섰다. “창주의 패배에도 불구하고 신은 주공의 은혜로 죽지 않았습니다. 오늘의 일은 나라를 망칠까 신이 감히 간언을 하지 않을 수 없습니다." 유수광은 피가 거꾸로 치솟는 듯이 화가 나서 손학을 형틀 위에 묶으라고 한 후에 병사들에게 그의 살을 베어내어 생으로 먹어 치우라고 소리쳤다. 손학이 큰 소리로 외쳤다."백 여일이 지나면 반드시 대군이 몰려 올 것이다!" 유수광은 그의 입을 막으라고 명하고는 그를 토막토막 잘라 죽였다.

건화乾化 원년(911년) 유수광은 제위에 올라 스스로를 대연大燕황제라 부르고 응천應天으로 연호를 바꾸었다. 황제 즉위식을 하는 그 날 거란군이 연의 평주平州를 함락시켰다. 이존욱이 그 소문을 듣자 크게 웃으면서 '축하'사절로 대신 이승훈李承勛을 유수광에게 보냈다. 이승훈이 유수광을 만난 후에 연나라 관원들이 그에게 신하의 예로 만나기를 강요하였으나 그는 이를 따르지 않아 감옥 속에 갇힌 후에 단두대로 보내졌다.

유수광의 거듭되는 미친 짓에 이존욱이 마침내 격노하였다. 그가 대장 주덕위周德威에게 대군을 통솔하고 하북의 진주鎭州, 정주定州 두 지역의 병마와 연합하여 연나라에 대해 강력한 공세를 펼치도록 하였다. 일 년여의 소탕작전 끝에 주덕위는 유주성을 제외한 모든 연나라 땅을 평정하였다. 유주성이 고립된 성이 되어 곤경에 빠진 유수광은 도처에 구원을 요청하였다. 후량에 구원을 요청하였으나 후량은 응답하지 않았다. 거란에 구원을 요청하였으나 거란 역시 거들떠도 보지 않았다. 더 이상 갈 길이 없었던 그가 대량의 재물을 가져와 주덕위에게 병사를 물리쳐 달라고 요청하면서 약속을 하였다. "진왕晉王이 친히 오시면 내가 항복하겠다."

이존욱이 친히 전선에 도착하여 단기 필마로 성城 아래 가서 유수광에게 침착하게 말했다. "주온이 찬탈의 역적 짓을 하였기에 내가 본래 공과 함께 당나라 조정을 회복시키려 꾀하였으나, 공이 저자를 좇아서 뜻밖에도 황제를 칭할 줄을 누가 알았으리요? 실제로 너무 망령되구려. 대장부가 이기고 지는 것은 단 한 번의 결정에 달려 있으니 공의 뜻이 어떠한지 모르겠소!" 유수광은 머리를 수그리고 풀이 죽어 말했다. "제가 오늘 이미 제사상의 고기가 되었으니 대왕의 처분에 따르겠습니다."

이존욱은 그를 가엾게 여겨 활을 꺾어 맹세하면서 그가 성을 나와 항복하면 죽지 않을 것이라고 약속하였다. 그러나 유수광이 또 변덕을 부려 다른 날을 기다려 달라고 이를 거절하였다. 이에 이존욱이 성을 공격하라고 명령을 내렸다. 성을 격파한 후에 유인공과 유씨 가족을 붙잡았다. 유수광이 아내를 데리고 도망쳤다. 외부의 현縣으로 도망가 밥을 구걸할 때에 농부가 그를 알아보고 구금하였다.

이존욱은 유씨 부자를 태원으로 끌고 가서 처형하였다. 형을 집행하려는 때에 유수광이 추태를 드러냈다. 그는 반복해서 목숨을 살려 달라고 애걸하였다. "대왕께선 장차 당 조정을 회복하여 패업을 이루려고 하십니다. 신이 기병에 뛰어난 실력이 있으니 어찌하여 신을 남겨 목숨을 다하게 하지 않으십니까?" 오히려 그의 두 아내 이李씨와 축祝씨가 기개가 있었다. 남편을 꾸짖으며 말했다. "황상! 사태가 이 지경에 이르렀으니 사는 것이 죽느니만 못합니다. 우리가 먼저 죽기를 원합니다."

평가 이무정은 전문적인 한 지역의 지배자로 당나라 말기부터 줄곧 후당 초엽까지 할거하였다. 군웅이 여기저기 일어나던 시대에서 신분과 실력에 관계없이 일류의 강자라고 할 수는 없었으나 다른 사람보다 뛰어난 면도 있었다. 당나라 천자에 대해 그는 언제 그를 받들어야 하며 언제 반대해야 하며 언제 위협을 해야하는 지를 알고 있었다. 열강에 대해서는 언제 싸워야 하며, 언제 타협해야하며 언제 합작을 해야하는 지를 알고 있었다. 군대와 백성들을 다스릴 때 비교적 큰 관용을 보여주었다. 이로인해 비록 큰 타격을 받았을지라도 그는 마지막까지도 여전히 자신의 일정 기반을 가지고 있었다.

유수광은 포악함과 추악함으로 유명한 자로 극단적으로 우둔한 군벌의 전형이다. 서모와 간통을 하고 아버지를 가두고 형을 죽임으로써 역사무대에 등장하자마자 불의하고 잔인한 배역을 담당했다. 아주 미미한 능력에 기대어 그리고 대다수가 운명의 보살핌을 빌어 하북 최대의 지배자가 되었지만, 식견이 너무 좁았고 일을 제멋대로 처리하면서 반대의견은 전혀 듣지 않았다. 조趙나라가 공격을 받았을 때 구출하는 것을 거절하여 영웅을 칭하며 패업을 이룰 기회를 놓쳤다. 천하의 형세를 고려하지 않고 망령되게도 스스로 큰 자라고 칭하며 강제로 제위에 올랐는데 이로써 스스로의 무덤을 팠다.

2. 변신의 달인

■ 장전의張全義 842~926년

장전의는 첫 이름이 거언居言이었으나 다시 한번 종석宗奭으로 이름을 바꾸었으며 자는 국유國維였다. 복주濮州 임복臨濮 지금의 산동성 견성(甄城) 서남 지역사람이며 부친 장성張誠에 이르기까지 줄곧 농사에 힘썼다.

장전의는 젊었을 때 현의 관아에 가서 임시직을 구하였으며, 점차 관리들과 섞여 지내면서 비교적 면목이 서는 관원—농사를 장려하는 색부穡夫가 되었다. 현령이 거칠고 폭력적이어서 이 젊은 색부를 안중에 두지 않고 몇 차례 모욕을 주고 질책하였다. 그는 이로 인해 더 이상 그 일을 하고 싶지 않았다.

마침 고향에서 황소가 난을 일으켰다. 장전의는 임시 관원직을 던져버리고 반란군에 가입하였다. 반란군이 장안으로 진격해 들어갔을 때 그는 이부상서吏部尙書 겸 수운사水運使로 임명되었다. 반란이 끝내 실패로 끝났지만 요행히도 목숨을 건진 장전의는 하양河陽 지금의 하남성 맹현(孟縣) 남쪽 지역의 지배자인 제갈상諸葛爽에게로 가서 몸을 의탁하였다. 몇 번의 전공戰功을 세우면서 택주澤州 지금의 산동성 진성(晉城)자사로 승진하였다. 제갈상이 죽자 하남은 외환과 내란이 같이 발생하였으며 세력 간 한바탕의 혼란스러운 다툼과 조정을 겪었다. 그 과정에서 그는 맹장인 이한지李罕之와 손을 잡았으며, 제갈상의 여타 잔여

세력을 쫓아내고 낙양과 하양을 각각 점거하였다.

낙양, 과거 북방에서 장안 다음으로 번화하였던 그 지역이 수년간의 전화를 겪으면서 이미 폐허가 되어 가시나무가 여기저기 자라났으며 주민은 일백 가구도 되지 못하였다. 농가 출신인 장전의는 농업이 정치의 본체임을 깊이 깨닫고 있었기 때문에 본지의 군사방어를 잘 준비한다는 전제 아래 주요 정력을 농업생산을 회복하는데 쏟았다. 그는 자기가 데리고 온 백여 명의 부대인원을 둔전관屯田官으로 임명하여 그들을 여러 곳으로 보내 유민들을 다시 불러 모았으며, 주민을 안정시켜 황폐화된 농토를 경작하여 생산을 하도록 하였다. 이와 동시에 그는 백성을 다스리는 간단한 정책을 실행하였다. 살인자를 처형하는 것을 제외하고는 무슨 죄를 짓던 많아야 널빤지로 때리는 것 이에 중한 형벌을 없애버려 백성들이 안심하고 그곳에 자리잡고 살도록 유인하였다.

얼마 지나지 않아 가시가 보리 싹으로 변하였다.

장전의는 농업상황에 대해서 보고만 받는 것을 좋아하지 않았으며, 늘 자기가 직접 논밭을 돌아 다녔다. 어느 집이 양잠을 잘하고 보리를 잘 심고, 논에 풀이 없으면 그 집안의 남녀노소를 전부 불러서 위로를 하고 약간의 술과 음식물을 상으로 내렸다. 반면에 어느 집의 논밭이 잡초가 무성하면 그는 반드시 사람들을 불러 모은 후에 논밭 주인을 책망하고 벌을 주었다. 그는 또한 농민들끼리 서로 돕는 제도를 추진하여 노동력이 강한 자가 노동력이 약한 자를 도와주도록 하였으며 소를 가진 집이 소가 없는 집을 도와주도록 하여 함께 생산의 어려운 시기를 넘기도록 하였다.

사람들이 말했다. "장전의는 함부로 웃지 않지만 양잠을 잘 하거나 보리농사를 잘 짓는 것을 보면 기뻐서 웃었다." 양잠이 잘되고 보리 농사가 잘 되면서 낙양의 창고는 풍족해지기 시작하였다. 맹우盟友가 된 이한지는 전형적인 군벌로 싸울 줄만 알았지 생산할 줄은 몰랐다. 장전의가 활기 넘치게 하는 것을 보고는 낙양을 자신의 공급기지로 여겼다. 그런식으로 시간이 오래되자 마침내 장전의의 마음속에 불이 일어나기 시작했다.

그러나 표면적으로는 여전히 대범하게 행동하여 이한지의 요구를 가능한 만족시켜 주었다. 이한지가 병력을 이끌고 산서山西를 정벌하러 떠나기를 기다렸다가 하양이 텅텅 빈 것을 틈타 힘을 내서 하양을 집어 삼키고 하양절도사를 겸하였다. 어디에 기댈 곳이 없게 된 이한지는 이극용에게 구원을 요청하였고 연합군을 형성하여 하양을 포위하였다. 실력 차가 큰 장전의는 그 곳을 지키기 어려웠기 때문에 부득이 주온에게 위급을 알렸으며 변군汴軍의 힘을 빌려 포위공격을 격퇴하였다.

목숨을 구해 준 은혜에 감사하기 위하여 더욱더는 생존을 위해서 구출이 된 후에 주온에게 의지하였다.

주온은 이한지보다 배포가 더 커서, 그가 하는 일은 더욱 받아들이기 어려웠다; 군수품이 부족하면 장전의에게 손을 벌렸다; 당 소종을 낙양으로 옮겨 온 후에는 궁궐을 크게 수리하라고 명령하였다; 전쟁을 하러 지나가면서는 아예 장전의의 집에 머물렀으며, 그의 집의 여성들을 전부 가지고 놀았다. 장전의의 아들 장계조張繼祚가 더 이상 참을 수 없어서 칼을 가지고 이 늙은 음란한 도적을 죽이려고 하였으나 그가 아들을 붙들면서 말했다. "옛날에 이한지가 하양을 포위하였을 때 나는 이미 나무부스러기를 먹으며 죽음을 앞두고 있었으나 변군이 도와주는 것에 기대어 비로소 오늘이 있게 된 것이다. 이 은혜를 잊을 수는 없다!"

은혜를 잊을 수 없다는 것은 표면적인 말일 뿐, 사실 주온의 역량이 너무 커서 장전의는 그에 반항할 방법이 없었으며 또한 감히 반항할 수도 없었다.

참고 견디며 자신을 보전하는 장전의의 인내력은 보통 사람은 도달할 수 없는 극한의 경지였다. 인내력이 경지에 이르면서 부귀영화 역시 엄청나게 따라 왔다. 주온은 그를 군대, 정무, 재무 각 분야의 요직에 앉혔으며 천하병마부원수天下兵馬副元帥로 임명하고 위왕魏王으로 책봉하였다. 눈부신 지위를 얻게 되었지만 그는 계속해서 낙양에 머물면서 농업경영을 하여 낙양을 북방의 큰 식량창고로 변하게 하였다.

주온이 용상에 앉을 수 있었던 것은 경제적인 면에서 완전히 장전의 도움을 얻었기 때문이다. 후량 태조는 만년에 공신들을 의심하고 시기하였으며 '충성과 후덕함'으로 이름이 높았던 이 원로에 대해서도 안심할 수 없어서 여러 차례 그를 제거하려고 별의별 궁리를 다하였다. 다행히 그의 아내인 저儲씨가 영리하고 능력이 있었는데 과거에 주온과 몸을 섞었던 정을 빌어서 남편을 위해 궁궐에 들어가 해명하며 그녀는 가혹하게 말했다; "종석인 밭이나 가는 늙은이예요! 그는 낙양을 삼십여 년 간 지키며 황무지를 개척하고 재물과 세금을 모아 당신의 창업을 도와주었어요. 금년에 그대의 나이가 이미 많고 살아있을 날도 손가락으로 꼽을 수 있는 판인데, 당신은 놀랍게도 아직도 그를 의심하고 있으니, 이는 무슨 도리입니까?"

후량 태조는 웃으며 맞장구를 쳤다. "나는 악한 마음이 없어요. 할멈은 더 많은 말을 하지 말아요." 저儲씨의 이 말로 후량 태조는 더 이상 의심을 하지 않았을 뿐만 아니라 장전의의 딸을 며느리로 맞아들여 혼인을 통해 친척이 되었다.

후량 말제 연간에 새로운 권력이 집권하였다. 단응段凝이 북면초토사北面招討使로 임명되어 하동河東지역 전쟁국면에 대한 책임을 맡게 되자 그의 권위가 여러 장수들의 위로 급상승하였다. 낙양에 있던 장전의는 사람을 보내 군주에게 말했다. "노신이 선대의 두터운 은혜를 입어 부원수의 이름을 받았습니다. 소신이 비록 노년에 접어들었지만 여전히 군대를 통솔할 수 있습니다. 바라건대 북면의 병권을 제게 내려 주셔서 폐하의 근심을 나누게 하옵소서. 단응이 늦게 조정에 진입하였기에 그 덕이 아직 사람들에게 미치지 않아, 사람들과 화목하지 못하고 국가의 정치를 망칠까 두렵습니다." 후량 말제는 이 말을 듣지 않았고 회신도 하지 않았다.

후당 장종이 개봉으로 진격해 들어가자 본래 경상敬翔, 이진李振과 함께 멸족을 당하게 될 장전의는 즉각 개봉으로 달려가서 진흙을 머리에 바르고 죄인신분으로 자신을 장종의 처분에 맡겼다. 후당 장종은 그의 이러한 행동에 감동을 받았으며 게다가 그가 경제적인 재능이 있다는 것을 오래 전에 들었기 때문에 그를 처분하지 않았다. 도리어 상빈으로 삼아 그를 부축하여 대전에 올라와 연회에 참가토록 하였으며, 황자皇子인 이계급李繼岌, 동생인 이존기李存紀에게 그를 형님으로 대우하도록 하였다. 비록 이렇게 하였다 할지라도 세상사에 노련한 장전의는 군주의 태도가 근본적으로 기댈 수 없다는 것을 깊이 알고 있었기 때문에 여전히 안심하지 못하였다. 그래서 대량의 화물과 재물, 보물을 가져다가 유劉황후와 뒷거래를 터, 그녀의 좌우를 매수하여 그들이 그를 위해 좋은 말을 하도록 하였다.

유 황후는 그의 대범함에 감동을 받아 장종을 끌고 함께 장전의의 관부官府를 방문하였으며 남편에게 말했다. "첩이 어려서부터 난리를 만나 부모와 헤어졌는데 장전의를 양아버지로 모셨으면 합니다." 장전의는 거듭거듭 사양하였다. "감당할 수 없는 일입니다. 황후는 만국의 어미입니다. 고금을 통해 이런 일은 없었으며, 신은 몸 둘 곳이 없습니다."

장종이 재삼재사 독촉하자 장전의는 못이기는 체 유황후의 절을 받았다.

나라가 바뀌고 왕조가 바뀌어도 장전의는 도태되지 않았을 뿐만 아니라 반대로 유황후의 양아버지가 되어 제왕齊王으로 책봉되었고 존귀함과 부귀가 후량 당년의 시대를 뛰어넘었다.

후당과 후량은 대대로 원수지간이어서 후당 장종이 주씨 가문을 전부 도륙한 외에도 주온을 관에서 꺼내 시체를 찢어발기려고 하였다. 그때 장전의가 대담하게 일어나서 새 군주가 옛 군주에게 취하려는 지나친 행동을 저지하였다. 그가 말했다. "오늘날 그 가문을 도살하였으니 원수를 갚고 원통함을 씻는데 이미 족합니다. 부관참시를 한다면 제왕의 큰 도리를 잃게 되어 천하에 모범을 보이기 어렵습니다." 땅속의 옛 주인을 보전함으로써 사람들은 장전의가 어질고 의

롭다고 칭찬하였다.

그러나 다른 면에서 장전의는 대단히 잔혹하고 우둔한 면을 노출하였다. 하남의 현령 나관羅貫이 그에게 잘못을 저지르자 그는 그 일을 항상 마음에 두고 있었다. 유 황후를 통해 장종에게 그를 중상모략하였으며, 결국은 나관이 비명에 죽게 되었고, 그 억울한 사정이 각지에 퍼지게 되었다. 그는 오랜 기간 군대에 있었기 때문에 성격 또한 비교적 둔하였다. 자기 관할의 송사를 다룰 때 뜻밖에도 그는 누가 옳고 그름을 가리지 않고 언제나 먼저 고발한 자가 이기게 하였다.

혼란한 세상 속에서 내딛는 걸음마다 승리했던 장전의는 인생의 마지막 한 걸음에서 오산을 하였다. 당시 위박魏博이 변란을 일으켰는데 사람들은 모두 이사원李嗣源이 병력을 이끌고 가서 진압하는 것이 가장 적합하다고 생각하였다. 그러나 후당 장종은 이사원이 반란을 일으킬 생각이 있을 수 있다고 의심하여 그를 가지 못하게 하였다. 장전의가 나서서 담보하면서 아무 일도 없을 것이라고 보증하였다. 이로 인해 이사원이 가게 되었는데 얼마 지나지 않아 소식이 전해져 왔다. 그와 반란군이 한 몸이 되어 창을 거꾸로 들고 수도를 향해 진격해 온다는 것이었다.

장전의는 본래 늙고 병이 있었는데 사태가 이렇게 되자 근심과 두려움에 밥도 제대로 먹지 못하였고 끝내는 세상을 떠났다.

▣ 풍도馮道 882~954년

풍도는 자가 가도可道로 스스로를 장락노長樂老라고 칭하였다. 영주瀛州 경성景城 지금의 하북성 교하(交河) 동북지역 사람으로 아버지대에 이르도록 조상들이 농사를 짓거나 유학자였거나 하였지만 오랜 동안 사회의 하층에 속하였다.

가정의 유가적 기풍이 몸에 밴 풍도는 어려서부터 적지 않은 유가경전을 배웠으며 또한 뛰어난 문장을 썼다. 그의 성격은 침착하고 후덕하였으며 일상생활에 대해선 전혀 중시하지 않았으며 유일한 취미가 독서였다. 대설이 내려 문을 가로막던 먼지가 쌓여가든 책을 읽으며 시를 읊으며 여유롭기 그지없었다.

그가 독서를 좋아한다는 것으로 동네에서 이름이 나게 되었고, 장성한 후에는 하북을 지배하고 있던 유수광에게 불려가 문관을 하게 되었다. 유수광은 자신이 실력이 대단하다고 자랑하며 외지를 향해 땅을 개척하려 군대를 파견하여 정주定州를 공략하였다. 풍도는 그렇게 하는 것이 타당하지 않다고 여겨, 여러 차례 이해득실을 따져 직언으로 간언하였으나 끝내 유수광의 노여움을 사서 감옥에 갇히었다. 다행히 다른 사람의 도움으로 구출되어 비로소 위험에서 벗어났다.

유수광이 이존욱에게 멸망을 당한 후에 풍도는 진군晋軍에 편제되었다. 권력이 있던 환관 장승업張承業이 그의 도덕적 문장을 숭앙하였기에 다른 사람들이 새로운 안목으로 바라볼 정도로 그를 중용하였다. 얼마 지나지 않아 그를 이존욱에게 추천하였으며, 문안文案을 담당하는 책임자인 장서기掌書記가 되었다.

이존욱은 후량군과 황하를 사이에 두고 대치하였는데 그 시간이 길어지고 아무런 진전도 없자 기분이 좋지 않았다. 곽숭도가 상소를 올렸다. 장수와 관원들에게 제공하는 음식들이 너무 사치스러워 공급에 어려움이 있으니 그 표준을 적당히 내려야 한다는 내용이었다. 이존욱은 그 기회를 틈타 울적함을 쏟아내었다. 모든 사람들에게 총사령관을 별도로 선발하라고 말하면서 자신이 더 이상 간여하지 않겠다고 하였다. 또한 풍도에게 이 내용을 문서로 써서 즉각 발표하라고 명령하였다. 풍도는 천천히 상황을 설명하며 권고하였다. "제가 필묵을 다루는 직책을 맡고 있으니 어찌 명령을 따르지 않겠습니까? 곽숭도의 말이 부당하다면 그 말을 거절하면 그뿐입니다. 절대로 일을 시끄럽게 하시면 안 됩니다. 적군이 이를 안다면 반드시 우리 측의 군신 관계가 화목하지 못하다고 여길 것입니다. 깊이 생각하시고 행하셨으면 합니다."

이존욱이 그 말을 듣자 제정신이 번쩍 들어서 그 명령을 거두어 들였다.

보잘 것 없는 장서기가 벼락 치듯 화를 내는 주공의 말에 대해 감히 대항하는 것을 보고 사람들이 풍도의 담력에 감동하기 시작하였다.

이존욱이 제위에 오른 후에 풍도는 호부시랑戶部侍郎, 한림원학사翰林院學士로 승격하였으며 녹의綠衣에서 자색 옷으로 갈아입게 되었다.

후량을 평정한 후에 풍도의 부친이 병사하였다. 규례에 따라 그는 고향으로 돌아가 상례를 치렀다. 그 당시 그의 고향은 대기근이 들었다. 그는 모든 재산을 가져다 고향친척들을 구제하였다. 생활근거를 마련하기 위하여 그는 신분을 고려하지 않고 논에 나가 씨를 뿌리고 산에 올라가 나무를 하였으며, 늘 괭이를 메고 야밤에 나아가 농사를 지을 힘이 없는 사람들을 도와주었다.

복상기간이 다 차자 낙양으로 갔으나 조정의 주인이 바뀌어 있었다. 새 군주인 후당의 명종明宗 이사원은 그의 명성을 일찍부터 듣고 있었다. 그를 아직 이해하지 못할 때였지만 "이 사람이야 말로 나의 좋은 재상감이다!"라고 내뱉었다.

군주의 이러한 말이 있었으니 잠깐의 과도기간을 거치자 풍도는 바로 재상으로 승격되었다. 이 재상직을 맡은 시기가 아주 적합했다. 군주가 명군인 데다, 천하는 상대적인 안정기였으며, 농업도 수년간 풍작이었고 무슨 큰 자연재해가 없었다. 명종은 우선 정치의 도리가 무엇이냐고 묻기 시작하였다. 풍도의 답변은 이랬다. "폐하는 덕으로써 천명을 얻었으니 응당 매일매일 삼가셔야합니다. 신이 한번은 말을 타고 지나가다가 산지의 울퉁불퉁한 길을 지나게 되었습니다. 자연히 신경을 써서 말고삐를 잘 조절하여 아무 일이 없었습니다. 그러나 평지로 접어든 후에는 가기에 좋은 길이라고 생각하면서 마음의 긴장이 풀려 말에서 떨어져 부상을 당했습니다. 이로 보건대 응당 편안한 시기에 어려움을 미리 생각하고 대비해야 합니다. 폐하께서 절대로 천하가 평화롭고 풍성한 결실이 있다고 편안함에 빠지고 즐거움을 지나치게 추구하시지 말고 부지런하고 신중하며 성실하게 일하셔야합니다. 이것이 신이 소망하는 것입니다."

명종이 다시 물어보았다. "천하에 풍년이 들었지만 그 혜택이 백성들에게 고루고루 돌아갔는지요?" 풍도가 답했다. "곡물이 귀해지면 농민이 굶게 되고, 곡물이 많아지면 농민이 손해를 입는 것이 일반적인 도리입니다. 신이 거자擧子 섭이중聶夷中의 <상전가시傷田家詩>의 시

한수를 알고 있는데 참고가 될 수 있습니다.

이월에 앞으로 새로 만들 비단을 미리 팔고, 오월에 가을에 거두어들일 곡식을 팔며/
눈앞에 생긴 악창 치료만 하며, 마음속의 아픔을 후벼 파낼 뿐이네/
원하노니
군주의 마음이 광명하게 빛나는 촛불이 되어
비단옷 입은 부자들의 연회석을 비출 것이 아니라/
입을 것 먹을 것 없는 도망자들에게 비추었으면 하노라"

"이 시가 무척 좋구려!" 후당 명종은 이것을 기록하게 하여 자신의 좌우명으로 삼았다. 그는 '전국보만세배傳國寶萬歲杯'란 글귀가 새겨진 자신이 아끼는 옥잔을 내와서 풍도에게 보여주었다.

풍도가 말했다. "이것은 이전 세대에 만든 눈에 보이는 보물로 제왕에게는 무형의 보물이 있습니다. 어짐과 의로움이 제왕의 보배가 되지요. 옛 사람이 말씀하시길 '큰 보물이란 자리位를 말하며, 어떻게 이 자리를 지키느냐를 인仁이라고 한다.'라고 하였습니다."

말을 마치자 그가 자리를 떠났다. 무인 출신인 명종은 알 듯 말 듯 한 느낌이 되었다. 명종은 문신 한사람을 불러와 해석을 해보라고 하고서야 이 말이 품고 있는 깊은 뜻을 이해하게 되었고 더욱 풍도에 대해 좋은 인상을 가지게 되었다.

명종을 십여 년간 섬긴 후에 민제愍帝가 제위를 이었다. 풍도는 여전히 재상이었다. 이종가李從珂 폐제(廢帝)가 반란을 일으켜 낙양으로 진격해오자 그는 문무백관을 거느리고 나가 그를 환영하였다. 폐제는 풍도의 사람됨을 혐오하여 그를 외지 지방관으로 내쫓았다.

후진後晉 고조가 후당을 멸망시킨 후에 정치적인 호소력을 강화하기 위하여 다시 한 번 재상임명서를 풍도에게 보냈다. 이 재상직은 감당하기가 어려웠다. 당시 후진 고조는 '아들 황제'여서 종주국인 거란과 관계가 상당히 복잡하였다. 거란의 사절이 와서 그를 지명하면서 거란에 가서 양국의 업무를 의논하자고 하였다. 고조는 그를 놓치고 싶지 않았다. 그러나 그가 황제의 은혜에 보답하기 위하여 본인이 반드시 가겠다고 끝까지 고집하였다. 거란의 임금은 오랫동안 그의 명성을 듣고 있었기 때문에 본인이 직접 나가 그를 환영하려고 하였으나 신하들의 권유로 비로소 이를 그만두었다.

거란에 사절로 간 사람들은 대부분 돌아오지 못하였다. 풍도는 그곳에서 온갖 꾀를 다 내고나서야 비로소 그들이 그를 돌려보냈다. 개봉으로 돌아오자 후진 고조는 그가 자기를 위해 큰 공을 세운 것에 감사하여 그가 전권을 가지고 정사를 처리하도록 하였다. 일의 크고 작음에 관계없이 그가 전부 관리하였다. 고조는 그가 더 이상 얻을 수 없는 전인적인 재사라고 여겨 그에게 겸손하게 군사전략을 가르쳐 달라고 하였다. 그는 이에 대답하기를 "폐하는 오랜 기간 전장을 누비셨으며 무공이 신과 같으시며 지혜가 넘쳐나십니다. 적을 정벌하시는 일은 응당 직접 독단적으로 처리하셔야 합니다. 신은 일개 서생으로 폐하를 위하여 역대의 규칙들을 조금도 틀림없이 처리할 수 있습니다. 그러나 군사에 관해서는 신은 아는 것이 없습니다."

영예! 풍도는 후진 고조 때 전대미문의 영예를 얻었다. 누구도 필적할 수 없는 영예를 얻었다. 그러나 출제出帝가 정권을 이어받은 후에 최고의 영예를 얻었던 재상의 처지는 급격히 하락하였다. 누군가 군주에게 말했다. "풍도는 단지 태평한 시기에 재상을 맡을 수 있을 뿐 위기를 해결하고 어려움을 건질 능력은 없습니다." 출제는 어지러운 정국을 대하고 있었기에, 그에겐 위기를 해결하고 어려움을 건지는 재상이 필요하였다. 이에 따라 그는 풍도를 지방으로 내려 보내 절도사를 맡도록 하였다.

출제가 거란에 대한 종속계약을 찢어버리자 거란의 대군이 남하하여 후진을 멸망시켰다. 야율덕광耶律德光은 개봉으로 진입한 후에 후진을 요遼에 합병한다고 선포하였다. 풍도가 달려와서 배알을 하였으며, 후진을 섬긴 일로 책망을 받았다. 책망을 끝내고 야율덕광이 물었다. "어째서 배알하는가?" 풍도의 답은 이랬다. "성도 없고 병력도 없으니 어찌 와서 뵙지 않겠습니까?" 야율덕광이 희롱조로 물어보았다. "너는 어떠한 늙은이냐?" 풍도의 답은 이랬다."재주도 없고 덕도 없으며 완고하고 어리석은 늙은이입니다."

야율덕광이 들어보니 재미가 있었고, 들어보니 기분이 좋았다. 그는 풍도에게 태부太傅직을 내렸다. 그 후에 태부에게 중원을 다스릴 계책을 물었다. "천하의 백성들을 어떻게 구하여야 하느냐?" "지금은 부처가 나타나도 구할 수 없습니다. 오직 황제만이 구할 수 있습니다." 풍도의 대답은 마치 승려들의 게어偈語같았다.

누군가 말하였다; 풍도의 이 말로 인해 야율덕광이 한인漢人들을 도살할 때 어느 정도는 잔인함이 덜하게 되었다고.

거란 군대가 중원에서 더 이상 지탱하지 못하고 떠나갔으며, 떠나갈 때 풍도 등 후진의 유신들을 함께 데리고 갔다. 상산常山에 이르렀을 때 야율덕광이 돌연히 병사하면서 거란 내부에 격변이 일어났으며, 풍도는 기회를 틈타 중원으로 돌아갔다.

중원은 이미 후한後漢 고조高祖의 천하였다. 풍도는 자연스런 흐름을 좇아 후한 정권에 기대었으며 태사太師로 제수되었다. 후한에서 두 대에 걸쳐 태사를 지내면서 태평하고 아무런 일이 없었다. 그는 그 즐거움이 넘쳐 남을 느껴 <장락로자서長樂老自敘>를 써서 그가 역대 정권에서 누렸던 총애와 사람 노릇하는 준칙이 무엇인지를 서술하였다.

곽위가 후한을 뒤엎은 후에 후한 조신들이 자신을 추대하도록 하게하기 위하여 풍도를 찾아갔다. 조신 중 가장 자격이 높았던 원로인 그의 뜻을 살폈으나 풍도의 표정은 평상시와 다름이 없었다. 곽위가 줄곧 풍도를 배알하였었기 때문에 이번에도 어쩔 수 없이 절을 올렸으나 풍도는 거리낌 없이 절을 받았다. 곽위는 비로소 자기가 제위에 오를 시기가 아직 이르지 않았음을 알게 되었다. 이 원로대신이 자신의 일을 가로막는 것을 피하기 위하여 곽위는 그에게 서주徐州에 가서 종실인 유빈劉贇을 제위에 오르도록 맞아오라고 하였다. 곽위가 개봉에서 황제가 되었고 얼마 지나지 않아 풍도는 또 다시 곽위의 재상이 되었다.

후주 세종世宗이 제위를 잇자 북한北漢의 유숭劉崇이 후주의 군주교체기를 틈타 거란군을 규합하여 후주에 대해 대규모의 군사행동을 하였다. 세종은 상대방의 계략을 이용하여 상대방을 공격하면서 대군을 이끌고 직접 적을 맞을 준비를 하였다. 풍도가 나서서 반대하였는데 이전에 없이 그 표현이 격렬하였다.

세종이 상황을 해석해 주었다.

" 당 나라 초엽에 천하에 여러 도적떼가 여기저기 일어났을 때 모두 당 태종이 직접 군대를 이끌고 평정하였소."

풍도가 지긋이 입술을 깨물며 비난조로 말했다.

"폐하가 당 태종에 견줄 수 있습니까?"

세종이 다시 말했다.

"유숭은 오합지졸일 뿐이요. 우리 군대가 나간다면 마치 산山으로 계란을 내리 누르는 것과 같소!"

풍도가 반박하였다.

"폐하께서 산山이 되셨는지 모르겠습니다."

세종이 마침내 화가 폭발하였다.

풍도의 재상직을 파면하였다.

대군이 출발한 후에 세종은 풍도를 데리고 가지 않고, 그에게 남아서 후주 태조의 능陵을 조성하라고 명령하였다. 능이 완공된 후에 아직 의식을 거행하기도 전에 풍도는 병으로 세상을 떠났다. 이 때 칠십 삼세였으며, 전설에 따르면 공자와 같은 나이를 살았다고 한다.

평가 장전의는 여러 군주를 섬겼던 전형적인 사례이다. 그는 세력이 큰 자가 누구든 그를 따라 힘을 다한다는 원칙에 따라 끊임없이 주인을 바꾸었다. 난세에는 그와 같이 주인을 바꾸는 사람들이 많았으나 바꾸다가 마지막에는 결국 실수하게 되어 종말이 대부분 대단히 좋지 않았다. 그러나 그는 참을'인忍'자 한자를 의지 처로 삼았으며, 이 '인'자로부터 '어짐仁'과 도度'를 끄집어내어 수많은 정치적 재난을 없애버렸으며 시종일관 주인의 환심을 얻었다. 그러나 그가 역사적으로 칭찬받을 수 있는 점은 전쟁이 끊이지 않았던 낙양을 북방에서 보기 드문 곡창지대로 가꾸었다는 것이다.

풍도는 유幽, 당唐, 진晉, 요遼, 한漢, 주周 여섯 왕조를 섬겼으며, 여섯 번이나 재상을 지냈기에 살아있는 오대십국의 역사라고 할 수 있었다. 후대에 관료의 대표로 여겨지는 풍도는 일찍이 재주와 능력을 드러냈다. 유수광 수하로 지내며 어려움을 겪은 후에 관리로서의 도를 닦기 시작하여 점차 관료사회를 헤쳐 가는 기술에 있어 고도의 경지에 이르렀다. 이후에 그는 오랫동안 정치의 격랑 속에 있으면서도 어떠한 정치적 분쟁에도 뛰어들지 않았으며 정치적 주인이 누가되든 그를 위해 힘을 다하였다. 그는 조금도 격한 일은 하지 않았으며 신중함을 처세의 법칙으로 삼았고, 다른 사람과의 다툼을 피했다. 이로써 자신을 위해 최대로 돌아설 수 있는 여지를 유지하게 되었다. 그는 자신이 보조하였던 군주들에 대해 어느 때는 감히 간언을 하기도 하였다. 그러나 그의 간언은 상당히 '수준'이 있어서 큰 도리를 들어 간언하였으며 마치 늙은 유학자가 경전을 강론하듯, 노승이 선을 갈파하듯 간하였다. 겉으로 보기엔 그 날카로움이 굳건해 보였지만 사실은 조금도 다른 사람을 상하게 하지 않았다. 그는 인생말년에 이르러 정말로 강력하게 간언하였으나 오히려 자신의 정치생애를 마감하는 것으로 끝나고 말았다.

3. 허욕의 종말

▣ 조연수趙延壽 미상~948년

조연수는 본래 유劉씨로 상산常山 지금의 하북성 정정(正定) 사람이다. 부친은 유원劉邧으로 오랜 기간 현령을 지냈으며 모친은 종種씨이다.

비록 칠품 하급관리의 가정에서 태어났다고 할지라도, 어린 조연수의 생활은 충분히 보장되었었다. 그러나 이러한 생활도 개평開平 초년에 창주滄州절도사 유수문劉守文의 군대로 인해 깨어졌으며, 유원의 임지는 함락되어 어린 조연수와 종씨는 유수문의 편장偏將인 조덕균趙德均의 차지가 되었다.

어린 조연수의 자세와 용모는 곱고 부드러웠으며 아주 예쁘게 생겼다. 일종의 여성화에 가까운 예쁨이었다. 그는 무예를 익힌 적도 있고 책들을 읽은 적도 있어 시를 지을 줄 알았다. 그의 시구 '*높고 풀이 무성한 땅을 찾아 장막을 치고/깊은 밤 나뭇가지를 꺾어 불을 피운다*(占得高原肥草地/夜深生火折林梢)'는 세상에 널리 알려졌다.

조덕균은 그를 좋아하여 그를 양자로 삼았다. 이에 따라 성을 조趙로 바꾸었다.

유수문이 패하자 조덕균은 유수광 밑으로 들어가 얼마간 지냈으나, 유수광이 스스로 자멸하는 것을 보고 몰래 빠져나가 후당 장종에게 투항하였다. 후량을 평정할 때 그가 큰 공을 세워서 차례로 창주, 유주 절도사로 임명되어 북방의 중요한 지방관이 되었다.

조연수가 성장한 후에 후당 명종이 마음에 들어 하여 딸 흥평興平 공주를 그에게 시집보냈다. 부마가 된 그의 벼슬길에 봄바람이 불기 시작하여, 눈부신 요직을 연속해서 약진하여 갔으며 추밀사樞密使를 제수 받았고 서주徐州절도사를 겸임하였다.

양아들이 부마가 되었고 고관이 되자 양아버지도 덕을 보아 후당 명종이 중시하는 대신이 되었다. 조덕균은 능력이 있는 사람이어서 유주幽州를 십여 년 이상 지키면서 거란에 대항하였고 수리시설을 건설하고 성의 해자를 구축하였으며 적지 않은 선정을 베풀어 이 북방의 중심 군사기지가 생기를 띠게 하였다. 후당 명종이 그를 표창하여 북평왕北平王으로 책봉하였다.

세월이 흘러 후당 폐제廢帝의 조정이 되었을 때 석경당이 거란 대군의 지원 아래 태원에서 거병하였을 때, 그를 토벌하러 갔던 조정의 대군이 반대로 진안晉安 성채城寨에서 포위되었다. 총사령관 장경달張敬達이 위급함을 보고하자 폐제가 조정의 장수인 부언요符彦饒, 위주魏州의 사령관 범연광范延光, 유주幽州의 사령관 조덕균 등 세 방면의 군대가 신속히 달려가 구원하도록 명하였다. 동시에 조연수에게 군대를 이끌고 상당上黨 지역으로 진입하여 전략적인 대응을 하도록 하였다.

달려가 지원을 하는 세 방면의 병력 중에서 조덕균의 실력이 가장 강한 것으로 여겨졌기에 그가 제도행영도통諸道行營都統으로 임명되어 각 방면의 원군들을 통제하도록 하였다. 그러나 상황이 급변하는 시기에 그는 후당 조정이 이미 서산에 기우는 해와 같다고 여겨 이 기회를 빌어 자신의 발전을 꾀하게 되었다. 그는 연속적으로 몇 가지 발걸음을 떼었다. 우선 군대가 진주鎭州 지금의 하북성 정정(正定)를 지나가면서 진주절도사 화온기華溫琪에게 군대를 이끌고 동행하도록 강요하였다. 그 다음에는 군대를 전진시키지 않고 그와 범연광이 같이 연합하는 것을 허락해달라고 조정에 요청하여 그 군대를 삼켜버렸다. 그 다음에는 조연수를 진주절도사로 임명토록 군주에게 주청을 하여 진주를 자기의 것으로 만들었다.

조덕균의 기회를 틈 탄 위협에 폐제는 엄청 화를 내며 상응하는 반응을 하였다. 범연광에게 조덕균의 음모를 조심하라고 지시하였으며, 진주를 조연수에게 주는 것을 거절하고, 조덕균에게는 즉각 진격하라고 명령하였다. 그는 주변 사람들에게 말했다. "조덕균 부자가 진주를 달라고 독촉하고 있다. 만일 거란 군대를 능히 격퇴시킬 수 있다면 바로 나의 자리를 요구할 것이고 아주 원할 것이다. 이로써 군주를 위협한다면, 단지 개와 토끼를 함께 죽여야 할까봐 두렵다!"

후당 폐제를 위협할 수 없게 된 조덕균은 다시 한 번 머리를 굴려 방법을 바꾸었다. 아예 후당 조정을 버리고 대량의 보물과 돈과 재물을 가져와 거란의 군주인 야율덕광에게 보내 그가 중원의 황제가 되는 것을 지지해 줄 것을 요청하였다. 야율덕광은 이미 석경당이 중원황제가 되는 것을 돕겠다고 응답을 한 상황이었으나 눈을 어지럽게 하는 재물을 본 후에 마음이 움직여 조덕균으로 다시 바꿀 준비를 하였다. 석경당의 심복인 상유한桑維翰이 그 소식을 들은 후에 거란의 본진으로 달려가 종일 무릎을 꿇고 울면서 호소하자 끝내는 야율덕광이 석경당과의 약속을 현실화하게 되었다.

지원군이 도착하지 않자 부장 양광원楊光遠이 총사령관 장경달을 죽이고 전체 진안 성채를 거란에게 내놓았다.

진안 성채가 전복되자 황제가 되지 못한 조덕균은 평형을 이룰 수단을 잃어버리게 되었고 망연자실 갈 방향을 잃어버렸다. 그는 조연수와 함께 로주潞州를 점거하고 임시로 근거지로 삼았다. 인심이 흩어지고 게다가 로주로 오는 과정에서 적지 않은 인원을 잃어버려 로주를 지키기도 어려웠다. 어쩔 수 없이 조덕균 부자는 거란에 투항하였다.

두 부자는 쇠사슬에 묶여 거란으로 압송되었다.

기란의 국모인 술율述律씨의 신랄한 책망을 전부 들으며 치욕을 겪은 조덕균은 일 년 후에 타향에서 생을 마감했다.

유효적절하게 한족을 제어하기 위하여, 야율덕광은 한족으로서 한족을 통제하게 하는 전략을 채택하여 거란을 위해 일하기를 원하는 대량의 한족을 기용하였다. 깊은 역사적 배경을 가지고 있는 조연수는 특별히 중용되어 유주절도사로 제수되었으며 연왕燕王으로 책봉되었다.

천복天福 말년에 후진 정권과 거란 사이가 악화되면서 야율덕광은 대거 병력을 동원하여 후진을 정벌하기로 결정하였다. 중원에 익숙한 조연수가 선봉이 되어 먼저 깊숙이 진격하여 거란 군을 이끌어 들이도록 하였다. 조건은 후진 왕조를 평정한 후에 그를 중원 황제로 세운다는 것이었다. 대단히 유혹적인 조건이어서 조연수는 흔쾌히 이를 받아들였다. 그는 힘을 아끼지 않고 거란을 위해 전쟁터에서 큰 공을 세웠다.

후진의 주력이 투항하자 야율덕광은 조연수에게 용과 봉황을 새긴 갈색 도포를 입고 영지營地에 가서 항복한 군인들을 위무하도록 하였다. "한족의 병사들은 모두 너의 것이니 너는 당연히 그들을 직접 위무해야한다!"

항복한 땅에 오니 후진의 대장 두중위杜重威, 이수정李守貞이 전체 군사를 이끌고 와서 배알하였다. 야율덕광이 개봉에 진입하여 항복 군인 수만 명이 진교陳橋에 운집한 것을 보고 변란이 일어날까 두려워 전부를 구덩이에 묻어 죽여 후환을 없애려고 비밀리에 모의를 하였다. 중원의 황제가 되고자하는 조연수는 장래에 그를 위해 소용이 될 군대가 하루아침에 궤멸되는 것을 원하지 않았기 때문에 야율덕광을 급히 만나 물어 보았다.

"황제께서 수많은 전쟁과 정벌을 통해 이제 막 후진後晉을 얻으셨는데 황제께서 직접 다스릴지 아니면 다른 사람을 위한 것인지 알 수가 없습니다."

야율덕광의 안색이 즉시 변하였으며 그에게 반문하였다.

"네 말이 너무 과하다. 진이 의를 저버렸기에 짐이 나라를 들어 정벌에 나서서 5년이나 서로 싸워 비로소 중원을 얻게 되었는데 어찌 스스로 주인이 되지 않고 다른 사람을 위해서 이겠느냐? 네 말은 무슨 뜻이냐? 빨리 짐에게 말해 보아라!"

조연수가 그를 위해 형세를 분석하며 말했다.

"중원의 남쪽에는 오吳가 있고 서쪽에는 촉蜀이 있으며 그 국경선이 수 천리에 이르고 있습니다. 장래에 황제께서 귀국하시고 만일 오와 촉 두 적국이 중원을 침범한다면 이 큰 지역을 어느 병마를 동원하여 지키실지 모르겠습니다. 만일 방비를 하지 않으신다면 다른 사람이 취하게 되는 것이 아니겠습니까?"

야율덕광이 말했다.

"짐이 그 일은 몰랐다. 어찌하면 좋은가?"

조연수가 한 번 더 말했다.

"신이 알기론 상국上國 거란을 지칭의 병마가 무더위를 잘 견디지 못합니다. 오와 촉과의 접경지역에서 사용하기가 어렵습니다. 진교에 모여 있는 병사들을 재편제하여 새로운 군대를 조직하여 변방을 지키게 하는 것이 좋을 것 같습니다."

야율덕광이 말했다.

"호관壺關, 양성陽城의 두 전쟁에서 짐이 일찍이 항복한 군사들을 죽이려다 뒤에 죽이지 않았다. 그래서 결국은 오년을 끌며 싸우게 되었다. 이번에 군사들을 손에 넣었는데 어찌해서 없앨 수 없다는 말이냐?"

조연수가 책략을 제시하였다.

"항복한 군대를 이전처럼 하남河南에 배치한다면 그것은 당연히 불가합니다. 청컨대 그들을 가족들과 함께 진鎭, 정定, 운雲, 삭朔 지역으로 보내고 매년 순환 파견시키어 황하 연안지역을 지키게 하면 됩니다. 이것이 상책입니다."

야율덕광이 마침내 마음이 움직여 조연수의 계책에 동의하였다.

뒷날 수많은 사람들이 말했다.

"진교의 병사들이 장평長平의 화[2]를 면한 것은 조연수의 공이다."

비록 조연수의 말을 들어주어 항복한 군사들이 다행히 죽음을 면하기는 하였으나, 개봉에 대요국大遼國을 건립한 야율덕광은 오랜 시간이 지난 후에도 조연수와 했던 당초의 약속을 전혀 꺼내지 않았다. 조연수는 그가 식언을 할까 두려워, 사람을 통해 자신을 황태자로 옹립해 달라는 말을 전하였다. 야율덕광이 회답을 했다. "내가 연왕에 대해선 아낄 것이 아무것도 없다. 비록 나의 살가죽이라도 연왕이 사용하려 한다면 잘라서 줄 수도 있다. 하물며 다른 일이야 말해 무엇 하랴! 그러나 내가 듣기에 황태자는 반드시 천자의 아들이 맡아야 한다고 하니 어찌 연왕이 얻을 수 있겠느냐?"

조연수가 지나치게 실망하는 것을 피하기 위하여 그에 대해 대량으로 은전을 베풀도록 통지하였다. 한림원이 교지를 받아 임명문서의 초안을 만들었는데, 거기에 상당히 많은 직함을 열거하였다: 중경유수中京留守, 대승상大丞相, 녹상서사錄尙書事, 도독중외제군사都督中外諸軍事, 추밀사樞密使, 연왕燕王. 야율덕광이 문서를 결재하면서 붓을 들어 녹상서사, 도독중외제군사 두 직책은 지워버렸다.

각지에서 거란에 반대하는 파고가 높아지자 야율덕광은 개봉에서 더 이상 머물 수 없게 되었다. 개봉을 지키는 정부를 남겨 놓고 자신은 정부와 군대를 이끌고 본토를 향해 북쪽으로 길을 떠났다. 형주

2) 장평의 화: 진秦이 전국을 통일할 때 가장 강력한 라이벌이었던 조趙의 군대를 북경 인근 장평에서 격파하고, 항복한 군사 40만 명을 갱살한 일을 말함.(기원전 260년)

邢州 지금의 하북성 형대(邢台)로 거란이 중경(中京)을 설치한 곳에 이르러 그가 병이 들어 죽었다. 조연수는 이제 거란의 무리에 우두머리가 없다고 여겨 기회를 이용하여 야율덕광의 유명遺命을 명분으로 자신을 권지남조군국사權知南朝軍國事로 선포하였다. 이 직책은 중원을 관리하는 최고 주재자란 뜻을 가지고 있었다. 거란 군대의 실력파의 우두머리인 영강왕永康王이 이것을 받아들이지 않았다. 남북 두 지역에서 왕노릇을 하려고하는 거란 왕실의 구성원인 그는 여러 장수들의 호응을 얻어 군사정변을 일으키고 모반의 죄명으로 쇠사슬로 조연수를 묶고 감금하였다.

거란의 본토로 압송된 조연수는 양아버지와 마찬가지로 타향에서 생을 마감했다.

▣ 안중영 安重榮 미상~942년

안중영의 어릴 적 이름은 철호鐵胡로 삭주朔州 지금의 산서성 삭현사람이다. 할아버지 안종의安從義는 후당의 이주利州절도사를 지냈고 아버지 안전위安全爲는 승주勝州자사와 진무군振武軍 번한마보군도지휘사蕃漢馬步軍都指揮使를 지냈다.

본인은 위풍당당하고 힘이 있었으며 말을 잘 타고 활을 잘 쏘았다. 또한 부친의 영향력으로 젊은 안중영이 순조롭게 진무振武 순변지휘사巡邊指揮使가 되었다. 이 직책은 아주 괜찮은 관직이었지만 그는 이 직책을 담당하면서 어떤 이유인지 죄를 저질렀으며 그것도 죄가 가볍지 않았다. 총사령관 고행주高行周가 그를 죽이려고 하였다. 다행히도 그의 모친이 조정에 가서 간청하여 권신인 안중회安重誨가 남몰래 그를 보호하고 나섬으로써 비로소 후당 명종이 조서를 내려 사면하였다.

석경당이 태원에서 거병하여 후당 군대에게 겹겹이 에워싸였을 때 곤경을 벗어나기 위하여 그는 적군의 군영을 분열 와해시키는 전략을 채택하였다. 장영張穎을 사절로 보내 절도사라는 직함으로 안중영을 설득하여, 이 맹장을 자신의 쪽에 서도록 하려고 하였다. 본래 후당에 대해 불만이 있던 안중영은 조정의 패색이 이미 짙음을 보았고 후진 고조가 대업을 이룰 가능성이 있음을 보고 장영의 요구에 응답하였다. 그러나 그의 모친, 형이 동의하지 않았다. 왜냐하면 이 일의 승산이 너무 적다고 여겨 안중영에게 장영을 죽여 멸족을 당할 행위를 중지하라고 요구하였다.

안중영은 모친과 형의 말 역시 맞다고 생각하였으나 절도사가 된다는 유혹을 떨쳐버릴 수 없었다. 이러지도 저러지도 못하는 가운데 그는 모친에게 '군인들의 풍속에 따라 취사선택을 하겠다'고 말했다. 그는 백 걸음 밖에 두 개의 화살을 세워놓고 각각에 대해 소원을 빌었다: 석경당이 만일 천자에 오를 수 있고, 그가 만일 절도사가 될 수 있다면 이 두 화살을 전부 쏘아 마치게 해달라고 하였다. 그가 연속하여 화살 두 발을 쏘았다. 두 화살이 모두 적중하자 모친과 형이 마음을 바꾸어 동의하였다.

조짐이 크게 길한 것으로 나타나자 안중영은 수하에 있는 천여 명의 기병을 태원으로 데리고 갔다. 병마가 비록 많지 않았을지라도 일군의 신예부대이자 적진으로부터 넘어 온 정규부대였다. 이로 인해 전장의 형세변화에 결코 낮추어 볼 수 없는 영향을 주었다. 후진 고조가 제위에 오른 후에 약속대로 안중영을 성덕군成德軍절도사로 제수하고 진주鎭州에 주재하도록 하였다.

당시의 절도사는 대부분 무인들로 공적을 세운 것에 기대어 제멋대로 행하였다. 온갖 추태, 악행, 더러운 일을 저질렀으며, 공도公道를 다 저버려 백성의 원성이 도처에 자자하였으며 백성들은 죽느니만 못한 삶이었다. 안중영 역시 무인이었다. 그러나 지방고위관직으로 임명된 후에 그는 일을 진솔하게 하였으며 조금도 소홀히 하지 않았다. 그는 어느 정도 역사에 대한 지식이 있어서 관원들이 그를 속이기가 어려웠다. 송사든 세금부과든 관계없이 백성을 다스리는 일이면 그는 그 모든 일을 직접 물어 보았으며 명확하게 따져 보았다.

맑은 거울이 높이 걸렸다! 그가 관리하는 지역 내의 민중들이 손을 들어 기뻐하였다.

어느 부부가 아들이 불효하다고 고발하였다. 안중영이 몸에 차고 있던 칼을 빼어 남편에게 주면서 직접 불효한 아들을 찔러 죽이라고 하였다. 남편은 눈물을 흘리면서 그렇게 할 수 없다고 하였다. 옆에 있던 아내가 남편을 크게 욕하면서 칼을 빼어들고는 그녀가 직접 하겠다고 하였다. 안중영이 그 상황을 본 후에, 옆에 물어 그녀가 계모라는 것을 명확히 알게 되자, 그녀를 꾸짖은 후에 그녀를 관청에서 나가게 하였다. 그녀의 멀어져가는 모습을 보던 그가 활을 당겨 화살을 날렸다. 악한 여인이 폭사하자 사람들이 크게 기뻐하였다.

이러한 일로 명성이 높아지긴 하였지만 안중영은 사실 성격이 포악하고 제멋대로 일을 처리하는 자였다. 누구든지 일단 그의 화를 사게 되면 왕왕 엄격한 처벌을 당하였다. 부장 가장賈章이 그의 심기를 건드리게 되었는데 그는 옳고 그름을 구분하지 않고 단번에 가장에게 모반죄를 확정하였다. 그는 가장의 딸이 아직 어림을 보고 그녀를 빼주려고 하였다. 그러나 그 소녀가 그녀의 유일한 가족인 아버지와 함께 죽기를 요구하였다. 그는 여러 가지를 더 생각하지 않고 결국 가장 부녀를 함께 형장으로 보냈다. 이 일이 발생한 후에 백성들은 가장의 딸이 효성스러움을 칭찬하였다. 동시에 그들의 안중영에 대한 관점이 변하여 그가 지나치게 잔인하고 동정심이 전혀 없다고 말했다.

사병, 군관, 관련 부문의 대장.

안중영의 인생계단이 상당히 빠르게 상승하였다.

그러나 그가 후당 폐제, 후진 고조 등 인물들이 모두 절도사의 신분에서 천자가 된 사실을 의식하게 된 후에 자기의 지위에 대해 불만을 갖기 시작하였다. 은밀히 다른 사람에게 말하곤 하였다. "천자라고 어찌 종자가 따로 있겠느냐? 군사가 강한 자가 되는 것이 아니겠는가!"

천자가 되려면 기회를 얻어야 한다. 안중영은 그가 기회를 잡았다고 여겼다. 그 기회란 바로 거란이 중원에 대해 한도 끝도 없이 대량으로 재물을 요구하고 있는데 후진 고조 석경당은 오히려 편안하게 '아들 황제' 노릇을 하고 있어 한족과 거란사이의 갈등이 어찌 해 볼 수 없는 지경에 이르렀다는 것이다. 그의 계획은 백성을 위해 도적을 토벌한다는 기치로 고조와 거란이 교전하도록 하여 그들의 관계가 악화되었을 때 그 기회를 틈타 거사한다는 것이었다.

그는 힘을 다해 자신의 근거지를 경영하면서 병사를 모으고 말을 사서 모으면서 군사력을 증강하였다. 또한 거란과 고조에 의해 갈 곳이 없어진 토곡혼吐谷渾부족을 받아들여 정치군사 동맹을 강화하였다. 진주鎭州를 경유해 가는 거란의 사절을 욕보이거나 주살하면서 양국 간의 분쟁을 일으키려고 하였다.

거란의 군주가 대노하여 고조에게 안중영을 처벌하도록 요구하였다.

극도로 굴욕을 겪고 있는 후진 고조는 자신만의 생각이 있었다. 즉, 안중영을 이용하여 거란에 대해 일종의 시위를 하였으며 부득이한 때가 되면 이를 빌미로 거란에 대해 군사적 행동을 취하려고 하였다. 이러한 이유로 고조는 안중영에 대해 어떠한 처리도 하지 않았다.

안중영은 조정이 그를 용인하는 것을 보자 아예 표문을 상주하여 거란에 대해 전쟁을 선포하라고 요구하였다. 그는 상주문에서 형세를 분석하였다:

> *거란의 탐욕이 끝도 없어 모든 진귀한 보물이 전부 약탈되었습니다. 한인과 각 부족 들이 그 압박을 심하게 받아 이미 참으려 해도 도저히 참을 수 없는 지경에 이르렀기에 거란에 반대하는 통일 전선이 이미 형성되었습니다. 조건이 이미 성숙하였으니 이 좋은 기회를 절대 놓칠 수 없습니다.*

그는 상주문을 여러 개로 필사하여 각 지역의 절도사들에게 보냈다.

안중영의 상주문을 접하자 원래 결정을 내리지 못하고 망설이던 후진 고조는 상유한의 권고에 따라 관망하는 태도를 바꾸어 거란과 친하게 지내야한다는 국가정책을 더욱 굳건히 해야 한다고 강조하였다. 그가 직접 대군을 이끌고 하북 업도鄴都로 가서 안중영에게 말을 전하였다. 거란을 반대하는 입장에서 돌아서서 중앙정부와 일관성을 유지하라고 요구하면서 그를 위협하였다. "너는 신분이 대신이며 집안에 늙은 어미가 있으니 절대로 군주와 친가를 버리지 말라. 짐은 거란으로 인해 기업을 세운 자이며, 너는 나로 인해 부귀영화를 얻은 자이다. 짐이 거란을 잊지 않았는데 어찌 네가 내 은혜를 잊을 수 있단 말이냐! 이전에 거란과 화친을 한 것은 천하대계를 위한 것이었다. 이제 짐이 직접 천하의 대병을 이끌고 이곳에 왔는데 네가 한 개의 진鎭으로 짐을 대항하려고 하니 현격한 실력 차가 있느니라. 스스로 패하여 굴욕을 당하지 말라."

이러한 말이 십여 차례 전해졌으나 안중영은 이를 거들떠보지도 않고 거절하였다. 자신이 고립무원의 곤경에 빠지는 것을 막기 위하여 그는 비밀리에 거란에 속하는 유주절도사 유희劉晞와 맹약을 하였다. 유희가 그를 대신해서 거란 군주 앞에서 잘 해명을 해줄 것을 완곡하게 요구하였다.

후진 조정의 군주와 신하가 서로 칼을 빼들고 활을 겨누고 있는 그 시기에 거란의 군주는 오히려 많은 말을 하지 않았다. 그는 이러한 국면이 필요하였다. 즉, 후진의 군주와 신하가 서로 대항함으로써 후진의 국력을 약화시켜 그의 종주국으로서의 지위를 강화하려는 것이었다.

거란의 의중을 명확히 아는데다 또한 조정의 대장군 안종진安從進 역시 반란을 일으키려는 것을 알게 된 안중영은 조정의 대군을 다시는 두려워하지 않고 그가 주동적으로 출격하여 선수를 침으로써 자신을 강화하려고 준비하였다. 그의 모친이 또 나와 반대하였다. 그는 이전에 그랬던 것과 마찬가지로 다시 한 번 백 걸음 밖에 과녁을 세우고 크게 외쳤다: *그가 만일 천자가 될 수 있다면 가운데 적중하라.* 화살은 과녁 가운데를 맞혔고 모친도 동의하였다.

천복天福 6년(942년) 진주에 연속으로 큰 가뭄, 메뚜기 재해가 들자 안중영은 수만의 굶주린 백성에다 그의 군대를 더해 군주를 만난다는 명분으로 업도를 향해 기세등등하게 진격해 갔다.

후진 고조는 대장 두중위杜重威에게 군사를 통솔하여 앞으로 나아가 반격하도록 하였다.

두 군대가 종성宗城의 낡은 제방에서 만났으며 전투가 시작된 지 얼마 지나지 않아 진주鎮州의 장수 조언지趙彦之가 안중영과 갈등이 있어 부대를 이끌고 상대방에 투항하였다. 한 참 격전을 치르던 중에 이 소식을 들은 안중영은 손발에 힘이 빠져 치중輜重을 담당한 부대로 퇴각해 들어갔다. 두중위는 군대를 휘몰아 전면적인 대 공세를 취하여 진주鎮州 군사 이만 명을 죽였으며 전 전선을 붕괴시켰다. 때는 마침 대한大寒으로 패배한 군사들은 추격당해 죽거나 아니면 얼어 죽거나 굶어 죽었다.

안중영은 십 여기를 이끌고 진주로 도망쳐 가서 수비군 이만 명을 조직하여 저항하였다. 그러나 이미 인심이 떠났으며 그의 부장이 관군을 성으로 끌어들임으로써 이만의 수비군이 전부 피살당하였다. 안중영은 다시 내성으로 퇴각하여 토곡혼의 수백기병과 함께 완강하게 저항하였다. 두중위는 바위로 계란을 깨뜨리듯 내성을 격파하고 안중영을 생포한 후 참수하여 고조에게 첩보를 보냈다.

후진 고조는 그의 수급을 옻칠하여 거란으로 보냈다.

평가 조덕균, 조연수 부자는 두 대에 걸쳐 연속으로 황제가 될 꿈을 꾸었으며, 그 꿈을 이루기 위하여 몸을 팔아가며 거란에 들러붙었다. 중원의 이익을 희생하여 거란의 지지를 얻으려고 하였으나 결국은 대나무 바구니로 물을 긷듯이 허무하게 끝났으며 앞서거니 뒤서거니 타향에서 목숨을 잃었다. 조덕균은 중원이 그의 뿌리임을 알지 못하고 그 뿌리로 도박을 하였다. 후당과 거란과 석경당과 도박을 벌였으나 결과는 사람과 재물 모두 껍데기가 되었다. 조연수는 실력이 없으면 아무것도 없다는 것을 모르고 한 가닥 지팡이와 허명을 근거로 공허한 일을 하였고 공허한 자리에 앉아있다 결국은 아무것도 건지지 못하였다.

안중영은 후당에서 후진으로 투항한 장령이다. 그는 난세의 수많은 장령들과 마찬가지로 자신에게만 충성을 하였으며 다른 누구에게도 충성할 수 없었다. 그러나 그는 그래도 약간의 상식과 다스리는 능력이 있어서 백성이 자기의 근본임을 알았기에 적지 않은 힘을 쏟아 진주를 뛰어나게 잘 관리하여 백성들의 칭찬을 들었다. 그는 고조가 거란에 무릎을 꿇고 신하를 칭하는 것에 반대하였으며 거란이 중원에 대해 약탈을 감행하는 것에 반감을 가지고 있었다. 이러한 형세를 이용해서 자기가 황제가 되려는 꿈을 이루려고 하였다. 그러나 그는 형세의 복잡성을 잘 헤아리지 못하였으며 조정의 역량을 가볍게 보았고, 맹목적으로 운명을 믿었다. 결과는 자신의 목이 잘리게 되었다.

4. 책사

▣ 이진李振 미상~923년

이진의 자는 흥서興緖이며 조상이 서주西州 지금의 신강 투루판에 거주하였다. 당唐의 중흥 공신인 이포진李抱眞의 후예로 할아버지와 아버지가 모두 군郡의 장관을 지냈다.

이진은 젊은 시절에 상당히 총명하였으며, 그는 이러한 자질에 기대어 적지 않은 책을 읽고 진사 시험을 보았으나 합격자 명단에 그의 이름이 없었다. 그는 이를 받아들이지 않고 연속해서 시험을 보았으나 볼 때마다 실패하였으며 끝내 낙방하였다. 가정 형편으로 인해 그는 군대에 몸을 담았으며 금오장군金吾將軍으로 임명되었다. 후에 외지인 태주台州 지금의 절강성 임해(臨海)자사로 내려가게 되었으나 임지로 가던 중간에 절강 동부에서 일어난 구보裘甫의 반란을 만나게 되어 서쪽으로 돌아갈 수밖에 없었다. 돌아가는 길에 변주汴州를 거쳐 가게 되었는데 변주성에 들어가 주온朱溫을 만났다. 그는 거침없이 말을 하며 담대하게 책략을 이야기하여 주인의 마음을 움직였고 그의 막료로 남게 되었다.

그는 아주 뛰어나게 막료 역할을 함으로써 주온의 중시를 받게 되었고 얼마 지나지 않아 운주절도부사鄆州節度副使로 승진하였다. 당시 호남의 마은馬殷과 랑주郎州 뢰만雷滿의 양대 지방 지배세력 간에 충돌이 발생하였다. 그는 명령을 받들어 주온을 대신하여 둘 사이를 조정하게 되었는데 성공적으로 다툼을 해결하였다.

이 노력을 통해 이진은 변주의 군사그룹에서 두각을 나타내기 시작하였으며, 아주 빨리 핵심인원이 되었다. 주온이 여러 종류의 적수들을 격파한 후에 시선을 정치중심인 수도 장안長安으로 돌려 중앙의 정권을 추구하였다. 이 시기에 이진이 먼저 장안에 가서 형세를 관찰하였다. 당 조정의 권력을 잡고 있던 환관인 신책군중위神策軍中尉 유계술劉季述이 환관을 처리하려고 하는 소종昭宗을 폐위시키고 어린 군주를 세우려 준비하고 있었다. 최강의 제후인 주온의 지지를 얻기 위하여 심복인 정암程岩과 조카 유희정劉希貞을 특별히 파견하여 이진과 협상을 하도록 하였다.

정암은 단도직입적으로 말했다.

"황상은 성질이 급하고 엄하며 인정이 각박하여 내관들이 화를 입을까봐 두려워하고 있습니다. 유 중위가 그를 폐위시키려 하고 있으며 저와 몇 사람이 협력하여 돕고 있습니다. 오늘 이러한 대사를 논하고자 합니다."

이진이 약간 생각을 한 후에 악명이 높은 환관들과 함께 섞일 수 없다고 느끼게 되어 정색을 하고 거절하였다.

"백 세 된 노비일지라도 세 살 된 주인을 섬기는 법이다. 너희들이 감히 군주를 폐하고 나라를 혼란스럽게 하는 대역무도한 짓을 하려느냐? 나는 감히 그 소식을 듣지 않겠다. 오늘날 양왕梁王이 백만의 뛰어난 군사를 거느리고 있으면서 대의를 좇아 천자를 보좌하는데 있어 존경과 예의를 다하지 못할 까봐 두려워하고 있다. 너희는 심사숙고하기 바란다."

유희정은 거절을 당하자 할 말을 잃고 낭패하여 돌아갔다.

이진은 장안을 떠나 주온에게 일처리 상황을 보고하러 갔다. 그가 막 떠나려는 찰나에 유계술이 정변을 일으켜 황태자 이유李裕를 등극시키고 당 소종을 동궁에 유폐시킨 후 태상황으로 '높여'주었다.

주온이 토벌하는 것을 피하기 위하여 유계술은 이진보다 한발 앞서 양아들 유희도劉希度 등을 변주로 보내, 주온이 당나라의 사직과 강산을 접수하도록 요청하였다. 동시에 태상황의 명령을 위조하여 이것이 태상황 본인의 뜻이라고 표명하였다.

손만 까닥하면 얻을 수 있는 황제 자리에 대해 오래 전부터 이러한 마음을 가지고 있던 주온은 이러지도 저러지도 못하는 어려움에 빠졌다. 그러나 물결치는 대로 황제자리에 올라서기에는 아직 시기가 성숙하지 않아 여러 제후들에게 손쉽게 구실을 줄 것 같았다. 반대로 이를 방치한다면 기회를 잃어버려 뒷날 다시 얻기가 어려울까 두려웠다. 이로 인해 결정을 못 내리고, 사절들을 여관에 내버려 두었다.

이진이 주인의 심사를 꿰뚫어보고 말했다.

"조정에 난이 일어난 것은 왕께서 패업을 이루는 자본이 될 것입니다. 오늘날 환관들이 천자를 유폐하고 모욕을 주었는데 왕이 만일 토벌하지 않으신다면 제후들을 거느리기 어렵게 될 것입니다."

이 정도까지 지적하며 말하였지만 주온은 여전히 결단을 내릴 수 없었다. 유계술의 형인 변군감군사汴軍監軍使 유중초劉重楚, 재상을 지낸 장준張浚 등이 주온에게 부지런히 요구하였다.

"조정의 관원들과 같이 처리 하신다면 일을 이루기가 쉽습니다. 또한 원하시는 대로 하실 수 있습니다."

이진이 반박하였다.

"정도를 행하신다면 큰 공을 세우실 수 있습니다."

주온이 마침내 깨닫게 되었다. 그는 얼굴을 바꿔 장준에게 말했다.

"장공이 내게 사절의 요구를 받아들이라고 하는 것은, 그대가 조정 관리들에 빌붙어 재상을 한 번 더하려는 생각이 아닌가?"

미망에서 깨어난 주온은 즉각 사절을 구금하고는 이진을 다시 장안으로 파견하여 재상들과 함께 역 정변을 일으키도록 하였다. 이진이 장안에 도착하여 변군에 우호적인 재상 최윤崔胤, 장군 손덕소孫德昭 등과 모의하여 유계술 집단을 주살하고 소종昭宗을 복위시켰다.

이진은 이 일을 너무 아름답게, 아주 적절하게, 대단히 깨끗하게 처리하였다. 이로 인해 주온이 대단히 기뻐하였으며, 이진을 돌아오라고 부른 후에 그의 손을 잡으며 말했다.

"경의 생각이 본래 나의 생각이었소. 하늘이 이를 알 것이오."

이 일을 처리한 후에 이진은 날이 갈수록 주온의 중시를 받았다.

당 소종이 비록 주온의 지지 아래 황제자리를 되찾았지만 황제가 된 후에는 완전한 허수아비가 되었으며 주온에 의해 강제로 낙양으로 천도하였다. 낙양으로 들어간 후에 그의 조정은 정말 작은 조정으로 전락하였다. 아주 조금의 권력도 없는 작은 조정은 전부 변주

방면의 지령을 따라야 했다. 이진은 주온의 수석대표가 되어 변주와 낙양을 오가며 이 작은 조정을 통제하였다. 해가 서산에 기울은 작은 조정을 이진은 조금도 가엾게 여기지 않고 독단적으로 일을 처리하였다. 그야말로 방약무인이었다. 자기가 주인인 양 자기에게 붙는 관원들은 제 멋대로 승진시키고 싫어하는 조정 신하들은 전부 직위를 낮추었다. 그가 매번 낙양에 갈 때마다 일군의 사람들이 어려움을 겪었다.

조정의 관원들은 그를 무서워하고 원망하여 그를 솔개鴟梟라고 불렀다.

이진은 왕년에 과거시험에서 겪었던 일들을 항상 마음에 두고 있었다. 재상을 맡긴 유찬劉璨을 통해 주온의 비위를 맞추면서 죄명을 제멋대로 날조하여 대신 배추裴樞 등 일곱 명을 비명에 죽게 하였다. 그럼에도 불구하고 이진은 여전히 과거의 원한을 풀지 않고 주온에게 건의하였다. "이들은 스스로가 깨끗한 자淸流라고 하고 있는데 마땅히 황하에 집어 던져 영원히 더러운 자濁流가 되게 하여야 합니다. 당나라 관원에 대해 마찬가지로 좋은 감정이 없었던 주온은 웃으면서 이를 응낙하였다.

왕조가 바뀐 후에 일부 정부의 간판이 될 수 있는 당나라의 옛 신하들을 제외하면 이진의 지위는 경상敬翔 다음으로 실제적인 중요한 업무를 책임졌다. 주우규朱友珪가 정변을 통해 등극한 후에 인심을 얻기 위해 그가 숭정원사崇政院使를 맡도록 하였다. 후량 말제가 등극한 후에는 직위가 변하지 않았으나 경상과 마찬가지로 신진 세력에게 배척을 받았다. 여러 차례 진언을 하였으나 모두 군주가 듣는 둥 마는 둥

하였다. 그는 풀이 죽고 기가 꺾여 병을 핑계로 집안에 몸을 숨겼다.

후진의 군대가 개봉을 함락시키고 '후량의 모든 신료를 사면한다.'는 명령을 내렸다.

어떤 선택을 할 것인가 하는 관건이 되는 시점에 이진은 경상을 찾아갔다.

"마음을 새롭게 하고 자세를 바꾸어 새 군주를 배알해야겠습니다."

경상이 이에 반기를 들었다.

"새 군주가 면전에서 질문을 한다면 무슨 말로 답변을 하려고 합니까?"

이진은 아무런 대꾸도 하지 않았다.

다음날 날이 밝자 이진이 이미 새 조정에 귀순하였다는 말이 들렸다. 경상이 탄식을 하였다 "이진은 장부답지 못하구나! 양나라와 진나라는 오랜 기간 원수지간이었다. 당초에 나와 같은 사람들과 함께 군주를 위해 책략을 세웠다가 지금의 이러한 국면을 빚어낸 것이 아닌가? 비록 새 조정이 죄를 묻지 않는다 할지라도 무슨 낯짝으로 조정에 다시 들어간단 말이냐!"

이진이 후진의 군주를 배알하자 목숨을 보전하기 위하여 머리를 계속 조아리며 자기 죄를 여러 번 고하였는데 기개와 절조가 조금도 없었다. 후진의 대신 곽숭도가 머리를 흔들었다.

"사람들이 이진이 일세의 기재라고 칭찬하였는데 이제 보니 일반 사람과 다름이 없구나."

복잡한 정치국면 속에서 생명을 부지하고자 하였던 이진은 결국 살아남지 못하고 멸족을 당하였다.

▣ 엄가구 嚴可求 미상~930년

엄가구는 동주同州 지금의 섬서성 대여(大荔) 사람이다. 부친은 엄실嚴實로 당나라의 강회수륙전운사江淮水陸轉運使을 역임하였다. 이로 인해 강도江都 지금의 강소성 양주(揚州)에 터전을 잡았다.

어렸을 때 다른 사람보다 총명하였던 엄가구는 다 자란 후에는 계략이 상당히 뛰어났다. 가세가 중간에 기울자 그는 현縣의 관청을 찾아가 하급관리가 되었다. 현령이 그를 대단히 신임하였으며 예언을 하였다.

"그대는 응당 자신을 잘 아껴야 한다. 언젠가 극히 높은 자리의 신하가 될 것이다."

양행밀이 강회를 점거하고 있었기 때문에 그는 서온徐溫의 수하에 들어가 문객이 되었다. 그 후에 다시 양행밀의 막료가 되어 회남淮南 군사집단에 수많은 효과있는 책략을 제공하였다. 양행밀이 외지에서 주요 부대를 장악하고 있던 주연수朱延壽를 제거하려고 했을 때 그는 서온을 통하여 계책을 내놓았다. 양행밀이 실명한 것으로 가장하여 주연수에게 와서 자리를 이어 받으라고 한 후에 기회를 타 주살하라는 계책이었다.

계책이 효력을 발휘해서 서온이 고급군사장관으로 승격한 후에 엄가구는 핵심 모사가 되었다. 양행밀의 병이 위급하여 장자인 양악楊渥을 후계자로 세우고 대신 주은周隱에게 외지에 가서 그를 불러 오라고 하였다. 주은은 양악이 너무 어리다고 여겨 대장 유위劉威가 와서 정권을 주재하게 하라고 요구하였으나 거절당하였다. 이에 그는 시간을 끌며 양악에게 가지 않았다. 엄가구가 내실에 들어가 문병을 할 때 양행밀이 사람들을 다 물리치고 그에게 후계자의 안배를 말했다. 엄가구는 서온과 함께 주은이 있는 곳에 가서 양행밀의 밀명을 가지고 와서 양악을 총사령관의 위치로 밀어 올렸다.

양악이 세워진 후에 황음하고 황당한 짓을 하여 온통 난장판이 되었다. 도저히 우두머리의 모양이 아니었다. 그는 대신 장경張曮과 서온徐溫의 권력이 지나치게 집중되어 있다고 시기하여 두 사람을 제거하려고 비밀리에 모의하였다. 두 사람이 자신들을 보호하기 위하여 먼저 손을 써 양악을 살해하였다. 두 사람은 거사 전에 먼저 약정을 하였었다. 땅을 둘로 나누어 후량정권에 귀의한다는 것이었다. 그러나 거사 후에 권력이 더욱 큰 장경이 약조를 위반하고 마음을 바꾸었다. 자신이 우두머리가 되려고 최고정치회의를 개최하여 여러 장수들에게 물어보았다. "후계였던 왕이 이미 죽었으니, 군부는 누구로 주인을 삼아야 당연한가?"

장수들이 아무 반응이 없었다. 장경이 재삼재사 물어보았으나 아무도 한 마디도 하지 않았다. 그 자리에 있었던 엄가구는 심리적으로 서온에 기울어 있었다. 그는 장경이 아무것도 개의치 않고 일을 처리할까봐 두려웠다. 그가 앞으로 나아가 가벼운 음성으로 말했다.

"지금 온 사방에 일이 많아 공께서 주인이 되지 않으면 불가한 상황이지만 지금은 너무 시기가 빠른 것 같습니다."

장경이 그 말을 듣자 순식간에 안색이 변하면서 반문하였다.

"어째서 너무 빠르단 말이냐?"

엄가구가 분석을 하며 아뢰었다.

"로주盧州의 유위劉威, 흡주歙州의 도아陶雅, 선주宣州의 이간李簡, 상주常州의 이우李遇는 모두 선대왕의 사람들입니다. 공께서 스스로 서신다 해도 이들이 흔쾌히 부하가 되려고 하겠습니까? 만일 어린 군주를 세우지 않는다면 시간이 조금 지나면 누가 감히 따르지 않겠습니까?"

장경은 아무 말을 하지 않았다. 오랫동안 한 마디도 하지 않았다.

엄가구는 은밀한 장소를 찾아 급하게 문서를 써서 소매에 숨겼다. 다시 나가 여러 사람들과 함께 양楊가의 권부로 가서 새 군주를 세우는 일을 의론하였다. 그가 소매에서 문서를 꺼내서 양악의 어머니인 태부인太夫人 사史씨의 훈시가 있다고 말했다. '선왕께서 아주 어렵게 창업을 하셨고, 후계자였던 왕이 일찍 죽었으니 둘째인 연륭延隆을 당연히 군주로 세워야한다. 제장들은 마땅히 양씨를 저버리지 말고 잘 생각하기 바란다."

그 자리에서 나온 말이 아주 엄격하고 정당하자 장경의 얼굴이 일그러졌으며 양악의 동생인 양연융이 주인이 된다는 이야기를 듣고만 있을 수밖에 없었다.

엄가구의 뛰어난 지혜와 용기에 용맹하기로 세상에 널리 알려진 대장 주근朱瑾이 완전히 감복하여, 엄가구의 집을 찾아가 감탄하며 말했다.

"저는 16,7 세부터 창을 꼬나들고 말을 달리며 대적들과 싸웠으나 무슨 두려움 같은 것을 느낀 적이 없었습니다. 오늘 장경을 대했을 때 나도 모르게 진땀이 났는데 공께선 오히려 아무일도 없는 듯이 대담하게 말하였습니다. 이로 볼 때 저는 공에게 한참 못 미치는 필부의 용기에 불과하군요."

장경은 이 연출이 표면상으론 엄가구가 연출하였으나 실제 배경은 오히려 서온이란 것을 알고 있었다. 그는 뿌리를 잘라내야 한다는 생각으로 서온이 스스로 윤주潤州절도사가 되겠다고 제안하도록 암시를 주었다. 서온은 세력이 약했기 때문에 감히 옛날의 맹우盟友의 뜻을 위반할 수 없어서 암시에 따라 '요청'을 제안하였다. 엄가구가 이를 알게 되자 신속하게 서온의 집으로 달려가서 거두절미하고 말했다.

"공께서 안을 버리고 밖으로 간다면 큰 화가 장차 이를 것입니다!"

서온이 얼굴 가득 근심스런 기색을 띠며 말했다.

"어찌할 수 없었소!"

엄가구가 그의 근심을 풀어주는 말을 했다.

"장경은 강퍅하고 혼용한 인물입니다, 공께서 제 말을 들을 수 있다면 공을 위해 근심을 제거하겠습니다."

말을 들은 서온은 몇 가닥 희망을 갖게 되었다. 엄가구는 정치에 참여하고 있는 대장 이승사李承嗣를 다시 찾아가 입술이 없어지면 이빨이 시린 도리를 들어 그가 서온 편에 서도록 설득하였다. 바로 이어서 장경을 대면하여 말했다.

“공께서 서공을 윤주로 보내는 것에 대해 외부 사람들이 모두 공께서 그 병권을 빼앗고 죽이려 한다고 말하고 있습니다. 사실입니까?”

장경이 부인하였다.

“그 스스로 가려고 하는 것이지 내 뜻이 아니다. 이미 임명을 하였으니 어떻게 하는 것이 좋겠는가?”

엄가구는 상대방이 내비친 거짓말을 바로 붙잡고 놓치지 않고 말했다.

“이 일은 처리하기 쉽습니다.”

다음날 그는 장경, 이승사를 데리고 서온의 집으로 가서 정색을 하고 서온을 책망하였다. “옛 사람은 한 그릇의 은혜도 잊지 않는다고 합니다. 그런데 공은 양씨의 은혜를 많이 입은 노련한 장군 아닙니까? 어린 주인이 지금 세워졌는데 또한 많은 일을 해야 하는 시기에 오히려 자신의 안전을 위해 외부로 나가고자하니 이렇게 하는 것이 좋은 것입니까?”

서온은 거짓으로 사죄를 하였다.

“제공들이 받아들이신다면 제가 감히 어찌 이렇게 하겠습니까?”

연극이 진짜가 되어 엄가구는 성공적으로 서온을 조정에 남겨 놓았다.

서온이 남으면서 장경의 계획이 물거품이 되었다. 그가 일이 지나간 후에 곰곰히 생각을 해보니 엄가구가 자기를 갖고 논 것임을 알게 되었다. 화풀이를 하기 위해 또한 서온의 오른팔을 제거하기 위하여 그날 밤에 자객을 보내 엄가구 집에 가서 그를 암살하도록 하였다. 자객을 만난 엄가구는 전혀 두려워하지 않고 단지 유서를 쓸 테니 양연륭에게 줄 것을 요구하였다. 자객이 그러라고 하고는 칼을 든 채 지켜보았다. 이 사람은 어느 정도 문자를 이해하는 사람이어서 엄가구가 정당하고 기세가 장려한 글을 쓰는 것을 보고는 생각을 바꾸어 말했다.

"공께서는 어른이시니 차마 죽일 수 없습니다."

장경에게 답변을 하기 위하여 자객은 몇 가지 재물을 취하여 가서 보고를 하면서 엄가구를 만나지 못하였다고 말했다. 장경은 무척 불만스러워하며 사납게 말하였다.

"내가 요구하는 것은 엄가구의 머리이지 이 재물이 무슨 소용이 있다는 말이냐?"

장경이 목적을 달성할 수 없게 되자 엄가구와 서온이 반격을 시작하였다. 엄가구는 장군 종태장種泰章을 뽑아서 서온에게 소개하였다. 그에게 삼십 명의 장사를 이끌고 장경 및 그 집단 구성원을 주살하도록 하였다.

정적을 무너뜨린 서온은 회남淮南정권의 권신이 되었다. 그는 윤주潤州에 머물면서 원격조종을 하였으며, 아들 서지훈徐知訓과 엄가구가 양주揚州에 머물며 정권을 장악하고 일상 업무를 보게 하였다. 서지훈은 사람됨이 글러먹었고 정사 역시 엉망이어서 셀 수 없이 많은 적을 만들었다. 숙위군宿衛軍장군 마겸馬謙, 이구李球가 양연륭을 협박하여 반란을 일으켰다. 서지훈은 어찌할 바를 몰라 성 밖으로 도망갈 준비를 하였다. 엄가구가 이를 저지하며 말했다.

"공께서 많은 사람을 버리고 가버리면 수많은 장령들은 누구를 의지합니까?"

비록 서지훈을 남게하였으나 수많은 장수들과 사병들의 인심은 공황상태였다. 엄가구는 자기의 침실로 들어가 문을 걸어 닫고 깊은 잠을 잤다. 그의 코고는 소리가 밖에까지 들렸다. 사람들이 엄가구가 이처럼 침착한 것을 보자 사태가 그렇게 심각하지 않다고 여기게 되었으며, 이로 인해 비로소 불안했던 마음들이 점차 해소되었다. 주근朱瑾이 외부에서 돌아와 병마를 조직하여 반란을 평정하였다.

이 일 후에도 서지훈은 회개할 줄 모르고 계속해서 제멋대로 굴었다. 얼마 되지 않아 다시 주근을 격노케 하면서, 그의 목이 달아나게 되었다. 주근이 서지훈을 살해하였지만, 호응자들과 연결이 되지 못해 갈 곳이 없게 된 그는 도리어 자살하였다. 서온이 주근의 잔당을 추궁해보니 대장 미지성米志誠까지 연계되어 있었다. 엄가구가 그물을 쳤다. 그는 거짓으로 승리를 축하하는 연회를 연다는 명분으로 모든 장수들을 참가시킨 후에 기회를 엿보아 미지성을 체포하여 처형하였다.

서지훈이 죽은 후에 서온은 양아들 서지고徐知誥가 그 자리를 잇도록 하였다. 서온에 충성을 다하는 엄가구는 서지고가 직접 낳은 친아들이 아니니 이렇게 안배하는 것은 타당치 않다고 하면서 서온에게 둘째 아들 서지순徐知詢으로 서지고를 대체하라고 권유하였다. 서온은 이에 답을 하지 않았다. 서지고가 이 사실을 알게 된 후에 엄가구에 대해 이를 부득부득 갈았으며, 기회를 찾아 그를 초주楚州자사로 임명하여 조정에서 내 쫓았다.

엄가구는 조금도 불만의 표정을 짓지 않고 아주 상쾌하게 임명장을 받아들었다. 임지로 가는 도중에 그는 길을 바꾸어 금릉金陵으로 가서 서온에게 큰 계책을 올렸다. "당唐이 망한 지 이미 12년이 되었는데 오吳는 지금까지 당의 연호를 사용하고 있었으니 당을 저버리지 않았다고 할 수 있습니다. 오가 사방을 정벌하며 기업을 세울 때는 당황실을 부흥시킨다는 명분으로 하였습니다. 오늘날 양梁, 진晉이 강을 사이에 두고 전쟁을 하고 있는데 양이 여러 차례 패하였습니다. 주朱씨가 날이 갈수록 쇠하고 이李씨가 날이 갈수록 흥하고 있습니다. 일단 이 씨가 천하를 얻는다면 우리가 어찌 허리를 굽히고 신하가 될 수 있겠습니까? 이 기회를 틈 타 먼저 오吳나라를 세우고 민심을 끌어들여야 합니다."

절묘한 계책! 서온은 즉각 이를 받아들였다.

오나라가 건국되고 나서 엄가구는 몇 계단을 잠시 거친 후에 재상이 되었다.

서지고는 엄가구를 제거하기가 어려운 것을 보고 기민하게 방향을 바꾸어 그와 아들딸을 혼인시켜 친가가 되었다. 그러나 표면적인 친밀함은 내재된 이견을 해소시킬 수 없었다. 서온이 죽은 후에 서지고는 사둔영감의 재상직을 면직시키고 영예롭지만 이름뿐인 직위를 주었다. 만년의 엄가구는 이미 할 수 있는 일이 별로 없어서 서온이 죽은 지 삼년 후에 그를 따라 세상을 떠났다.

평가 이진은 실천력이 있는 문사이자 정치 전략가였다. 인생길에 여러 차례 장애를 만나는 상황에서 그는 정상적인 벼슬길을 포기하고, 방향을 바꾸어 주온이 패업을 이루도록 하는데 힘을 다하였다. 그는 밝은 머리로 천하의 형세를 관찰하여 주온에게 수많은 유효적절하게 실천할 수 있는 책략을 제공하여, 후량정권이 비교적 안정적으로 건국되게 하였다. 그의 처세원칙은 처음부터 끝까지 자기의 앞길을 우선 고려사항의 위치에 놓았으며, 그 누구에게도 끝까지 충성을 다하지 않았다. 그러나 그가 만년에 스스로 생각하기에 총명한 선택을 하였지만 결코 비참한 운명을 벗어나지 못하였다.

엄가구는 걸출한 모사로 서온의 심복이었고 오나라의 주요 모사였다. 서온의 사업이 그에게 힘입은 바 크며, 오나라 건국도 그에게 힘입은 바 크다. 모사로서 그는 계략이 풍부한 천부적 자질을 가지고 있었으며 게다가 천하대세와 기본적인 심리를 잘 이해하였기 때문에 진정으로 계책을 내놓으면 하자가 없게 하였다. 더욱 귀중한 것은 그는 단순히 입으로만 말할 줄 아는 유약한 문인이 아니었고 자신이 직접 행동하여 그의 책략을 실현시켜, 큰 지혜와 용기를 한 몸에 결합시키는 경지에 도달했다는 것이다.

5. 무武의 시대에서도 빛난 문인들

▣ 나은羅隱 833~909년

나은의 본명은 횡橫, 자는 소간昭諫으로 자기 스스로 자신이 강동江東 출신이며 여항余杭 지금의 절강성사람이라고 하였다. 일설에는 신등新登 지금의 절강성 동려(桐廬)사람이라고도 한다.

나은은 천부적인 재질이 상당한 문인으로 시를 잘 지었으며 문장 역시 아주 잘 써서, 시와 문장이 함께 세상에 널리 전해졌다. 그는 시와 문장의 명성에 기대어 과거시험에 참가하였으며 능히 과거에서 일등 할 수 있다고 자신 만만하였으나, 연속해서 여섯 차례나 낙방하였다. 재상 정전鄭畋, 이울李蔚이 그를 높게 평가하였으나 그를 도와줄 수 없었다. 그의 시험답안에 현실에 대한 풍자가 가득한데다 자신의 재주를 믿고 오만한 성격이어서 전체 관료들이 그를 싫어하였다.

재기가 엄청났던 문인이지만 문단에서 뜻을 이루지 못한 데는 아마 다른 원인도 있었다. 얼굴이 기괴하고 못생겼기 때문이다. 명성과 상응하는 용모가 없었다. 정전의 딸은 규방에서 시집가기를 기다리고 있었는데, 그녀는 문학을 좋아하였다. 나은의 시문을 특히 좋아하여 항상 손에 한 권을 들고 읊조리기를 좋아하였다. 정전은 딸이 나은을 사랑한다고 여겼다. 어느 날 나은이 그의 집을 방문했을 때 그녀는 쳐진 발 너머로 그를 자세히 보았다. 그러나 이 일이 있은 후에 그녀는 다시는 나은의 시문을 읽지 않았다.

과거장에서 수년간 뜻을 이루지 못하여 희망이 소멸된 나은은 이미 생활이 곤란하여 부득이 수도를 떠나 천지사방으로 유랑하였다. 하북河北을 지나가며 그는 서신을 한통 써서 사람을 시켜 위박魏博의 지배자인 나소위羅紹威에게 보냈다. 편지 중에 그가 자신의 가계를 서술하면서 나소위가 조카라고 하였다. 나소위의 부하들이 편지를 보고는 분노하여 말했다.

"나은은 일개 서생으로 감히 대왕을 조카라고 하고 있으니 이를 어찌 놔둘 수 있으랴!"

문사를 중시하는 것으로 유명한 나소위는 오히려 뭇사람들의 의견과는 반대로 말했다.

"나은의 이름은 천하에 널리 알려져 있다. 왕공과 대부들이 대부분 그에게 경멸을 당했는데 오늘날 그가 친히 나의 접경에 왔으니 (나를) 어찌 그들과 비교할 수 있겠느냐? 내가 그의 조카가 될 수 있다면 그 영광이 이미 극에 달했다. 너희들은 더 많은 말을 하지 말라!"

그 일 후에 그가 교외에 나가 성대한 환영의식을 차리고 직접 '숙부'가 국경으로 들어오는 것을 접대하였다. 그를 보자 그가 절을 하였다. 나은은 태연하게 절을 받으며 조금도 피하지 않았다.

여기에서 일단의 시간을 머문 후에 나은은 그곳을 떠나 절강浙江의 옛집으로 가려고 하였다. 나소위가 그를 머무르게 하지 못하게 되자 백만 관의 돈을 주었으며 또한 전류錢鏐에게 편지를 써서 그가 '숙부'를 잘 보살펴 주기를 요청하였다.

항주에 도착한 후에 자신의 명성과 나소위의 서한에 기대어 나은은 전류의 중시를 받았다. 먼저 종사從事로 임명되었고 연속해서 전당령錢塘令, 저작랑著作郎, 장서기掌書記가 되었으며 절도판관節度判官까지 되었다.

허명이 실질적인 직책이 되면서 낙심했던 서생이 마침내 입신양명하였다. 그는 성공하였음에도 여전히 제멋대로였으며 오만하기 그지없었고 언어와 어휘 속에 조롱과 풍자의 뜻이 가득하였다. 그와 전류가 번갈아 시를 지을 때, 전류가 지위가 낮을 때 소를 몰고 망나니짓을 하던 일을 폭로하였으나 전류는 그저 웃으면서 그 일을 흘려버렸다.

후량 태조가 등극한 후에 나은의 명성을 듣고는 우간의대부右諫議大夫의 직위로 그를 불렀으나 나은이 거절하였다. 그는 거절을 했을 뿐만 아니라 전류에게 군사를 내어 후량을 공격하라고 건의 하였다. 당나라를 멸망시킨 '찬탈도적'를 토벌하라고 말했다. "비록 성공하지 못한다할지라도 항주와 월주越州로 퇴각하여 동제東帝라고 칭하면 됩니다. 지조를 버리고 도적을 섬긴다면 만고의 수치가 될 것입니다!"

전류는 원래 나은이 당나라에서 오랜 기간 사회적인 압박을 받았기 때문에 당에 대해 반드시 원한이 쌓였을 것이라고 생각하였다. 그러나 이번에 그가 개인적인 은원관계를 버리고 도의로 행하는 것을 보고는 비록 그의 건의를 받아들이지는 않았지만 오히려 그에 대한 호감이 더욱 증가하였다.

후량 정권에 귀속된 나소위는 은밀히 양 태조에게 나은을 아주 과장되게 소개하였다. 양 태조는 그를 그보다 더 뛰어난 자가 없는 기재라고 여겼으며, 이로 인해 나은에게 급사중給事中, 발운사發運使로 임직하라는 두 번의 임명장을 보냈다. 자신의 주인이 후량과 친밀한 관계를 견지하였기 때문에 나은은 어쩔 수없이 임명서를 받을 수밖에 없었다.

중원정권의 직책을 받았지만 나은은 여전히 항주에 머물렀으며 죽을 때까지 그러하였다.

나은은 다작을 한 작가로 일생의 저작이 굉장히 풍부하였으며 책으로 집대성되었다: <참서讖書>, <참본讖本>, <회해우언淮海寓言>, <상남응용집湘南應用集>, <갑을집甲乙集> 등이 있다.

명성이 대단히 높았던 재자 나은이 살던 그 시대에 숭상을 받았던 것은 그의 시이다. 그의 시는 간결하고 명쾌하였으며, 새로움이 피어났다. 낭랑하게 읊조리면 문채와 견식과 철학이 있었다. 운명과 객관적 조건이 서로 융합된 세상을 바라보는 그의 관점은 수많은 잘 알려진 역사사건, 역사인물 및 사회현상을 되돌아보게 하였으며, 예상을 뛰어넘으면서도 감정과 이성의 조화 속에 자신의 관점을 제시하였다. 예를 들면 <제행촉帝幸蜀>에서 국가의 흥망과 여인의 관계에 대해 썼다.

> 마외산당현종이 촉으로 피난갈 때 애첩 양귀비가 죽었던 곳의 푸른빛 예전과 다름없는데

어가가 촉으로 가는 것을 또다시 보는구나.
천하의 이융기도 할 말이 있었으리
이 번 행차는 양귀비의 원한보다 더욱 클 듯

馬嵬山色翠依依　又見鑾輿行蜀歸.
天下阿蠻應有語　這回休更怨楊妃.

또 다른 예를 들면 <시황릉始皇陵>에서는 영웅에 대한 관점의 변화를 써내려갔다.

황량한 둔덕엔 풀조차 없고 나무엔 가지조차 없네
느긋느긋 걷는 나그네 옛적일 생각하네
연, 초, 제, 조, 한, 위 육국의 영웅들 얼마나 사연이 많았으리
되돌아 보니 서복진시황을 속이고 불사초를 찾으러 떠난 인물이 진짜 남아일세

荒堆無草樹無枝　懶向行人問昔時.
六國英雄漫多事　到頭徐福是南兒.

<맹호연묘孟浩然墓>에선 문인에 대한 사회의 대우를 써내려갔다.

황량해진 잡목 숲으로 들어가 옛 길을 걷는데
막막한 추운 교외에 비 조차 처량히 내리네
녹문산 황토 무덤 셀 수 없는데
마주쳐보니 나지막한 서생의 무덤이라

數步荒榛接舊蹊　寒郊漠漠雨凄凄.
鹿門黃土無多少　洽到書生冢便低.

<자견自遣>에서는 인생의 득실과 그에 따른 마음의 상태를 써내려 갔다.

득의 하면 신나게 노래 부르고 실의하면 조용히 지내네
근심과 한 많기는 하다만 유유자적하네
술 있는 오늘 아침, 오늘 취하면 되고
내일 근심거리는 내일 근심하면 되지

得卽高歌失卽休 多愁多恨亦悠悠.
今朝有酒今朝醉 明日愁來明日愁.

이외에도 <동작대銅雀臺>의 ‘ 힘찬 노래 힘찬 춤 서로 승부를 보기 어려운데/ 꽃피고 꽃지니 가슴에 눈물이 가득 强歌强舞競難勝/花落花開淚滿膺.’; <봉蜂>의 ‘수많은 꽃 따다 꿀을 만든 후에/누굴 위해 애쓰며 누굴 위해 달콤함을 주는가 採得百花成密後/爲誰辛苦爲誰甛’; <헌상부대왕獻尙父大王>의 ‘수년간 갑옷 입고 세상을 정벌하려, 북극성을 바라보며 밤중에 강을 건넌다. 數年鐵甲定東와區瓦/夜渡江山瞻牛斗> <주필역籌筆驛>의 ‘때가 이르면 천지가 모두 힘을 합해주지만/시운이 사라지면 영웅도 어쩔수 없네 時來天地皆同力/運去英雄不自由.’등의 시구는 모두 높은 수준의 멋진 구절로 서정이 필요한 곳엔 서정이, 사변적이어야 하는 곳에선 사변적이었으며, 기세가 있어야 하는 곳에서는 기세가 있어서 독자들의 마음에 격렬한 파도를 아주 잘 일으킬 수 있었다.

나은의 시는 아주 잘 쓰여 진 시였는데 사실 그의 문장은 더욱 특색이 있었으며 더욱 성취가 있었다. 그의 문장은 주로 소품으로 그중 세인의 주목을 받는 풍자소품은 대부분 <참서讒書> 안에 수록되어 있다. 그는 <참서서문讒書序>에서 다음과 같이 말했다.

〈참서讒書〉란 무엇인가? 강동江東의 나羅씨가 지은 책이라. 나씨는 어려서 스스로 도를 깨우치고 문장을 갖추었고 수도에 온 지 7년이 되었으나 배고픔과 추위를 연이어 겪으면서, 거의 미친 사람 같았다. 정해丁亥년 춘 정월에 그 행한 바를 취하여 비난하는 책을 써서 말하기를 '다른 이들이 책을 쓰는 것은 영예를 얻으려는 것이지만 나는 치욕을 얻기 위해서이다. 다른 이들은 책으로 부귀를 얻으려 하지만 나는 곤궁함을 얻으려 한다.' 이와 같이 나의 책은 스스로를 헐뜯는 것이어서 제목을 〈참서〉라고 하였다. 책의 권수가 많지 않으며 편집 순서도 앞뒤가 없으며, 헐뜯을 수 있는 것은 모두 헐뜯은 것이어서 온통 말이 많다. 이제 이후로 나를 스스로의 지랑이 심한자라고 헐뜯는다면 그것에 대해 말할 것이다: 양웅揚雄을 본 받아 미친 사람처럼 적막하게 지낼 수는 없다고...

이 서문에서 책의 요지를 밝혔다. 찌를 수 있는 것은 모두 찌를 수 있다고 말하면서 한편으론 세상의 도리가 불공정함을 풍자하고, 한편으론 독자적인 문학풍조를 세웠다. 이러한 소품들의 작성은 그가 장기간 과거장에서 뜻을 이루지 못한 경력과 관계가 있었으며, 또한 그의 길들여지지 않는 성격과도 관계가 있다. 작품들은 신랄함, 격앙됨, 원망과 분노를 담고 있어 정말로 단락 단락마다 풍자를 담고 구절구절마다 풍자를 띠면서 군주를 찌르고, 권신과 부자들을 찌르고, 사회를 비꼬고, 관리들을 비꼬고, 역사를 비평하고 현실을 비평하였다. <제선양도題神羊圖>와 같은 작품에서는 소위 신성시되는 물건의 자초지종을 폭로하고 인간의 욕망과 세상의 풍속 사이의 관계를 비교적 심층적으로 연구하고 토론 하였다.

요堯임금의 조정에 신성스러운 양이 있었는데, 올바르지 않은 자는 뿔로 받았다. 후대 사람이 그 형상을 그리면서 반드시 뿔을 괴이하게 그려 신성한 동물임을 표시하였다. 아아! 요의 양 역시 지금의 양과 같을 뿐이다. 그러나 옛 시대에는 순박함이 아직 사라지지 않았기 때문에 사람과 짐승이 모두 서로 지령指令을 얻을 수 있었다. 사악함이 순박함을 제거함에 이르게되면 양은 탐욕스럽고 악랄한 성격을 드러내며, 사람은 자르고 쪼개는 마음을 가지게 된다. 탐욕스럽고 악랄한 성격이 있음에 높고 큰 건물을 좋아하여 그 발을 멈추게 할 수 없다; 자르고 쪼개는 마음이 있어 사악하고 간사할지라도 양은 그 뿔을 치켜들 수 없다. 더욱 요의 양은 지금의 양과 같을 뿐이어서 탐욕과 악랄함으로 그 성격을 드러내고 있어 칼로 그 첫 마음을 베어낸다고해도 요의 양은 아첨하는 자를 뿔로 받을 수 없기 때문이다.

풍자를 품격으로 삼은 나은의 풍자는 생동감이 있었으며, 세상만물이 그의 필치 아래 진짜 모습을 드러냈다. 후세의 현실을 반대하였던 작가들의 시조가 되었다.

평가 나은은 오대십국 초기의 걸출한 문인의 한 사람으로 대단히 불행한 심연 속에서 걸어 나온 행운아이다. 일체의 모든 것이 변형된 세계 속에서 그의 생애 역시 상응하여 변형되었다. 그는 출중한 문재가 있어 본래 응당 과거에 급제하여 과거장에서 일등의 자리에 있었어야 했다. 그러나 그는 재주를 뽐내고 만물을 얕보면서 전체 관료

사회에 대한 불경함을 보였기에 연속해서 낙제하였고 굶주림과 추위가 교대로 압박하는 과거 낙방자가 되었다. 그는 원망과 분노로 가득 차 그 원한 가득 찬 기운을 그의 시에 전부 쏟아 넣었다. 그러나 생각지도 못하게 이렇게 함으로서 도리어 그의 재능을 완성하였다. 그가 세상에 대해 분노하고 세속을 질투하는 특수한 문학적 기질을 만들면서 더욱 큰 문단의 명성을 가져다주었다. 제후들이 그를 상등의 빈객으로 받들었다.

▣ 양응식楊凝式 873~954년

양응식의 어릴 적 이름은 시詩, 자는 경도景度이며 스스로 계사인癸巳人이란 호를 지었다. 화음華陰 지금의 섬서성사람으로 전하는 말에 따르면 수隋왕조의 월국공越國公 양소楊素의 후대로 조상의 몇 대가 줄곧 당唐 왕조에서 공경公卿, 재상宰相을 지냈다.

양응식의 외모는 못 생겼으며 대단히 뚱뚱하였다. 그러나 그의 문학적 재질은 출중하여 당 소종昭宗시대에 진사시험에 참가하여 단번에 급제자 명단에 이름을 올렸다. 진사의 신분으로 관료세계에 발을 내딛었다. 재정분야 관원으로 시작하여 오래지 않아 비서랑秘書郞겸 사관史官으로 승진하였다.

35세 되던 그 해에 왕조가 바뀌는 일이 발생하였다. 당 왕조의 재상이었던 그의 부친 양섭楊涉이 옛 조정을 대표하여 주온에게 전국옥새傳國璽를 건네주게 되었다. 옥새를 건네주기 바로 그 전날 밤 양응식은 부친을 질책하면서 또한 권고하였다.

“대인께서는 재상이 되셨고 나라는 이 지경까지 되었으니 책임이 없다고 말하시기 어렵습니다. 오늘 또한 천자의 옥새를 가지고 다른 사람에게 건네주어 부귀함을 보전한다면 후대에 무어라고 말하겠습니까? 아직도 이를 거절하시는 것이 마땅합니다!”

당시 주온은 당나라의 대신들이 자신을 반대하는 것을 막기 위하여 수많은 사람을 파견하여 은밀히 각 처의 상황을 조사하도록 하였다. 이로 인해 수많은 사람들이 화를 당했으며 전 가족이 연좌되어 주살되었다. 이러한 상황으로 인해 다른 사람의 주목을 받던 양섭은 본래 하루 종일 불안해하고 있었는데, 이 시기에 아들의 이러한 말을 듣게 되자 놀라서 얼굴이 창백해졌으며, 급히 그를 책망하였다. “네가 우리가문을 멸족시키려고 하느냐?”

양응식은 대꾸를 하지 못하였다. 양섭은 며칠 동안 풀이 죽어 있었으며, 아들이 다시 화가될 일을 말할까봐 두려움에 떨었다. 아버지가 이렇게 두려움에 떠는 것을 보자 무엇이 두려움인지 전혀 몰랐던 양응식 역시 두려워하게 되었다.

사정이 새어나가 아버지가 연루되고 전 가족이 재난을 당할까봐 또한 스스로의 생명도 짓밟힐까봐 두려워하였다. 화를 면하기 위하여 그는 미친 척하기 시작했다.

그의 미친 척하기가 정말 그럴듯하여 이때부터 사람들이 그를 ‘미치광이 양楊瘋子’이라고 불렀다. 사정은 끝내 새어나가지 않았고 아버지는 또 다시 후량後梁왕조의 재상이 되었다.

양응식은 ‘미친’ 정도를 조금씩 낮추어 갔으며 부친을 따라서 후량

왕조의 관리가 되었다. 그는 문재가 있었기 때문에 제왕齊王 장전의張全義에게 발탁되었으며, 뒤에 또 재상 조광예趙光裔의 도움을 받아 집현전직학사集賢殿直學士, 고공원외랑考功員外郎을 지냈다.

후당後唐이 후량을 접수한 후에 그의 직위는 크게 뛰어 올라 중앙정부와 군주의 문건의 가장 중요한 원고작성자 즉 지제고知制誥가 되었다. 문건을 상당히 잘 썼으나 다시 '미친 병'이 도져 사관史館으로 가서 근무하게 되었다. 후당 명종이 등극한 후에 중서사인中書舍人을 제수 받았으나 그는 '미친'척하며 조회에 나가지 않아 다른 직책으로 변경되었다. 후당 말제末帝가 등극한 후에 그는 병부시랑兵部侍郎이 되었으나 열병식에서 '미친 병'이 발작하여 큰 소리로 소란을 피워 질서를 무너뜨렸다. 군주는 그가 재능과 명성이 있었기 때문에 이를 따지지 않고 그에게 낙양으로 돌아가 휴양하도록 조서를 내렸다.

후진後晉이 후당을 대체한 후에 그는 태자의 빈객賓客을 얼마 동안 한 후에 예부상서禮部尚書의 신분으로 퇴직하여 이수伊水, 낙양 일대에서 한가하게 지냈다. 관료세계의 구속받음이 없게 된 그는 더욱 제멋대로 굴었으며, 늘 도도한 언설을 내뱉으며 본지의 관청이 하는 일들을 사사건건 비평하였다. 지방관원들은 그의 명성을 두려워하여 그저 양보할 뿐이었다. 재상 상유한桑維翰이 그의 가정형편이 어려운 것을 알고 태자소보太子少保라는 이름뿐인 관직을 주어 일정 봉록을 받도록 하였다.

후한後漢이 후진을 대체하자 그는 조정에 들어가 태자소부太子少傅, 태자소사太子少師를 담당하였다. 곽위郭威가 개봉으로 진격해 오자 그는 군문 앞에서 기다리고 있다가 자신은 이미 늙어서 조정의 일을 맡기가 어렵다고 말하였다. 일을 맡지 않으면서 변화를 예측하기 어려운 격변의 와중에서 그는 최대한의 자유를 유지하였다.

후주後周가 후한을 대체하자 그는 당초에 곽위를 적극적으로 지지하지 않았기 때문에 자기가 알아서 사직서를 올렸다. 후주 태조는 붓을 들어 이를 비준하면서 우복사右僕射의 신분으로 고향에 돌아가 쉬도록 하였다. 후주 세종이 천하를 호령하게 되었을 때 그를 다시 조정에 나오도록 요청하였고 태자태보太子太保 등 명예로운 직위를 주었으며 아주 높은 예우를 해주었다.

영예와 예우를 받은 그 해 겨울 양응식은 82세의 고령으로 이 세상을 떠났다.

양응식은 '미친 짓거리'로 세상에 유명했으며 그가 죽은 후에 수많은 '미친 짓거리'가 전해져왔다.

한번은 집으로 돌아갈 때 그는 마음이 무척 급하였다. 마차가 너무 천천히 간다고 생각한 그는 뛰어내려 걸어갔는데 이로 인해 길 가던 사람들이 한바탕 웃음을 터뜨렸다.

겨울이 왔지만 집안사람들이 아직 옷을 두툼하게 입지 않았는데, 그는 가지고 있던 면직물, 비단직물 등 옷감을 지나가는 마을 사람들에게 보내거나 여승들의 암자에 보내버려 가족들이 배고픔과 추위를 견디지 못해 울고불고 하였지만 그는 보고도 못 본 척하였다. 지방관이 대명사의 집안이 이렇게 곤궁한 것을 보고 못 본 척 지나갈 수가 없어서 급히 의복과 쌀을 보내 주었다. 그는 웃으면서 가족들에게 말했다. "내 진작부터 지방관이 반드시 구제할 것이라는 것을 알고 있었다."

'미친 짓거리' 외에 양응식의 이름이 알려진 것은 그의 시문과 서예에 힘입은 바 크다.

양응식의 문장은 대단히 특색이 있었는데 써내려간 시문은 독특하였으며 이 점으로 인해 젊은 시절 동년배의 추앙을 받았다. 그가 지은 시는 '맑고 아름다운 것'과 '해학적인 것' 두 종류로 분류된다.

그는 불교를 믿어서 늘 절에 다녔으며 새벽 종소리 저녁 북소리 울릴 때 푸르스름한 불빛과 누르스름한 불경 속에서 불성을 깨우쳤다. 달빛과 물소리, 꽃향기와 새 울음 속에서 본성을 갈고 닦았다. 이를 통해 두 분야의 느낀 바를 일체로 융합하여 경치와 마음이 하나가 되는 아름다운 구절들을 만들어 냈다. 이러한 종류의 시 중에서 '뜰 안은 선禪을 닦는 마음처럼 너무나 고요하네, 활짝 핀 꽃과 깨우친 마음이 함께 어우러지네 院似禪心靜, 花如覺性圓.'의 구절이 가장 유명하다. 그 외에도 <설청雪晴>을 읊은 한 수는 맑고 아름답기 그지없었다.

봄이 다가 왔건만 얼음이 아직 녹지 않았는데
정말 한 겨울 눈 내린 후 맑아지는 하늘같아
아마도 그 승려에 보답하기 위하여
내년도에 풍년이 올 징조가 이미 나타났네

春來冰未泮 冬至雪初晴.
爲報方袍客 豊年瑞已成.

그의 천성은 강렬한 유머감각을 가지고 있어 다른 사람을 골려주는 것을 좋아하였다. 비록 지위가 높은 사람과 사귀더라도 결과를 고려하지 않고 유머감각을 표현하였다. 이러한 성격으로 인해 문학에 있어 그의 해학시가 형성되었다. 그가 한번은 개봉에서 일을 다 처리한 후에 낙양으로 돌아 올 때에 마침 대량의 메뚜기가 동시에 날아와 땅을 가득 채우자 그는 시를 적어 현지 지방관인 장종은張從恩에게 말했다. '메뚜기떼를 수도로 압송해가니, 지방의 군수들이 멀리서도 서로 환영하네 押引蝗蟲到洛京, 合消郡守遠相迎.' 그는 장전의張全義의 보살핌을 받았기 때문에 시를 쓰고 노래할 때 다음과 같은 수법도 사용하였다.

낙양의 풍경 정말 정말 퇴락하였구나
옛적에 이미 기와집들이 무너져 기왓장만 쌓여있었네.
당신(장전의)이 다시 건물들을 수리하지 않았다면
지금도 여전히 잿더미였으리라.

洛陽風景實堪哀　昔日曾爲瓦子堆.
不是我公重葺理　至今猶是一堆灰.

양응식의 시는 비교적 높은 경지에 이르렀지만 그의 서예와 비교하면 마치 둔덕을 높은 산에 비교하는 것과 같았다. 그의 서법은 구양순歐陽詢, 안진경顔眞卿을 스승으로 삼았지만, 회소懷素의 풍격을 융합하여 더욱더 거칠 것이 없이 방종하였고 마음대로 휘갈겨 썼다. 미친 듯한 기운이 서로 같았던 까닭에 그는 특히 회소를 숭앙하였으며 일찍이 <제회소주광첩후題懷素酒狂帖後>를 지어 말했다.

수년간 붓을 들고 서예를 연구하며
왕희지王羲之 321~379년 서성書聖와 위삭衛鑠 272~349년, 위부인衛夫人, 왕희지의 스승에게 배우네.
초서의 달인장욱張旭 당 현종玄宗 때 서예가처럼 술 마시며 흥을 돋울 필요가 없었네
붓끝에서 자연스럽게 용이 날아가듯 봉황이 춤추듯하네

十年揮素學臨池　始識王公學衛非.
草聖未須因酒發　筆端應解化龍飛.

양응식의 예서隷書, 초서草書 모두 뛰어나서 사람들은 오대십국시대 서예계의 태두이며 안진경 이후의 제일인자라고 칭송하였다. 사람들은 또한 그의 행서行書가 안진경과 비슷하다고 생각하여 '안顔, 양楊'을 함께 쳐주었다.

그는 오랜 기간 낙양에 거주하였으며, 관원이 되었을 때는 '미친 짓'을 했으나, '미친 짓'을 해도 별일이 없을 때 그는 절(불사)이나 도교의 사당으로 놀러가거나 산수를 유람하거나 경승지를 다니거나 여행하며 흥이 일면 한편으론 감상하며 한편으론 시를 읊으며 붓을 들어 손이 가는대로 빈 벽에 문장을 쓰거나 시를 썼다. 이로 인해 도처에 그의 필적을 남겼으며 특히 낙천洛川의 불당의 회칠한 벽에 그의 문장과 시를 가득 썼다. 글 끝에 찍힌 낙관은 자기의 이름을 쓰거나 계사인癸巳人이라 쓰거나 양허백楊虛白을 쓰거나 희유거사希維居士라고 쓰거나 관서노농關西老農이라고 썼다.

그의 수제자 이건중李建中이 스승의 서예를 칭찬하였다.

(그의 필법은) 추위와 서리 겪어도 우뚝한 삼나무 회나무 고목처럼 의연하며, (그의 뜻은) 음산한 비 추위 속에서도 안개 감싸인 짙은 묵색의 소나무처럼 준엄하다. 나는 원래부터 서예를 너무 좋아하였는데 절에 갈 때마다 그 글씨를 보고 또 본다. 枯杉倒檜霜天老, 松烟麝煤陰雨寒. 我亦生來有書癖, 一回入寺一回看.

풍도의 아들 풍길馮吉의 찬사가 더욱 수준이 높았다.

소경少卿벼슬이름의 작품들은 승려들이 널리 소장하고 있는데, 아마 종요種瑤동한 말 삼국시대 위나라의 유명한 서예가 151~230년와 왕희지도 그에게 못 미칠 것이다. 원공이 나를 아껴주시는 후세에 다시는 이 작품들과 비교할 것이 없으리라. 少卿眞迹滿僧侶, 只恐種王也不如. 爲報遠公須愛惜, 此書書後更無書.

평가 양응식은 후량, 후당, 후진, 후한, 후주의 오대에 걸쳐 자신을 보전할 수 있었던 드물게 보는 노인이었다. 인생의 전반기에 그는 일찍이 열혈남아여서 감연히 분노하고 원망하는 말을 내뱉을 수 있었다. 그러나 이렇게 행할 경우 가문을 망치고 자신이 죽을 수 있다는 것을 인지한 후에는 생활방식이 변하여 미친 척을 하거나 미친 짓으로 세상과 거래하였다. 그는 미친 짓을 너무나 잘하여 최고의 경지에 이르렀다. 미친 짓을 무기로 삼아 자기의 개성을 펼쳐갔다. 미친 짓을 호신부로 삼아 정치소용돌이에 빠져들어 가는 것을 피하였다. 그는 문학가이자 서예가로 미친 짓으로 예술의 영감을 불러일으켰으며, 미친 짓으로 예술의 활력을 풀어 놓았다. 이로써 깨어있는 자들보다 더욱 큰 예술적인 성취를 얻었다.

▣ 풍연사馮延巳 903~960년

풍연사의 이름은 연사延嗣이며 자는 정중正中으로 광릉廣陵 지금의 강소성 양주(揚州)사람이다. 부친 풍령초馮令初는 오吳나라의 하급 군관을 지냈으며 남당南唐들어서는 흡주歙州 지금의 안휘성 흡현의 염철원鹽鐵院판관判官으로 승진하였다.

부친이 흡주에 부임할 때 풍연사는 나이가 어린 상황이어서 그를 데리고 같이 갔다. 그가 14세 되던 그해 자사刺史 골언骨言의 병이 중하여 장기간 침대에서 일어나지 못하였다. 외부 사람들은 그가 도대체 죽었는지 살았는지를 알 수 없어 소문이 여기저기 퍼지면서 인심이 불안정하였다. 풍연사는 그 상황을 보고 혼자서 골언의 침실로 걸어 들어가 골언의 구두 명령을 가지고 나와 이를 뭇 장수들에게 선포하여 인심을 신속하게 안정시켰다.

나이가 어릴 때 담력과 식견이 있었던 풍연사는 다재다능하여 어른이 된 후에 더욱 주목을 받았는데 특히 문학에서 뛰어남을 보였다. 이변李昪이 그의 뛰어난 재주를 마음에 들어 하여 그에게 비서랑秘書郎직을 주어 태자 이경李璟을 보좌하도록 하였다. 이경 역시 문학을 좋아하였기에 의기투합하여 그를 중용하였다. 풍연사는 원래 정객의 기질을 가지고 있었으며, 거기에 더하여 관료사회의 풍습이 습관이 될 정도로 익숙해지면서 더욱 정객의 기질에 정통하게 되었다. 자신의 지위를 더욱 든든하게 하려고 정부의 요인인 송제구宋齊丘에게 기대어 파벌 형성에 힘쓰면서 개인적인 이익을 챙겼다. 태자 부府에 있는 자신보다 지위 높은 사람들을 모든 방법을 다 짜내어 제거하였다.

그는 사람됨이 경박하였지만 도리어 스스로는 자신을 대단한 존재로 여겨 동료들을 동등하게 여기지 않고 대단히 경멸하였다. 그와 같이 일을 하였던 손성孫晟이 몇 차례 모욕을 당한 후에 대단히 '수준' 있게 그를 경원하며 말했다. "그대가 나를 경시하고 있는 것을 알고 있소. 나의 문필은 그대만 못하며, 재능과 기예도 그대에 못 미치며, 해학 역시 그대와 같지 못하며, 남에게 침 뱉기도 그대만 못하며, 가무와 음주도 그대에게 못 미치며, 아첨 역시 그대에 못 미치며, 음험함과 남을 속이는 것 역시 그대만 못하오. 그러나 황상이 그대로 하여금 태자를 보필하도록 한 것은 그대로 하여금 도의道義로 서로 규율하도록 하신 것이지 가무와 색을 좋아하는 개 같은 친구를 찾으려 한 것은 아니오. 그대의 말과 행동을 나는 도무지 이해하지 못하겠소. 나라를 망칠 뿐이오."

이경 역시 풍연사의 경박함과 끝없는 탐욕을 경멸하였으나 그의 재능을 차마 버릴 수 없었다. 이변은 만년에 그를 파면시키려고 하였으나 그러지 못하고 세상을 떠났다.

이경이 등극하자 풍연사는 기뻐서 어쩔 줄 몰라 했으며 하루에도 몇 차례나 새 군주가 있는 곳으로 달려가 이런저런 이야기를 하였다. 이경이 귀찮아하며 불쾌해했다. "그대는 자신의 직무가 있고 자신의 일도 있는데 어찌 이와 같이 나를 번거롭게 하느냐?"

풍연사는 군주의 책망을 받고 스스로 체면을 잃게 되자 그 이후로 군주를 찾아가는 횟수를 줄였다. 책망은 책망이고 새 군주는 여전히 그를 중시하여 간의대부諫議大夫, 한림학사翰林學士 벼슬을 그에게 내렸다. 이 지위는 눈부신 자리였지만 그는 근본적으로 이에 만족하지 못하였으며, 힘을 다해 정치경영을 강화하였다. 그는 동생 풍연로馮延魯, 조정관리인 위잠魏岑, 진각陳覺, 사문휘査文徽와 패거리를 형성하여 조정의 모든 정사에 간여하였다.

다섯 명의 언행이 너무 지나치고 너무 비열하였기에 사람들은 그들을 '다섯 귀신五鬼'이라고 불렀다. '다섯 귀신'은 각각 뛰어난 점이 있어 함께 합치면 세력이 상당히 큰 정치집단을 형성하였다. 이 집단의 영향력으로 풍연사는 꿈에도 잊지 못하던 재상의 직을 마침내 얻게 되었다. 그가 재상이 되자 조정안에서 반대하는 여론이 크게 일어났다. 이경은 여론을 잠재우기 위하여 그를 외지로 내보내 무주撫州 장관을 맡도록 하였다. 무주에 도착한 후에 그는 현지에서 무슨 좋은 일을 한 적이 없었다.

풍연사가 떠나가자 이경은 무언가를 잃어버린 듯하였다. 다섯 귀신 집단의 권고로 그는 풍연사를 다시 조정으로 불러들여 재상을 맡게 하였다. 재상직을 회복하자 풍연사는 조정이 자기를 떠나선 존재할 수 없으며, 군주도 자기를 떠나선 존재할 수 없다고 생각하였다. 이로 인해 그는 경박한 기질을 거두어들이지 않았을 뿐만 아니라 도리어 더욱더 제멋대로 굴었다. 그는 군주에게 조금도 거리낌 없이 직접적으로 말했다. 자신의 지략은 천하를 다스리기에 충분하니 황상이 직접 업무를 다룰 필요가 없다고 말하면서 만일 그렇게 하지 않는다면 자신이 재상을 맡은 것은 아무 의미가 없다고 하였다. 놀기를 좋아하던 이경은 이 말을 믿었으며 또한 이 말을 필요로 하였기에 더 이상 고려하지 않고 대권을 전부 그에게 주었다.

군주가 안심하고 즐길 수 있도록 풍연사는 대담하게 또한 아주 교활하게 이변과 이경을 비교하여 말을 지어 내뱉었다. “옛적 안육安陸의 전쟁 때 병졸 수천을 잃은 것에 불과하였는데 선황제께서는 여러 날 식사를 하지 않으셨는데 이와 같이 농부 같이 순박한 분이 어찌 천하대사를 이룰 수 있다는 말입니까? 지금의 황상께서는 수만 명의 군대를 외지에 출동시키시고도 평상시와 다름없이 연회와 즐거움을 누리고 공을 차시니 이야말로 진정한 영웅군주이십니다!” 이경은 이 말을 듣고 너무 기뻐하며 더욱 신나게 놀면서 풍연사가 일체 조정업무를 처리 하도록 놔두었다.

그러나 풍연사는 권신과 비슷한 지위를 얻기는 하였으나 근본적으로 당시의 복잡다단한 대내외 정국을 처리할 능력이 없었다. 랑주朗州절도사 유언劉言이 반란을 일으켰는데 그 기세가 맹렬하였다. 그가 반란을 평정하기 위하여 장사長沙에서 가혹한 세금을 거두면서 민심을 크게 잃었다. 결과는 잃은 땅을 회복하지 못하였을 뿐만 아니라 반대로 호남湖南지역을 전부 잃어버렸다. 후주의 군대가 여러 차례 남쪽으로 정벌에 나서자, 이러한 강대한 공세에 직면하여 그는 속수무책이었다. 마지막에는 강북지역의 모든 땅을 다른 사람 손에 넘겨주는 것으로 끝나고 말았다. 호남을 잃고 강북을 빼앗긴 후에 풍연사는 정치적 신망을 전부 잃었고 재상직도 날라 갔다. 그런지 일년 후에 그는 우울함 속에서 세상을 하직하였다.

정치가로서 풍연사의 일생은 실패하였으나, 사인詞人으로서 일생은 상당히 성공적이었다. 남당은 문학적 풍조가 왕성하여 사詞를 짓는 자들이 많았다. 군주도 대부분 사인詞人이었으며 대신들도 대부분 사인이었다. 이 수많은 사인들 중에서 풍연사는 아주 높은 위치를 차지하였다. 그는 서정抒情의 대가였다. 그의 사詞에는 기본적으로 관료세계에서 자신이 겪은 부침과 그에 상응하는 인생체험을 바탕에 깔았다. 화려함을 바탕으로 부드러움을 감정으로 삼아 경치를 빌어 정을 펼치고 사물을 들어 정을 펼치며, 근심 · 원망 · 한恨 · 우울함 · 슬픔을 펼쳐보였다. 낭만적이고 다정다감함을 그려내며 맑고 아름답고 슬프고 처량함을 묘사해냈다. 예를 들자면

오동잎 떨어지고 여뀌 꽃 피는 가을
싸늘한 안개 피어오르며 비가 그치네.
처량한 풍경 마음의 근심 더하는데 .
그 사람 나간 후 가슴에 한스러움 가득차네.
제비와 기러기 저 멀리 날아가고
오랑캐 피리소리에 원망이 더해지네.
맑은 물 한줄기 저 멀리 보이고
산은 여인네 눈썹먹처럼 푸르고 달은 갈고리처럼 둥그네.
산산이 흩어지는 생황곡조에
꿈이 깨어 높은 누각에 기대어 서있네

梧桐落/蓼花秋
烟初冷/雨才收
蕭條風物正堪愁
人去後/多少恨/在心頭!
燕鴻遠
羌笛怨
渺渺澄波一片.
山如黛/月如鉤
笙歌散
魂夢斷/倚高樓.

[방초도芳草渡]

누가 그 정한을 버린지 오래되었다고 하는가?
봄이 돌아오면 그 슬픔은 변하거늘
날이면 날마다 꽃과 더불어 취하도록 마셔대니
거울 속의 젊은 얼굴 어느새 수척해지네.
강가의 푸른 풀과 둑길의 버드나무야
어찌해서 연연이 근심만 더해지느냐?
소매 가득 바람 맞으며 홀로이 누대에 오르니
인적 없는 넓은 숲에 달빛만 있구나

誰道閑情拋棄久?
每到春來/惆愴還依舊.
日日花前常病酒
不辭鏡裏朱顏瘦.
河畔青蕪堤上柳/爲問新愁/何事年年有?
獨立小橋風滿袖
平林新月人歸後.

[작답지鵲踏枝]

풍연사의 붓 아래 채택된 배경은 광범위하였다. 부드럽고 아름다운 뛰어난 산수도 있고, 호화롭고 웅장한 전각과 누각도 있으며, 찬란하고 잘 변하는 봄꽃과 가을 달도 있으며, 미인의 아늑함이 있는 관현악과 가무와 연회가 배경이 되었다. 어떠한 배경을 사용하든 그는 모든 배경에 정감을 넣었으며, 무슨 배경이든 그 안에서 정감을 끄집어내었다. 배경과 정감이 물과 우유가 섞이듯 잘 어울려 하나가 되었다. 예를 들자면 푸르디 푸른 강물/ 누가 부는 옥피리 소리 들려오는가?
조각배로 소상강 나그네를 멀리 보내오
끝없이 너른 갈대밭에 달빛이 서리 맞은 듯 하얀데
떠나가는 모습에 가슴이 아프네
내일 아침이면 산들이 가로 막아 그 모습조차 보지 못하리

江水碧/ 江上何人吹玉笛?
扁舟遠送瀟湘客.
蘆花千里霜月白
傷行色
來朝便是關山隔.

[귀국요歸國謠]

옥 장식 화려한 조각의 조롱 속의 앵무새를 희롱하네
은근한 앵무새 소리 봄날의 따사로움 느끼게 하는데
연인 없는 옥 병풍 그림 걸린 방은 적막하고 싸늘할 뿐이네
어둠이 깔리기 시작하니 봄 저녁의 싸늘함 어찌할 수 없고,
무심한 바람에 꽃잎만 떨어지네
주렴을 거두어 보니 처마 밑 제비가 낮게 날아 가버리고
거울을 보듬으니 먼지만 날아 오르네
둥그런 눈썹 같은 달이 뜬 오늘밤
누구와 더불어 동심결남녀가 굳게 사랑하기로 맹세한 후 서로 정표로 주고 받는 매듭을 차고 난간에 기댈고?

玉鉤鸞柱調鸚鵡
宛轉留春語.
雲屛冷落畵堂空
薄晚春寒無奈落花風.
搴簾燕子低飛去
拂鏡塵鸞舞.

不知今夜月眉彎,誰佩同心雙結倚欄干?

[우미인(虞美人)]

풍연사의 사詞를 읊어보면 일종의 생동감을 느끼게 하였다. 그 생동감이 잘 어우러져 자연스런 감정을 주어 마치 그 경치를 바로 대하는 듯하였고, 물이 내 앞에서 넘실거리고, 구름이 머리 위에서 흘러가며, 달빛이 바로 자신에게 비껴 들어오는 듯하였다. 예를 들면

깊고 깊은 정원 얼마나 깊은걸까?
안개는 버드나무 가지를 휘감고 있어 겹겹이 내린 발과 같네
옥 재갈 조각한 안장을 타고 노니는 곳
높은 누각들 그러나 장대로 가는 길은 보이지 않네
비바람 거세게 몰아치는 삼월의 저녁에
어떻게든 문안에 황혼을 가두려해도
봄날을 잡아둘 방법이 도무지 없구나
눈물 머금은 눈으로 꽃에게 물어보아도 꽃이야 어찌 답을 하겠느냐?
그네 바람결에 제멋대로 휘날리는 붉은 꽃잎들. .

庭院深深深幾許?
楊柳堆烟
簾幕無重數.
玉勒雕鞍游冶處
樓高不見章臺路.
雨橫風狂三月暮.
門掩黃昏
無計留春住.
漏眼問花花不語
亂紅飛過秋千去

[접연화蝶戀花]

갑작스런 바람에/연못의 봄물이 출렁이네
향기어린 길가로 원앙새를 유인하려고
바람결은 붉은 살구꽃술을 더듬는구나.
다투는 오리처럼 난간에 비스듬히 기대니
푸른 옥비녀가 스르르 떨어지네
그리워 그리워해도 임은 끝내 오지 않건만
까치소리에 기쁜 소식 들려올까 머리들어 보네.

風乍起/吹皺一池春水.
閑引鴛鴦香徑里
手挼紅杏蕊.
斗鴨欄干遍倚
碧玉搔頭斜墜.
終日望君君不至
擧頭聞鵲喜.

[알금문謁金門]

전체적으로 보자면 풍연사는 온정균溫庭筠 등 화초형의 사인들 보다 크게 한 발자국을 더 나아갔다고 할 수 있다. 그의 작품의 기세가 대단하였고 정취가 충분하였으며 높은 수준이었다. 그러나 기세가 대단하였어도 다른 사람의 마음을 흔들기 어려웠으며, 정취가 비록 충분하다고 할 수 있을 지라도 다른 사람의 혼을 빼앗기 어려웠으며, 수준이 비록 높았지만 사람의 마음을 진정으로 사로잡기 어려웠다.

평가 풍연사는 오대십국시대 상당히 성과를 이룬 사인詞人이다. 그의 사는 맑고 아름다우며, 우아하며, 생동감이 넘쳐났으며, 비유적 수법으로 서경과 서정을 가장 적합한 곳에 융합하여 일체가 되게 하는데 뛰어났다. 그의 사詞는 당나라 말엽에서 북송에 이르는 사詞의 영역에서 앞 세대를 계승 발전시키고 뒷 세대에 이를 연결해주는 작용을 하였다. 그러나 풍연사는 문인에 불과하며 근본적으로 우수한 정치적 자질을 갖추지 못하였다. 그는 과장을 잘하고 공을 세우기를 좋아하였다. 정치의 바다에 잘못 뛰어든 후에 시상詩想차원의 사고로 군사전략을 대신하고 문학예술로 정치수법을 대신하였다. 그가 재상을 맡고 있던 시기에 먼저 호남지역을 잃었으며, 뒤이어 강북지역을 잃으면서 원래 방대했던 남당이 약소국가가 되게 하였다.

▣ 이욱李煜 937~978년

이욱의 자는 중광重光 초명은 종가從嘉이며 호는 종은鍾隱으로 스스로 연봉거사蓮峰居士라고 불렀다. 역사적으로 이李 후주後主로 불리며 서주徐州 지금의 강소성사람이다.

이마가 넓고 이가 고르며 두 겹의 눈동자를 가졌다.

전통적인 관상의 논법을 따른다면 이욱의 용모는 아주 귀한 상相이었다.

군주의 가정에서 태어났으니 이것 자체가 지극히 부하고 귀한 것이라 할 수 있지만 이치를 따져보면 군주의 자리는 절대로 그의 차지가 될 수 없는 것이었다. 왜냐하면 그는 이경李璟의 여섯 째 아들로 그 위에 형이 다섯이나 있었기 때문이다. 그러나 운명은 그가 일을 이루도록 도와주었다. 다섯 명의 형이 연달아 세상을 떠나면서 그는 순조롭게 태자가 되었다.

이욱이 태자에 등극한 시기는 바로 남당南唐정권이 내리막길을 걸어가던 시기였다. 태자가 되기 수년전에 후주의 군대가 남당에 대해 우레를 치듯 강력한 군사행동을 함으로써 이경은 어쩔 수 없이 장강 이북의 판도를 내어놓을 수밖에 없었다. 양측은 장강을 경계로 영토를 다스렸으며 남당은 장강의 남쪽으로 쪼그라들었다. 이후에 조광윤이 후주를 대체하여 송宋왕조를 건립하였다. 새로운 정치국면의 균형을 맞추기 위하여 이경은 건륭建隆 2년(961년) 남창南昌에 남부 수도를 건립하고 주요 정부구성원들을 대동하고 그리고 옮겨갔으며, 이욱을 태자로 세워 금릉金陵에 남아 지키도록 하였다.

몇 개월 지나지 않아 이경이 세상을 떠나고 이욱이 금릉에서 군주가 되었다.

이욱은 뼛속부터 문인이었다. 성격이 극히 문약하고, 사치를 사랑하였으며 상당한 정취를 지닌 문인이었다. 예술적인 조예가 대단히 높아 아주 광범위한 분야에서 뛰어났다. 문장을 논하자면 심오함이 있었고, 그림을 논하자면 영적인 기운이 있었고, 서예를 논하자면 대범함이 있었다. 특히 그에겐 격률에 따라 사詞를 짓는 것이 아버지 이경의 영향과 풍연사 등 일반 문신들의 영향으로 특히 남당에 농밀한 문학적 기풍의 영향을 받아 아주 익숙한 것이 되었다. 그는 사詞짓기를 너무 좋아하여 술에 취한 듯 거기에 흠뻑 취하였으며, 늘 호화로운 풍류생활을 읊조리는 아름답고 기묘한 구절들을 읊어냈다. 예를 들면

붉은 태양이 이미 높이 솟아

금향로에 향을 더 태우려 하네.
바닥에 깔린 붉은 비단 걸음마다 주름질듯
미인의 춤 그치지 않고 비단비녀는 달랑거려
어젯밤 술을 너무 마셔 꽃 내음으로 깨우려는 듯
저 멀리 다른 전각에서 피리와 북소리 연주가 들려오는구나

紅日已高三丈透
金爐次第添香獸
紅錦地衣隨步縐.
佳人舞點金釵溜
酒惡時拈花蕊嗅
別殿遙聞簫鼓奏.

[완계사浣溪沙]

저녁 화장을 갓 마친 피부 눈처럼 희네
봄날 전각에 물고기처럼 늘어서 있는 무희들
통소와 생황소리 강물과 구름 사이로 흩어지내
양귀비가 추던 예상우의곡을 다시 연주하니 .
바람결에 향기를 날리는 이는 누구인가? ?
취해서 난간을 두드리니 절절한 정한 더욱 깊어라
돌아갈 때 촛불을 밝히지 말라
말발굽소리 투명한 달빛 속에 울리길 기대하기에

曉妝初了明肌雪
春殿嬪娥魚貫列.
風簫聲斷水雲閑
重按霓裳歌遍徹
臨風誰更飄香屑
醉拍欄杆情未切.
歸時休放燭花紅

待踏馬蹄淸夜月.

[옥루춘玉樓春]

문인인 이욱이 군주가 되었지만 문인기질과 습관을 고치지 않고 이전과 마찬가지로 지내기를 좋아하며 정치에 힘을 쏟지 않았다. 그는 성대한 연회를 열고 가무를 감상하며 미녀들을 가까이 하면서 고담준론을 펼쳤다. 사찰을 돌아다니며 불교에 빠져들었으며 날이면 날마다 너무나 즐겁게 놀았으며 나랏일에 대해 전혀 생각하지 않고 놀았다.

그가 이렇게 논 것은 문인의 경박함 때문만은 아니었다. 송宋나라가 전국을 통일하려고 기세등등하게 압박해 온 것이 더욱 중요한 원인이었다. 그는 제위에 오르자마 바로 송나라에 조공을 바쳐 친선의 뜻을 표하였다. 그 후에 동생 이종선李從善을 보내 송 태조를 알현하도록 하였다. 그러나 뜻밖에도 태조는 그를 억류시켰다. 이욱이 직접 서신을 써서 그를 돌려보내달라고 요구하였으나 여전히 거절당하였다. 송나라가 침략할 구실을 찾는 것을 막기 위하여 그는 주동적으로 조정의 각급 기관의 급수를 한 계단씩 낮추어 신하로서 복종한다는 것을 보여주었다.

한나라의 군주로서 바로 앞의 상황도 보장할 수 없는 국면을 맞게 되자, 그는 고통스러워했으며 차마 현실을 직시할 인내력도 없었다. 아니 생각하는 것조차 원하지 않았으며 아예 원래보다 더 색을 즐기고 사詞를 쓰면서 자신을 마취시켰으며 술에 취하여 인간사를 못 본 척하였다. 누구든지 눈치 없이 그에게 주의를 촉구하면 엄벌을 받을 수 있었다. 대신 반우潘佑가 상소를 올려 극렬하게 간언하였으나 감옥에 갇히었고 핍박을 받아 자살하였다.

그러나 취하는 것만으론 근심을 없앨 수 없었으며 우울함을 떨쳐버릴 수 없었다. 이러한 근심과 우울함은 아무 때나 튀어나와, 가무를 즐기며 금 술잔을 기울이는 어전에서든 그가 마음을 다해 써내려간 사詞속에서든 가득하였다.

말없이 홀로 서루에 오르니/ 갈고리처럼 달이 걸려있네
오동나무 적막하게 서있는 깊은 뜨락에 맑은 가을하늘이 갇혀 있구나
자르려해도 여전히 남아있고 정리하려해도 여전히 어지러운 이별의 슬픔
마음속에 남아있는 아무도 모르는 또 다른 심사를 누가 알겠는가?

無言獨上西樓/月如鉤.
寂寞梧桐深院鎖淸秋.
剪不斷/理不亂/是離愁
別是一般滋味在心頭.

[상견환相見歡]

어찌 그리도 빠른가? 숲속의 붉은 꽃, 봄과 이별함이
아침에 흩뿌리는 찬비 저녁에 부는 바람을 어찌하랴.
곱게 연지 바른 볼에 눈물이 흐르고/ 발걸음 못 떼고 술 취하게 하는데
언제나 다시 만나랴?
동으로 동으로 흐르는 강물처럼/ 본래 한스러운 것이 인생이거늘.

林花謝了春紅/太匆匆.
無奈朝來寒雨晩來風

臙脂漏/相留醉
幾時重?
自是人生長恨水長東.

[상견환相見歡]

헤어지고 반이나 지나간 봄이지만/눈길 닿는 것마다 애닮은 슬픔
매화꽃이 돌계단 아래 나뒹굴면, 마치 휘날리는 눈같이
온몸을 감싸는구나
기러기가 날아오는데도 아무 소식 없어
꿈속에서 조차 돌아가는 길이 너무나 머네.
이별의 한스러움 봄풀 같아서/멀리가면 갈수록 살아나누나. .

別來春半/觸目愁腸斷.
砌下落梅如雪亂
拂了一身還滿.
雁來音信無憑
路遙歸夢難成
離恨恰如春草/更行更遠還生

[청평악(淸平樂)]

이욱은 술 취해 꿈속에서 살며 현실을 참고 견디어 나갔으며, 그가 쓴 사詞에 근심과 우울함을 달래며 세월을 소모하였다. 개보開寶 7년(974년) 마침내 그가 밤낮으로 두려워하던 날이 닥쳤다. 송 태조가 사절을 보내 그에게 개봉으로 오라고 '청'하였다. 그는 몸이 병들었다는 말로 거절하며 시간을 끌며 가지 않았다. 송 태조가 대군을 이끌고 장강을 넘어 금릉金陵을 포위하였다. 격렬한 공방전이 벌어졌으

나 이욱은 궁궐에 숨어서 여전히 <임강선臨江仙>이란 사詞를 쓰고 있었다.

앵두꽃 지듯 봄도 지고/ 나비만 쌍쌍이 가루를 날리네
소쩍새가 작은 누각 서쪽의 달을 보고 울때.
옥구슬 비단 주렴/ 저녁 안개 속에 슬픔을 드리우네
인적 끊겨 거리가 고요한데/밤안개 속에 풀잎이 희미하게 보이네
봉황향로에 연기 피어오르지만
비단 허리띠 괜스레 부여잡아 보지만/돌아보니 한스러움 뿐이네 .

櫻桃落盡春歸去/蝶飜輕粉雙飛
子規啼月小樓西
玉鉤羅幕/惆悵暮烟垂.
別巷寂寞人散後/望殘煙草低迷.
爐香閑裊鳳凰兒.
空持羅帶/回首恨依依

전해지는 말로는 이 작품이 완성되기 전에 성이 함락되었기 때문에 마지막 세 구절은 뒤에 보충한 것이라고 한다. 개보 8년(975년) 음력섣달에 금릉성이 함락되면서 이욱은 포로가 되었다. 그 다음 해에 그는 개봉으로 압송되어 갔다.

송 태조는 그에 대해 그래도 관대하여 그의 목숨을 요구하지 않고 풍자적인 뜻을 담아 그를 위명후違命侯로 책봉하였다. 말이 후작(제후)이지 사실은 망국의 노예 즉 고급의 죄수일 뿐이었다. 군주에서 죄수로 나락에 떨어지면서 그의 생애 전반부와 후반부가 하늘과 땅 같은 낙차를 보였다: 궁궐과 죄수의 거처, 비단용포와 낡은 옷, 호화

로운 밥과 거친 밥, 천당과 지옥. 이 전체의 세계가 그의 앞에서 뒤집혀 하늘이 곤두박질치고 땅이 빙빙 돌면서 넋이 나갔다. 그는 눈물로 얼굴을 씻으며 국가와 가정이 망한 재난, 인생의 한과 우울함, 과거와 현실을 강렬하게 대비하며 그의 사詞속에 혼합하여 넣었다.

사십 년을 내려온 나라/삼천리 산하
봉황각 용봉루 구름에 닿았고
진귀한 나무들 즐비하였었으니
어찌 전쟁을 알 수 있었겠는가?
하루아침에 포로신세/비썩 마른 허리에 백발이 흩날려
창망 중에 종묘사직과 이별하던 날이 제일 가슴에 아파
교방에서 이별가를 연주할 때
궁녀들 보며 눈물을 흘렸지

四十年來家國/三千里地山河.
鳳閣龍樓連霄漢
玉樹瓊枝作烟夢
幾曾識干戈?
一旦歸爲臣虜/沈腰潘鬓銷磨.
最是倉皇辭廟日
教坊猶奏別離歌
垂漏對宮娥.

[파진자(破陣子)]

봄꽃과 가을 달 끝없이 뜨고 떴으니/옛일을 얼마나 많이 알겠는가!
어젯밤 누각에 또 불어온 동풍
휘영청 밝은 달, 고국생각에 더욱 견디기 어렵게 하네
아름답게 조각된 돌계단은 여전할 텐데
단지 젊음이 사라졌을 뿐이라.

그대에게 묻노라, 도대체 시름이 얼마나 깊었느냐?
마치 봄날의 강물이 동쪽으로 흘러가는 듯

春花秋月何時了/往事知多少!
小樓昨夜又東風
故國不堪回首月明中.
雕欄玉砌應猶在
只是朱顏改
問君能有幾多愁
恰似一江春水向東流.

[우미인虞美人]

이욱이 나라가 망한 후에 써넣은 사는 인간의 비극이란 각도에서 문제를 본데다 자기의 뼈아픈 통증이 더해지면서, 남당왕조의 궁궐의 호화로움과 꽃 사이의 아름다움을 그리던 사詞풍에서 더욱 시야를 넓혀 더욱 높은 경지로 올라가 사詞의 경계를 개척해갔다.

사람됨이 엄하였던 송 태종太宗이 형의 제위를 이은 후에 생명을 보전한 것에 대해 감사할 줄 모르고 줄곧 원망을 담은 사詞를 짓는 이욱에 대해 상당히 짜증이 나있었다. 어느 칠석날 저녁에 사람을 보내 그에게 독약을 보내었다.

평가 이욱이 군주가 된 것은 역사적으로 잘못된 것이다. 그는 철저한 문인으로 근본적으로 정치가 어떠한 것인지를 모르는 문인이었다. 자기 분수를 지키며 편안하게 그의 그림을 그리고 사를 쓰며 서예를 하면서 문인의 길을 걸어갔다면 망국의 군주로서의 뼈아픈 아픔을 겪지 않았을지 모른다. 또한 후대의 조롱과 유감스러움을 겪지 않았을 것이다. 그러나 역사에서의 잘못된 위치는 정치적으로 그를 망쳤지만 문학상에서는 그를 완성시켰다. 생각해보면 만일 그가 강산과 옥좌를 잃어버리고 개봉으로 압송되어가서 죄수가 되는 지극한 아픔을 겪지 않았다면 그가 어찌 천고의 절창을 만들어 낼 수 있었으며 사詞에 있어 대가가 될 수 있었겠는가?

6. 충성을 다한 환관과 예능인

▣ 장승업張承業 845~921년

장승업의 자는 계원繼元으로 동주同州 지금의 섬서성 대여(大荔)사람이다. 그는 본래 강康씨였으나 어릴 때 거세되어 당唐 함통咸通년간에 내상시內常侍 장태張泰의 양아들이 되어 이름을 바꾸었다.

양아버지의 영향력을 빌어 장승업은 어른이 된 후에 손쉽게 요직을 얻었으며, 일정시간 군대업무를 본 후에 내정에 들어가 내공봉內供奉을 맡았다.

이극용의 군대가 섬서陝西지역으로 들어 온 후에 왕행유王行瑜, 이무정李茂貞 등 당唐 소종昭宗을 핍박하는 세력을 토벌할 때 장승업은 군주의 명을 받아 쌍방을 오가며 연락을 책임졌다. 몇 번 접촉한 후에 이극용은 그의 사람됨을 높이 샀다. 이 일이 지나간 후에 소종은 계속해서 이무정의 압박을 받자 태원太原에 가서 이극용에게 의지할 준비를 하였다. 이를 위해 장승업을 하동감군河東監軍으로 임명하여 사전에 가서 관련 사항을 협의하도록 하였다. 소종은 결국 태원에 가지 않았으나 장승업은 오히려 그곳에 머물렀다.

재상 최윤崔胤의 기획으로 주온이 장안에서 환관들을 도륙할 때, 소종을 통해 전국 각 지역의 장관들에게 그 지역의 환관들을 주살하라고 명령하였다. 이극용은 조서를 받은 후에 장승업을 절에 숨기고 다른 죄수를 죽여 이를 대신하였다. 주온이 당나라를 찬탈한 후에 장승업이 다시 공개적으로 얼굴을 내밀었다.

하동감군이 되어 장승업은 이극용을 보필하면서 상당히 호흡이 잘 맞았다. 이에 따라 그는 점차 하동의 사령관 이극용이 가장 신임하는 대상이 되었다. 이극용의 병이 위중해지자 이존욱을 후계로 세우면서 장승업을 불러 아들을 부탁하였다.

"내 아들은 유약하고 군신들은 교만한 상황이니, 공이 번잡한 일들을 잘 처리하길 바라오!"

유명을 받은 장승업은 이극용의 동생 이극녕李克寧과 협조하여 순조롭게 이존욱을 왕좌에 오르게 하였다. 그러나 얼마가지 않아, 당초 결연히 왕위를 양보하였던 왕의 삼촌이자 최고의 군정대권을 장악하고 있던 이극녕이 아내의 베개 밑 송사에 넘어가 판단이 흐려지면서, 심복의 설득하는 말을 곧이 곧대로 믿고 비밀리에 모반을 꾀하였다. 장승업 등을 죽이고 이존욱 및 그 모친인 태부인太夫人 조曹씨를 후량의 조정으로 압송하며, 이를 선물로 하여 후량 태조에게 귀순한다는 계획을 세웠다.

조씨가 내부인을 통해 이 소식을 들은 후에 장승업을 은밀히 불러 이존욱을 가리키며 그에게 말했다.

"선왕께서 이 아이를 공에게 맡겼는데 오늘 들으니 외부에서 그를 해치려고 비밀모의를 하고 있습니다. 우리 모자를 후량에 보내지 말고, 한 지역을 주어 편안히 살게 한다면 그 나머지일은 공에게 더 이상 누가 되게 하지 않겠습니다."

장승업은 조씨가 말하는 인물이 누구인지 명확히 이해를 못하고, 그녀가 자기를 오해할까봐 두려워 황송한 태도로 말했다.

"이 늙은 노비는 선왕의 유명을 죽음으로 갚고자합니다. 태후께서 이렇게 말씀하시는 것이 무슨 뜻입니까?"

이존욱은 숙부의 비밀모의를 징승업에게 말하였다.

"가까운 친척끼리 서로 곤죽 탕이 될 수는 없으니 만일 내가 왕위를 내려놓는다면 변란은 자연스레 가라앉을 것입니다."

장승업이 진상을 명확히 알게 되자 자신의 입장과 태도를 명백히 표시하였다.

"이극녕이 대왕 모자를 호랑이 굴에 집어넣으려한다면 그를 제거하지 않고는 생명을 보전하기 어렵습니다!"

연회를 크게 베푼 후에 그 자리에서 장승업은 매복시켰던 병력을 동원하여 이극녕과 그 집단 구성원들을 제거하여 하동정권을 멸망으로 이끌고 갈 수 있었던 대정변을 분쇄하였다.

아들을 맡긴 명령을 잘 수행한데다 정변을 진압한 공으로 장승업은 일인지하 만인지상의 사람이 되었다. 이존욱이 그에게 감격하여 그를 중용하였고 존경하였으며 그를 '일곱째 형七哥'이라 불렀다. 늘 그의 처소에 찾아가 그를 만났으며 그의 모친을 향해 무릎을 꿇고 안부를 물었다. 대신들이 그에게 높은 관명을 주고 봉지封地를 내리도록 요청하였으나 그가 거절하였다.

장승업은 당 왕조를 잊지 못하여 줄곧 감군의 명칭으로 자신을 '칙사勅使'라고 칭하였다.

이존욱이 위박魏博을 획득한 후에 최고 통치부서를 하북河北지역으로 옮겨가서 황하를 사이에 두고 후량 왕조와 십여 년을 싸웠다. 이 기간 동안 그는 그의 옛 근거지인 태원의 군정에 대한 전권을 장승업에게 주었다.

곡식을 집적하고 돈을 모으고 말을 기르고 병사를 모으고 유랑민을 거두어들이고 농업과 양잠을 장려하면서 장승업은 근거지를 아주 번영시켰으며. 이를 통해 이존욱에게 끊이지 않고 물자와 군대를 제공하였다.

수많은 사람들이 말하였다: 이존욱이 대업을 이룰 수 있었던 것은 장승업의 노고와 충성심에 힘입은 것이다.

태원은 왕족과 권신, 귀족들의 집합지였다. 특히, 태후, 비빈, 왕자 등은 자신의 사적인 이익에서 출발하여 장승업에게 수많은 청탁을 하여 이를 들어줄 것을 요구하였다. 이러한 끝없는 욕망의 골짜기를 대하면서 장승업은 그들에게 죄를 얻을 위험을 무릅쓰고 전부 다 거절하였다. 이러했을 뿐만 아니라 그들 중에서 감히 법을 어기는 사람들에 대해서는 반드시 엄벌에 처했으며 조금도 돌아설 여지를 주지 않았다. 전혀 사적인 것이 없으며 냉정한 장승업의 통치로 인해 권신과 귀족들이 두려움을 느꼈고, 규율을 알게 되면서 태원의 사회기풍이 점점 더 평안하고 깨끗하게 되었다.

이들 권력자와 귀족들을 엄하게 묶어놓게 되면서 자연스럽게 국가의 이익과 백성들의 이익을 보호할 수 있었다. 그러나 일부 마음속에 불만을 품은 자들은 감히 공개적으로 말하지 않았지만, 일 년에 한번 고향으로 돌아오는 이존욱 앞에서 장승업을 맹렬하게 헐뜯었다. 그가 권세를 쥐고 제 멋대로 권력을 휘두르며 뇌물을 엄청나게 받는다는 비방이었다.

이존욱은 장승업의 사람됨을 잘 알고 있었기 때문에 비방을 한쪽 귀로 듣고 한쪽 귀로 흘렸다. 그러나 그도 역시 개인적으로 돈이 필요하였다. 돈을 마련해 도박도 하고 재인들의 놀이도 감상하고 싶었다. 돈은 장승업이 관리하고 있었기 때문에 그는 방법을 바꾸어 돈을 받아내려고 하였다. 그는 돈이 쌓여있는 창고에서 술자리를 만들고는 장승업을 청하여 술을 마시게 하였다. 주흥이 한 참 무르익자 가장 사랑하는 아들 이계급李繼岌에게 장승업을 위해 춤을 추도록 하였다. 춤이 끝나자 장승업이 자기의 보물로 장식된 허리띠와 말과 약간의 돈을 춤에 보답하는 선물로 주었다. 이존욱은 돈이 너무 적다고 느껴 돈을 가리키며 아들의 어릴 적 이름을 부르며 말했다."화형和哥은 돈이 없으니, 일곱째 형七哥이 창고에 있는 돈을 주도록 하고, 그대 보물장식 허리띠와 말은 거두도록 하세요."

장승업이 한 마디로 딱 잘라 거절하였다.

"아드님이 노래하고 춤을 추셨으니 승업이 스스로 돈을 바친 것입니다. 창고에 있는 돈은 대왕의 물건으로 군대가 사용하도록 할 것이기 때문에 감히 공적인 물품으로 사적인 것을 기증할 수 없습니다."

이존욱은 그 말을 듣자 불쾌해하며 술기운을 빌어 장승업을 나무라는 말을 하였다. 그러나 장승업은 조금도 양보하지 않으며 말했다.

"신은 늙은 칙사로 결코 자손을 위해 생각하는 것이 아니라 돈을 소중히 여겨 대왕이 기업을 이루도록 하려는 것입니다. 대왕께서 만일 흩어서 베풀려하신다면 이 늙은이를 관여할 일이 무엇이 있겠습니까? 그러나 재물을 다 쓰고 병력이 흩어지면 단 한 가지도 이루지 못할 것입니다."

이존욱이 화가 머리끝까지 치솟아 칼을 뽑아 그를 찌르려고 하였다.

장승업은 이존욱의 옷을 끌어당기면서 눈물을 흘리며 말했다.

"신은 선대왕의 고명을 받아 본 왕조의 주온 역적을 주살하기로 맹세하였습니다. 오늘날 창고의 물건을 소중히 여기다 죽는다할지라도 선대왕에게 부끄러울 것이 없습니다."

태후가 내궁에서 이존욱이 술기운을 빌어 소동을 부리고 있다는 이야기를 듣자 사람을 보내 그에게 내궁으로 바로 들어오라고 하였다. 이존욱은 효자여서 모친이 자식을 찾는다는 이야기를 듣자 황급하게 장승업에게 머리를 조아리며 말했다.

"내가 술을 너무 많이 먹어 일곱째 형을 거스르게 되었소. 일곱째 형은 나를 위해 두 잔을 다 마시시고 내 허물을 분별해 주기 바라오."

말을 마치자마자 그는 연속해서 네 잔을 마셨다. 그러나 장승업은 술을 한 방울도 입에 대지 않았다. 이존욱이 불쾌해하며 내궁으로 들어갔다. 잠시 후에 태후가 사람을 보내 장승업에게 말했다.

"어린 아이가 공의 마음을 어지럽게 해서 이미 그 잘못을 나무랐으니 공께서는 댁으로 돌아가셔도 됩니다."

다음 날 태후가 직접 이존욱을 데리고 장승업의 자택으로 가서 그를 위로하였다.

천우天祐 18년(921년) 이존욱이 위박魏博에서 부장들과 각 지역의 추대를 받아 제위에 오르려고 준비하고 있었다. 이러한 중대한 소식을 듣자, 일관되게 당나라 황실에 충성했던 장승업은 질병이 심하게 걸렸지만 힘을 다해 침상에서 일어나서 급하게 하북으로 달려가 이존욱이 등극하는 것을 막으려고 권고를 하였다.

"대왕의 부자父子가 삼십 여년에 걸쳐 양梁과 혈전을 벌인 것은 본래 국가의 대적에 원수를 갚고 당唐나라의 사직을 회복하려는 것이었습니다. 오늘날 그 원수가 아직 소멸되지 않았는데 창졸간에 천자로 자처한다면 이는 결코 대왕 부자의 처음 마음이 아닙니다. 또한 천하의 인망을 잃는 일이오니 절대로 불가합니다."

이존욱은 그의 말을 막으며 말했다.

"이것은 여러 장수들의 의견이오."

장승업이 반박하며 말했다.

"그렇지 않습니다. 양梁은 당唐과 진晉의 원수로 천하가 다 한스러워 하고 있습니다. 오늘날 대왕이 만일 천하를 위해 이 대악을 제거한다면, 그 후에 당나라의 후예를 천자로 세우기를 구하십시오. 혹여 당나라의 자손이 있을지라도 누가 감히 천자가 되려 하겠습니까? 만일 당나라의 자손이 없다면 천하의 다른 사람이 누가 대왕과 경쟁할 수 있겠습니까? 신은 당나라의 일개 노비로 대왕이 성공하는 것을 진정으로 원합니다. 신은 물러나 시골로 귀향하고자 합니다."

제위에 오르고자하는 마음이 간절하였던 이존욱은 그의 말을 듣지 않고 자기의 의견을 고집하였다. 장승업은 다시 간언해야 소용이 없음을 알고 하늘을 우러러 통곡하며 말했다.

"우리 왕이 스스로 취한 일이지만, 이 늙은이의 잘못입니다."

태원으로 돌아간 장승업은 식음을 전폐하고 사망하였다. 향년 77세. 태후는 어린 사람의 신분으로 문상을 하고 눈물을 펑펑 흘리며 곡하였다.

▣ 경신마敬新磨 미상~미상

경신마는 음악연주자로 많은 사적이 남아있지 않다. 그러나 그의 삶을 보면 후당 장종莊宗시대에 예능인들이 정치무대에서 누렸던 특수한 형상과 행위를 알 수 있다.

경신마 등 예능인들에 대해 말하려면 실제로 후당의 장종莊宗 이존욱(李存勖)에 대해 더 많은 말을 해야 한다. 예능인을 좋아하는 그것도 아주 지나치게 좋아했던 군주가 없었다면 그들이 독보적인 지위를 가질 수 없었으며, 놀라서 입을 다물 수 없는 사건들이 잇달아 발생할 수 없었기 때문이다.

누구도 상상하기 어려웠지만, 호랑이나 곰처럼 용맹하게 싸웠던 후당 장종이 천부적인 음악적 재질이 있어 고차원적인 음악과 노래를 감상할 수 있었을 뿐만 아니라 또한 작곡도 할 수 있었다. 그가 작곡한 곡을 사람들은 '어제御製'라고 불렀으며 주로 하동河東지역에서 유행하였다. 이러한 애호 때문에 그는 예능인들을 가까이 하기 시작하였으며 군정사무를 처리하는 여가에 그들과 함께 연극을 하고 조크를 하며 소동을 벌였으며, 늘 직접 배역을 맡아 연기하면서 너무 즐겁게 놀았다.

절대 다수의 예능인들은 모두 이러한 특수한 영광을 아꼈으며 군주의 뜻에 맞추어 힘껏 그가 즐거워하도록 하였다. 오직 경신마만이 세상의 조류를 좇아가지 않았다.

그는 예능인 중에서도 걸출한 자로 반응이 아주 예민하고 말이 해학적이었으며, 가장 재미있는 말을 하였다. 그는 독특한 천분에 기대어 항상 군주가 박장대소하며 즐거워하도록 하여, 울적하고 번거로운 마음이 저 멀리 사라지도록 하였다. 그러나 그는 여전히 순전하고 두터운 양심을 가지고 있었고 도덕적 정직함을 지니고 있어서, 군주가 놀이에 빠져 혼용해 졌을 때 아주 교묘하고 적절하게 해학적인 충고를 기지 있게 하여 일부 좋은 관리들을 구출하였으며 올바른 일을 하였다.

장종이 수렵을 좋아하여 한번은 중모현中牟縣에서 사냥을 할 때 농토를 짓밟아 감당할 수 없을 정도로 엉망이 되게 하였다. 현지의 현령이 백성을 위해 청원을 하였다. 그가 윗사람을 거스르는 위험을 무릅쓰고 군주의 말 앞에 나아가 그렇게 하시면 안 된다고 간절히 간언하였다. 장종이 대노하여 빨리 꺼지라고 명령을 내리면서 그 뒤에서 그를 죽이려고 준비하였다. 경신마가 그 일을 막으려고 생각하였으나 때가 아니라는 것을 알고 생각을 바꾸어 많은 예능인들을 데리고 현령을 추격하여 그를 군주의 말 앞으로 끌고 왔다. 그리곤 그를 꾸짖으며 말했다. "너는 현령이 되어 우리 천자께서 수렵을 좋아하신다는 것을 혼자만 모르고 있단 말이냐? 어찌하여 백성들이 씨 뿌린 밭을 세금으로 내지 않는단 말이냐? 어찌해서 너는 이 땅을 비워 네 현의 백성들을 굶게 할지라도 이 땅에서 천자께서 마음껏 달리시도록 하지 않느냐? 그러니 너는 죽어 마땅하다!"

경신마는 현령을 죽이라고 계속 고집하였으며 예능인들도 곁에서 같이 그렇게 하시라고 하였다. 얼굴을 찡그리고 있던 장종은 참지 못하고 푸하하 웃음을 터뜨렸다. 머리를 제키고 크게 웃으며 손을 휘저으면서 예능인들에게 현령을 놓아 주라고 하였다.

예능인과 철저하게 한 편이 된 장종은 자기 스스로 '이 천하李天下'란 예명을 가졌다. 한번은 그가 음악인들과 세상의 예법에 얽매이지 않고 제멋대로 놀았다. 드디어는 광란에 휩싸여 미친 듯이 외쳤다.

"이 천하! 이 천하야 어디에 있느냐?"

마침 그 자리에 있던 경신마가 달려가 군주의 입을 후려쳤다. 장종은 한 방 얻어맞고는 대경실색하였으며, 수종들은 한 동안 아무말도 하지 못하고 있었고 예능인들은 당황하여 허둥대다가 경신마를 꽉 붙잡으면서 왜 천자를 때리느냐고 물었다.

경신마는 침착하게 군주에게 반문하였다.

"이 천하라는 자는 한 사람 뿐인데, 당신은 도대체 누구를 찾고 있느냐?"

모였던 사람들이 모두 웃음을 터뜨리자 장종은 화를 풀고 크게 기뻐하며 경신마에게 후한 상을 주었다.

그러나 경신마 같은 예능인은 실제론 드물었고 대다수는 오히려 다른 모양이었다.

예능인들이 장종에게 거대한 즐거움을 주었기에 장종은 선물을 주고받으며 친하게 지내면서 정치적 지위와 업무처리 권력을 주었다. 그들은 군주의 권세를 빌어 궁중을 드나들면서 무리를 형성하였으며 조신들의 머리 위에 서서 조정을 장악하였고 공공연히 뇌물을 주고받았다.

이들 예능인들의 대표는 경진景進이란 자였다.

경진은 군주의 가장 가까운 친신으로 중용되었으며, 궁 밖으로 나가 민정을 살피는 특수한 임무를 집행하도록 명령을 받았다. 민정을 살피고 돌아오면 군주 주변의 시종들을 물리치고 비밀리에 보고하였다. 이와 같이 민정을 살핀 후 보고를 하면서 그는 자연스럽게 국가대사에 참여하게 되었으며 그 중에서 아주 큰 역할을 하였다. 조신들이 그를 두려워하였다. 권세가 대단하였던 재정대신 공겸孔謙 또한 그와 결탁하려고 형으로 그를 섬기면서 그를 높여서 '여덟째 형'이라고 불렀다.

장종이 처음 즉위하였을 때는 비빈들이 아직 제대로 갖추어지지 않았기 때문에 큰 후궁이 텅텅 비어 있었다. 경진이 군주를 따라 하북의 업도鄴都로 가자 명령을 받들어 당지에서 미녀를 뽑았다. 그가 군주의 환심을 사기 위하여 미인 선발 범위와 수량을 제멋대로 확대하였으며 결과는 일천여 명을 모집하였다. 현지 군사들의 아내, 딸들이 그 소식을 듣고 수천 명이 도망갔다. 군주가 낙양으로 돌아가자 경진이 일천 여명의 미녀를 호송하여 수도로 가면서 길 위에서 온갖 웃음거리를 드러냈다.

곽숭도郭崇韜가 전촉前蜀을 정벌하러 갈 때 유劉 황후가 환관의 참소를 듣고 제멋대로 자기주장을 하여 위왕魏王 이계급李繼岌에게 같이 가는 곽숭도를 참살하도록 밀명을 내렸다. 곽숭도는 일관되게 예능인들이 정치에 간여하는 것을 반대하였고, 조정에 있을 때 여러 방면에서 이들을 압박하였다. 곽숭도가 살해되었다는 소식이 전해 오자 그들이 춤추며 좋아하였다. 경진은 기뻐하는데 그치지 않고 이 사건을 이용하여 더욱 큰 사단을 만들어 냈다.

그는 먼저 창끝을 곽숭도의 사위이자 황제의 동생인 이존예李存乂에게 겨누어, 장종에게 아뢰었다. "존예가 장차 반란을 일으켜 그의 장인을 위해 복수를 하려고 합니다."

생동감 있는 그의 말에 장종은 이를 믿고 동생을 감옥에 넣은 후에 처형하였다.

이존예를 없애버린 후에 경진은 다시 창끝을 주우겸朱友謙에게로 향하였다. 주우겸은 후량에서 귀순한 장군으로 귀순했을 때 환관, 예능인들 모두 그가 재산이 많다고 생각하여 끊임없이 그에게 재물을 독촉하였다. 주우겸은 이에 대응할 방법이 궁해지자 그들의 요청을 전부 거절할 수밖에 없었다. 이로 인해 예능인들이 원한을 가슴에 품었다. 경진이 연속하여 군주에게 이러한 말들을 하였다.

"군관들이 당초에 촉으로 들어갈 때 주우겸은 그를 토벌하려고 생각하여 일찍이 열병식을 하고 스스로 준비한 바 있습니다."

"주우겸은 일찍이 곽숭도와 함께 반란을 계획한 적이 있습니다."

"곽숭도가 촉에서 감히 반란을 일으킨 것은 주우겸이 내부에서 응하기로 하였기 때문입니다. 주우겸이 곽숭도가 죽은 후에 이존예와 함께 그를 위해 복수를 생각했습니다."

"곽숭도가 이미 주살되었으나 주우겸이 가만히 있지 않고 반드시 반란을 일으킬 것입니다. 마땅히 그를 주살해야 합니다."

장종이 처음에는 믿지 않았으나 경진의 반복적인 말과 예능인들, 환관들의 반복적인 말을 막지 못하고 마침내 주우겸이 모반을 하고 있다고 믿어 그를 죽였다.

이존예, 주우겸을 연쇄 살인한 경진은 이러한 공적으로 더욱 큰 관직에 올라가게 되었다.

곽숭도, 이존예를 무단으로 죽이자 곽문고郭門高라고 불리는 예능인이 분노하였다.

곽문고는 예명으로 그의 진짜 이름은 곽종겸郭從謙이었다. 그가 비록 예능인일지라도 일찍이 군대에서 공적을 세운 바 있어 금군禁軍 군관으로 임명되었다. 그는 곽씨였기 때문에 곽숭도를 숙부로 삼았으며 이후에 이존예의 양자가 되었다. 숙부와 양아버지가 모두 살해되자 그는 군대 안에서 술을 배열하고 한편으론 술을 마시며 한편으론 울면서 두 사람의 억울함을 호소하였다. 마침 이 시기에 그의 밑에 있던 군사 왕온王溫이 모반을 하다 발각되어 주살되었다.

예능인들과 편하게 지냈던 장종이 곽문고에게 희롱조로 물었다.

"너와 곽승도, 이존예가 당을 지어 나를 배반하고 왕온이 반란을 하도록 교사하였으니 네가 무엇을 하려고 하느냐?"

장종은 반은 진심으로 반은 거짓으로 그렇게 한 것인데 곽문고는 이를 진짜로 여겨 종일 불안해하였다. 자기를 보존하기 위하여 그는 이사원李嗣源이 업도에서 반란을 일으킨 상황을 이용하여 병사들을 선동하였다.

"너희들의 재물을 다 끄집어내어 술을 마시고 고기를 맘껏 먹어라. 뒷날을 우려할 필요는 없다! 황상이 왕온의 연고로 업鄴을 정복한 후에 너희들을 전부 갱살할 것이기 때문이다."

군사들이 곽문고의 말을 믿고 손 놓고 죽음을 맞이하기를 원하지 않아 단단히 벼르며 반란을 일으킬 준비를 하였다. 장종이 군대를 출동시켜 이사원과 싸워 변주汴州를 다시 빼앗으려고 하였으나 실패하고 낙양으로 돌아왔다. 곽문고가 그 부대를 이끌고 궁궐문으로 진입하였으나, 장종이 이끄는 심복부대에게 공격을 받자 궁궐문을 불지르고 담장을 넘어 진입하였다. 장종은 남은 용맹을 다하여 백여 명을 죽였다. 그러나 반란군의 화살을 맞게 되어 중상을 입은 그는 강소전絳霄殿 아래로 굴러 떨어졌다. 아무도 그를 구해주지 않아 고통 속에서 죽어갔다.

예능인들이 악기들 더미 위에 그의 시체를 올려놓고 불을 질렀다.

평가 장승업은 당나라 말기에서 오대십국까지 남았던 환관으로 이극용의 보호 아래 다행히도 주온이 진행한 환관에 대한 대도살에서 벗어날 수 있었다. 그는 환관 중에서 얻기 어려웠던 인물로 전통적 도덕관념을 갖추고 당 황실을 섬겼으며 당 황실에 충성하였고 이극용, 이존욱 부자를 섬겼으며 그 두 부자에게 충성을 다하였다. 그는 충성을 다했을 뿐만 아니라 환관 대도살에서 교훈을 얻고 벼슬길에서 벌어지는 화禍 속에서 처세경험을 얻어서, 정직을 좌우명으로 삼고 개인적으로 권력과 이득을 추구하는 방법을 포기하고 자신의 모든 능력을 하동정권에 바쳤다. 소하蕭何가 유방劉邦에게 힘을 다하였듯이 이존욱을 위해 막대한 힘을 다하였다.

후당 장종과 예능인들은 한 통속이 되어 이야기를 써 나갔다. 골계와 해학이 담긴 이야기, 난장판이 된 이야기, 장탄식을 금치 못하게 하는 이야기들이 역사서에 써졌다. 예능인에 기대어 장종은 정치를 벗어나 거대한 즐거움을 얻을 수 있었다. 그들을 의지하여 장종은 본인 생각에 정권 안에 적절한 조정기능을 구축하였다. 그러나 즐거움을 부적절하게 누리고, 보호막을 잘못 구축하면서, 조절기능을 마비시켰다. 특히 그들을 정치에 발을 들여놓게 함으로써 자신이 그들의 손에 죽게 되었다. 수많은 예능인들 중에서 세상의 칭찬을 받은 자는 경신마 뿐이었다.

V

오대십국의 정치 · 경제 · 문화 · 사회

1. 정치

오대의 정치제도는 기본적으로 수나라와 당나라의 제도를 이어받았다. 그러나 각 나라의 각 세대마다 형세의 변화로 인해 또한 그 지역 그 시기의 정치적 필요로 인해 일부를 변혁하였다. 관료직제, 관료선발, 군사제도, 형법의 네 가지 분야를 주로 살펴본다.

관료직제: 형식상 오대의 중앙정부는 여전히 삼성육부三省六部 위주였으나, 상당부분의 직능은 전이가 일어나 특별히 설치한 기구나 사使이 수중에 들어갔다. 삼성의 최고장관은 상서령尙書令, 중서령中書令, 시중侍中의 명칭을 가졌으나, 대부분은 신하로서 복종을 표시한 각 지역을 지배하는 제후 및 지방 진鎭의 대장에게 관련 명칭을 주어 영예로 삼았다. 일을 주관하는 재상宰相은 각부의 상서尙書, 시랑侍郞 또는 기타 고급직위에 있는 사람을 기용하되 평장사平章事지위를 더해 지위를 확정하였다.

후량 태조가 등극하자 당나라에서 환관이 주관하던 추밀원樞密院을 숭정원崇政院으로 바꾸고 사인士人을 관원으로 기용하기 시작하였다. 경상敬翔을 원사院使로 삼고 한명의 판관判官을 조수副手로 삼았으며 훗날 부사副使로 개명하였다. 그 아래 직학사直學士 두 사람을 두었으며 정치적 재능이 있는 자나 문학에 정통한 자가 맡도록 하였다.

숭정원사는 명의상으로는 재상의 밑에 있었지만 실제로는 군사와 정치의 큰일들에 대해 고문과 참모 역할을 하면서 황제의 명령을 선포하여 재상이 이를 집행하도록 하였다. 후당 들어 숭정원을 다시 추밀원으로 개명하였고 재상 곽숭도가 원사를 겸임하도록 하였다. 이후 몇 대에 걸쳐 상당수의 재상들이 추밀사의 일을 겸임하였으며 추밀사의 권한을 확대시켰을 뿐만 아니라 재상이 추밀사를 겸임하지 않으면 실권이 없는 이름뿐인 재상이 되었다. 후한後漢말기에 곽위郭威가 추밀사의 신분을 겸직하면서 군대를 이끌고 출정하였었다. 추밀사가 여러 차례 중대한 군사방면의 일과 관계를 맺게 되면서 점차로 군대의 최고장관의 의미를 갖게 되었다.

추밀원 아래에 선휘원宣徽院을 두었다. 선휘원은 당나라 때는 환관이 주관하여 궁정의 잡무를 관리하였다. 후진後晉 고조가 한 때 잠시 추밀원을 정지시키고 추밀원 부사 장종은張從恩을 선휘원 원사로 임명하여 일부 고급의 정치적인 사무를 보도록함으로써 사인士人이 선휘원을 이끄는 선례가 되었다.

당나라 후기에 탁지사度支使, 염철사鹽鐵使, 호부사사戶部司使, 전운사轉運使, 양세사兩稅使 등 재정분야 장관들을 특별히 설치하여 항상 재상이 겸하여 다스리도록 하였다. 후량 초기에 각종 재정직책을 합하여 건창원建昌院을 설치하고 후량 태조의 아들 주우문朱友文이 판원사判院事를 맡았다. 뒤에 판건창원사判建昌院事를 건창궁사建昌宮使로 바꾸었다. 건화乾化 연간에 건창궁을 폐지하고 국계사國計使를 개설하고 다시 별도로 조용사租庸使를 설치하였다. 후당 시기에 국계사, 조용사를 폐지하고 삼사사三司使를 설치하고 선휘원 아래에 두었다.

원래 문화적 성격을 가지고 있던 한림원翰林院은 당나라 후기에 아주 짙은 정치적 색채를 띠기 시작하였으며 재상의 권한을 일부 나누어 가졌다. 후량 태조 때 여전히 한림학사翰林學士를 설치하여 황제의 고문을 맡게 하였고 조서를 작성케 하였으며, 한림원 책임자를 승지承旨에서 봉지奉旨로 바꾸었다. 또한 사정전思政殿을 금란전金鑾殿으로 바꾸어 대학사大學士 한 명을 두었으며 숭정원사인 경상이 담당토록 하였고 그 직책이 삼관三館: 통문관(統文館), 집현전서원(集賢殿書院),사관(史館) 대학사와 같도록 하였다. 후당 장종은 즉위 초기에 호란서제학사護鑾書制學士를 특별 설치하여 임시변통적인 일들을 처리하도록 하였다. 별도로 한림학사를 설치하고 한림승지翰林承旨의 명칭을 회복시켰으며 후에 다시 한림원사翰林院使를 두었다. 후당 명종 시기에는 사방에서 보내 오는 문시가 증가하고 있었으나 추밀사인 안중회安重誨가 문장을 잘 몰랐기 때문에 단명전학사端明殿學士를 설치하고 풍도 등 한림학사가 임무를 맡아 문서를 처리하게 하고, 한림학사의 위에 두었으며, 보충인원은 한림학사 중에서 뽑도록 하였다.

오대 시대에 특별히 설치한 사사司使가 너무 많았는데 전문적인 일을 맡기기 위해서였다. 후량의 사사司使는 위에서 기술한 명칭 외에도 객성사客省使, 천기사天驥使, 비룡사飛龍使, 장택사莊宅使, 대화고사大和庫使, 풍덕고사豊德庫使, 의란사儀鑾使, 건문원사乾文院使, 문사원사文思院使, 오방사五坊使, 여경사如京使, 상식사尙食使, 사선사司膳使, 낙원사洛苑使, 교방사敎坊使, 동상각문사東上閣門使, 서상각문사西上閣門使, 내원재접사內園栽接使, 궁전고사弓箭庫使, 대내황성사大內皇城使, 무비고사武備庫使, 인진사引進使, 좌장고사左藏庫使, 서경대내황성사西京大內皇城使, 한구사閑

廐使, 궁원사宮苑使, 좌우군순사左右軍巡使, 안남송정절관고사安南送旌節官告使 등이 있었다. 후당에서도 삼천수방도적사三川搜訪圖籍使 등을 설치하였다.

후량 태조가 즉위 전에 환관을 대량으로 죽였기 때문에 중원과 관중關中지역의 환관은 기본적으로 자취를 감추었으며 요행히 살아남은 자는 사방으로 흩어졌다. 그러나 환관의 세력은 결코 철저하게 소멸되지 않았으며 일부 지역의 지배자들의 보호를 받은 후에 잿더미 속에서 다시 살아났다. 그 중에서 특히 후당, 전촉, 후촉, 오월, 남한에서 그 세력이 강하였다. 그들은 가벼우면 요직을 담당하였고 중하면 정부와 군주를 제어하였다. 고급 환관이 맡은 가장 흔히 보는 사무는 감군監軍을 맡는 것이었으며, 조정 내에서 맡은 직명은 내삼공內三公, 내삼사內三師, 내시감內侍監, 내상시內常侍, 내중위內中尉 등으로 명목이 번잡하고 많았다.

오대시대 지방관의 직제는 중앙정부와 마찬가지로 당나라의 체제를 물려받아 수도지역에는 부府를 설치하였으며 일반지역에는 주州, 현縣 이 단계를 설치하였다. 주의 장관은 자사刺史, 현의 장관은 현령縣令이었다. 그러나 체제가 당나라의 체제와 유사했을지라도 실질적인 면에서 변화가 있었다. 즉 당나라에서는 문관이 자사를 맡았으나 오대시대에는 대부분 무장이 자사를 담당하였다. 이외에도 자사는 형식상 중앙정부에 직속되었으나 사실은 그 지역의 상관인 절도사節度使의 명령을 들어야 했다. 후량 태조는 이러한 비정상적인 상황을 고려하여 일찍이 명령을 내린바 있다. 주州, 진鎭의 모든 관리는 관계의 높고 낮음에 관계없이 모두 현령 밑에 있어야 한다고 명령하였다.

그러나 이러한 명령은 한 때 잠시 집행되었을 뿐 근본적으로 기본 상황을 변화시킬 수 없었다.

고과를 통한 관리 선발: 고과考課는 원래 당나라 때 관리의 정치실적을 심사하는 방식으로, 관리를 심사하여 선임하는 것은 일정한 표준을 사용하여 관리를 선발 임용하는 것이다. 오대시대 들어서는 고과가 폐지되지는 않았지만 이름만 있었을 뿐 실제는 없는 것과 같았다. 후당 청태清泰 연간에 상서고공尙書考功부문에서 상주문을 올렸다: 정부 각 기구의 관리들은 결코 실적을 비교하는 일이 없었다는 내용이었다. 관리의 심사선임은 대부분 거인擧人에게만 적용되었지 관원들은 거의 영향을 받지 않았다.

비록 선생이 끊임없이 일어났지만 몇 년간 정지된 것을 제외하고는 당시의 과거는 대체로 정상적으로 진행되었다. 시험과목은 진사進士, 명경明經, 삼례三禮, 삼전三傳, 개원례開元禮, 삼사三史, 동자童子, 발췌拔萃, 명법明法, 명산明算, 도거道擧, 백편百篇, 박학홍사博學弘詞 등이었으며 그 중에서 진사시험이 가장 정상적으로 진행되었고 기타 과목은 시행되다 폐기되다 하였다. 과거는 후량에서 열세 번 있었고 후당에서는 열두 번, 후진에서는 아홉 번, 후한에서는 네 번, 후주에서는 아홉 번이 있었으며, 다 합하여 진사 640명, 명경 6명, 기타 과목 1,530명을 선발하였다. 오대십국 중 십국의 과거는 남당, 남한, 후촉, 민 등 네 나라에서 비교적 정상적으로 시행되었다.

군사제도: 오대시대의 군사제도에 있어 가장 현저한 문제점은 절

도사節度使였다. 절도사는 본래 당唐 시대에 설치된 직책으로 대규모 지역의 군사업무를 다루는 직책으로 번진藩鎭을 지배하게 된 후에는 절도사가 군과 민간을 둘 다 관리하게 되었다. 오대시대에 이르러 절도사가 아직 명확하게 지방장관이 되지는 않았을지라도 명의상 여전히 군사적 편제에 들어 있어서 실제적으론 여전히 당 말엽과 차이가 없었다. 한 나라의 정부에 속하는 절도사의 상황을 보면 왕왕 몇 개의 큰 주州를 가지고 있었으며 또한 대단히 큰 군사적 정치적 권력을 보유하고 있었다. 또한 수많은 정권의 지도자는 모두 절도사로부터 발전을 하였다. 중원의 왕조는 늘 절도사의 직함을 신하로서 복종하는 각국의 우두머리에게 주었다.

금군禁軍계통은 몇 개의 대부대로 구성되었다. 후량 태조는 나라를 세운 후에 원래의 친위부대를 개편하였다. 차례로 좌우용호군左右龍虎軍, 우림군羽林軍, 신무군神武軍, 용양군龍驤軍, 천흥군天興軍, 광승군廣勝軍, 신첩군神捷軍을 세웠으며 그중에서 좌우용호군, 천흥사군天興四軍을 가장 가까이 하였고 부대의 장관을 통군統軍이라고 하였다. 별도로 시위를 맡는 마군馬軍과 보군步軍을 설치하여 좌우용호군의 통군이 장관인 시위친군지휘사侍衛親軍指揮使를 겸임하도록 하였다. 후당의 금군도 편제가 이와 유사하였으나 남아제위군南衙諸衛軍장관이 북아제위군北衙諸衛軍장관을 겸임하였다. 원래 사타沙陀군의 특색을 보존하여 여전히 반한마보군蕃漢馬步軍을 설치하여 총관總管을 장관으로 삼고 출정을 책임졌다. 친위부대에 시위친군마보군侍衛親軍馬步軍을 설치하고 도지휘사都指揮使를 장관으로 삼았으며, 그 아래에 시위마군, 시위보군을 나누어 설치하고 장관을 모두 도지휘사로 하였다. 후당 명종明宗 때에 좌우신무군左右神武軍, 용무사군龍武四軍은 그대로 유지하고 기타 제위군諸衛軍은 병사들을 추슬러 좌우우림군으로 합병하였으며, 그 아래 네 개의 군대로 나누었다. 군의 장관을 도지휘사라고 칭하고 매 군대마다 다시 열 개의 지휘指揮로 나누었다. 그 후에 진왕秦王 이종영李從榮에게 천하병마대원수天下兵馬大元帥라는 이전에 없었던 호칭을 부여하고 군대최고의 장관으로 임명하였다. 이종영이 죽은 후에 대원수 직책은 취소되었다. 후진, 후한 두 왕조의 금군의 명칭은 약간의 변동이 있었으나 영향은 크지 않았다. 후주後周 태조가 등극한 후에 시위마군侍衛馬軍, 시위보군侍衛步軍의 양군을 각각 좌우 용첩군龍捷軍, 호첩군虎捷軍으로 개편하였다. 후주 세종이 고평高平 전쟁의 교훈으로 인하여 시위侍衛 친위부대에 대해 대폭적인 개혁을 진행하였다. 신장하고 무술수준이 높은 자들을 선발하여 부대에 집어넣었으며 부분적으로 후진後晉이래 전전시위군殿前侍衛軍을 흡수하여 편제하는 방법을 사용하여 금군을 전전제반殿前諸班, 시위마군, 시위보군의 3대 계열로 구축하였으며 모두 도지휘사都指揮使를 장관으로 하였다.

형법제도: 오대십국이 난세여서 법과 관계없이 인명을 제멋대로 다루는 일들을 수시로 볼 수 있었다. 그러나 형법을 수정하는 일은 시시로 진행되었는데 그 주요 근거는 당률唐律이었다. 형법조문을 율律, 령令, 격格, 식式 4대 유형으로 나누었으며, 각각 형벌을 정하여 죄명을 결정하며, 범례를 들어 제도를 만들며, 어그러진 것을 금지하고 사악한 것을 바로 잡으며, 사물과 일을 올바른 궤도에 들어가게 하

는 원칙을 세웠다.

후량 태조가 등극한지 3년째 되는 해에 태상경太常卿 이연李燕, 어사御史 소경蕭頃, 중서사인中書舍人 장곤張袞, 호부시랑戶部侍郎 최기崔沂, 대리경大理卿 왕선王鄯, 형부랑중刑部郎中 최호崔浩 등 관원에게 조서를 내려 율, 령, 격, 식을 삭제하고 정리하면서 율, 령 30권, 격 10권, 식 20권, 목록 13권, 율소律疏 30권 총 103권으로 편성하였다. 편성을 끝낸 후에 재상 설이구薛貽矩가 이를 상주하였으며 <대량신정격식율령大梁新定格式律令>으로 명명하였다. 이후 즉시 세상에 반포하였다.

<대량신정격식율령>은 후당 초년에 전반적으로 거부되었다. 이유는 반역자들이 만든 것이며, 재물을 중시하고 인명을 경시하며 형량이 과도하고 형벌을 남발하기 때문이라는 것이었다. 이를 위해 정주定州절도사 왕도선王都繕에게 당 왕조의 격식율령 부본을 쓰도록 명령하여 286권을 얻었다. 이에 따라 후량의 율령을 대신하여 형법의 기준으로 삼았다. 다음해에 형부상서刑部尚書 노가盧加가 <동광형율통류同光刑律統類> 13권을 상주하였다. 이로써 후당은 자신들이 만든 법률을 가지게 되었다. 이 법률은 너무 간단하여 후당 명종 초에 당唐의 개성격開成格을 본으로 삼아 후당의 격령을 만들었다. 8년 후에 어사중승御史中丞 용민龍敏, 급사중給事中 장붕張鵬, 중서사인中書舍人 노도盧導, 상서형부시랑尚書刑部侍郎 임찬任贊, 대리경大理卿 이연범李延范 등 사람들이 조서를 받들어 세세한 내용으로<대중통류大中統類>를 만들었다. 후당 말제 때 어사중승 노손盧損 등이 청태淸泰 원년 이전의 후당 왕조가 제정한 칙령을 정리하여 행할 수 있는 394편을 30권으로 편제하였다. 이를 황제에게 올리자 어사대에 보내 시행하도록 하였다.

후당의 형법 중에서 일부 주목할 가치가 있는 것은 능지凌遲의 형벌을 사용하기 시작하였다는 것이다.

후진 고조 시대에 좌간의대부左諫議大夫 설융薛融, 비서감승秘書監丞 여기呂琦, 상서가부원외랑尚書駕部員外郎 유호劉皞, 상서형부랑중尚書刑部郎中 사도익司徒翊, 대리정大理正 장인전張仁瑑이 명령을 받아 공동으로 후당의 모든 칙령을 자세히 상고하여 368편을 모아서 31권으로 나누어 격식格式을 참조하여 사용하였다.

후주 태조 초기에 전란으로 인해 법률 책들이 흩어지게 되자 시어사侍御史 노억盧億, 형부원외랑刑部員外郎 조비궁曹匪躬, 대리정 단도段濤에게 법률 책을 다시 정리하여 쓰도록 하였다. 148권으로 정리되었으며 그 과정에서 틀린 글자錯字, 별자別子, 잘못 쓴 자誤字 214개를 고쳐썼다. 또한 후진, 후한 및 후주 초기의 관련 형법의 칙령 26조를 채록하여 부록으로 하였으며 <대주속편칙大周續編敕>이라 명명하여 관련 기관이 사용하도록 하였다. 후주 태조가 이전 왕조의 형법을 개선하여 어느 정도 지나치게 엄하고 남용되었던 폐단을 바로 잡았다. 예를 들면 후진에서는 남편이 있는 부인을 간음하는 죄는 강간이든 간통이든 관계없이 남녀 모두를 처형하였다. 후한은 일전이라도 훔치면 즉시 사형에 처하였으며, 역모를 하거나 반란을 일으키는 죄가 아닌데도 왕왕 전 족속을 다 죽이거나 재산을 몰수 하였다. 후주 태조는 명령을 내려서 강간죄의 경우 남자는 주살하되 여자는 죄를 추궁하지 말라고 하였으며, 간통죄는 그 상황을 참작하여 형량을 정하되 죽이지 말라고 하였다. 또한 역모나 반란죄가 아닌 이상 전 가족을 죽이거나 재산을 몰수하지 말라고 하였다.

후주 세종 때에 이르자 법률서를 너무 오랜 기간 사용하였기 때문에 그 문장의 뜻이 오래되고 애매하였고, 조목이 너무 번잡하여 사람들이 이해하기 어려웠으며, 각종 조문이 중복되고 복잡하여 적합하게 이를 지킬 수 없었다. 이에 따라 이를 다시 수정하는 작업을 하였다. 다시 수정하는 근거가 되는 옛 법률 책들은 당시 사용되고 있던 율律 12권, 율소律疏 30권, 식式 20권, 영令 30권, <개성격開成格> 10권, <대중통류大中統類> 12권, 후당에서 후한까지 제정된 칙령 32권 및 후주왕조의 칙령 등이었다. 참가자는 시어사侍御史 장식張湜, 태자우서자太子右庶子 극가구劇可久, 전중시어사殿中侍御史 솔정率汀, 직방랑중職方郎中 등수중鄧守中, 창부랑중倉部郎中 왕영王瑩, 사봉원외랑司封員外郎 가빈賈玭, 태상박사太常博士 조려趙礪, 국자박사國子博士 이광찬李光贊, 대리정大理正 소효蘇曉, 태자중윤太子中允 왕신王伸 등 11명이었다. 수정 원칙은 다음과 같았다. 율령 중에서 이해를 위한 노력이 필요한 부분은 해석한다. 격格, 칙敕 중에서 번잡한 것은 골라내어 빼버린다. 채용하는 법조문은 응당 합리적으로 간략하게 하고 명료하여 쉽게 이해하게 한다. 경중의 부적당함, 상호 모순되는 것, 시의에 맞지 않는 것은 아무런 구애 없이 개정한다. 수정을 다한 후에 <대주형통大周刑統>이라고 이름 붙여 세상에 반포하였다.

오대십국의 십국인 오吳에는 <오령吳令>이 있었고 남당에서는 <승원격升元格>을 제정하여 <오령>과 함께 사용하였다.

후당, 후진, 후한, 후주 네 왕조에서 고관을 지낸 화응和凝은 이전의 역사서에 근거하여 각종 사건판례를 주제별로 분류하여 수집 기록하였다. 그 주요 내용은 역대 지혜로서 의심스러운 안건을 파헤친

이야기들이었으며, 그밖에도 정확하게 율법을 해석하고 인용한 이야기이다. 북송에 이르러서는 그 아들 화몽和蠓이 이 원고를 더 증보하고 정리하여 <의옥집疑獄集>의 이름으로 세상에 내놓았다.

2. 경제

오대의 경제제도 역시 대부분 당나라의 제도를 이어 받았으며 그때그때 변화를 주었다. 전체적 상황으로 볼 때 정국의 영향을 받아 전반적으로 불안정하였고 정상적이지 않았다. 농지제도田制, 조세제도賦稅制, 호적戶口, 농업수리農業水利, 수공업, 상업, 금융, 물가의 8개 주제로 나누어 이를 기술한다.

농지제도田制: 당왕조의 발전시기 전후로 균전제均田制가 시행되었으나 그 후로 토지겸병의 바람이 맹렬해지고 장기적으로 병란에 의한 참화가 계속되면서 국가의 농민에 대한 토지분배제도는 껍데기로 전락하였다. 오대시대에는 전쟁으로 인해 대규모의 땅이 황폐해졌으며 정권들이 여기저기 세워졌기 때문에 말할 만한 통일적인 농지제도가 없었다. 당시 보존되었던 많지 않은 오랫동안 경작되었던 농토는 정부가 통제하는 땅을 빼고는 모두 개인들의 수중에 들어갔다. 자신의 생존문제를 해결하기 위하여 대량의 주인이 없는 황폐한 땅을 대상으로 각 정권과 각지의 지배세력은 경쟁적으로 농업을 장려하고 경작지를 개간하는 정책을 폈다. 세금감면을 통해 도망갔던 가구들을 불러들이고 유민을 흡수하고 황무지를 개간하였다.

이러한 상황은 당 왕조 말엽에 이미 시작되었는데, 낙양을 점거하고 있던 하남윤河南尹 장전의張全義, 진주陳州를 지배하던 충무군忠武軍

절도사 조창趙昶, 화주華州자사를 맡았던 한건韓建이 그러했다. 그중 장전의의 성적이 가장 뛰어났는데 그가 주온에게 복속한 후에는 후량정권을 위해 필요한 경제적인 후원을 제공하였다.

이와 같이 유일하게 행할 수 있는 방법을 각 시대 각 국에서 서로 다른 정도로 모두 적극적으로 채용하였다. 후당 명종은 경지를 경영하는 기구를 설치하여 유민을 모아들여 주인이 없는 황무지를 경작하게 하였다. 후진 고조는 명령을 내려 등주鄧州, 당주唐州, 수주隨州, 영주郢州 등 여러 주의 광대한 땅을 사람들에게 스스로 차지하여 경작을 하도록 하고 5년간 세금을 면해주었다. 후주 태조가 서주徐州를 공략하고 현지의 '좀도둑草賊'들을 농사에 복귀하도록 하였다. 유주幽州의 굶주린 백성들을 창주滄州에 받아들여 주인이 없는 토지를 주어 경자을 하도록 하고 차등적으로 부과되던 세금을 면제하였다. 이외 오, 남당, 오월, 민, 형남 등 나라에서 모두 같은 정책을 내놓았다.

수많은 정부가 농사를 권장하고 황무지를 개간하는 기구를 설립하고 이를 영전무營田務라 칭하고 그 장관을 영전사營田使라고 하였다. 당 왕조 말엽에 변방의 땅이 많이 유실되면서 이미 변방에 주둔하는 군대의 둔전屯田을 실시하기가 어려웠다. 내지에도 전쟁으로 인해 대규모로 주인이 없는 황무지가 출현함에 따라 변방의 둔전을 모방하여 백성을 모아 경작을 하였으며 이를 영전營田이라고 하였다. 오대십국 시기의 영전사는 일반적으로 절도사, 자사 등 지방의 군정장관이 맡았는데 예를 들면 후당의 영평군永平軍절도사 장균張筠은 요주饒州자사, 서경西京관내의 삼백거영전제치사三白渠營田制置使를 겸임하였으며, 양주洋州절도부사 정의휘程義徽는 막주莫州자사, 영주瀛洲, 막주 두 주의 영전사를 겸임하였다. 오월吳越의 영전사는 오월의 왕이 직접 겸임하였으며 부사는 신료 중에서 맡도록 하였다. 후주에 이르러 영전무를 철폐하고 영전무의 농민을 주, 현의 지방정부에서 관리하도록 하고 밭, 집, 소, 농기구를 주어 영구적인 직업으로 삼게 하고 호구를 편성하여 자작농이 되도록 하였다.

조세제도賦稅制: 후량은 당의 제도를 이어받아 조용사租庸使를 설치하여 전국의 조세를 징수하는 책임을 맡겼는데 그 중 제일 중요한 것은 양세兩稅를 거두어들이는 것이었다. 조용사 직책과 그 기구가 후에 많은 변화를 보였지만 앞의 정치제도에서 언급한 관직제도에서 그 직책을 볼 수 있다.

양세법兩稅法은 당 왕조 중기부터 실시되었는데 그 주요 내용은 인두세를 취소하고 자산과 전답에 따라 세금을 징수하는 것으로 여름과 가을 두 계절에 나누어 납부하도록 하였으며 세금액에 대한 규정이 있었다. 후량 개평開平 연간에 가을 세秋稅의 정액을 정하여 세금 본액과 그에 덧붙인 손실보충액加耗 이외에는 다른 과목으로 세금을 거둘 수 없다고 강조하였다.

후당 동광同光 연간에 전답을 조사하도록 조서를 내려 세액을 확정하도록 하였다. 천성天成 연간에 가을과 여름의 전세田稅를 묶어 부과하도록 하였는데, 그 몇 년 후에 백성들이 농지를 얻은 것이 균등하지 않다고 상소하자 다시 점검하도록 하였다. 후진 천복天福 연간에 낙양과 위주魏州에서 가뭄재해가 발생하자 현지의 여름 세夏稅의 1/5을 감면하도록 조서를 내렸다. 이 후에 사절을 파견하여 각 지역의 세금액이 같지 않은 문제를 순시하며 조사하도록 하였다.

후주 세종 현덕顯德 연간에 원진元稹의 <균전도均田圖>를 근거로 비교적 전면적으로 전세田稅를 균등화하는 업무를 전개하였으며, 각 지방정부에서 공정하게 진행하도록 조서를 내렸다. 이 과정 속에서 전중승殿中丞 상관찬上官瓚이 하중河中으로, 호부시랑戶部侍郞 변광범邊光范이 송주宋州로, 급사중給事中 유재劉載를 허주許州로, 우습유右拾遺 뢰덕양雷德驤이 수주隨州로, 홍문관학사 설거정薛居正이 창주滄州로, 등주登州자사 이만초李萬超와 영주潁州자사 왕조王祚가 각각 자신의 관할지에서 전답을 조사하여 전답세田租를 균등하게 정하였다.

십국 중에서 오吳는 순의順義 연간에 토지세와 조세를 정하였다. 남당 승원升元 연간에 민간의 전세를 정하고 납부액은 토지의 비옥함과 척박함을 3등으로 구분하여 표준을 삼았다. 상상전上上田은 매 경頃=100무마다 2관 100문, 중전中田은 매 경마다 1관 800문, 하전下田은 매 경마다 1관 500문으로 정하였으며 돈이 부족한 경우 당시의 시가로 환산한 금은으로 받을 수 있게 하였다. 당시의 전세의 납부형식은 곡斛=10말, 5말, 두斗=말를 위주로 하였으며 또한 돈으로 받거나 비단으로 받기도 하였다. 여름과 가을 두 번의 세금 납부 시기는 약간의 변동이 있었지만 일반적으로 유월과 시월 전후였다. 후주는 여름 세는 6월 1일부터, 가을 세는 10월 1일부터 거두기 시작하였다.

두 세금 이외에 손실보충액加耗 및 각종 부가세가 있었다. 후량은 명확하게 납부할 때의 손실보충액을 규정하였다. 후당 동광 연간에 손실보충액 가모加耗를 손실보충액 성모省耗로 바꾸어 매 두斗=말에 일 승升=되을 거두었다. 천성天成 초기에 손실보충액을 폐지하고 단지 세금본액만 거두도록 선포하였다. 장흥長興 연간에 손실보충액을 부활시켰지만 두斗 당 이 합合=홉, 한 되의 1/10만 거두도록 하였다. 후한 시기에는 손실보충액이 급증하여 세금본액의 20%까지 상승하였다. 후주 초기에는 손실보충액을 정지시켰다. 현덕顯德 연간에 두斗 당 일 승升을 거두는 손실보충액을 다시 시행하였다. 부가세 명목은 비교적 많았다. 예를 들면 후당의 포대전布袋錢 즉 민가가 세금본액을 납부할 때 관청에서 포대(자루)를 빌려 사용하였는데 이때 전錢 8분分을 납부하도록 하였으며 민가가 스스로 포대를 가져오면 3분分을 내게 하였다.

위주魏州 등 지역에는 소녹두小綠豆세가 있었는데 동광 연간에 무畝 200평당 3 되를 감하도록 조서를 내렸다. 또한 세금에 따라 내는 염전鹽錢이 있었는데 사염전絲鹽錢, 잠염전蠶鹽錢 두 종류로 나뉘어 졌다. 전자는 세금본액에 따라 추가로 납부하는 염전으로 염세라고 하였다. 이를 통해 관청의 소금 공급을 받을 수 있었다. 후자는 관청에서 2월에 농민들에게 관청의 소금을 빌려주고 오월에 여름 수확을 한 후에 보충하여 돈을 받도록 하였다. 명목은 이와 같았는데 실제로는 염전鹽錢을 납부한 후에도 소금을 얻을 수 없었으며, 점차 늘 납부해야 하는 세금이 되었다. 또한 세금본액에 따른 주세曲稅 술을 만든 자가 내는 세가 있었다. 처음에는 민간에서 술을 제조할 때 세금을 납부하는 것이었지만 뒤에는 반드시 납부해야하는 부가세가 되었다. 이외에도 세금본액에 따른 농기전農器錢이 있었는데 농민들이 스스로 제조한 농기구는 여름과 가을에 납부하는 세금에 덧붙여 이러한 돈을 납부해야 했다. 후진은 작서모雀鼠耗가 있었는데 그 규정은 세금본액을 납부할 때에 섬石 당 2승升을 내도록 하였으며 그 중에서 1승은 작서모로 하였고 다른 1승은 돈으로 2문文으로 환산하였으며 8분分의 포대전과 합하여 10분分이 되었다.

앞에서 말한 세전稅錢은 정상적인 납부액으로 이것 외에 제멋대로 가혹하게 거두어들이는 세금이 상당히 심각하였으며 역대 각 나라 모두 그러한 상황이 발생하였다. 그 가운데 백성의 원성이 높았으며 그 지독함이 지나쳤던 것으로 유명한 자는 후당의 조용사租庸使 공겸孔謙이다. 그는 머리를 짜내고 짜내어 각종 명목의 세금을 만들어내어 백성의 기름을 완전히 긁어내었다. 총괄적으로 말해서 당시 각지에서는 앞서거니 뒤서거니 하면서 내세운 각종 세의 과세범위가 엄청났다. 그 범위가 각종 자산, 농산품, 수산품, 수공업산품 및 자연자원 예를 들면 소금, 술, 누룩, 차, 뽕나무, 소, 돼지, 닭, 오리, 거위, 계란, 채소, 물고기, 우렁이, 조개, 연뿌리, 빗자루, 땔나무, 소가죽, 소뼈, 철기, 집, 바닥에 깔아 놓은 잠자리, 연예장(기생집), 양어장, 귤농장, 물방아, 장사하는 선박, 산림, 하천 및 늪, 강과 호수, 연못 등등 포함되지 않은 것이 없을 지경이었다.

호구戶口 정부가 세금을 징수하는 근거였기 때문에 치세이든지 난세이든지 간에 호적의 검사 및 교정이 진행되었다. 후량 개평開平 3년(909년) 각 지방정부는 당 왕조의 규정에 따라 호구의 호적부를 중앙으로 송부하도록 요청하였다. 후당 동광同光 2년(924년) 유관 기관에 전체 호구의 정확한 상황을 조사하라는 명령이 있었다. 후진 천복 8년(943년) 규정에는 각지의 현령 소재지의 민가의 수가 부임할 때 보다 100호 이상 많으면 한 계급을 올려준다는 내용이 있었다. 개운開

運 원년(944년) 여름과 가을 세금의 징세과목에 따라 호적을 작성토록 하고 매 계절 한 번씩 보고하도록 하였다. 후주 광순廣順 3년(953년) 후주 태조는 실제 변화에 근거하여 호구수로 현의 등급을 정하도록 하였다. 3천호 이상을 망현望縣, 2천호 이상을 긴현緊縣, 1천호 이상을 상현上縣, 5백호 이상을 중현中縣, 5백호 이하를 중하현中下縣이라고 하였다. 이부吏部에서는 당해 연도 호부戶部가 집계한 각 현의 호구수를 근거로 심사하여 현의 등급을 결정하였는데 결과는 망현 64현, 긴현 70현, 상현 124현, 중현 65현, 하현 97현이었다. 후주 세종은 현덕 5년(958년)에 좌산기상시左散騎常侍 애영艾穎 등 34인에게 명하여 각 주州에 가서 민간의 조세를 정하도록 하였다. 그 다음해에 검사를 마친 호구수를 집계하였는데 회남淮南의 군현을 계산에 넣지 않았으며 총 2,399,812호였다.

농업수리農業水利 오대시대의 농업은 이렇다 이야기할 것이 별로 없었다. 특히 중원지역은 전쟁이 빈번하였기 때문에 농업생산에 필요한 기초적인 안정을 엄청나게 파괴하였다. 후량에서 후한에 이르는 시기에 황하가 여러 차례 범람하여 재난을 불러오면서 황하 양안의 대규모 토지의 농업생산에 심각한 영향을 미쳤다. 그 기간에 후당 명종이 장흥長興 원년(930년)에 활주滑州절도사 장경순張敬詢에게 명령을 내려 산조현酸棗縣에서 복주濮州에 이르는 제방을 수리하였다. 수리를 끝낸 제방은 넓이가 1장丈 5척尺, 총 길이가 200리에 달했다.

후주 세종은 등극한 후에 재상 이곡李谷에게 전주澶州, 훈주鄆州, 제주齊州 등 주에서 하천제방을 수리하는 업무를 주재하도록 하였다.

민간잡역부 6만 명을 30일간 투입하여 공정을 완성하였다. 이후에 황하가 정주鄭州 원무原武에서 둑이 터지자 동경유수東京留守 오연조吳延祚가 황제의 명을 받아 하천 제방을 수리 복구하였다. 건덕乾德 5년(958년) 후주 세종이 변주汴州의 하천을 준설하여 황하를 직접 회하에 연결시키라고 명령하여, 개봉을 총본부 역참으로 하여 황하, 회하, 장강의 조운漕運을 회복시켰다. 같은 해에 하유중何幼冲에게 옹주雍州, 요주耀州의 변경에 경수涇水를 준설하여 농경지 관개를 원활하게 하도록 하였다.

북방과 상대적으로 비교해보면 남방의 농업경제가 조금 더 좋았다. 전촉, 오, 남당, 오월, 민, 형남, 초 등 국가는 건국 전후에 모두 서로 다른 정도의 농업생산 회복작업을 하였다. 후진시대에 이르면 장강, 회하 유역은 해마다 풍작이었으며 양식이 충족하였다. 이외에 경제작물의 파종 규모가 뚜렷하게 제고되어 남당에는 뽕나무가 들판에 가득하였다. 초는 도처가 차나무였고 면화를 재배하였다. 전촉과 후촉, 오, 남당, 오월, 민 역시 광범위하게 찻잎을 심었다. 수리水利의 경우 오월吳越이 가장 효과가 있었으며 대표적인 공정은 바다를 가로막는 돌로 쌓은 제방捍海石塘이었다. 그 외에도 무의武義의 장안언長安堰이 있었는데 논 일만여 경頃에, 월주越州의 대감호大鑒湖는 논 9천여 경에, 근현鄞縣의 동전호東錢湖는 논 수십만 경에 물을 댈 수 있었다. 남당은 초주楚州에 백수당白水塘을 축조하였는데 논에 물을 댈 수 있는 수량이 상당히 볼 만하였다. 수주壽州에 축조한 안풍당安豐塘은 논 만 경에 물을 댈 수 있었다. 초楚는 담주潭州 동쪽에 제방을 쌓아 샘물을 비축하였는데, 이를 귀당龜塘이라고 불렀으며 논 만 경에 물을 댈 수 있었다. 후촉은 포중褒中에서 샘물의 근원을 대규모 개발하여 논 수천 경에 물을 댈 수 있었다.

수공업: 소금, 술, 누룩 세 가지는 정부에서 여러 차례 금지령을 내려 민간에서는 사적으로 생산하지 못하도록 하였으며 관청에서만 경영할 수 있게 하였다. 기본적으로 수공업은 관영이었다. 북방에는 소금생산지역이 상당히 많았는데 몇몇 지역은 대규모 생산지였다. 그 중에 하북의 섬국군贍國軍은 바닷소금을 많이 생산하였는데 사람들은 말염末鹽이라고 하였다. 다른 두 곳은 해안解安, 안읍安邑의 두 호수로 생산된 소금을 과염顆鹽이라고 불렀으며 섬서陝西의 청백지淸白池가 있었는데 생산된 소금을 청백염이라고 하였다. 남당에서는 상당히 많은 염전을 만들었는데 태주泰州에 해릉염감海陵鹽監을 설치하였다. 이외에 전촉, 후촉 및 오월吳越, 민閩, 남한南漢 지역의 소금생산도 그 수량이 상당하였다. 술, 누룩은 오대십국 모두 생산하였는데 오월에서 한 때 관리가 잘 되지 않아 대량의 술과 누룩이 품질이 변하는 상황이 발생했다. 그 중에 호주湖州에 13,349병, 구주衢州에 17,283병, 태주台州에 1,144섬, 월주越州에 2,904섬 7말이 생산되었다. 이를 통해 술을 빚었던 규모가 크다는 것을 알 수 있다.

차생산: 남방에는 상당히 보편적이었지만 초楚에서 가장 성행하였다. 마은馬殷은 백성들이 차茶를 생산하도록 하였는데 본국에서 자체 사용하거나 매매하는 것은 계산하지 않더라도 매년 중원에 공물로 진상하였던 것만도 25만 근이었다. 민閩의 건안군建安郡은 찻잎을 약한 불로 말리는 것으로 유명한 지역이었는데, 관청에서 전문적으로

관리하는 지역이 38개 처였다. 관청과 민간이 서로 섞여 찻잎을 말리는 곳이 1,336개 처에 달했다. 이름이 널리 알려진 비싼 상등의 찻잎 '적유차的乳茶'를 생산하여 공납품으로 삼았으며 '경정京挺'이란 아름다운 이름으로 불렸다.

방직 염색업: 전촉, 후촉 및 오월, 오, 남당 제품의 품질이 최상등이었으며 오의 능라, 촉의 비단吳綾蜀錦이라 불렸다. 항주杭州에서 전류錢鏐만을 위한 비단직물을 만드는 직공만 이백여 명이 있었다. 남당 이후주李後主 시절에 궁인들이 '천수벽天水碧'이라 불리는 염색기술을 발명하였다. 이 기술은 저녁에 이슬을 받아 직물을 염색하였는데 그 색이 특별히 아름다웠다. 민閩왕 왕정균王廷鈞은 비단직공들에게 구룡장막九龍帳을 제작케 하여 전문적으로 음란함을 즐기는 데 사용하였는데 폭이 넓고 화려하며 색채가 사람을 미혹하였다.

도자기산업: 제일 유명한 것은 오월의 청자青瓷로 '비색요秘色窯'라고 불렸다. 남창진南昌鎭에서 생산된 청자 역시 천하에 그 이름을 날렸다. 후주 세종 때 도자기를 굽는 책임을 맡은 관원이 어떤 종류의 색으로 구워야 하냐고 묻자 그가 말했다. "비 온 후에 날이 개면서 구름 사이로 드러나는 그러한 색깔로 만들어 가져오라."

벼루 · 먹 · 종이: 흡주歙州는 벼루를 생산하는 지역으로 당지에 벼루를 만드는 명가로 첫 손꼽히는 사람이 이소미李少微였다. 남당의 중주中主 이경(李璟)가 흡주에 벼루를 만드는 기관을 설치하고 이소미를 벼루 만드는 관원으로 삼아 전문적으로 벼루를 제작하도록 하였다. 흡주의 역현易縣에 사는 이정규李廷珪가 만드는 먹墨은 단단하기가 옥玉 같았고 무늬가 독특하여 당시에 '정규먹廷珪墨'이란 명예로운 이름으로 불렸다. 종이 품질이 가장 좋은 것으로 여겨진 것은 남당의 '징심당지澄心堂紙'로 이 후주가 일찍이 그것을 가지고 개봉에 갔을 때 송나라 사람들이 이것을 지극한 보배로 여겼다.

이외 조선업 등이 상당히 발달하였다.

상업商業: 관상官商, 민상民商, 관에 기대어 사적인 이득을 취하는 상인私營商 세 종류가 있었다.

관상은 두 종류의 중요한 경영방식을 갖고 있었다. 한 종류는 관청이 소금, 술, 누룩, 소가죽 등 물품을 전매 경영하는 것이었다. 후당에서 민간의 소금판매를 금하였는데, 소금에는 잠염蠶鹽, 식염食鹽, 대염大鹽, 감차냉염甘次冷鹽, 란염欒鹽이 있었으며, 과염顆鹽, 말염末鹽에 대해서는 구획별 공급을 실시하였다. 사적으로 매매를 하는 자가 발견되면 수량에 따라 형량을 정하였는데, 수량이 많은 경우 극형에 처하였다. 후한은 금지규정을 어긴 자는 수량의 많고 적은 것을 불문하고 일률적으로 처형하였다. 오월은 술, 누룩에 대해 판매금지를 시행하였으며 전문 관원을 두고 책임을 지게 하였으며, 일찍이 백성들을 모집하여 술, 누룩 관리에 참여하도록 하였다.

관상의 다른 한 종류는 정부가 조직한 다른 나라에 대한 대규모 무역이다. 초나라는 중원부터 양주襄州, 당주唐州, 영주郢州, 복주復州 등까지 길가에 찻잎를 관리하는 관저를 설치하여 평상시보다 열 배 이상 되는 고액의 이윤을 획득하였다. 오吳는 일찍이 압아押衙 당령동唐令同을 파견하여 차 만 여 근을 가지고 중원에 가서 무역을 하였다. 남당은 해상을 통하여 거란과 무역을 하였는데 방직품, 찻잎, 약품으로 양羊, 말과 교환하였다.

민상民商은 나라들을 돌아 다녔다. 초楚는 면세 우대로 상인들이 초에 와서 찻잎무역을 하도록 유인하면서 국경 내에서 납과 철로 만든 연철전을 사용토록하고, 연철전 10원에 동전 일원으로 바꾸어 주었다. 이 연철전은 초나라 밖에서는 사용을 할 수 없었기 때문에 외국에서 온 상인들이 토산물로 바꾸어 갈 수 밖에 없었다. 남한의 수도 광주廣州는 상업이 발달하였는데 영북嶺北의 수많은 상인들이 산 넘고 물 건너 남한으로 가서 무역을 하였다. 일반적으로 말해서 상인이 한 곳에서 경영하면 모두 현지의 정부에 세금을 완납해야 했다. 국경통과세, 영업세 및 부가세가 있었다. 후당 동광 연간에 군대이든 민간이든 상업여행자로 매매가 있으면 일률적으로 80 백전陌錢을 내도록 하였다.

관官에 기대어 사영을 하는 상인은 높은 지위에 있는 사람이 특수한 배경 또는 수중의 권력을 빌어 스스로 상점을 열고 백성들과 이익을 다투는 것을 말한다. 예를 들면 후당 장종의 유劉황후는 재물을 거두어들이기 위하여 사람들을 나누어 보내 상인이 되도록 하여 시장에 가서 거래를 하도록 하였다. 오吳나라의 윤주潤州단련사團練使 서지악徐知諤은 그의 아버지 서온徐溫의 세력에 기대어 윤주의 아성牙城 서쪽에 일렬로 점포들을 열었으며 직접 점포에 앉아 장사를 하였다.

전촉의 왕연王衍 때에 서徐태후, 서徐태비가 수도로 통하는 큰 읍들에 관저판매점을 설치하여 백성의 이익을 빼앗았다.

금융: 당시의 금융은 나라별로 제도가 각각이어서 통일되지 않았을 뿐만 아니라 상당히 심각한 문제 즉, 열악한 돈이 범람하였다. 납, 주석, 철 등 열악한 돈이 대량으로 제조되었으며 특별히 강회江淮지역의 열악한 돈 주조 열기가 뜨거워 열악한 돈이 전 상업영역에 유통되게 되었다. 부유한 상인이나 거상들은 열악한 돈을 사용하여 좋은 돈을 취득하고는 개인의 창고에 감추어 두어 좋은 돈이 정상적으로 유통되는 것을 가로 막았다. 상인이 높은 가격으로 동기銅器를 구매하여 자기가 직접 돈을 주조하여 높은 이자를 추구하였다.

후당 동광同光 연간에서 천성天成 연간에 열악한 돈을 금지시키고 유통을 막기 위하여, 정부에서 시장 및 돈이 유통되는 지방에서 열악한 돈을 엄격히 방비하도록 여러 차례 명령을 내렸다. 입국하는 강남상인의 선박을 검사하는 기구를 설치하여 열악한 돈이 국내에서 유통되는 것을 방지하고 열악한 돈을 사용하여 좋은 돈으로 바꾸는 것을 막으려고 하였다. 일단 열악한 돈이 발견되면 전부 몰수하였다. 지방정부는 수시로 검사를 진행하여 부유한 상인이나 거상이 필요한 이외의 좋은 돈을 간직하지 못하도록 하였다.

동기銅器에 대해서 관리를 하였으며 외국 상인이 가져가는 것을 허용하지 않았다. 동기는 정가를 통일하여 생동기生銅器 잡물을 많이 섞여 연성이 적은 동는 근당 200문이었으며 열동기熱銅器 순도가 높은 동으로 연성이 좋은 동는 근당 400문으로 정하였으며 가격을 위반하여 거래하는 자는 돈을 사적으로 주조하는 것을 처벌하는 법률에 따라 처분하였다. 낡은 동기와 구리조각은 기물을 주조하는 데만 쓸 수 있으며 녹여서 돈을 주조하는데 사용할 수 없다고 규정하였다. 열악한 돈을 사용하는 자가 발각되면 돈을 몰수하였으며 유통량에 따라 죄를 정하였다. 후진 천복 연간에 모든 동기의 주조를 금지하였으며 오직 구리거울銅鏡만 관청에서 주조하여 낙양에 장소를 마련하여 판매하였다. 후주 광순 연간에 동기 제조를 금하는 법령을 폐지하였다. 그러나 기물을 깨진 동기로 만들어 매매할 수 없다고 강조하였다. 이 법령을 어긴 자는 함량의 많고 적음에 관계없이 처형하였다.

열악한 돈을 억지하는 가장 좋은 방법은 국가가 좋은 돈을 많이 만드는 것이다. 후당 천성 기간에 원보전元寶錢을 주조하였는데 직경이 9분分, 중량이 3수銖 6참參이었다. 후주 세종은 현덕 연간에 좋은 돈이 부족한 현상을 해결하기 위하여 '감監'을 세워 돈을 주조하였다. 원료인 구리의 부족을 해결하기 위하여 대규모로 세상의 구리 불상들을 녹여 돈을 주조하는 원료로 삼아, 초보적으로 좋은 돈이 부족한 문제를 해결하였다. 당시 주조한 것은 일종의 통원보전으로 직경이 1 촌寸 무게가 5 수銖였다.

강남의 여러 나라는 화폐 주조에 있어 당나라의 제도를 따랐으며 적지 않은 화폐주조처를 두었으며 감監을 단위로 하였다. 비교적 유명한 것은 남당의 삼감으로 요주饒州의 영평감永平監, 지주池州의 영녕감永寧監, 건주建州의 영풍감永豐監이 있었다. 또한 오월은 항주에 보흥감保興監을 설치하였다. 남당 이경李璟 때에 당국전唐國錢을 주조하였는데 그 표면에 '당국통보唐國通寶'라고 새겼으며 또한 대당통보전大唐

通寶錢을 주조하여 두 종류의 화폐를 서로 교환하여 사용하였다.

물가: 북방에서는 인위적인 파괴가 많아서 자연재해가 심각하였으며 생산력이 약하여 물가가 늘 높았으며 내려가지 않았다. 중원의 정부는 여러 차례 시장과 물가를 통제하는 명령을 내렸으나 수요공급의 불일치를 해결하기 어려웠기 때문에 이러한 명령은 모두 휴지조각이 되었다.

후당 동광 3년(925년) 낙양 동쪽 지역에 큰 수재를 당하여 낙양의 물가가 뛰어 오르자, 정부에서 명령을 내려 정부수매를 중지시켜 양식의 가격을 낮추었다. 천성 원년(926년) 낙양 시장의 비단, 곡식, 땔감 등의 물품이 중매인들의 조종으로 가격이 앙등하였다. 남방은 북방과 상반되는 원인으로 경제상황이 괜찮은 상황이었으며 물가도 북방에 비해 상당히 낮았다. 예를 들면 촉蜀은 생산물이 많았으며 양식의 수확이 좋아 쌀 가격이 상당히 싸서 한 말이 3전錢에 불과하였다. 전쟁이 벌어지는 지역은 곡물가격이 왕왕 엄청나게 상승하였다. 전쟁시간이 길면 길수록 곡물가격이 더욱 올랐다. 양행밀이 양주를 포위하여 크고 작은 십여 차례의 전쟁을 한 후에는 성안의 쌀 가격이 한 말에 50민緡이나 되었다.

3. 문화

중국의 문화는 광의로 보자면 당연히 중국인의 생존상태와 환경을 가리키지만 일반적으로 협의의 각도에서 말하며 학술, 문학, 예술, 종교, 교육, 과학기술 등 방면을 포함한다. 오대의 문화는 비록 대제국의 시대와 비교할 수 없었지만 그 자체로 눈여겨 볼만한 부분이 있었다.

오대의 학술은 전쟁의 틈새에서 짜낸 학술이라 할 수 있다. 끊어질 듯 이어질 듯 조금씩 조금씩 완성되어 가기는 하였지만 날줄과 씨줄이 제대로 교차된 큰 체계를 이루지 못하였으며 하나로 꿰뚫는 맥락이 부족하였다.

경학經學 경학은 유가경전에 관한 학문으로 통치자가 국가를 안정적으로 다스리는 사상의 근거이자 또한 선비들이 벼슬길에 들어서는 주요한 대도였다. 후당 명종 초기에 태학太學박사 이악李鍔이 <시詩>, <서書>, <예禮>, <역易>, <춘추春秋> 오경을 기록한 후에 국자감國子監에 주어 인쇄를 하였다. 장흥長興 3년(932년) 유학을 중시한 것으로 유명한 풍도馮道가 판에 조각하여 유학경전을 인쇄할 것을 주청하였는데, 당唐 문종文宗 이앙(李昂) 809~840년 개성開成 연간에 돌에 새긴 경전 이른 바 개성석경에 있는 <예기禮記>, <예의禮儀>, <주례周禮> 이를 합하여 삼례라고 칭한다, <춘추좌씨전春秋左氏傳>, <춘추공양전春秋公羊傳

>, <춘추곡량전春秋穀梁傳>이를 합하여 삼전이라 칭한다, <주역周易>, <상서尙書>, <모시毛詩> 9경을 근거로 삼았다. 후당 장종의 동의를 얻어 국자감에 넘겨 책임을 지고 인쇄를 하도록 하였다. 이 일은 12년의 시간, 4대 왕조를 거쳐 후주 광순廣順 3년(953년)에 이르러서야 비로소 완성되었다. 후촉의 재상인 무소예毋昭裔가 유학경전을 세상에 알리는데 힘을 다하였는데 그는 판에 조각을 하여 9경을 인쇄하였으며 여전히 당 왕조의 개성석경을 표준으로 하여 10경을 조각하였다. <예기>, <예의>, <주례>, <춘추좌씨전>, <주역>, <상서>, <모시>, <효경孝經>, <논어論語>, <이아爾雅>를 조각하여 성도成都의 학관에 세워 선비와 거자擧子들이 사용토록 하였다.

사학史學 이 영역에서 최대의 성과는 <구당서舊唐書>의 편찬이었다. 후진 천복 6년(941년) 재상 조영趙瑩 및 장소원張昭遠, 가위賈緯, 조희趙熙, 정수익鄭受益, 이위광李爲光, 여기呂琦, 윤졸尹拙 등 문신들이 황제의 명을 받아 <당서唐書>를 편찬하였다. 이들 중 조영이 감수를 하였으며 상당한 힘을 기울였다. 개운開運 2년(945년) 원고를 다 완성하였으나 조희가 이미 재상에서 파면되었기 때문에 당시 재상인 유후劉昫가 앞장서서 책을 상주하였으나 사실 그는 근본적으로 책의 편찬과 관계가 없었다. 이 책은 총 2백 권으로 당唐 고조高祖 무덕武德 원년(618년)에서 당唐 애제哀帝 4년(907년)에 이르는 290년의 당 왕조 역사를 기술하고 있다. 책은 크게 본기本紀 20권, 지志 30권, 열전列傳 150권의 세 부분으로 구성되었다. 본기에는 20명의 황제와 무측천을 기록하였으며, 지志는 예의, 음악, 역歷, 천문, 오행, 지리, 관직, 여복輿服,

경적經籍, 식화食貨, 형법의 11개 조목으로 나누어졌으며, 열전은 황후와 비빈, 수나라 말기 할거하였던 정권의 우두머리, 장군과 재상, 대신, 종실의 왕들, 방진의 우두머리, 외척, 환관, 훌륭한 관리, 악독한 관리, 충성과 의기, 효도와 친구, 유학, 문원文苑, 방기方技, 은일隱逸, 열녀, 소수민족, 인근 국가 등으로 나누어 기술하였다. 이후에 북송北宋 시절에 편찬 된 <신당서新唐書>로 인해 이 책은 <구당서>로 불리게 되었다.

철학哲學 당시 철학계 중에서 담초譚峭를 뛰어난 자로 내세울 수 있는데 그는 여기저기 방랑하면서 술 취함을 낙으로 삼고 산천유람을 즐거움으로 삼아 세인들이 그를 미친 사람으로 여겼다. 그는 <화서化書>라는 중요한 철학서를 저술하였는데 도교의 사상에서 처세의 학문을 연역해 내었다. 이 책은 <도화道化>, <술화述化>, <덕화德化>, <인화仁化>, <식화食化>, <검화儉化> 6권으로 이루어져 있다. 그는 최고의 범주를 도道로 인식하고, '도'로부터 만사와 만물이 변화되어 나오게 된다고 여겼다. 이러한 변화化는 정태적이 아니라 동태적인 것이다. 변화는 순리적인 것과 역리적인 것으로 나누어지며 변화를 따르는 것從化과 변화되는 것被化으로 구성된다. 변화는 또한 순환적인 것으로 썩고 부패한 것이 변화하여 신기新奇함이 될 수 있고, 존귀함이 다른 존귀함으로 대체된다. 이 책은 현실의 계급제도에 대한 비판적인 의미를 가지고 있으며, 또한 역사비관주의의 경향을 가지고 있다. 담초는 책을 다 쓴 후에 남당南唐의 대신 송제구宋齊丘에게 서문을 부탁하였다. 송제구는 이 기회를 틈타 책을 자기 것으로 도둑질하였으며 외부에 <제구자齊丘子>라고 알려지게 되었다. 후에 담초의 친구이자 유명한 도사인 진단陳摶이 진상을 폭로함으로써 후세에 비로소 이 책의 이름이 <담자화서譚子化書> 또는 약칭으로 <화서化書>라고 불리게 되었다.

문학文學 당나라의 남아있는 것을 이어받았다고 할 수 있지만 사詞의 창작에 있어 새로운 국면을 열어갔다. 대표적인 사인詞人은 촉蜀사람이 중심이 된 화간파花間派와 남당의 군주와 신하들의 두 집단으로 나눌 수 있다.

화간파는 후촉의 조숭조趙崇祚가 편찬한 문집인 <화간집花間集>에서 그 이름을 얻었으며 온정균溫庭筠 등 당나라 말엽의 사인들 작품을 시작으로 하여 오대시대 촉 사람들을 위주로 사詞를 중점적으로 수집하였으며 중원 등 지역의 작품을 겸하여 실었다. 화간파의 특색은 문채文彩를 중시하고 장식적인 요소를 중시하였으며, 묘사한 주제는 크게 규방의 애정과 술과 여인 두 부류였다. 이러한 사풍은 송나라 시대 완약파婉約派에게 아주 큰 영향을 주었다. 이 파의 사인 중에 성과가 가장 좋았던 사람은 촉의 재상이었던 위장韋庄이었다. 그의 풍격은 맑고 아름다워 사람의 마음을 끌었는데 그 경지가 비교적 깊었다. 그의 대표작 중 하나인 <보살만菩薩蠻>에 다음과 같은 글이 있다.

누구나 강남이 좋다하니, 나그네는 당연히 강남에서 머물러야하리.
봄날의 강물은 하늘 색 보다 더 푸르구나.

화려한 치장 쳐진 배 위에서 빗소리 들으며 잠이 들었네.
화롯가에 있는 여인 너무나 아름다워. 그 어깨살이 희기도 희구나.
늙기 전에는 고향으로 돌아가지 말게. 지금 돌아간다면 내 마음이 애달프고 애달프리라.
人人都說江南好,遊人只合江南老. 春水碧於天,畵船聽雨眠.
爐邊人似月,皓腕凝雙雪.未老莫還鄕,還鄕須斷腸.

그 외에 페르시안으로 나중에 한족이 된 이순李珣이 지은 사詞는 대단히 뛰어나서 사람들이 그를 '이수재李秀才'라고 불렀다. <하전河傳>에서 이순은 다음과 같이 읊었다.

어디로 어디로 가야하나?
산과 물이 끝없이 이어진 머나먼 파초巴楚땅.
去去, 何處? 迢迢巴楚 ,山水相連.

안개 낀 아침 비 내리는 저녁
열 두 봉우리는 예나 다름없는데,
원숭이 울음소리 뱃전에 들려온다.
朝雲暮雨,依舊十二峰前,猿聲到客船.

어찌해서 정향꽃 몽우리처럼 슬픔이 애간장을 끓게 하는가?
떠나온 고향 땅, 소식조차 한 줄 없기에 그러하리
愁腸豈異丁香結? 因離別, 故國音書絶.

꽃 그늘 아래 서 있던 그대를 생각하네
밝은 달 봄 바람에
그대도 나처럼 슬퍼하겠지
想佳人花下, 對明月春風, 恨應同

남당의 사인은 중주中主 이경李璟, 후주後主 이욱李煜, 풍연사馮延巳 세 명이 가장 명성이 높았으며, 그 세 사람 중에도 이욱의 사詞가 절정에 달하였다. 이욱과 풍연사 두 사람은 이 책 앞부분에서 상세히 소개를 하였다. 이경은 지은 사가 많지 않았다. 그 중에서 <산화자山花子>가 가장 알려져 있다.

연꽃향기 흩어지고 푸른 잎 떨어질 때
푸른 물결사이로 서쪽 바람에 슬픔이 솟아나누나.
아름다운 빛 속에 초췌해진 사람을 차마 볼 수 없는데
촉촉이 내리는 빗 속에 꿈 속에 돌아간 저 변방의 풍경 아득하구나.
누각에 올라 옥 생황을 불 때 몸이 떨리네
주르륵 흐르는 눈물, 한스러움 가득하여 난간에 기대어보네.

菡萏香銷翠葉殘
西風愁起綠波間
還與韶光共憔悴,不堪看
細雨夢回鷄塞遠
小樓吹徹玉笙寒
多少漏珠何限恨,倚欄干

예술. 당시의 예술은 상당히 생기가 있었다, 특히 음악과 춤, 회화, 서예 각 영역은 더욱 걸작들이 앞 다투어 나타났다.

*음악과 춤*樂舞 오대시대에는 모두 묘당에서 조상들이나 천지신명에게 제사지낼 때 사용하는 음악과 춤이 있었다. 후당 장종은 음악을 좋아하여 늘 스스로 작곡을 하였으며 그 곡이 세상에 널리 전파

되었다. 후주 현덕 5년(958년) 후주 세종이 중서사인中書舍人 두엄竇儼에게 태상아악太常雅樂을 자세히 고증하도록 하였다. 반년 후에 두엄이 아악에 정통한 사람을 사용하여 오제五帝부터 후주에 이르는 음악사 연혁에 대해 전면적으로 편집하여 기록하였다. 또한 역대의 악보들을 첨부 하였으며 이를 영원한 정식 악보로 삼고 이름도 <대주정악大周正樂>으로 짓고 태상사太常寺에서 관리하겠다는 내용의 주청을 올렸다. 후주 세종은 그대로 처리하라고 명령을 내렸으며, 두엄이 앞장서서 이끌어 가도록 하였다. 다음 해에 추밀사 왕박王朴이 조서를 받들어 아악을 고증하여 바르게 잡았으며, 12율을 다시 정하여 음의 위치를 잡는 방법으로 삼았으며, 이외에도 악기들에 대해서 사람들의 칭찬을 받을만한 개선을 하였다. 세상 사람들은 왕박의 음악 개혁을 통해 전란으로 파괴된 아악이 진흥되었다고 하였다.

전촉의 왕연王衍은 <감주곡甘州曲>을 직접 작곡하여 신선이 노니는 상황을 표현하였으며 자기 스스로 늘 그 곡을 불렀고 또한 궁인들이 서로 합창을 하도록 하였다. 남당의 궁인인 요랑窅娘은 야리야리한 몸매에 춤을 잘 추었다. 이李후주後主 이욱(李煜)가 육척 높이의 상서로움을 상징하는 쌍으로 된 연꽃을 만들게 하여 그 바닥을 금으로 칠하고 내부는 보물로 가느다란 띠로 장식하게 하였다. 요랑의 발을 비단으로 감싸, 가늘고 작고 구부러진 모양 즉 초승달 모양으로 보이게 하였다. 흰색의 양말을 신고 연꽃가운데서 춤을 추는데 발걸음이 날아갈 듯하고 몸짓이 경쾌하였다. 일반적으로 이것을 전족纏足의 시작으로 보기도 한다.

*회화*繪畫 오대의 회화는 다른 시대에 비해 절대로 뒤지지 않았으며, 휘황찬란하였고 그야말로 대성황을 이루었다. 당나라 말기부터 송나라 초기까지 많은 인재가 나타났으며 각자 자신들의 뛰어남을 드러냈다.

인물화 분야에서는 선월대사禪月大師란 호를 가진 관휴貫休로 나한과 불교계의 인물화로 이름이 알려졌다. 필법이 괴상하였으며 과장이 기이하며 심하였고 특색이 풍부하였다. 남당의 대조待詔 고굉중顧閎中은 색채가 풍부하고 짙었으며 필법은 부드러운 가운데 날카로움이 있어 사람의 표정을 표현하는데 뛰어났다. 남아있는 작품으로는 <한희재야연도韓熙載夜宴圖>가 있다. 남당 대조 주문구周文矩는 특별히 미인도를 잘 그렸는데 '붓을 떨며 터치하는 필법戰筆, 顫筆'을 창안하여 옷 주름을 묘사하였다. 북방사람으로는 호괴胡瓌가 있었는데 거란 등 유목민족의 생활을 잘 그려 명성이 높았다. 그가 그린 이미지는 진짜 같았으며 생동감이 있었다. 남아있는 작품으로는 <탁헐도卓歇圖>가 있다.

산수화 분야에는 후량의 은사인 형호荊浩가 있었는데 먹의 번짐으로 농담을 표현하는 수운묵장水暈墨章의 기법을 창안하여 산속의 늙은 소나무 및 구름 속의 산봉우리를 잘 그렸는데, 고풍스러우면서도 굳세고 웅장한 기세가 있었다. 후량의 관동關소은 형호를 스승으로 삼았으나 형호를 넘어서서 산천의 기세를 가장 잘 그려 '관가의 산수화關家山水'라는 명성을 얻었으며, 형호와 합하여 '형관荊關'이라 불리었다. 남당의 조신인 동원董源은 수묵산수화에 특기가 있었는데 강남의 풍광을 많이 그렸다. 사람들은 그의 그림이 평이 담백하고 천진하다고 하였다. 승려 거연巨然은 동원의 필법을 이어받았는데 특히 소박하면서도 우아한 것을 중시하였다. 그의 작품은 대부분 '옅은 먹으로 아득한 안개와 산을 묘사淡墨輕嵐'하여 동원과 함께 '동거董巨'로 불리었다. 당황실의 후예인 이성李成은 처음에는 '형관荊關'을 스승으로 삼았으나 후에는 자신만의 기법을 모색하여 일가를 이루었다. 간결한 필법으로 평지의 멀고 먼 추운 숲을 그려냈는데 그 수법이 마치 먹을 금처럼 아끼듯 몇 번의 간결한 붓놀림으로 묘사하였다. 또한 산과 바위를 마치 둘둘 말린 구름처럼 그렸는데 이를 통해 '말린 구름이 갈라진 듯한 주름을 묘사하는 필법卷雲皴'을 창안하였다. 남당 조간趙幹은 강남의 경관을 잘 그렸는데 화폭에 푸른 물빛이 널리 퍼진 느낌을 주었다.

꽃과 새를 그리는데 있어서는 전촉과 후촉에서 대신을 지낸 황전黃筌이 진기한 조류와 기이한 화초를 주요 소재로 삼아 그렸다. 그가 그린 새는 깃털이 무성하였으며, 꽃은 가벼운 붓터치를 통해 붓의 흔적이 보이지 않게 그려 사람들이 '새나 꽃이 살아있는 듯'하다고 하였다. 남당 서희徐熙는 조류의 형태를 가볍게 터치하면서도 빼어나게 예쁘게 그렸고, 꽃과 나무는 수묵을 위주로 하면서 기타 색을 살짝 첨가하는 방식이어서 사람들은 이를 '낙묵화落墨花'라고 불렀다. 일찍이 궁정의 장식화를 그린 바 있는데 '포전화鋪殿花', '장당화裝堂花' 등의 표현수법을 보였다. 이에 따라 사람들은 황전과 서희를 합하여

'황서'라 불렀으며, '황가는 부귀하고 서가는 민간에 은둔한다.黃家富貴,徐家野逸'는 말이 있을 정도로 각각 양대 유파를 형성하였다. 전촉과 후촉에 걸쳐 있었던 조광윤刁光胤은 아주 열심히 그림을 그렸는데 대표작으로 <사시죽작四時竹雀>이 있다. 그림의 기법을 황전에게 전수해 주어 '황씨 체제'의 화조화를 개척하는 공적이 있었다.

서예. 오대시대의 서예는 양응식楊凝式을 태두로 한다. 그는 다양한 서법을 잘 구사하였는데 특히 행서行書, 초서草書에 특히 장기를 보였는데 그 필치가 호방하고 웅장하며 끝없는 변화를 보였다. 비평가들은 그가 붓을 사용하는데 있어 네모진 글자를 둥그럽게, 번잡을 없애고 간단하게 묘사한다고 칭찬하였다. 현존하는 작품으로는 <구화첩韭花帖>, <하열첩夏熱帖>, <노홍초당십지도제발盧鴻草堂十志圖題跋> 등이 있다. 자세한 상황은 앞에 기록한 양응식의 전기에서 볼 수 있다. 이외 관휴關休의 초서는 상당히 가치있는 작품으로 당시 사람들은 당 왕조의 염립본閻立本, 회소懷素와 비견될 수 있다고 일컬었다.

종교. 무력을 미신하던 시대에 종교의 지위는 당 나라 시대와 비교할 때 비교할 수 없을 정도로 낮았으며, 종교의 현실적 역량에 기초하여 수많은 정부들이 겨우 종교를 보존하였을 뿐이었다. 전쟁과 전쟁이 거듭되어 수습을 할 수 없을 정도로 혼란스러운 사회상황에서 사람들은 세속의 정치역량이 종교보다 훨씬 크다고 여겼다. 풍도馮道가 일찍이 야율덕광耶律德光에게 이 시대는 부처가 나타나더라도 이 세상을 구할 수 없으며 오직 황제만이 구할 수 있다고 말한 적이 있

다. 이 말은 윗사람의 비위를 맞추는 말일 뿐만 아니라 세간에서 일반 사람들이 가졌던 견해도 드러내고 있다. 몇몇 별도의 사례를 제외하면 종교계는 이미 정치에 참여하거나 간섭할 힘이 없었다. 최대 종교인 불교와 도교에 대해 말하자면 불교의 영향이 도교에 현저히 미치지 못하였다. 각 왕조의 상황을 총괄해보면 불교를 억제하고 도교를 세우려는 뜻이 많았다.

- 불교. 전체적으로 보면 후량 시기에는 자연스럽게 흘러가는 상태였다. 후당 장종 때는 유劉황후가 불교를 좋아하였던 까닭에 대단히 높은 예우를 받았다. 후당 명종이 등극하자 제한을 당하는 입장에 처하게 되었다. 후주 세종 때는 심각한 타격을 입었다. 후당 천성天成 원년(926년)에 명령을 내렸다. 그 내용을 보면 이미 절이 있는 경우 허물 수 없지만, 확장할 수 없었다. 누군가 출가를 하려고 하면 관청에서 설치한 단壇에 가서 수계를 받아야하며 사적으로 머리를 깎아서는 안 된다고 하였다. 천성 3년(928년) 또 명령을 내렸다. 천하에 불상이 없는 사원의 가옥들은 반드시 판매해야 하며, 편벽된 곳에 있어 살 사람이 없는 경우 이를 반드시 제거해야한다고 하였다. 열흘의 기한을 주어 이를 순종하지 않을 경우 승려는 2년을 감옥살이를 해야하며 비구니는 70대의 곤장을 친 후에 환속시키라고 하였다. 후진 천복 4년(939년)에 명령을 내려 각 지역에 절을 더 짓지 못하도록 하였다. 후주 현덕 2년(955년)에 명령을 내려 천하 각지의 절들에 대해 승려의 수를 정하여 제한하도록 하였다. 각 도道, 주州, 부府, 현縣, 진鎭, 촌村, 방坊마다 승려의 명수가 정해져있는 경우 그 인원을 보유할 수

있었으나, 정해진 명수가 없는 경우는 일괄적으로 인원수를 폐지하도록 하고, 그 승려와 비구니 및 절의 기구들은 보관하여 보유할 수 있는 사람에게 옮겨줄 수 있다고 하였다. 법당과 건물들은 관청에서 이를 봉쇄하고 거두어들여 관리하였다. 보존하고 있는 자를 제외하고는 성곽과 촌방村坊, 산림명승지 모두 새로이 절을 지을 수 없으며, 위반자는 3년의 형을 살게 한 후에 노역을 하고 환속하게 하였고, 당지 관원은 승려 명단에서 이를 제적하고 유배를 보내도록 했다. 왕공귀족, 절도사, 자사 등은 절을 새로 짓거나 수계를 받는 단壇을 설치하자고 주청을 할 수 없으며 이를 위반한 자는 어사가 탄핵해야 했다. 불교를 억제하는 이러한 운동을 통해 절 삼만여 곳을 없앴으며 수많은 승려들을 환속시켜 농업에 힘쓰도록 압박하였다.

- 도교. 비교적 많은 지지를 받았지만 큰 분위기를 형성하지는 못하였다. 후량 태조가 즉위한 초기에 도교에 대하여 그 격을 낮추는 조치를 취하여, 옹주雍州의 태청궁太清宮을 폐지하며 낙양 태미궁太微宮, 호주亳州 태청궁을 관觀으로 바꾸었으며, 각 지방의 자극궁紫極宮을 노군묘老君廟로 낮추었다. 후당의 군주들은 당나라의 계통을 이었다고 자칭하였기 때문에 당나라 방식에 따라 노자를 성조현원황제聖祖玄元皇帝로 받들었다. 동광同光 원년(923년) 후량 태조가 궁宮을 관觀으로 고쳤던 것을 원상태로 회복시켰다. 천성 3년(928년) 현원황제의 탄신일을 성인이 강림한 절기란 뜻의 강성절降聖節로 선포하고 관원들에게 3일간의 휴가를 주었다. 청태淸泰 2년(935년) 도교를 주관하는 양가공덕사兩街功德使가 보고를 올렸다. 매년 강성절에 각 지방에서는 당지의 도사들을 위해 도교계의 고위직 명칭-자의사 호칭紫衣師

號을 주청토록 하였다. 또한 이 보고에서 자의사 호칭을 얻으려면 반드시 과목을 지정하여 과거를 치르되, 도교의 법술의식 열 과목을 해석하고 예식관련 경전을 강론 하며, 문장은 예식을 위한 시詩를 짓도록 하고, 예식에 따른 발성법으로 이를 읊어, 신선이 거니는 듯한 발걸음으로 종교예식을 찬양하며, 예단에서 불을 사르며 제사를 지내도록 하였다. 후당 말제가 이 보고서를 열람한 후에 그대로 시행하라고 하는 조서를 내렸다. 후진 천복天福 4년(939년) 조정에서 중서사中書使 조처빈趙處玭을 옥사산玉笥山에 파견하여 도사 나은羅隱이 조정에 나와 습유拾遺를 맡도록 요청하였으나 완곡하게 거절을 당한 후에 희이希夷선생이란 호를 내려주었다. 전촉前蜀의 왕연王衍이 건덕乾德 5년(923년)에 상청궁上淸宮을 만들고 왕자진王子晉의 상을 만들어 성조지도옥신황제聖祖至道玉宸皇帝로 받들었으며, 동시에 왕건王建과 자기의 상을 만들어 좌우에 세웠다. 또한 정전에 현원황제 및 당나라 황제들의 상을 만들어 아침마다 예를 올렸다.

교육. 중앙정부 최고 학부인 국자감國子監은 역대 왕조가 모두 설치하였다. 후량 개평開平 시기에 국자감안에 문선왕文宣王 즉, 공자의 묘를 건립하였다. 후당 천성 2년(927년) 태상승太常丞 단옹段顒이 국자감의 오경박사교관는 원본 경전만을 가르쳐야 한다고 주청하였고, 황제는 조서를 내려 이에 동의하였다. 3년(928년) 국자감 장관 즉 국자제주國子祭酒 자리를 다시 만들어 재상 일인이 겸직하도록 하였다. 같은 해에 이 직책을 맡았던 최협崔協이 국자감에서 매년 학생을 이백명만 받도록 주청하였다. 학생들은 과거에 참가하는 것이 편리하였기 때문에 일부 지방의 거인擧人이 임시로 국자감에 들어가 학생 수를 충당하였다. 이로 인해 후주 현덕 원년(954년) 세종이 명령을 내렸다; 국자감의 학생 수를 광순廣順 3년(953년)의 수로 제한하고 예부공원禮部貢院이 검사하도록 하였다. 954년에 새로이 보충하여 받아들인 학생들은 모두 과거에 참가하지 못하도록 하였으며 그 이후에는 반드시 국자감에서 수업을 받아야 비로소 안례에 따라 과거 참가 명단에 들어가게 하였다.

지방학교는 상당히 비정상적이었는데 시시때때로 세웠다 폐교하였다하여 교육상황이 일정하지 않았다. 천성 3년(928년) 재상 겸 국자제주 최협이 각 도, 주, 부府에 관립학교를 세우자고 제의하였고 명종의 동의를 받았다.

오대십국 중 십 국의 교육 상황은 각국의 우두머리의 흥취에 따라 정해졌다. 왕조王潮가 민閩의 다섯 주를 차지한 후에 사문의학四門義學을 설치하였다. 왕심지王審知는 복건을 얻은 후에 여전히 사문학을 설치하여 민에 있는 재사들을 교육시켰다. 남당 승원升元 4년(940년) 이변李昪은 여산廬山 백록동白鹿洞에 학관을 설립하여 이선도李善道를 동주洞主 학관책임자로 삼고 학생들을 가르치게 하였는데, 세상에서는 이를 '여산국학'이라고 불렀다.

과학기술. 굉장히 주목되는 일은 전쟁의 수요와 상응하여 화기火器가 전쟁터에 출현했다는 것이다. 당나라 말기 천우天祐 3년(06년) 즉

후량이 건국되기 일 년 전에 강서江西 예장豫章 지금의 남창(南昌)의 공성전 중에 불을 발사하는 기기를 사용하여 성문을 불살랐다. 오월은 맹렬한 화약기름을 가지고 있어 자신이 사용했을 뿐만 아니라 예물로 거란에 보내주었다.

역법. 후량, 후당 두 왕조는 당나라의 <숭현력崇玄曆>을 그대로 사용하였다. 후진 초기에 사천감司天監 마중적馬重積이 이 역법이 때로 맞지 않게 되자 당나라 건중建中시기에 민간에서 사용되던 <부천력符天曆>을 바탕으로 삼아 이를 개선하여 <조원력調元曆>이라 칭하고 조정에서 채용하게 하였다. 그러나 <조원력>은 겨우 5년을 사용했는데 잘못된 것이 여기저기 드러나 다시 <숭현력>을 회복하여 사용할 수밖에 없었다. 조정에서 <숭현력>을 사용하고 민간에서는 <만분력萬分曆>을 사용하였다. 후주 초기에는 국자박사 왕처눌王處訥이 집에서 개인적으로 <명현력明玄曆>을 편찬하였으나 조정의 승인을 얻지 못하였다. 이외에 전촉과 후촉에서는 <영창력永昌曆>, <정상력正象曆>을 남당에서는 <제정력齊政曆>을 사용하였다. 역법이 비록 많았지만 각자 뛰어난 부분과 틀린 부분이 있었다. 후주 세종이 즉위한 후에 역법에 정통한 단명전端明殿학사들에게 역법을 다시 수정하여 제정토록 하였다. 왕박王朴이 옛 역법의 틀린 부분들을 없애고 <흠천력欽天曆>을 제정하였다. 이 역법은 <대주흠천력大周欽天曆>, <현덕흠천력顯德欽天曆>으로 불리기도 했는데 아래와 같은 내용으로 구성되었다.

<보일步日>, <보월步月>, <보성步星>, <보발렴步發斂> 4편을 합한

<역경曆經> 1권; <역曆> 11권; <초草> 3권, <칠정세행력七政細行曆> 1권.

<흠천력>을 사용한 후에 전문가들의 찬양을 받았으며 당나라 일행一行 승려로 본명은 장수(張遂) 683~727년 이후에 일가를 이루었다고 할 수 있다.

조판인쇄. 당나라 초기에 싹이 튼 후에 이 기술은 오대에 이르러 가일층 발전하였다. 특히 강남江南과 사천에서 더욱 유행하였는데 인쇄의 범위는 주로 불경, 역서, 자서字書, 소학, 점괘, 음양, 상택相宅, 구궁九宮, 오위五緯 등의 책이었는데 점차 유가경전, 문학서적으로 확대되었다. 위에서 기술한 후당, 후촉에서 유가경전을 출판한 이외에 무소예毋昭裔가 <문선文選>을 조판인쇄하여 학자들에게 증정하였다. 오대를 섬겼던 화응和凝은 자신의 문집을 스스로 조판하여 수백 부를 인쇄하여 사람들에게 나누어 주었다.

4. 사회생활

한 사회에서 난리가 일어날 수 있는 주요 원인 중 하나는 이익분배가 고르지 못한 경우이다. 부자들은 어마어마하게 써 대는데 가난한 자는 배를 채우기 어려운 양극화가 극에 달하면 난리를 피할 수 없다. 오대십국의 사회생활은 계속된 난리와 분열과 관련이 있었다.

*의식주행*衣食住行 사회생활 중 가장 기본적인 것이며 가장 변화를 잘 볼 수 있는 분야이다.

- 의衣는 복식을 지칭하는 것으로 모자 두건, 의류, 신발류로 구성된다.

모자와 스카프. 당시 상층사회 사람들은 대부분 두건幞頭을 썼다. 오대의 군주들은 대부분 아침에 두건을 썼으며 머리 띠 두 가닥을 내리거나 위로 말아 오렸다. 십국의 우두머리는 각자 새로운 디자인을 창안하였는데 뒤 쪽으로 두 가닥 늘이기, 위로 올려붙이기, 아래로 늘어뜨려 접기, 원형부채나 파초 잎 모양으로 합하여 앞으로 가져오기 등이 있었다. 초나라의 마희범馬希范은 두건 좌우의 두 가닥을 1장丈 넘게 확대하여 용의 뿔이라고 칭하였다. 유지원이 아직 이름을 날리지 못하고 있을 때 즉, 병주幷州에서 군관을 할 때 스스로 두건의 격식을 창안하여 뒤에 달린 두 가닥을 1척 이상으로 만들어 위로 말아 올리지 않고 가로로 늘어뜨렸는데 훗날 널리 유행하였다.

남쪽에서는 모자쓰기가 상당히 유행하였다. 오월吳越에서는 격식을 생략한 방형의 모자方平帽를 썼는데 가볍고 소박하며 편리하였다. 오吳의 여주廬州자사 장숭張崇과 그를 따르는 사람들은 모두 얇고 투명한 비단으로 만든 연화모蓮花帽를 썼다. 남당의 한희재韓熙載는 가벼운 사모紗帽를 창안하였다. 전촉에서는 작은 모자가 유행하였는데, 겨우 정수리만을 덮을 뿐이어서 머리를 들기만 하면 굴러 떨어져서 사람들은 위뇌모危腦帽 뇌를 위험하게 하는 모자란 뜻라고 불렀다. 왕연王衍이 이를 불길하게 여겨 착용을 금지시켰다. 자기 자신은 큰 모자를 쓰는 것을 좋아하였기 때문에 백성들에게 큰 모자를 쓰도록 하였다. 그는 왕비와 비빈, 궁녀들에게 금으로 장식한 연화관蓮花冠을 쓰고 도사의 복장을 하도록 하였으며, 술을 먹고 취하면 관을 벗고 묶은 머리가 드러나도록 하고 얼굴에다가는 붉은 주사가루를 바르게 한 후에 술 취한 화장이라고 불렀다. 남한의 유척劉陟은 스스로 위가 평평한 모자平頂帽를 만들어 백성들이 이를 본받도록 하였으며 이를 평안하고 풍성한 모자란 뜻으로 안풍정모安豊頂帽라고 불렀다.

- **의상**衣裳. 낙양 지역의 백성들 중 남자들은 베 바지를 입고 여자들은 치마저고리를 입었다. 색상은 푸른색이었다. 회남淮南지역의 평민들은 갈포와 명주를 입었으며 여름에는 짧은 바지를 입었다. 복건지역의 하층사회에서는 얇고 투명한 바지를 입었다. 호남지역의 여

인들은 푸른색 치마를 입었다. 남당 이 후주의 주周 황후는 머리를 높이 묶어 올리고 이에 치마를 연결하는 방식을 창조하였다. 중원지역에서는 거란의 영향으로 인해 거란의 복장이 유행하기 시작하였으며 일찍이 후진 고조가 제작을 금지하는 명령을 내렸다. 고위관리나 사대부들은 대부분 헐렁한 옷과 넓은 띠를 매었는데 그 양식이 대단히 헐렁했다. 후량의 사언장謝彦章, 남당의 왕숭문王崇文 같은 사람들은 모두 이러한 복장을 좋아하였다. 이러한 풍조가 점점 더 민간에 퍼지기 시작하여 부녀들이 광범위하게 받아들이게 되었으며, 옷감을 사용하는데 상당히 공을 들였으며, 귀족이든 평민이든 대부분 수를 놓은 비단으로 된 헐렁한 옷을 입었다. 후당의 장종은 동광同光 2년(924년)에 명령을 내려 이러한 풍조를 없애도록 명령하였다.

- **신발**. 가장 많이 나타났던 것은 풀로 짠 신발 망혜芒鞋로 강남과 강북에서 크게 유행하였다. 다른 것으로는 왕골로 만든 신발 포혜蒲鞋가 있었는데 생활이 검소하였던 남당의 이변李昪은 늘 이 신발을 신었다. 귀족들은 대부분 비단인 금단錦緞으로 만든 천으로 된 신발인 포혜布鞋를 신었다. 또는 사슴가죽으로 만든 가죽신발을 신었다. 남당의 관료들은 사치한 것을 추구하여 어떤 사람들은 은으로 단조한 은제 신발을 신었다.

음식食은 마시는 것, 먹는 것, 조리하는 것 세 부분을 포함한다.

- **마시는 것**飮. 당시의 주요한 음료는 술이었다. 술은 각계의 인사

들이 좋아하는 것이었다. 술을 파는 점포가 도처에 있었다. 중원의 대도시는 방坊마다 주가가 있었으며 그 외에도 관문關, 도시, 시골의 시장에도 모두 주가가 있었다. 남방지역에서는 주점을 어디서나 볼 수 있었다. 경사스러운 활동이든 일반적 모임이든 또는 혼자서 있든 술은 어디나 있어야 하는 것이었다. 술 다음 유행한 음료는 차로 남방, 북방 모두 마셨다.

- **먹는 것**食. 전란과 재난이 휩쓰는 땅에서 사람들은 음식을 고르기는커녕 굶주렸다. 주온이 우존절牛存節에게 병력을 이끌고 가서 하양河陽의 장전의張全義를 구출하게 하였을 때, 군대 내에 식량이 바닥나자 금과 비단을 가지고 백성들로부터 마른 뽕열매(오디)를 식량으로 사들였다. 양행밀이 진언秦彦, 필사탁畢師鐸을 양주에서 포위하였을 때 성안의 식량가격이 너무 비싸서 백성들은 뿔 뿌리, 야생 과일을 먹었으며 이것이 다 떨어지자 진흙으로 떡을 만들어 배고픔을 견뎠다. 더욱 심한 것은 극도로 배고픈 사람들이 더 이상 어찌할 수 없자 사람고기를 먹기 시작하였다. 양행밀이 양주에 진입한 후에 굶주린 백성들이 서로를 죽이며 사람을 잡아 먹었다. 지아비는 지어미를 아버지는 아들을 끌고 백정에게 가서 팔았으며, 백정은 사온 사람을 돼지나 양처럼 도살하여 고기를 자른 후에 판매를 하였다. 진종권이 군대 내에 식량이 부족하자 시체를 말려서 소금으로 절인 고기를 만든 후에 마차로 이를 끌고 가서 군대의 식량으로 삼았다. 후한 시대에 영흥永興을 지배하였던 조사관趙思綰은 토벌하러 온 조정의 군대와 대항하였다. 그런지 일 년 후 식량이 고갈되자 사람을 죽여 식량을

대신하였다. 그는 사람의 쓸개를 먹기 좋아하였다. 쓸개를 먹어 담력을 키운다고 할 정도였다. 포위된 시기에 그는 총 66개의 사람 쓸개를 먹었다.

일상적인 시기에는 먹는 것의 범위가 대단히 광범위하였다. 주식으로 북쪽지역에는 콩과 보리를 위주로 하였으며 쌀을 보조식량으로 하였다. 먹는 방식은 떡을 만들거나 면을 만들거나 죽을 쑤거나 하였다. 남쪽에서는 쌀이 주식이었으며 콩과 보리가 보조식품이었다. 먹는 방법은 밥을 하거나 죽을 쑤거나 하였다. 그 외에 북쪽지방의 보조식품으로는 동물젖 발효식품, 경단이 있었다. 육류는 돼지, 양, 소, 개, 사슴 등이 있었고 북방에서는 껍질을 벗긴 양을 먹었고 남방에서는 껍질이 있는 양을 먹었다. 가금류는 닭, 오리, 거위 등이 있었다. 후량 태조는 닭고기를 좋아하였으며, 초楚의 마희성馬希聲은 이를 본 따 매일 50마리의 닭을 요리하여 식사에 내놓았다. 수산물을 보면 남방에서는 물고기, 새우, 조개, 게, 두렁허리 등을 먹었으며, 북방에서는 물고기를 적게 먹었고 게, 두렁허리는 뱀이나 전갈처럼 두려워하여 먹기를 꺼렸다. 광주, 복건 등의 연해지역에서는 피조개, 대합, 담채 등 해산물을 먹었다. 채소류는 콩, 나물, 동과東瓜등이 있었다. 박과류는 포도, 여지荔枝 리쯔 등이 있었다. 수박의 재배기술은 위구르에서 거란으로 전해졌으며, 거란에서는 소똥을 사용하여 우리를 덮었는데 그 곳에서 생산된 오이는 크기가 동과같이 컸다.

- **요리**烹調. 남방이 북방에 비해 요리에 대한 연구가 많았으며 남

방에서도 강남을 최고로 쳤으며 강남에서도 오월이 최고였다. 항주에 '영롱목단玲瓏牧丹'이라 불리는 유명한 요리가 있었는데, 우선 물고기를 소금과 붉은 누룩을 사용하여 절인 후에 물고기를 회쳐서 식판 위에 목단의 모습으로 배열한 후에 다시 동이盎에 넣어 찐 후에, 동이에서 꺼내면 불그스레한 빛이 마치 목단이 막 피었을 때 모양 같았다. 당시 모승毛勝이라 불리는 요리사가 있었는데 천참거사天饞居士라 불리었다. 그는 <수족가은부水族加恩簿>를 저술하여 수십 종의 수산물 조리법을 기술하였다.

- **거주**住. 전쟁으로 인해 파괴된 지역은 건물들이 심각하게 훼파되었으며 남아있던 백성의 거주지도 감당할 수 없을 정도로 파괴되어 있었다. 새로이 구축한 백성들의 거주지는 양식이 조잡하고 건축 재료도 저급이어서 겨우 바람과 비를 막아주는 정도였다. 특히 북방에서는 이러한 상황이 더욱 심각하였다. 심지어 궁전 역시 간략한 격식만을 차렸을 뿐이다. 정치경제의 중심지였던 개봉은 후주 세종대에 이르러서야 비로소 모양을 갖추게 된것이다. 왕박이 비교적 모양을 갖춘 도시구획건설을 진행하여 수도가 그나마 기세를 갖추게 되었다.

비교적 높은 경제수준, 사회 안정, 군주의 선호심리 등 요소로 인해 남방의 여러 나라 도성의 호수와 궁궐, 화원花院, 누각 등의 건조물은 서로 아름다움을 자랑하는 국면을 연출하였다. 오월의 전류錢鏐 때는 항주성을 대규모로 확대하여, 대臺와 관사를 짓고 부속된 성을 만들었다. 사람들은 이로 인해 전당錢塘의 부요함이 동남보다 더욱 성황을 이루었다고 평하였다. 전원관錢元瓘 시기에는 매년 궁궐을 증축하였다. 오吳의 승주升州성은 서지고徐知誥, 훗날 李昪가 군정장관으로 재임 시에 정부건물과 숙사 건축이 성행하여 장려한 규모를 이루었다. 서온徐溫이 이곳에 주재하게 된 후에 승주를 승격시켜 금릉金陵이라 하고 성안의 구역을 확장하여 성곽의 길이가 20리가 되게 하였다. 금릉이 남당의 수도가 된 후에 성안의 건물축조가 여전히 계속되었다. 전촉에서 왕연은 성도成都에 부속성을 건축하였으며 또한 선화원宣華院을 건축하였는데, 그 안에는 중광重光, 태청太淸, 연창延昌, 회진會眞 등 궁전이 있었고, 청화淸和, 영선迎仙 두개의 궁과 강진降眞, 봉래蓬萊, 단하丹霞, 이신怡神 네 정자와 비란각飛鸞閣, 서수문瑞獸門이 있었다. 후촉에서 맹지상은 20만 명의 백성을 동원하여 성도성을 수리하고 축성하였다. 초의 마희범은 토목 공사를 대규모로 진행하여 장사長沙성 서북에 천책부天策府를 건축하였으며 그 안에 천책天策, 광정光政 등 16개 누각과 천책天策, 근정勤政 등 다섯 개 당堂을 지었는데 난간을 전부 금과 옥으로 장식하였으며, 벽은 단사丹沙를 발랐다. 그 외에도 구룡전九龍殿을 세워 심향목으로 여덟 마리의 용을 조각한 후에 그 표면을 금과 보석으로 장식하였다. 또한 회춘원會春園, 가연당嘉宴堂, 금화전金華殿을 건축하였다. 민閩의 왕연한王延翰은 복주성 서쪽 서호西湖에 수정궁水晶宮을 건설하였으며, 왕연균王延均은 성안에 보황궁寶皇宮, 동화궁東華宮을 건축하였고, 왕창王昶은 수정으로 장식한 자미궁紫微宮을 건조하였다. 남한의 유척은 남궁南宮을 지은 후에 연이어 대규모로 전각을 지었으며 여러 궁궐을 아름답게 꾸몄다. 만년에 남훈전南薰殿을 짓고 각 기둥의 안을 파고 조각하였으며 그 아래 기초석 위에 향로를 설치하여 향을 사를 때에 전각 안에 향기는 있으나 연기가 없게 하였다.

교통行. 교통수단, 운수, 도로, 역참 등의 내용을 함축하고 있다.

- **운수**運輸. 국가의 경제와 민생에 관계가 가장 깊은 운수는 조운漕運으로 관련 규정에 근거하여 수로를 통해 식량, 물자 및 공납품을 수도와 국가에서 지정한 지방으로 운송하는 것을 말한다. 또한 육상에서 진행한 운수는 육운陸運이라고 불렸는데 이것은 조운의 보충수단에 불과하였다. 후당 동광 3년(925년) 조정의 조운 역량이 한계에 부딪히자 관직, 장려금 등을 주는 현상금을 걸고 백성과 관원들이 국가가 운수를 진행하는 것을 돕도록 하였다. 오백 석石 이상을 운송하는 사람은 평민에게 주州, 현縣의 관직을 주었으며 관리는 승진시켰다. 천석에서 만석을 운송한 자는 풍성한 상을 주었다. 낙하洛河의 낙구洛口에서 낙양洛陽까지의 수운은 부두와 곡식창고가 비교적 멀리 떨어져 있었기 때문에 대부분 환적하는 것이 너무 어려웠다. 화물을 배에서 내리고 큰 배에서 작은 배로 옮겨 운송하는 책임을 진 수운아관水運牙官이 매 일인당 40석을 반드시 관리하도록 되어있었는데 이러한 사정으로 늘 업무를 마치지 못하고 도망 가버렸다. 이에 따라 장흥長興 4년(933년) 낙하의 북쪽 강변에 별도로 다시 만灣를 파서 배를 끌고 들어와 곡식창고 앞에서 내리도록 하였다. 후주 현덕顯德

4년(957년) 조서를 내려 변수汴水를 소통시키도록 하였다. 이에 따라 변수가 북으로는 오장하五丈河로 흘러들었으며 동북으로는 제하濟河에 도달하여 제齊, 노魯의 선박들이 직접 개봉으로 올 수 있게 되었다. 이년 후에 시위마군지휘사侍衛馬軍指揮使 한령곤韓令坤에게 개봉으로부터 동쪽을 향해 변수를 준설하여 채하蔡河까지 직접 도달하도록 하라고 명령하였다. 시위마군지휘사 원언袁彦에게 오장하를 준설하여 조하漕河와 통하도록 하라고 명령하였다. 그밖에 일종의 특수한 해운이 이루어졌다. 오월, 민, 남한 등 바다에 연한 국가들은 육로가 오, 남당에 의해 막혔기 때문에 해로를 통해 중원 조정에 공물을 납품하였는데 풍랑이 엄청났기 때문에 왕왕 심각한 손실을 입었다.

- 도로. 후당에서 도로를 뚫는 공사가 대단히 많았다.

천성天成 3년(928년).

- 흥원부興元府 보고: 사곡각斜谷閣의 도로 2,800여 곳 수리.
- 양주洋州 보고: 촉으로 들어가는 옛 도로 다시 개통. 관청 관리 도로에 약 25개의 역참 신설
- 기주夔州 보고: 방주房州에 이르는 새 길 개통

장흥長興 2년 교통법규를 발표하였다. 도로와 마을길에서 비천한 자는 귀한 자를 피해야하며, 어린 자는 나이든 자를 피해야하며, 가벼운 것을 가진 자가 무거운 것을 가진 자를 피해야하며, 떠나가는 자가 들어오는 자를 피해야한다; 수도 및 각 현과 진에서는 도로가

교차하는 곳, 방坊의 입구, 다리 기둥 위에 패찰을 걸어 오고가는 사람들에게 지명을 알려주어야 한다; 현지 관청에서 순찰의 책임을 져야하며 위반하는 자는 칙령을 위반한 죄로 벌하도록 하였다.

- **역참**. 후진 천복 연간에 개봉 상원역上源驛을 도정역都亭驛으로 바꾸었다. 후주 광순 연간에 칙령을 내려 각 역참의 관리인들에게 그 지방에서 강제로 민가에게 보조금을 받는 것을 금하였다. 현덕 연간에는 후주 세종이 남방정벌을 계획하였을 때 먼저 적창역赤倉驛을 설치하였다가 후에 통오역通吳驛으로 바꾸었다, 회남淮南 공격에 성공한 후에 개봉성 동쪽의 동신역東新驛을 회신역懷信驛으로 바꾸어 남당의 사절을 접대하였다.

민속정취. 민속은 만화경 같이 너무 많은 국면이 있기 때문에 전부 다 말하기 어렵다. 단지 몇 가지 특색만 서술한다.

- **혼인**. 전쟁의 소용돌이가 계속되던 시대에 사람들의 생존 자체가 문제였기 때문에 혼인의 정상적 진행은 아주 큰 타격을 받았다. 당시 군대가 많았기 때문에 일부 고위 통솔자나 장군들을 제외하곤 대다수의 군인들은 아내를 얻을 때 무력을 동원하였는데, 그 형식은 혼인을 강제하거나 여자를 빼앗아 오거나 전쟁을 이긴 후에 적군의 부녀자를 자기 것으로 삼는 것이었다. 제일 유명한 사례는 유지원劉知遠의 이야기로 그가 말을 돌보는 졸병 시절에 농가의 이李씨 성 처자를 강제로 빼앗아와 혼인을 강요한 것이다.

당시의 정조관념은 상당히 희박하여서 귀족계급에서 비도덕적인 성행위가 늘 발생하였다. 후량 태조는 황제에 등극하기 전에 하남윤河南尹 장전의張全義의 관저에 머물렀는데 그곳의 여성들 전부를 능욕하였다. 그는 만년에 또다시 난륜를 저질렀는데 며느리들 모두를 불러서 침소에서 시중들도록 하였다. 후당 장종은 도술이 있었던 위주魏州의 술사 양천랑楊千郞을 존경하면서도 그의 아내가 자유롭게 자신의 침궁을 드나들도록 하였다. 그의 두 동생은 양씨의 아내에게 잘 보이려고 빈번하게 양씨 집에 가서 양씨 아내와 음란한 짓을 하였다. 그의 유劉황후는 그가 반란 병사들에게 죽임을 당한 후에 동생 이존악李存渥과 함께 태원으로 도망가면서도 도중에 두 사람이 내통하여 간음을 하였다.

개가하는 것 역시 늘 있는 일이었으며 또한 개가한 사람은 당당해 했으며 이를 받아들이는 사람도 혐오의 뜻이 전혀 없었다. 경상敬翔은 후량 태조를 보좌한 공이 있어 태조가 그를 장려하기 위하여 아름다운 여인인 유劉씨를 그에게 아내로 하사하였다. 유씨는 처음에는 황소黃巢의 재상이었던 상양尙讓에게 시집갔었으나, 남편이 실패한 후에 유곽에 팔려갔다. 그 후에 서주徐州를 지배하였던 시부時溥가 그녀를 차지하였으나, 시부가 패하여 죽은 후에 후량 태조의 첩이 되어 총애를 받았으며 '국부인國夫人'이라고 불렸다. 그녀가 경상에게 시집간 후에도 후량 태조와 관계가 애매모호하였다. 경상이 이를 보고 그녀를 꾸짖자 그녀는 도리어 이전의 남편들이 모두 대단한 사람들이었다는 말로 반박을 함으로써 경상이 오히려 그녀에게 사과할 수

밖에 없었다. 후량의 관원 소희보蕭希甫가 관직에 대해 불만을 품고 집을 떠나 몇 년을 돌아다니자 그의 아내가 다른 사람에게로 개가하였다. 명장 부언경符彦卿의 딸 부符씨는 처음에 하중절도사河中節度使 이수정李守貞에게 시집을 갔는데 이수정이 반란을 일으켰다가 곽위郭威에게 진압되었다. 부씨는 곽위가 죽이지 않고 살려주었으며 예의를 갖추어 대우를 해주자 곽위를 아버지로 모셨으며 후에 곽영郭榮에게 시집을 가서 후궁이 되었다.

사회적으로 양아들을 두는 것이 유행하였다. 특히 제후, 고위 장령들은 재능이 있거나 재산이 있거나, 용감하게 작전을 하거나, 충심을 다해 받드는 자들을 양아들로 받아들였는데, 이를 통해 자기의 세력체계를 구축하고 그들의 자신에 대한 의존성을 강화하려는 목적이었다. 주온이 천하를 경영할 때 변주汴州의 부자인 이양李讓을 양자로 삼고 주우양朱友讓으로 개명하였으며, 이를 통해 그의 재물공급을 받았다. 주온은 똑똑하고 영리한 것으로 인정받고 있던 이언위李彦威를 양자로 삼고 주우공朱友恭으로 개명하였고, 그에게 씨숙종氏叔椋과 함께 당 소종昭宗을 살해하도록 교사하였다. 그 일이 발생한 후에 입을 막기 위하여 두 사람을 모두 처형하였다. 형남荊南을 창건한 고계흥高季興은 일찍이 주우양을 양아버지로 여겨 주계흥朱季興으로 개명을 하였었다. 이극용李克用은 무예가 뛰어나고 용맹한 사람들을 대량으로 양아들로 삼았으며, 특별히 '의로운 아들들의 군대義兒軍'라는 이름으로 특수 부대를 만들었다. 그 중 가장 지명도가 높았던 사람으로는 이사원李嗣源, 이사본李嗣本, 이사은李嗣恩, 이존신李存信, 이존효李存孝, 이존진李存進, 이존장李存璋, 이존현李存賢 등이 있었다. 이사원은 기병대

장수일 때 평산平山의 가난한 과부인 왕王씨를 약탈하여 부인으로 삼았으며 그녀의 사납고 용맹한 아들 아삼阿三을 양자로 받아들여 이종가李從珂로 개명하였는데 그가 바로 뒷날의 후당 폐제廢帝이다. 왕건王建은 일찍이 당나라의 환관 전령자田令孜의 양자였는데, 자기 자신도 적지 않은 양자들이 있었다. 태사太師의 지위에 있던 왕종길王宗佶은 원래 성이 감甘씨였고 중서령中書令 왕종필王宗弼은 원래 위홍부魏弘夫였으며, 태자태보太子太保 왕종수王宗壽는 원래 허주許州와 같은 성을 가진 사람이었다.

군대에서는 병사들에게 얼굴문신을 하는 기풍이 있었다. 주온이 변군을 다스릴 때 법이 너무 엄격하여 병사들이 상당히 많이 도망갔다. 도망현상이 확대되는 것을 막기 위하여 병사들에게 얼굴에 문신을 새기도록 명령하였다. 이것을 표식으로 삼아 그들이 다른 곳으로 숨지 못하도록 하였다. 북방의 지배자인 유인공劉仁恭은 주온의 공격에 대항하기 위하여 그 지역안의 15~17세의 남자 전부를 군대에 강제로 편입시키고 매 사람의 얼굴에 '정패도定覇都'라고 먹으로 문신을 새기게 하였으며, 선비들은 손이나 어깨에 '한 마음으로 주인을 섬긴다.一心事主'라고 문신을 하도록 하였다. 유수광劉守光이 황제가 된 후에 대규모로 장정을 징집하여 머리를 깎고 얼굴에 먹으로 문신을 새겼다. 연주兗州의 지배자인 주근朱瑾은 용맹한 자 수백 명을 모집하여 양 볼에 두 마리 기러기를 새기고 '안자도雁子都'라고 불렀다.

부록

[부록 1] 오대십국 중원 왕조 황제계보

1. 후량後梁 907~923

태조太祖주온朱溫(907~912)

영왕郢王주우규朱友珪(912~913)

말제末帝주우정朱友貞(913~923)

2. 후당後唐 923~936

장종莊宗이존욱李存勖(923~926)

명종明宗이사원李嗣源(926~933)

민제愍帝이종후李從厚(933~934)

폐제廢帝이종가李從珂(934~936)

3. 후진後晉 936~946

고조高祖석경당石敬瑭(936~942) —— 출제出帝석중귀石重貴(942~946)

4. 후한後漢 947~950

고조高祖유지원劉知遠(947~948) —— 은제隱帝유승우劉承祐(948~950)

5. 후주後周 951~960

태조太祖곽위郭威(951~954) —— 세종世宗곽영郭榮(954~959) —— 공제恭帝곽종훈郭宗訓(959~960)

[부록 2] 오대십국 중 십국의 군주계보

1. 오吳 902~937

태조太祖 양행밀楊行密(902~905)

열조烈祖 양악楊渥(905~908)

고조高祖 양연륭楊演隆(909~920)

예제睿帝 양부楊溥(920~937)

2. 남당南唐 937~975

열조烈祖 이변李昪(937~943) 원종元宗 이경李璟(943~961) 후주後主 이욱李煜(961~975)

3. 전촉前蜀 907~925

고조高祖 왕건王建(907~918) 후주後主 왕연王衍(918~925)

4. 후촉後蜀 934~965

고조高祖 맹지상孟知祥(934) 후주後主 맹창孟昶(934~965)

5. 남한南漢 917~971

고조高祖 유척郭威(917~942)

상제殤帝 유홍도劉洪度(942~943)

후주後主 유계흥유계흥(958~971)

중종中宗 유성劉晟(943~958)

6. 초楚 927~951

무목왕武穆王마은馬殷(927~930)

형양왕衡陽王마희성馬希聲(930~932)

문소왕문소왕마희범馬希范(932~947)

폐왕廢王마희광馬希廣(947~950)

공효왕恭孝王마희악馬希萼(950~951)

마희숭馬希崇(951)

7. 오월吳越 907~978

무숙왕武肅王전류錢鏐(907~932)

문목왕文穆王전원관錢元瓘(932~941)

충헌왕忠獻王전홍좌錢弘佐(941~947)

충손왕忠遜王전홍종錢弘倧(947)

충의왕忠懿王전홍숙錢弘俶(947~978)

8. 민閩 909~945

태조太祖왕심지王審知(909~925)

사왕嗣王왕연한王延翰(925~926)

태종太宗왕연균王延鈞(926~935)

강종康宗왕계붕王繼鵬(935~939)

경종景宗왕연희王延羲(939~944)

천덕제天德帝왕연정王延政(943~945)

9. 형남荊南 924~963

무흥왕武興王고계흥高季興(924~928)

문헌왕文獻王고종해高從海(928~948)

정의왕貞懿王고보융高保融(948~960)

고보훈高保勖(960~962) 고계충高繼沖(962~963)

10. 북한北漢 951~979

세조세조유숭유숭(951~954)

예종睿宗유승균劉承鈞(954~968) 소주少主유계은劉繼恩(968)

영무제英武帝유계원劉繼元(968~979)

[부록 3] 5대10국 역사연표

*관련 자료는 중국의 저명한 역사가인 뽀양柏楊이 저술한 '중국역사년표中國歷史年表(1984 躍昇文化出版)'에서 오대십국 부분을 기본으로 하여 작성한 것이다.

연도	역사 내용	한국사
907년 정묘丁卯	[연호] 당唐천우天祐 4년, 후량後梁개평開平 원년, 진晉천우天祐 4년, 기岐천우天祐 4년, 회남淮南천우天祐 4년, 전촉前蜀천복天復 7년, 남초南楚개평開平 원년 [역사] - 오월吳越개평開平 원년 노룡盧龍, 현재의 북경절도사 유인공이 탐욕스럽고 흉포하였다. 아들 유수광이 그를 가두고, 스스로가 절도사가 되었으나 더 탐욕스럽고 흉포하였다. - 당 애제哀帝 이축李柷이 양왕 주전충朱溫에게 황제 위를 양위함으로써 당이 건국된 지 276년 만에 망하였다. 주전충이 제위에 올라 태조가 되었으며 국호를 양梁이라 하였다. 역사적으로 후량後梁이라고 부른다. - 월왕 전류를 오월왕으로 무안武安, 호남 장사長沙절도사 마은을 초역사적으로 남초왕으로 책봉하였다. 진晉왕산서 태원太原 이극용, 회남淮南, 강소 양주揚州절도사 홍농왕弘農王 양악楊渥, 기왕섬서 봉상鳳翔 이무정은 여전히 당나라 천우의 연호를 사용하였고 후량과 적대관계를 유지하며 후량을 계속 공격하였다. - 오월왕 전류, 초왕 마은, 위무威武, 복주福州절도사 왕심지는 후량의 연호를 사용하긴 하였으나 이전과 마찬가지로 후량과 서로 싸웠는데 누구도 말릴 수 없었다. - 촉왕성도成都 왕건이 황제를 칭하고 국호를 촉으로 하였다. 역사적으로 전촉이라 한다. <u>이로써 중국이 분열되어 5대10국 시대(907~979년 73년)가 시작되었다</u>. - 후량 태조 주전충이 박주亳州자사 이사안李思安을 보내 진의 로주潞州, 산서 장치長治를 공격하게 하였으며, 로주성 아래에 다시 방책을 쌓아 성내부에서 포위망을 뚫는 것을 막고 바깥에서 구원병을 받지 못하도록 하였는데, 이 이중의 성을 '협채夾寨'라고 불렀다. 진晉 소의昭義, 산서 장치長治절도사 이사소李嗣昭가 굳게 성을 지키면서 불시에 출격하여 방책을 허물고 파여진 구덩이를 메꾸었다. 이렇게 하루 밤낮 동안 백여 차례를 출격하자 후량의 병졸들이 너무 피로해져서 '협채'를 굳게 닫았다.	신라 효공왕孝恭王 11년 후백제 견훤甄萱 16년 마진摩震 궁예弓裔 7년

<table>
<tr><td>908년
무진戊辰</td><td>[연호] 후량後梁개평開平 2년, 진晉천우天祐 5년, 기岐천우天祐 5년, 회남淮南천우天祐 5년, 전촉前蜀무성무성 원년, 남초南楚개평開平 2년, 오월오월천보天寶 원년

[역사]
- 진왕 이극용이 죽고 아들 이존욱이 그 자리를 이어받았다. 그가 군대를 이끌고 로주를 구출하러 갔다. 안개 속에서 협채에 도착하자 속공을 펼쳤으며, 후량의 협채가 붕괴되었다.
- 회남 홍농왕 양악이 날이 갈수록 교만해지고 사치해졌다. 이에 좌아지휘사左牙指揮使 장호張顥, 우아지휘사右牙指揮使 서온徐溫이 함께 양악을 살해하였다. 서온이 장호를 찾아내어 그를 죽였으며, 양악의 동생 양융연楊隆演을 홍농왕으로 세웠다.</td><td></td></tr>
<tr><td>909년
기사己巳</td><td>[연호] 후량後梁개평開平 3년, 진晉천우天祐 6년, 기岐천우天祐 6년, 회남淮南천우天祐 6년, 전촉전촉무성武成 2년, 남초南楚개평開平 3년, 오월吳越천보天寶 2년

[역사]
- 후량이 수도를 대량大梁, 하남 개봉開封에서 낙양洛陽으로 옮겼다. 위무威武, 복주福州 절도사 왕심지를 민閩왕으로, 노룡盧龍, 북경 절도사 유수광을 연燕왕으로 책봉하였다.
- 후량 황제 주전충이 우국佑國, 서안西安 절도사 왕중사王重師가 공물을 풍성하게 바치지 않는다고 화를 내고 역적죄를 씌워 일가족을 전부 도살하였다.
- 충무忠武, 섬서 대여大荔 절도사 유지준劉知俊이 주전충의 시기와 의심이 날로 심해지자 속으로 불안을 느껴 군대를 거느리고 기岐에 항복하였으며, 기왕 이무정이 그를 중서령中書令으로 기용하였다.
- 연왕 유수광이 형인 창의昌義, 하북 창주滄州 절도사 유수문劉守文을 공격하여 진지에서 그를 사로잡았으며, 창주를 포위하였다. 절도판관節度判官 여곤呂袞이 굳게 성을 지켰다. 성 안의 식량이 고갈되자 백성들은 진흙을 이겨 구어 먹었고, 군인들은 사람을 잡아먹었다. 여곤이 남녀 중에서 마르고 약한 자들을 골라 국수와 함께 삶아서 식량으로 군인들에게 주었다. 이를 '재살무宰殺務'라고 불렀다.(그 다음 해에 성이 함락되었다.)</td><td>궁예가 왕건을 정주貞州에 보내어 전함을 수리하고, 군사 2천 5백으로 진도군珍島郡을 공략하도록 하였다.</td></tr>
<tr><td>910년
경오庚午</td><td>[연호] 후량後梁개평開平 4년, 진晉천우天祐 7년, 기岐천우天祐 7년, 남오南吳천우天祐 7년, 전촉전촉무성武成 3년, 남초南楚개평開平 4년, 오월오월천보天寶 3년

[역사]
- 회남 홍농왕 양융연이 오吳왕을 칭하였다. 역사적으로 남오南吳라고 하였다.</td><td>마진의 왕건이 나주에서 후백제 군사를 물리쳤다</td></tr>
</table>

<table>
<tr><td></td><td>- 후량 황제 주전충이 조왕趙王, 하북 정정正定 왕용王鎔이 사적으로 진晉과 연통하고 있다고 의심하여 영국寧國절도사 왕경인王景仁이 군대를 이끌고 가서 습격하려고 하였는데 일이 사전에 노출되었다. 왕용이 진에게 구원을 요청하였으며 진왕 이존욱이 동쪽으로 출격하여 후량군과 백향柏鄉, 하북 백향에서 서로 대치하였다.</td><td></td></tr>
<tr><td>911년
신미辛未</td><td>[연호] 후량後梁개평開平 5년-->건화乾化 원년, 진晉천우天祐 8년, 기岐천우天祐 8년, 남오南吳천우天祐 8년, 전촉前蜀영평永平 원년, 남초南楚건화乾化 원년, 오월吳越천보天寶 4년, 걸연桀燕응천應天 원년

[역사]
- 후량과 진이 백향에서 맞붙었다. 전투가 고읍高邑, 하북고읍의 야하野河 남쪽으로 번졌는데, 그곳에서 진의 군대가 엄청난 함성을 지르며 후량 군대에 맹공을 퍼부었다. 후량이 대패하여 이만여명이 죽었으며, 시체가 야하에서 백향까지 들판을 덮었다.
- 연왕 유수광은 아주 잔혹하여서, 형벌을 가할 때 사람마다 먼저 쇠 상자에 집어넣고 불로 구운 후에, 쇠빗으로 얼굴을 긁어내어 눈알과 코가 떨어지게 하였다. 후량이 백향에서 패한 소식을 듣자 황제를 칭하고 수도를 유주幽州, 북경로 하고 국호를 연燕으로 삼았다. 역사적으로 걸연桀燕으로 부른다.</td><td>마진이 국명을 태봉泰封으로 개명</td></tr>
<tr><td>912년
임신壬申</td><td>[연호] 후량後梁건화乾化 2년, 진晉천우天祐 9년, 기岐천우天祐 9년, 남오南吳천우天祐 9년, 전촉前蜀영평永平 2년, 남초南楚건화乾化 2년, 오월吳越천보天寶 5년, 걸연桀燕응천應天 2년

[역사]
- 후량 황제 주전충은 기이한 음란함을 즐겼는데, 아들들이 다 국경을 지키러 외지에 나가있자 며느리들을 궁궐로 불러 잠자리 시중을 들도록 하였다. 이 해에 주전충의 병이 깊어지자 박왕博王 주우문朱友文에게 후사를 맡기려고 주우문의 아내 왕王씨에게 그를 불러오라고 명령하였다. 영왕郢王 주우규朱友珪의 아내 장張씨가 이를 알게 되자 주우규에게 이를 알렸다. 조회에서 주우규를 래주萊州, 산동 액현掖縣자사로 임명하였다. 당시 임지를 옮기는 관리들이 중도에 피살당하는 경우가 많아서 주우규는 자신도 그리 될까봐 두려워하였다. 이에 야밤에 궁궐에 들어가 칼로 주전충의 배를 찔렀으며, 칼날이 배를 관통하여 등 밖으로 나갔다. 주우규가 제위를 이었으며 주우문은 모반죄를 씌워 참수하였다.</td><td>신라 신덕왕新德王 912~917년 즉위</td></tr>
</table>

<table>
<tr>
<td>913년
계유癸酉</td>
<td>[연호] 후량後梁건화乾化 3년 봉력鳳曆 원년, 진晉천우天祐 10년, 기岐천우天祐 10년, 남오南吳천우天祐 10년, 전촉前蜀영평永平 3년, 남초南楚건화乾化 3년, 오월오월천보天寶 6년, 걸연桀燕응천應天 3년

[역사]
- 후량 균왕均王 주우정朱友貞이 병력을 이끌고 주우규를 토벌하여 그를 참수하였다. 주우정이 황제위에 올랐으며 그가 말제末帝이다. 수도를 대량大梁 하남 개봉開封으로 옮겼다.
- 전촉의 소보少保인 당도습唐道襲이 태자 왕원응王元膺이 모반을 하였다고 무고를 하였다. 이에 왕원응이 병력을 동원해 당도습의 목을 베었으나, 그 자신도 부하의 손에 피살되었다. 진왕 이존욱이 걸연을 대규모로 공격하여 유주幽州 북경을 함락시키고 걸연의 황제인 유수광과 그 아버지인 유인공을 사로 잡았다. 이에 걸연이 망하였는데 겨우 나라를 세운지 3년이었다.</td>
<td>왕건이 파진찬波珍飡 겸 시중侍中이 되었다.
신라에 지진이 발생하였다.</td>
</tr>
<tr>
<td>914년
갑술甲戌</td>
<td>[연호] 후량後梁건화乾化 4년, 진晉천우天祐 11년, 기岐천우天祐 11년, 남오南吳천우天祐 11년, 전촉前蜀영평永平 4년, 남초南楚건화乾化 4년, 오월오월천보天寶 7년

[역사]
진왕 이존욱이 직접 유수광의 처형장에 갔는데, 유수광이 죽게 되자 울면서 살려달라고 애원하였으나 참수하였다. 이존욱은 다시 유인공에게 쇠고랑을 채워 대주代州 산서 대현代縣로 데려간 후에 그의 심장을 찔러 그 피로 선왕 이극용의 무덤에서 제사를 지냈으며, 그 후에 유인공의 목을 베었다.</td>
<td>궁예가 왕건을 백선장군百船將軍으로 삼아, 수군을 거느리고 나주羅州를 지키게 하였다.</td>
</tr>
<tr>
<td>915년
을해乙亥</td>
<td>[연호] 후량後梁건화乾化 5년 정명貞明 원년, 진晉천우天祐 12년, 기岐천우天祐 12년, 남오南吳천우天祐 12년, 전촉前蜀영평永平 5년, 남초南楚정명貞明 원년, 오월오월천보天寶 8년

[역사]
- 후량 천웅天雄 하북 대명大名절도사 양사후楊師厚가 죽었다. 후량 황제 주우정이 위박魏博 하북 대명이 땅이 넓고 병력이 많은 까닭에 이백여 년 간 중앙과 분리되어 있는 상황임을 고려하여, 위박을 상주相州 하북 안양安陽, 전주澶州 하남 내황內黃 남쪽, 위주衛州 하남 위휘衛輝로 나누고 새로이 소덕군昭德軍을 설치하였다. 하덕륜賀德倫을 천웅절도사로 임명하였고 별도로 개봉윤開封尹 유심劉鄩이 병력을 이끌고 그 경계에 가서 상대방에게 겁을 주도록 하였다. 위박의 병졸들은 아버지와 아들이 대를 이어 복무하는 경우가 많아 인척관계가 뿌리 깊어서 위박이 나누어지길 원하지 않았다.</td>
<td>궁예가 그의 처 강씨를 죽였다.
궁예가 자신이 미륵의 관심법觀心法을 체득하였다고 하면서 많은 사람들을 죽였다.</td>
</tr>
</table>

	이에 따라 (병졸들이) 변란을 일으켜 가덕륜을 구금하였으며, 진나라에 구원을 요청하였다. 진왕 이존욱이 이에 따라 위주魏州, 하북 대명로 들어가 천웅절도사를 겸하였다.유심이 진나라 정예부대가 모두 위주에 있는 것을 보고, 태원이 반드시 비어있을 것이라고 판단하여 몰래 군사를 이끌고 서쪽으로 진격하였다. 이존욱이 급히 병력을 두 배의 속도로 휘몰아 태원으로 달려갔다. 유심이 악평樂平, 산서석양昔陽에 이르렀을 때 식량이 다 떨어졌을 뿐만 아니라 태원이 방비를 단단히 하고 있음을 알게 되자, 퇴각하여 신현莘縣, 산동 신현에 주둔하였다.	
916년 병자丙子	[연호] **후량**後梁**정명**貞明 2년, **진**晉**천우**天祐 13년, **기**岐**천우**天祐 13년, **남오**南吳**천우**天祐 13년, **전촉**前蜀**통정**通正 원년, **남초**南楚**정명**貞明 2년, **오월**오월**천보**天寶 9년, **거란**契丹**신책**神冊 원년 [역사] - 유심이 신현에서 다시 몰래 군대를 이끌고 가서 위주魏州, 하북 대명大名를 습격하였다. 고원성故元城 서쪽에 이르렀을 때 진晉의 추격병이 대거 집결하여 사방에서 유심을 에워싸고 공격하였으며 후량군이 붕괴되어, 보병 7만 명이 거의 다 살해되거나 물에 빠져죽었다. 유심은 흩어진 병력을 수습하여 활주滑州 산서 활현滑縣로 도망갔다. 후량 광국匡國절도사 왕단王檀이 빈틈을 노려 태원太原을 습격하였다. 밤낮을 가리지 않고 맹공을 퍼부어 성의 네 곳을 함락시켰다. 진의 소의昭義 산서 장치長治절도사 이사조가 군대를 이끌고 태원을 구원하려고 왔으며, 성 안팎에서 후량군을 협공하였다. 후량군은 열 명 중 두세 명이 죽을 정도로 타격을 입었으며 왕단은 병력을 끌고 (성을) 약탈한 후에 퇴각하였다. -거란왕 야율아보기耶律阿保機가 황제가 되어 북쪽 변방지대에 국가를 세웠으며 임황臨潢에 수도를 세우고 상경上京, 내몽고 고림古林 서쪽이라 불렀다.	견훤이 대야성大耶城을 공격하였으나 이기지 못하였다. 신라에 지진이 발생하였다.
917년 정축丁丑	[연호] **후량**後梁**정명**貞明 3년, **진**晉**천우**天祐 14년, **기**岐**천우**天祐 14년, **남오**南吳**천우**天祐 14년, **한**漢**천한**天漢 원년, **남초**南楚**정명**貞明 3년, **오월**오월**천보**天寶 10년, **월**越**건형**乾亨 원년, **거란**契丹**신책**神冊 2년 [역사] -전촉이 국호를 한漢으로 바꾸었다. -거란이 유주幽州 북경를 삼백일간 포위하였다. 진 안국安國절도사 이사원이 구출에 나서, 거란군을 대파하였다. 거란군이 포위를 풀고 퇴각하였다. -후량 청해清海 광주廣州절도사 유엄劉龑이 황제가 되었으며 수도를 번우番禺에 세우고 국호를 월越이라고 하였다.	신라 경명왕景明王 즉위

	-진왕 이존욱에게 유劉부인이 있었는데 그 부친이 의술과 점보는 것을 업으로 삼았는데 딸에게 자신을 의탁하러 갔다. 그러나 유부인은 아버지 가계가 빈한하고 보잘것없음을 부끄러워하였기 때문에 그가 이미 죽었다고 이야기하고 부친을 궁궐 문에서 곤장을 친 후에 내쫓도록 하였다.	
918년 무인戊寅	[연호] **후량**後梁정명貞明 4년, **진**晉천우天祐 15년, **기**岐천우天祐 15년, **남오**南吳천우天祐 15년, **전촉**前蜀광천光天 원년, **남초**南楚정명貞明 4년, **오월**吳越天寶천보 11년, **남한**南漢건형乾亨 2년, **거란**契丹신책神冊 3년 [역사] - 전촉이 국호를 다시 촉으로 바꾸었으며, 전촉의 고조高祖 왕건이 죽고 아들 왕연王衍이 왕위를 이어받았다. - 월이 국호를 바꾸어 한漢으로 바꾸었다. 역사적으로 남한南漢이라 칭한다. - 진왕 이존욱이 양유楊劉, 산동 동아東阿 북쪽에서 황하를 건너 직접 대량하남 개봉을 공략하였다. 후량 행영초토사行營招討使 하양賀瓌이 군영을 버리고 이존욱을 추격하여 호류피胡柳陂, 산동 견성甄城 서남쪽에 이르러 싸움을 하였다. 진나라 군대가 대패하였으며, 노룡절도사 주덕위周德威 부자가 전사하였다. 이존욱이 흙으로 만든 산으로 퇴각하여 그곳에 주둔하고 있다가 저녁이 되자 반격을 가하였다. 이번엔 후량군이 붕괴되었으며 삼만 명이 전사하였다. 후량과 진 모두 병사의 2/3를 잃어 모두 더 이상 싸움을 할 수 없었다.	장군 홍유洪儒, 배현경裵玄慶, 신숭겸申崇謙, 복지겸卜知謙이 왕건을 추대하여 고려를 건국하였다. 궁예는 산림 속으로 도망하였으나 백성에게 살해되었다.
919년 기묘己卯	[연호] **후량**後梁정명貞明 5년, **진**晉천우天祐 16년, **기**岐천우天祐 16년, **남오**南吳무의武義 원년, **전촉**前蜀건덕乾德 원년, **남초**南楚정명貞明 5년, **오월**오월천보天寶 12년, **남한**南漢건형乾亨 3년, **거란**契丹신책神冊 4년 [역사] - 진晉 내외마보총관內外馬步總管 이존심李存審 이 덕승德勝, 하남 복양濮陽의 남북에 각기 성을 세우고 병사들을 주둔시켜 이를 지켰다. 후량 초토사招討使 하괴賀瓌가 남쪽 성을 공격하였으나 실패하고 물러갔다. - 오월왕 전류가 아들 전부관錢傳瓘을 보내 남오南吳를 공격하였다. 남오 서주舒州자사 팽언장彭彦章이 대패하여 자살하였다. 전부관이 상주常州, 강소 상주까지 진격하자 남오의 좌복사左僕射 서온徐溫이 적을 물리쳤으며, 전부관이 도주하였다. 서온이 사로잡았던 포로 전부를 오월에 돌려보내자 오월이 사절을 보내 강화를 요구하였다. 이때부터 20년간 두 나라 사이에는 전쟁이 없었으며 백성들이 편안함을 얻었다.	고려가 송악으로 천도하였으며, 관료제도를 정비하였다.

920년 경진庚辰	[연호] **후량**後梁정명貞明 6년, **진**晋천우天祐 17년, **기**岐천우天祐 17년, **남오**南吳무의武義 2년, **전촉**前蜀건덕乾德 2년, **남초**南楚정명貞明 6년, **오월**오월천보天寶 13년, **남한**南漢건형乾亨 4년, **거란**契丹신책神冊 5년 [역사] - 남오 선왕宣王 양연융楊演隆이 죽고 동생 단양공丹陽公 양부楊溥가 왕위를 이었다. - 조趙왕 하북 정정正定 왕용王鎔은 부귀함이 익숙해지자 정사를 돌보지 않았다. 환관 석희몽石希蒙이 아첨을 잘해 그의 총애를 받아 권력을 휘둘렀다. 왕용이 서산西山으로 수렵을 나가서 몇 개월째 돌아오지 않아 병졸들이 어려움을 겪었다. 환관 이홍규李弘規가 간언을 하였으나 말을 듣지 않았다. 이홍규가 도장都將 소한형蘇漢衡을 시켜 석희몽을 참수하였다. 왕용이 화가 나고 또한 두려워 급히 진주鎭州, 하북 정정正定로 돌아와 아들 왕소조王昭祚를 보내 이홍규와 소한형 등 수십 가족을 죽이고 그 당파들을 체포하여 끝까지 연루여부를 추궁하여 처리하였다. 이에 친위부대 군인들이 두려움을 느꼈다.	견훤이 보병과 기병 1만을 거느리고 대야성을 공격하여 함락시키고 진례군進禮郡에 이르자, 신라왕이 고려에 원조를 요청하였다. 이에 고려에서 군사를 보내어 구원하니, 견훤이 군사를 이끌고 물러났다.
921년 신사辛巳	[연호] **후량**後梁정명貞明 7년 용덕龍德 원년, **진**晋천우天祐 18년, **기**岐천우天祐 18년, **남오**南吳무의武義 3년 순의順義 원년, **전촉**前蜀건덕乾德 3년, **남초**南楚용덕龍德 원년, **오월**吳越天寶천보 14년, **남한**南漢건형乾亨 5년, **거란**契丹신책神冊 6년 [역사] - 진주鎭州 하북 정정에서 병사들의 반란이 일어나 왕용을 참수하고 그 부府를 전부 불태웠으며, 방성사防城使 장문예張文禮를 성덕成德, 하북 정정절도사로 세우고 왕씨 가족을 거의 다 도륙하였다. - 진晋이 조趙의 장군 부습符習을 성덕절도유후成德節度留後로 임명하고 장문예를 공격하게하자, 장문예가 이에 놀라 죽었으며 아들 장처근張處瑾이 굳게 성을 지켰다. - 의무義武, 하북 정주定州신군사新軍使 왕도王都가 절도사 왕처직王處直을 옥에 가두고 정주定州, 하북 정주에 있는 그의 자손들을 전부 죽이고, 자신이 스스로 절도사가 되어 진에 항복하였다.	신라 경명왕 5년 고려 태조 4년 후백제 견훤 30년 발해 대인선 16년
922년 임오壬午	[연호] **후량**後梁용덕龍德 2년, **진**晋천우天祐 19년, **기**岐천우天祐 19년, **남오**南吳순의順義 2년, **전촉**前蜀건덕乾德 4년, **남초**南楚용덕龍德 2년, **오월**吳越天寶천보 15년, **남한**南漢건형乾亨 6년, **거란**契丹신책神冊 7년 천찬天贊 원년 [역사] - 왕처직의 아들 왕욱王郁이 거란병을 끌어들여 정주定州를 공격하였다. 진왕 이존욱이 정주를 구하기 위하여 거란과 망도望都, 하북 망도에서 일전을 겨루었으며 거란이 패하여 물러갔다.	거란이 고려에 낙타를 바쳤다. 하지현下枝縣 장군 원봉元奉이 고려에 투항하였다.

	- 진晉이 해를 넘기며 진주鎭州, 하북 정정를 공략하였는데, 상주相州자사 사건당史建瑭, 소의昭義절도사 이사소李嗣昭가 모두 전사하였다. 이 해에 진이 진주성을 함락시켰으며 장처근 가족과 당파들을 도륙하였다.	고려왕이 서경에 성을 쌓게 하였는데 6년 만에 완성되었다.
923년 계미癸未	[연호] **후량**後梁**용덕**龍德 3년, **후당**後唐**동광**同光 원년, **기**岐**천우**天祐 20년, **남오**南吳**순의**順義 3년, **전촉**前蜀**건덕**乾德 5년, **남초**南楚**동광**同光 원년, **오월**吳越**천보**天寶 16년, **남한**南漢**건형**乾亨 7년, **거란**契丹**천찬**天贊 2년 [역사] - 진왕 이존욱이 위주魏州, 하북 대명大名에서 황제위장종莊宗에 올랐으며 국호를 당唐이라고 하였다. 역사적으로 후당後唐으로 일컫는다. - 후량 말제末帝 주우정이 단응段凝을 초토사로 임명하여 황하를 건너 북쪽으로 전주澶州, 하남 내황內黃 남쪽의 여러 현들을 공략하고 임하臨河, 하남 복양濮陽 서쪽현에 주둔하였다. 후당 황제 이존욱의 대군이 양유楊劉, 산동 동아東阿 북쪽에서 황하를 건너 운주鄆州, 산동 동평東平를 우회하여, 비어있는 대량大梁 하북 개봉開封을 습격하였으며, 대량에 남아 있던 후량군이 궤멸되었다. 이에 후량 말제 주우정이 자살하였으며, 단응은 군대를 이끌고 후당에 항복하였다. 이로써 후량이 건국한지 17년 만에 망하였다. 후당은 수도를 낙양洛陽에 자리 잡았다.	고려에서 창부시랑倉部侍郎 김낙金樂과 녹사참군錄事參軍 김유경金幼卿을 후당後唐에 사절로 보냈다.
924년 갑신甲申	[연호] **후당**後唐**동광**同光 2년, **기**岐**천우**天祐 21년, **남오**南吳**순의**順義 4년, **전촉**前蜀**건덕**乾德 6년, **남초**南楚**동광**同光 2년, **오월**吳越**보대**寶大 원년, **남한**南漢**건형**乾亨 8년, **남평**南平**동광**同光 2년, **거란**契丹**천찬**天贊 3년 [역사] - 후당 황제 장종 이존욱이 유劉부인을 황후로 세웠다. 유 황후는 재물을 모으는데 전념하여 보화를 산같이 쌓아 놓았으나 정부는 군인들을 유지할 돈이 없어 병사들의 원망이 쌓여갔다. 이존욱이 다시 환관을 기용하여 군대를 감독하는 감군監軍을 삼았다. 그들이 장수들을 무시하고 능멸하며 권력 다툼을 벌였기에 장수들이 전부 분노하였다. 이존욱은 예능인들을 총애하였기 때문에 예능인인 진준陳俊을 경주景州, 하북 경현景縣자사, 저덕원儲德源을 헌주憲州, 산서정락靜樂자사로 임명하였다. 친위부대는 이존욱을 좇아 수없는 전쟁을 치루었지만 높은 관직을 얻은 자가 없어서, 많은 사람들의 마음이 그에게서 떠나갔다. - 기岐왕 이무정李茂貞이 후당의 신하가 되었으며, 진秦왕으로 책봉되었으나 그 해에 사망하였다. 후당정부는 그 아들 이계엄李繼儼을 봉상鳳翔절도사로 임명하였다. 이로써 기岐는 건국 18년 만에 망하였다. - 후당은 형남荊南 호북 강릉江陵절도사 고계창高季昌을 남평南平왕으로 삼았으며, 이에 남평이 건국되었다.	경명왕이 죽고, 아우 위응魏膺이 왕위에 올랐다(경애왕景哀王).

925년 을유乙酉	[연호] **후당**後唐**동광**同光 3년, **남오**南吳**순의**順義 5년, **전촉**前蜀**함강**咸康 원년, **남초**南楚**동광**同光 3년, **오월**吳越**보대**寶大 2년, **남한**南漢**건형**乾亨 9년 **백룡**白龍 원년, **남평**南平**동광**同光 3년, **거란**契丹**천찬**天贊 4년 [역사] - 후당정부에서 위왕魏王 이계급李繼岌을 행영도통行營都統, 추밀사樞密使 곽숭도郭崇韜를 행영도초토사行營都招討使로 임명하여 전촉前蜀을 대규모로 공격하였다. - 전촉 황제 왕연王衍이 성도成都를 떠나 진주秦州, 감숙甘肅 천수天水로 수렵을 갔을 때 변경의 장수에게서 급한 전갈이 왔으나 여전히 흥을 망치고 싶지 않아 성도로 돌아오는 길에서도 신하들과 끊임없이 시 짓기 놀이를 하였다. 후당군대가 전촉 영토로 깊숙이 쳐들어오자 왕연은 황급히 성도로 발길을 재촉하였으나 후당군대가 계속해서 밀어 닥치자 왕연이 어쩔 수없이 성에서 나와 항복하였다. 이로써 전촉이 나라를 세운지 19년 만에 망하였다. - 환관 이종습李從襲은 위왕 이계급을 모시고 있었는데, 최고 지휘자인 이계급이 있는 도통부의 관청에는 찾아오는 사람들이 거의 없었으나, 곽숭도의 거처에는 전촉의 옛 신하들이나 장군들이 날마다 보화와 기녀 등을 보내 주는 것을 보자, 이를 부끄럽게 여겼을 뿐만 아니라 질투를 하였다. 후당 장종 이존욱이 곽숭도를 회군토록 하려고 환관 상연사向延嗣를 성도에 보냈으나, 곽숭도가 교외에 나가 사절을 맞아들이지 않았을 뿐만 아니라, 만나게 되었을 때도 예절을 다하지 않자 향연사가 분노하였다. 이에 그가 이종습과 공모하여 곽숭도가 모반을 꾀한다고 이존욱에게 무고하였다. 이존욱이 서천西川절도사 맹지상孟知祥에게 신속하게 서천에 부임하여 상황을 살펴보라고 하였다. 환관들이 다시 유황후에게 곽숭도에 대한 모함의 말을 올리자, 유황후가 결국 곽숭도를 죽이라고 명령을 내렸다.	견훤이 거창 등 20여 성을 차지하고, 후당後唐에 사신을 보내어 번신藩臣이라 칭하였다. 후당에서 견훤을 검교태위 겸시중 판백제군사檢校太尉兼侍中判百濟軍事로 책봉하고, 전례에 의하여 지절 도독 전무공등주군사행전주자사해동사면도통지휘병마제치등사 백제왕持節都督全武公等州軍事行全州刺史海東四面都統指揮兵馬制置等事百濟王으로 책봉하였다.
926년 병술丙戌	[연호] **후당**後唐**동광**同光 4년 천성天成 원년, **남오**南吳**순의**順義 6년, **남초**南楚**천성**天成 원년, **오월**吳越**보정**寶正 원년, **남한**南漢**백룡**白龍 2년, **남평**南平**천성**天成 원년, **거란**契丹**천찬**天贊 5년 [역사] - 후당 위왕 이계급이 유황후의 명령을 받자 곽숭도를 자기 처소로 유인한 후에 철퇴로 그 머리를 부수어 죽였다. 후당 장종 이존욱이 명령을 내려 곽숭도의 죄상을 밝히게 하고 그 아들들을 다 죽였다. 이로 인해 조야가 놀라고 애석해 했으며 의견이 분분하였다.	거란이 발해를 멸망시켰다.

926년 병술丙戌	- 위박魏博, 하북 대명大名의 병졸 황보휘皇甫暉가 인심이 불안한 것을 보고 반란을 일으켜 절도사 양인성楊仁晟을 죽이고, 지휘사指揮使 양재례楊在禮를 위협하여 절도사를 맡도록 하고 병력을 사방으로 보내 약탈을 하였다. 이존욱이 내외마보군총관內外馬步軍總管 이사원李嗣源을 보내 토벌에 나섰다. 그러나 이사원의 부하병사들도 반란을 일으켜, 이사원에게 위주魏州, 하북 대명의 병사들과 힘을 합하여 군대를 끌고 남쪽으로 내려가 대량大梁 하남 개봉開封을 공격하자고 요구하였으며, (이사원이 인솔한 군대가) 개봉을 함락시켰다. 이존욱이 직접 이사원을 공격하려고 군대를 정비하고 출발하려는 순간에 예능인인 직지휘사直指揮使 곽종간郭從謙이 반란을 일으켰으며, 이존욱은 난전 중에 날아오는 화살에 맞아 절명하였다. 이사원이 병력을 이끌고 낙양으로 들어가 황제가 되었다(후당 명종明宗). 그는 환관들을 깡그리 죽였다. - 위무威武, 복주福州절도사 왕연한王延翰이 민閩왕을 자처하였으나, 음란한데다 백성들을 학대하였다. 이에 건주建州 복건福建 천주泉州자사 왕연품王延稟이 그를 죽이고 천주泉州, 복건 천주자사 왕연균王延均을 절도사로 삼았다. - 거란 태조太祖 야율아보기가 죽자 둘째 아들인 태종太宗 야율덕광耶律德光이 제위를 이어받았다.	
927년 정해丁亥	[연호] **후당**後唐천성天成 2년, **남오**南吳순의順義 7년 건정乾貞 원년, **남초**南楚천성天成 2년, **오월**吳越보정寶正 2년, **남한**南漢백룡白龍 3년, **남평**南平천성天成 2년, **거란**契丹천찬天贊 2년 천현天顯 원년, [역사] - 후당이 객성사客省使 이엄李嚴을 서천西川, 성도成都도감都監으로 임명하여 서천군대를 감독하도록 하였으나, 서천절도사 맹지상이 그에게 칙서를 거짓으로 선포하였다고 모함을 씌워 그를 처형하였다. - 후당에서 위주魏州, 하북 대명의 병력 3천5백 명을 파견하여 노태盧台, 하북 청현靑縣를 방어하도록 하였다. 당시 노태지역 군사대장은 태녕泰寧, 산동 곤주兗州절도사 방지온房知溫이었는데, 기주冀州, 하북 기현冀縣자사 오진吳震으로 그를 대신한다는 조서가 내려왔다. 방지원이 이에 원한을 품고 위주병사들을 유혹하여 반란을 일으키고 오진을 죽였다. 마군지휘사馬軍指揮使 안심통安審通이 몸을 빼 달아나자 기병으로 그를 추격하여 안심통이 우왕좌왕 도망가는 틈을 타 3천5백 병사를 거의 다 죽였다. 후당 황제 명종 이사원이 반란을 일으킨 병사들의 가족을 전부 죽이라고 명령하였으며, 위주 지역의 3천5백 가족 거의 만여 명이 도륙되었다. 영제거永濟渠가 이로 인해 붉게 물들었다. - 후당 추밀사 안중회安重誨가 태자소보少保임환任圜이 모반을 하였다고 무고하여 그를 죽였다.	견훤이 신라 수도를 함락시키고, 왕을 죽인 후 김부金傅를 왕으로 세웠다. 고려왕이 이 소식을 듣고는 친히 정예 기병 5천을 거느리고 공산 동수公山桐藪에서 견훤과 싸웠으나 패하였다. 이 싸움에서 대장 신숭겸, 김낙이 죽었고 고려왕은 겨우 단신으로 화를 모면하였다.

	- 남오南吳 대승상大丞相 서온이 죽었으며, 오왕 양부楊溥가 황제(양제讓帝)가 되었다.	
928년 무자戊子	[연호] **후당**後唐천성天成 3년, **남오**南吳건정乾貞 2년, **남초**南楚천성天成 3년, **오월**吳越보정寶正 3년, **남한**南漢백룡白龍 4년 대유大有 원년, **남평**南平건정乾貞 2년, **거란**契丹 천현天顯 2년 [역사] - 남초 수군이 남한을 공격하여 봉주封州, 광동 봉천封川을 포위하였다. 남한 좌우가사左右街使 소장蘇章이 전함 백여 척을 몰고 와서 구원에 나섬으로써 남초가 대패하였다. - 남오 우웅무군사右雄武軍使 묘린苗璘이 남초를 공격하여 군산君山, 동정호洞庭湖 가운데에 이르렀으며, 남초 우승상右丞相 허덕훈許德勳이 전함 천여 척으로 응전하여 남오군을 대파하고 묘린을 생포하였다. - 후당 의무義武, 하북 정주定州절도사 왕도王都가 반란을 일으켰으며, 상당한 뇌물을 보내 해奚에게 도움을 요청하였으며, 해의 추장 독뇌禿餒가 만여 기병을 이끌고 정주로 들어와 방어를 도와주었다. 후당정부는 성덕成德절도사 왕연구王晏球에게 이를 토벌하도록 명령하였다. 거란이 대장 척은惕隱을 보내 정주를 돕도록 하였다. 왕연구가 힘써 싸워 척은을 사로잡았으며 거란은 대패하여 북으로 돌아갔다. - 후당 대량大梁 하남 개봉에서 민간인들이 사적으로 술을 양조하였다. 동도東都 하남 개봉유수留守 공순孔循이 술을 만든 가족들을 도륙하였다. - 남평 무신武信왕 고계흥이 남오의 번국이 되었으며, 이해 고계흥이 죽었다. 그 아들 문성文成왕 고종회高從誨가 왕위를 계승하였다.	신라 경순왕 2년 후백제 견훤 37년 고려 태조 11년
929년 기축己丑	[연호] **후당**後唐천성天成 4년, **남오**南吳건정乾貞 3년 대화大和 원년, **남초**南楚천성天成 4년, **오월**吳越보정寶正 4년, **남한**南漢대유大有 2년, **남평**南平천성天成 4년, **거란**契丹 천현天顯 3년 [역사] - 후당 왕연구가 정주定州, 하북 정주를 함락시켰으며, 왕도는 가족들과 함께 불을 질러 자살하였다. 왕연구가 독뇌를 생포하여 대량으로 보내 시장에서 참수하였다. - 남평왕 고종회가 후당의 제후국이 되었다. - 남초 무목武穆왕 마은馬殷의 아들 마희성馬希聲이 도군판관都軍判官 고욱高郁이 모반하였다고 무고하여 그 일족들을 전부 살해하였다.	

930년 경인庚寅	[연호] **후당**後唐천성天成 5년 장흥長興 원년, **남오**南吳대화大和 2년, **남초**南楚장흥長興 원년, **오월**吳越보정寶正 5년, **남한**南漢대유大有 3년, **남평**南平장흥長興 원년, **거란**契丹천현天顯 4년 [역사] - 후당 서천西川, 성도成都절도사 맹지상, 동천東川, 사천 삼태三台절도사 동장董璋이 연합하여 반란을 일으켰다. 후당정부는 천웅天雄절도사 석경당石敬瑭을 도초토사都招討使로 임명하여 두 지역을 공격하였으나 여러 차례 전쟁에도 불구하고 공을 세우지 못하였다. 추밀사 왕중회가 직접 전선에 가서 싸움을 독려하였다. - 남초 무목왕 마은이 죽었으며, 그 아들 형양衡陽왕 마희성이 왕위를 계승하였다.	고려왕이 서경西京에 행차하여 처음으로 학교를 설치하였다.
931년 신묘辛卯	[연호] **후당**後唐장흥長興 2년, **남오**南吳대화大和 3년, **남초**南楚장흥長興 2년, **오월**吳越보정寶正 6년, **남한**南漢대유大有 4년, **남평**南平장흥長興 2년, **거란**契丹천현天顯 5년 [역사] - 후당 봉상鳳翔절도사 주홍소朱弘昭가 안중회에게 아첨을 하여 연속해서 규모가 큰 진鎭을 얻었다. 안중회가 동천과 서천 양 지역의 전쟁을 독려하려고 봉상을 지나게 되었을 때 주홍소가 직접 출영하여 그를 맞았다. 침실로 그를 인도하였으며 주홍소의 아내가 절을 올렸다. 안중회가 가고나자 주홍소는 안중회가 모반하였다고 무고하는 밀고를 올렸다. (후당 황제는) 즉시 안중회를 호국護國, 산서 영제永濟절도사로 좌천시켰으며 그는 목숨을 보전하기 위하여 퇴직하였다. 그러나 (명종은) 양왕洋王 이종장李從璋을 보내 그를 붙잡아 살해하였다. - 후당 황제 명종 이사원이 동천, 서천의 반란에 대해 안중회에게 그 죄를 씌우고 석경당에게 군대를 이끌고 돌아오라고 명령하였다. - 서천절도사 맹지상은 죄를 용서해달라는 표를 올렸으나, 동천절도사 동장은 가족들이 이미 전부 도살당하였기 때문에 복종하지 않았다.	신라 경순왕과 고려 태조가 서라벌에서 회합을 하였다. 고려 태조가 수 십 일 동안 머물다가 돌아갔다.
932년 임진壬辰	[연호] **후당**後唐장흥長興 3년, **남오**南吳대화大和 4년, **남초**南楚장흥長興 3년, **오월**吳越보정寶正 7년, **남한**南漢대유大有 5년, **남평**南平장흥長興 3년, **거란**契丹천현天顯 6년 [역사] - 후당 동천절도사 동장이 대군을 이끌고 성도成都를 공격하였다. 서천절도사 맹지상이 맞서 싸워 그의 목을 베었다. 이로써 동천과 서천 두 지역을 병합하였다.	견훤이 일길찬 상귀相貴를 보내어 수군으로 고려의 예성강을 침략하여, 염주鹽州, 백주白州, 정주貞州 세 고을의 선박 1백 척을 불사르고, 저산도猪山島에서 기르는

	- 오월 무숙武肅왕 전류가 죽었다. 아들 문목文穆왕 전부관錢傳瓘이 왕위를 이었다. - 남초 형양衡陽왕 마희성馬希聲이 죽었으며 동생 문소文昭왕 마희범馬希範이 왕위를 물려받았다.	말 3백 필을 빼앗아 돌아갔다.
933년 계사癸巳	[연호] **후당**後唐장흥長興 4년, **남오**南吳대화大和 5년, **남초**南楚장흥長興 4년, **오월**吳越장흥長興 4년, **남한**南漢대유大有 6년, **남평**南平장흥長興 4년, **민**閩용계龍啓 원년, **거란**契丹천현天顯 7년 [역사] - 민왕 왕연균王延鈞이 황제가 되었으며(혜종惠宗), 수도를 복주福州에 두고 국호를 민閩으로 하였다. 설문걸薛文傑을 국계사國計使로 임명하고, 은밀히 부자들의 죄를 찾아내어 그 재산을 몰수하였다. 부자들의 가슴과 등 모두에 노략질한 자로 방을 붙였으며, 또한 구리로 만든 그릇을 불로 달군 후에 그것으로 그들의 몸을 지졌다. 왕연균은 추밀사 오욱吳勗이 모반하였다고 무고하여 그를 살해하였다. 이에 전국적으로 이 사건이 억울한 사건이라고 분노하였다. - 후당 맹지상이 촉蜀왕이 되었다. - 후당 명종 이사원이 심하게 앓아눕자 아들 진秦왕 이종영李從榮이 병사를 동원해 황궁을 공격하려고 하였다. 황성사皇城使 안종익安從益이 그를 참수하였다. - 이사원이 죽자 아들 민제閔帝 이종후李從厚가 황제가 되었다.	후당後唐이 사신을 보내 왕건을 '특진검교태보 사지절현도주도독 상주국 충대의군사 고려국왕特進檢校太保使持節玄菟州都督上柱國充大義軍使高麗國王으로 책봉하였다.
934년 갑오甲午	[연호] **후당**後唐응순應順 원년 청태淸泰 원년, **남오**南吳대화大和 6년, **남초**南楚청태淸泰 원년, **오월**吳越청태淸泰 원년, **남한**南漢대유大有 7년, **남평**南平청태淸泰 원년, **민**閩용계龍啓 2년, **후촉**後蜀명덕明德 원년, **거란**契丹천현天顯 8년 [역사] - 남오 신주信州, 절강 상요上饒절도사 장연휘蔣延徽가 민閩을 공격하여, 건주建州, 복건 건구建甌를 포위하였다. 민황제 혜종 왕연균이 표기대장군驃騎大將軍 왕연종王延宗에게 신속하게 달려가 구원하라고 하였으나, 군대가 중도에서 전진을 하지 않으면서 "설문걸을 우리에게 넘기지 않으면 도적들을 토벌할 수 없습니다."라고 하였다. 왕연균은 어쩔 수없이 설문걸을 보내라고 명령하였다. 설문걸은 처음에는 함거를 널찍하게 만들게 하였으나, 다시 나무궤짝처럼 좁다랗게 만들도록 하고 철못이 안쪽으로 향하도록 하여, 움직이면 몸에 닿도록 하였다. 함거가 만들어지자 자기 자신을 거기에 싣게 하였다. 군대에 함거가 이르자 군사들이 그의 살점을 저미어서 먹었다. 남오의 군사들이 민의 군대가 구원하러 왔다는 소식을 듣자 퇴각하였다.	고려 태조가 직접 병력을 이끌고 운주運州에서 후백제를 대파하였다. 이에 웅진 이북 30여 군,현이 항복하였다.

	- 촉왕 맹지상이 황제가 되었으며 수도를 성도成都에 두고 국호를 촉(역사적으 로 후촉이라 칭함)으로 하였다. 황제에 오른 지 얼마 되지 않아 그가 죽었으며 아들 맹창孟昶이 황제위를 계승하였다. - 후당 추밀사 동평장사同平章事 주홍소와 동중서문하이품同中書門下二品 풍빈馮贇이 일을 제멋대로 처리하였다. 그들이 봉상절도사 로潞왕 이종가李從珂를 두려워하여 그를 하동河東 산서 태원太原절도사로 옮겨가도록 하였다. 이종가가 두려움과 분노 속에 반란을 일으켰다. 그의 군대가 낙양에 이르자 주홍소가 우물에 몸을 던져 자살하였으며, 경사순검사京師巡檢使 안중진安重進이 풍빈의 목을 베고 그 일족을 도륙하였다. 민제 이종후는 위주衛州, 하남 위휘衛輝로 도망갔으나, 위주자사 왕홍지王弘贄가 그의 목을 졸라서 죽였다. 이종가가 낙양에 입성하여 황제(말제末帝)가 되었다.	
935년 을미乙未	[연호] **후당**後唐청태淸泰 2년, **남오**南吳대화大和 7년 천조天祚 원년, **남초**南楚청태淸泰 2년, **오월**吳越청태淸泰 2년, **남한**南漢대유大有 8년, **남평**南平청태淸泰 2년, **민**閩영화永和 원년, **후촉**後蜀명덕明德 2년, **거란**契丹천현天顯 9년 [역사] - 민 황제 혜종 왕연균이 병이 들어 자리에 눕자, 황성사 이방李倣이 그가 반드시 죽을 것이라고 여겨 장정들을 시켜 총애를 받던 백공원사百工院使 이가은李可殷을 살해하였다. 왕연균이 조금 나아지자 조회에 나아가 이가은이 죽은 상황을 조사하려고 하자 이방李倣이 크게 두려워하여 병력을 이끌고 궁궐로 난입하였다. 왕연균이 (본인이 가무를 즐기던)구룡장九龍帳 밑으로 숨었으나 난동을 일으킨 병사들이 그를 끄집어내어 찔러댔다. 왕연균이 데굴데굴 구르며 끊임없이 비명을 지르자 궁인들이 그 고통을 차마 보지 못하고 그를 칼로 베어 죽였다. 아들 강종康宗 왕계붕王繼鵬이 황제위를 이었다.	후백제 견훤의 아들 신검神劍이 견훤을 금산사에 유폐시키고 자신이 왕이 되었다. 견훤이 나주로 도망하여 고려에 항복하였다. 신라의 경순왕이 고려에 투항함으로써 신라가 멸망하였다.
936년 병신丙申	[연호] **후당**後唐청태淸泰 2년, **후진**後晉천복天福 원년, **남오**南吳천조天祚 2년, **남초**南楚천복天福 원년, **오월**吳越천복天福 원년, **남한**南漢대유大有 9년, **남평**南平천복天福 원년, **민**閩영화永和 2년 통문通文 원년, **후촉**後蜀명덕明德 3년, **거란**契丹천현天顯 10년 [역사] - 후당 말제 이종가가 하동河東, 산서 태원太原절도사 석경당을 천평天平, 산동 동평東平절도사로 옮겨가도록 명령하였으나, 석경당이 명령을 받아들이지 않고 병사를 일으켜 황제가 되었다. 국호를 진晉(역사적으로 후진後晉이라 칭함)으로 하였다. 거란의 신하가 되어 병력을 구걸하여 남쪽의 낙양을 공격하였으며, 이종가는 일족들과 함께 불을 사르고 자살하였다. 이로써 후당이 나라를 세운지 14년 만에 망하였다.	고려 왕건이 군사를 거느리고 후백제를 치니 신검이 항복하여 후백제가 망하였다.

	석경당이 낙양에 입성하자 연운 16주를 거란에게 떼어주었다. 이때부터 중국의 북쪽변경이 열렸다. (참고)연운 16주는 지금의 하북河北성, 산서山西성의 광활한 땅으로 유주幽州, 지금의 북경, 계주薊州, 하북성 계현, 영주瀛州, 하북성 하간河間, 막주莫州, 하북성 임구任丘, 탁주涿州, 하북성 탁현, 단주檀州, 하북성 밀운密雲, 순주順州, 북경 순의順義, 신주新州, 하북성 탁록涿鹿, 규주嬀州, 하북성 회래懷來, 유주儒州, 지금의 하북성 연경(延慶), 무주武州, 지금의 하북성 선화(宣化), 울주蔚州, 지금의 하북성 울현, 운주雲州, 산서성 대동大同, 응주應州, 산서성 응현, 환주寰州, 산서성 삭현朔縣 동쪽의 마읍진馬邑鎭, 삭주朔州, 지금의 산서성 삭현등 지역이다. - 후당 성덕成德, 하북 정정正定절도사 동온기董溫琪는 흉악하고 탐욕스러웠는데 쌓아놓은 재산만 수만금에 달했으며 아내도우후牙內都虞候 비경秘瓊을 심복으로 삼았다. 동온기가 군대를 이끌고 북상하여 석경당을 공격하다 거란군에게 붙잡히자 비경이 동온기 가족을 전부 죽여 무덤 하나에 다 묻어버린 후에, 재산을 모두 몰수하고 스스로 절도사가 되었다.	
937년 정유丁酉	[연호] **후진**後晉**천복**天福 2년, **남당**南唐**승원**昇元 원년, **남오**南吳**천조**天祚 3년, **남초**南楚**천복**天福 2년, **오월**吳越**천복**天福 2년, **남한**南漢**대유**大有 10년, **남평**南平**천복**天福 2년, **민**閩**통문**通文 2년, **후촉**後蜀**명덕**明德 4년, **거란**契丹**천현**天顯 11년 **회동**會同 원년 [역사] - 후진이 수도를 대량大梁, 하남 개봉開封으로 옮겼다. - 후진 천웅天雄, 하북 대명大名절도사 범연광范延光이 반란을 일으켰으며, 시위사侍衛司 양광원楊光遠이 도부서都部署로 임명되고 동도순검사東都巡檢使 장작빈張作賓이 부서副署로 임명되어 토벌에 나섰다. 그러나 장작빈 역시 반란을 일으켰으며, 의성義成, 하남 활현滑縣절도사 부언요符彦饒가 연달아 반란을 일으켰다. 봉국우상지휘사奉國右廂指揮使 노순밀盧順密이 부언요를 공격하여 그의 목을 베었으며, 소의昭義절도사 두중위杜重威가 장작빈을 공격하여 그를 참수하였다. 양광원이 위주魏州로 진격하여 포위하였다. - 남오 양제讓帝 양부楊溥가 제왕齊王 서지고徐知誥에게 양위를 함으로써 남오가 나라를 세운 지 28년 만에 망하였다. - 서지고가 황제가 되었는데 그가 열조烈祖이다. 국호를 당唐(역사적으로 남당南唐)으로하고 수도를 금릉金陵, 남경南京으로 정하였다. - 거란이 국호를 요遼로 바꾸었다.	고려왕이 후진後晉에 왕규王規와 형순邢順을 사절로 보내 황제의 등극을 축하하였다.

938년 무술戊戌	[연호] **후진**後晉천복天福 3년, **남당**南唐승원昇元 2년, **남초**南楚천복天福 3년, **오월**吳越천복天福 3년, **남한**南漢대유大有 11년, **남평**南平천복天福 3년, **민**閩통문通文 3년, **후촉**後蜀광정廣政 원년, **요**遼회동會同 2년 [역사] - 후진 황제 고조 석경당이 요遼 태종太宗 야율덕광을 아버지 황제로 높여 부르고 자신은 아들황제로 불렀다. 이 해에 야율덕광은 37세 석경당은 47세였다. - 후진의 양광원이 위주魏州를 포위 공격하였으나 오랜 기간 정복하지 못하자, 석경당이 범연광의 죄를 사면해주는 명령을 내렸으며, 비로소 범연광이 성에서 나와 항복하였다.	고려 태조 21년 처음으로 후진後晉의 연호年號를 행하였다. 탐라국耽羅國의 태자太子 말로末老가 와서 알현하니, 고려 태조가 그에게 성주星主 왕자王子의 작호를 주었다.
939년 기해己亥	[연호] **후진**後晉천복天福 4년, **남당**南唐승원昇元 3년, **남초**南楚천복天福 4년, **오월**吳越천복天福 4년, **남한**南漢대유大有 12년, **남평**南平천복天福 4년, **민**閩통문通文 4년 영융永隆 원년, **후촉**後蜀광정廣政 2년, **요**遼회동會同 3년 [역사] - 남당 황제 열조 서지고가 성명을 이변李昪으로 바꾸었다. - 민閩 혜종 왕계붕이 의심과 질투로 여러 차례 신하들을 도륙하자, 횡신공학군사橫宸控鶴軍使 연중우連重遇가 그를 죽였으며, 숙부인 경종景宗 왕연희王延羲가 세위를 계승하였다.	후진後晉에서 국자박사國子博士 사반謝攀을 보내와 왕을 책봉하여 개부의동삼사검교태사開府儀同三司檢校太師로 삼았다.
940년 경자庚子	[연호] **후진**後晉천복天福 5년, **남당**南唐승원昇元 4년, **남초**南楚천복天福 5년, **오월**吳越천복天福 5년, **남한**南漢대유大有 13년, **남평**南平천복天福 5년, **민**閩영융永隆 2년, **후촉**後蜀광정廣政 3년, **요**遼회동會同 4년 [역사] - 민 경종 왕연희가 교만하고 음란하며 폭정을 일삼자 그 동생 건주建州, 복건 건구建甌자사 왕연정王延政이 여러 차례 간언을 올렸다. 왕연희가 이에 대노하여 자기의 친신인 업교業翹를 보내 동생의 군대를 감독토록하자 왕연정이 반란을 일으켰다.	경주慶州를 대도독부大都督府로 삼고, 여러 주州, 군郡의 칭호를 고쳤다. 후진後晉이 우리나라에서 볼모로 잡아간 왕자 왕인적王仁翟을 돌려보냈다.
941년 신축辛丑	[연호] **후진**後晉천복天福 6년, **남당**南唐승원昇元 5년, **남초**南楚천복天福 6년, **오월**吳越천복天福 6년, **남한**南漢대유大有 14년, **남평**南平천복天福 6년, **민**閩영융永隆 3년, **후촉**後蜀광정廣政 4년, **요**遼회동會同 5년 [역사] - 민 경종 왕연희와 건주자사 왕연정이 화해를 하였으며, 왕연정을 부사富沙왕으로 책봉하였다. 그러나 곧 다시 서로 싸웠으며 복주福州와 건주建州 사이 지역에 수많은 시체가 나뒹굴었다.	고려 태조 24년

	- 후진 산남동도山南東道, 호북 양양襄陽절도사 안종진安從進이 반란을 일으켰으며, 서경西京 낙양유수 고행주高行周가 토벌에 나섰다. 성덕成德, 하북 정정正定절도사 안중영安重榮이 뒤를 이어 반란을 일으켰다. 천평天平, 산동 동평東平절도사 두중위가 토벌에 나섰다. - 오월 문목왕 전부관이 죽고, 아들 충헌忠獻왕 전홍좌錢弘佐가 왕위를 계승하였다.	
942년 임인壬寅	[연호] **후진**後晉천복天福 7년, **남당**南唐승원昇元 6년, **남초**南楚천복天福 7년, **오월**吳越천복天福 7년, **남한**南漢대유大有 15년 광천光天 원년, **남평**南平천복天福 7년, **민**閩영융永隆 4년, **후촉**後蜀광정廣政 5년, **요**遼회동會同 6년 [역사] - 후진 진주鎭州, 하북 정정正定병사들이 내부에서 반란을 일으켰으며, 두중위가 진주성으로 들어가 안중영을 참수하고 군민 이만여 명을 살해하였다. 고행주가 양주襄州, 호북 양번襄樊을 함락하자 안종진이 전 가족을 이끌고 불을 질러 자살하였다. - 후진 고조 석경당이 죽고 조카인 출제出帝 석중귀石重貴가 제위를 이어받았다. 동평장사同平章事 경연광景延廣을 기용하고 그와 의론하여 요나라에 국상을 알렸다. 그러나 정식문건에 손자라고만 칭하였지 신하라고는 칭하지 않았다. 요나라 노룡盧龍, 북경절도사 조연수趙延壽가 오래전부터 후진을 대신하여 중원에서 황제가 될 욕심을 가지고 있었기 때문에, 후진과 요나라 사이가 벌어지게 공작을 하였다. 이에 요나라 황제인 태종 야율덕광이 중원을 공격할 뜻을 갖게 되었다. - 남한 고조 유엄劉巖이 죽고, 아들 진秦왕 유홍도劉弘度가 자리를 이었다. 남한 박라博羅현의 백성인 장우현張遇賢이 군사를 일으켜 순주循州, 광동 용천龍川를 함락시켰다.	거란契丹이 사신을 보내어 낙타 50필을 진상하였으나 고려 태조가 거란이 발해를 멸망시킨 것을 비난하고, 거란 사절 30명은 섬으로 귀양보냈고, 낙타는 만부교萬夫橋 아래에 매어 두어 모두 굶겨 죽였다.
943년 계묘癸卯	[연호] **후진**後晉천복天福 8년, **남당**南唐승원昇元 7년 보대保大 원년, **남초**南楚천복天福 8년, **오월**吳越천복天福 8년, **동한**東漢광천光天 2년 응건應乾 원년 건화乾和 원년,**남평**南平천복天福 8년, **민**閩영융永隆 5년, **은**殷천덕天德 원년, **후촉**後蜀광정廣政 6년, **요**遼회동會同 7년 [역사] - 남당 열조 이변이 죽고 아들 원종元宗 이경李景이 제위를 이어받았다. - 민 부사왕 왕연정이 황제가 되어 수도를 건주建州, 복건 건구建甌로 정하고 국호를 은殷으로 하였다. 양사공楊思恭을 복사녹군국사僕射錄軍國事로 삼아 가혹하게 세금을 거두어 들였다. 백성들이 그를 살가죽을 벗기는자(양박피楊剝皮)라고 불렀다.	고려 태조 왕건이 훈요訓要10조를 내려 후대가 경계로 삼게 하였으며 얼마 후 죽었다. 혜종惠宗이 즉위하였다.

	- 남한 상제殤帝 유홍도가 교만하고 횡포하여 신하들이 자신의 뜻을 거스르면 바로 죽였기 때문에 아무도 간언을 하지 않으려고 하였다. 진晉왕 유홍희劉弘熙가 그가 술 취한 틈을 타서 그를 죽이고 제위에 올랐다(중종中宗). - 후진에 가뭄과 메뚜기 재해가 발생하였다. 큰 기근이 들어 남으로는 장강으로부터 북으로는 장성에 이르기까지 온 들판과 산골짜기, 성안과 밖, 숙사 등이 모두 메뚜기 떼로 가득 찼다. 이로 인해 대나무, 나무의 잎사귀조차 모두 없어졌다. 국가에서 사용할 양식이 부족하자 후진정부는 60여 명의 관리를 각 지역에 파견하여 백성들의 곡식을 긁어모으도록 하였다. 중앙의 독촉이 엄격하고 급하여 백성들이 먹고살 것을 남겨두지 않았으며, 곡식을 숨겨두는 백성은 처형하였다. 이로인해 굶어죽은 백성이 수십만에 달했으며 도망간 자들은 수를 헤아릴 수 없었다. 순국順國, 하북 정정正定절도사 두중위는 백성의 양식 이백만 가마斛를 모았으나 그 중 30만 가마만 상납하고 나머지는 전부 개인이 모아두었다.	
944년 갑진甲辰	[연호] **후진**後晉천복天福 9년 개운開運 원년, **남당**南唐보대保大 2년, **남초**南楚개운開運 원년, **오월**吳越개운開運 원년, **남한**南漢건화乾和 2년, **남평**南平개운開運 원년, **민**閩영융永隆 6년, **은**殷천덕天德 2년, **후촉**後蜀광정廣政 7년, **요**遼회동會同 8년 [역사] - 요遼 노룡盧龍, 북경절도사 조덕균이 후진 패주貝州, 하북 청하淸河를 함락시키고, 만여 명을 도살하였다. 요 태종 야율덕광이 창주滄州, 하북 창주, 덕주德州, 산동 능현陵縣, 심주深州, 하북 심현深縣, 막주莫州, 하북 임구任邱의 네 개 주를 공략하였으며, 가는 곳마다 사람을 죽이고 전부 불태워버렸다. 그 면적이 동서남북 천리에 달했는데 사람과 물자의 종적을 찾기 어려웠다. - 후진 평로平盧 산동 청주靑州절도사 양광원楊光遠이 반란을 일으키자 태녕泰寧, 산동 연주兗州절도사 이수정李守禎이 토벌에 나섰다. 요에서 대장 야율마답耶律麻荅을 보내 양광원을 구출하려고 하였다. 요의 군대가 마가구馬家口에 이르렀을 때 후진 군대가 공격을 하였으며 요가 대패하였다. 이 싸움에서 수천 명이 물에 빠져죽었으며, 참수된 포로만 수천 명이었다. 후진군대가 청주靑州를 포위하였다. 성안의 식량이 바닥나자 양광원의 아들 양승훈楊承勳이 아버지를 붙들고 나와 항복하였다. - 민의 경종 왕연희가 날이 갈수록 의심과 시기심이 커져 신하들과 백성들을 학살했다. 공신도지휘사拱宸都指揮使 주문진朱文進이 자신의 안위가 불안해지자 왕연희를 살해하고 왕씨 황족을 전부 도살하였다. 남랑승지南廊承旨 임인한林仁翰이 주문진을 살해하고 은殷에 항복하였다.	광평시랑廣評侍郎, 한현규韓玄珪, 예빈경禮賓卿 김염金廉을 후진後晉에 보내 왕위를 계승한 것을 고하였다

<table>
<tr><td></td><td>- 후진이 안팎으로 군대를 동원하면서 국가의 재정이 고갈되자 다시 36명에게 칼을 주고 각 지역에 보내 백성들의 재산을 긁어모으도록 하였다. 그들은 병졸들을 데리고 가 사람을 가두는 기계, 칼과 몽둥이를 들고 민가로 들어갔으며, 이에 작은 자나 큰 자나 할 것 없이 모두 놀라고 두려워했다. 백성들은 죽고자해도 죽을 수도 없었다.</td><td></td></tr>
<tr><td>945년
을사乙巳</td><td>[연호] 후진後晉개운開運 2년, 남당南唐보대保大 3년, 남초南楚개운開運 2년, 오월吳越개운開運 2년, 남한南漢건화乾和 3년, 남평南平개운開運 2년, 민閩천덕天德 3년, 후촉後蜀광정廣政 8년, 요遼회동會同 9년

[역사]
- 요의 군대가 대규모로 후진을 공격하여, 형주邢州, 하북 형태邢台, 명주銘州 하북 영평永平, 자주磁州, 하북 자현磁縣의 세 개 주로 진격하였으며 철저히 약탈과 살인을 하였다. 후진 의성義成절도사 황보우皇甫遇가 상주相州, 하북 안양安陽 유림점榆林店에서 패배하였다. 후진 출제 석중귀는 순국順國절도사 두중위가 도초토都招討가 되어 각 지역의 병력을 이끌고 승리의 여세를 몰아 북쪽을 공략하도록 명하였으며, 요나라 태주泰州, 하북 청원淸苑를 함락시켰다. 요의 황제 야율덕광이 반격을 하자 후진군대가 퇴각하여 백단위촌白團衛村, 하북 망도望都 경계에 이르렀을 때 요나라 군대가 겹겹이 후진 군대를 에워쌌다. 후진 마보좌우상지휘사馬步左右廂指揮使 부언경符彦卿, 황보우가 역풍을 맞으면서도 출전하여 요나라 군대를 대파하였다. 마치 산이 무너지는듯한 압도적인 형세였으나 두중위가 감히 추격하려 하지 않았으며 오히려 병력을 물려 정주定州, 하북 정주에 주둔하였다.
- 은殷 황제 왕연정이 국호를 민閩으로 바꾸었다. 조카 왕계창王繼昌에게 복주福州를 맡도록 하였으나 원종지휘사元從指揮使 이인달李仁達이 왕계창을 죽이고 설봉사雪峰寺의 승려인 탁엄명卓嚴明을 황제로 세우고 표를 올려 남당의 제후국이 되었다. 당시 복주의 병력이 건주建州, 복건 건구建甌에 가서 근무하였던 자가 팔천여 명이 있었다. 왕연정이 이들을 전부 죽이고 그 고기로 육포를 만들었다.
- 남당 추밀부사樞密副使사문휘査文徽가 민을 공격하여 건주를 포위하였으며 함락시켰다. 왕연정이 항복하였다. 이로써 민이 건국 13년 만에 멸망하였다. 남당의 군대가 대규모 약탈을 하여 궁과 집들이 다 불탔으며, 수많은 백성들이 얼어 죽었다.</td><td>고려에서 왕규王規의 난이 일어났다. 혜종의 이복동생 요堯, 정종定宗가 서경西京의 왕식렴王式廉세력과 결탁, 왕위를 노리고 있었다.
후진後晉에서 광록경光祿卿 범광정范匡政과 태자 세마太子洗馬 장계응張季凝을 보내어 고려왕을 지절현도주도독 상주국충대의군사고려국왕持節玄菟州都督上柱國充大義軍使高麗國王으로 책봉하였다.</td></tr>
</table>

<table>
<tr>
<td>946년
병오丙午</td>
<td>[연호] 후진後晉개운開運 3년, 남당南唐보대保大 4년, 남초南楚개운開運 3년, 오월吳越개운開運 3년, 남한南漢건화乾和 4년, 남평南平개운開運 3년, 후촉後蜀광정廣政 9년, 요遼회동會同 10년

[역사]
- 남당정부에서 무위武威, 복주절도사 이인달에게 조정으로 들어오라고 명령을 하자 이인달이 반란을 일으켰다. 남당에서 영안永安절도사 왕숭문王崇文을 보내 토벌에 나서자, 이인달이 항복하는 표를 후진에 보냈으며, 또 오월에게도 항복하는 표를 보냈다. 오월에서 통군統軍 장균張筠을 보내 수륙 양면으로 복주 구출에 나섰다.
- 후진 출제 석중귀가 매년 승리하던 여세를 몰아 대규모로 요나라 공격에 나섰다. 천웅天雄, 하북 대명大名절도사 두중위를 도지휘사都指揮使로 삼고 조서를 내려보냈다. "대군을 보내 오랑캐를 평정하려 하노라. 먼저 영주瀛州, 막주莫州를 취한 후에 유주幽州, 연주燕州를 회복하라. 오랑캐의 주인을 잡는 자는 제일 큰 진上鎭의 절도사로 기용하겠노라." 요 태종 야율덕광이 이 소식을 듣자 군대를 동원해 응전했으며, 직선으로 항주恒州, 하북 정정正定로 내달아 두중위를 중도교中度橋에서 물샐틈없이 포위하였다. 그는 두중위에게 중원의 황제가 되는 것을 허락한다고 약조하였으며, 이에 두중위가 전군을 이끌고 항복하였다. 병졸들은 명령을 받들어 갑옷을 벗기는 하였으나 모두 대성통곡하였다. 요는 항복한 상수인 장덕彰德절도사 장언택張彥澤을 보내 기병으로 야간에 대량大梁, 하남 개봉開封을 기습 공격하였다. 관문을 지키던 자들을 죽이고 성안으로 들어가자 석중귀가 불을 질러 자살하려고 하였으나 다른 사람들 손에 구출되었다. 이에 석중귀는 황제의 옷을 벗고 흰 바지저고리로 바꿔 입고 표를 올려 항복하였다. 장언택이 그를 개봉부開封府에 가두었다. 이로써 후진이 건국 11년 만에 망하였다. 장언택의 병사들은 약탈과 살인을 일삼았다. 그들의 깃발에는 모두 '충심으로 군주를 모신다.'라고 쓰여 있었는데도 말이다. 대량은 텅텅 빈 도시가 되었다.</td>
<td>고려 정종定宗 원년</td>
</tr>
<tr>
<td></td>
<td>[연호] 후한後漢천복天福 12년, 남당南唐보대保大 5년, 남초南楚천복天福 12년, 오월吳越천복天福 12년, 남한南漢건화乾和 5년, 남평南平보대保大 5년, 후촉後蜀광정廣政 10년, 요遼회동會同 11년 대동大同 원년 천록天祿 원년

[역사]
- 요 태종 야율덕광이 대량大梁에 입성하였으며, 후진 출제 석중귀를 부의후負義侯로 책봉한 뒤에 그의 일족을 전부 황룡부黃龍府, 길림 농안農安으로 옮겼다. 대신들이 군량은 계획하여 준비해야한다고</td>
<td>거란의 침입을 막기 위하여 군사 30만 명으로 광군사光軍司를 설치하였다.</td>
</tr>
</table>

	건의하였으나 야율덕광이 "우리나라에는 그러한 법이 없었소.'라고 하며 이를 무시하였다. 그는 병사를 풀어 사방으로 다니며 약탈을 하게 하였으며, 이를 '곡물 모으기打草穀'라고 하였다. 중원의 장정들은 그들의 칼날아래 죽어갔으며, 노약자들은 골짜기와 구덩이에 방치되어 죽어갔다. 이로 인해 중원지역에서 민란이 끊이지 않았다. 야율덕광은 "중원사람들을 다루기가 이렇게 어려울 줄은 내가 미처 몰랐다."고 말하였다. 그는 소한蕭翰을 선무宣武절도사로 임명하여 대량을 지키도록 하고, 자신은 그동안 거두어들인 보화를 전부 가지고 요나라로 귀국길에 올랐다. 그러나 행렬이 살호림殺胡臨, 하북 란성欒城 경계에 이르렀을 때 야율덕광이 홀연히 병들어 죽었다. 조카 세종世宗 야율올욕耶律兀欲이 황제위에 올랐다. 술율述律 태후가 이 소식을 듣자 병사를 동원해 그의 입국을 가로막았으나 실패하였다. 야율올욕이 술율 태후를 태조 야율아보기耶律阿保機 묘원에 가두었다.	
947년 정미丁未	- 후진 하동河東절도사 유지원劉知遠이 태원에서 황제가 되었다(후한後漢 고조高祖). 그가 병력을 이끌고 남으로 진격해오자 요의 소한蕭翰이 북으로 도망쳤다. 유지원이 대량에 입성하여 국호를 한漢으로 정하였다.(역사적으로 후한後漢이라 함) - 오월의 군대가 복주福州로 진격하여 남당군대를 대파하여 이만여 명을 죽였다. 남당의 국고가 고갈되었다. - 남초 문소왕 마희범이 죽고 동생 마희광馬希廣이 그 자리를 이었다. - 오월 충헌왕 전홍좌錢弘佐가 죽고 동생 전홍종錢弘倧이 자리를 이어받았으나, 사람됨이 강퍅하고 엄할 뿐만 아니라 살인을 좋아하였다. 내아통군사內牙統軍使 호진사胡進思가 그를 가두고 동생 전홍숙錢弘俶을 오월왕으로 삼았다. - 남평왕 고종회高從誨가 후한 양주襄州, 영주郢州를 공격하였으나 함락시키지 못하자, 남당에게 제후국이 되겠다고 요청하였다. 남평은 첫 번째 왕인 고계흥高季興 때부터 다른 나라에 신하로써 복종하여 그 하사품을 챙겼을 뿐만 아니라, 다른 나라에서 중원 왕조로 진상품을 바치러가는 행렬이 자기영역을 지나가면 그 재물을 다 빼앗았다. 그러나 그 나라에서 병력을 출동시키면 즉시 돌려주었으며 조금도 이러한 행동을 부끄러워하지 않았다. 이에 다른 나라들이 남평을 천대하였으며 '무뢰한 고씨高無賴'라고 낮추어 불렀다.	

948년 무신戊申	[연호] **후한**後漢건우乾祐 원년, **남당**南唐보대保大 6년, **남초**南楚건우乾祐 원년, **오월**吳越건우乾祐 원년, **남한**南漢건화乾和 6년, **남평**南平건우乾祐 원년, **후촉**後蜀광정廣政 11년, **요**遼천록天祿 2년 [역사] - 후한 고조 유지원이 죽고 아들 은제隱帝 유승우劉承祐가 제위에 올랐다. 후한 진창晉昌, 서안절도사 조광찬趙匡贊이 중앙조정에 들어가면서 아병牙兵을 징발하여 대량大梁으로 가도록하였으나 군교軍校 조사관趙思綰이 무리를 이끌고 반란을 일으켰다. 진녕鎭寧절도사 곽종의郭從義가 토벌에 나섰다. 호국護國절도사 이수정이 하중河中, 산서 영제永濟을 거점으로 반란을 일으켰으며, 보의保義절도사 백문가白文珂가 토벌에 나섰다. 봉상순검사鳳翔巡檢使 왕경숭王景崇이 봉상을 거점으로 역시 반란을 일으켰으며, 봉상절도사 조휘趙暉가 토벌에 나섰다. 그러나 토벌에 나선 군대들이 모두 오래도록 성과가 없었다. 이에 후한 정부는 추밀사樞密使 곽위郭威를 초위안무사招慰安撫使로 임명하여 각도의 병력을 총괄하여 통솔하고 이 세 반란을 토벌하도록 하였다. - 남평 문헌왕 고종회가 후한과 왕래를 끊었었는데 북방의 상인들이 오지 않아 관할지역의 경제가 빈곤해지자 다시 후한에게 제후국이 되겠다고 하였다. 그가 죽자 아들 정의貞懿왕 고보융高保融이 자리를 이었다.	동여진東女眞의 소무개蘇無蓋 등이 말 7백필과 방물(方物)을 바쳤다. 처음으로 후한後漢의 연호를 시행하였다.
949년 기유己酉	[연호] **후한**後漢건우乾祐 2년, **남당**南唐보대保大7년, **남초**南楚건우乾祐2년, **오월**吳越건우乾祐 2년, **남한**南漢건화乾和7년, **남평**南平건우乾祐2년, **후촉**後蜀광정廣政12년, **요**遼천록天祿3년 [역사] - 후한의 조사관이 장안長安을 점거하였는데 사람의 간肝먹기를 좋아하였다. 그는 사람의 얼굴을 쪼개고 배를 갈라서 간을 끄집어내어 삶아먹었는데, 간을 다 먹고 나서도 사람이 여전히 죽지 않았다. 부녀자와 아동들을 전부 잡아 군량미로 충당하였는데, 군대에 상을 내릴 때면 수백 명을 도살하였는데 돼지와 양을 잡듯이 하였다. 오랫동안 포위를 당하여 더 이상 어떻게 할지 모르게 되자 항복을 하였다. 그러나 또 반란을 일으킬 생각을 하였다. 그러나 붙들려서 아버지와 형제, 하인 삼백여명이 모두 시장에서 도살되었다. 이수정은 하중河中, 산서 영제永濟을 점거하였으나 성안의 식량이 바닥나면서 백성들 중 열에 다섯, 여섯은 굶어죽었다.	대광大匡 왕식렴王式廉이 죽었다. 왕식렴은 태조의 사촌동생이다. 정종이 병으로 죽었다. 광종光宗 즉위

	이수정은 전 가족과 함께 불을 지르고 자살하였다. 왕경숭은 봉상을 점거하고 있었는데 조사관과 이수정이 점거한 두 진鎭이 이미 패하였다는 소식을 듣자 역시 전 가족과 함께 불을 지르고 자살하였다. 이렇게 세 건의 반란이 평정되었다. 그 다음해에 후한정부가 사신을 하중, 봉상에 보내 전사자와 아사자의 유해를 매장하였다. 당시 승려들이 이미 20만구를 미리 매장한 상황이었다. - 남초 무평武平, 호남 상덕常德절도사 마희악馬希萼이 본인이 형인데도 군주가 되지 못하자 병사를 일으켜 장사長沙를 공격하였으나 실패하고 돌아갔다.		
950년 경술庚戌	[연호] 후한後漢건우乾祐3년, 남당南唐보대保大8년, 남초南楚건우乾祐3년, 오월吳越건우乾祐3년, 남한南漢건화乾和8년, 남평南平건우乾祐3년, 후촉後蜀광정廣政13년, 요遼천록天祿4년 [역사] -남초 마희악이 남당의 제후국이 되었다. 진주辰州, 호남 원릉沅陵의 만蠻족들을 유인하여 다시 장사를 공격하여 성을 함락시켰다. 동생인 초왕楚王 마희광馬希廣을 죽이고 자신이 직접 왕위에 올랐다.(공효왕恭孝王) - 후한 은제 유승우가 혈기왕성한 나이(20세)가 되자 보정대신輔政大臣들에게 통제 받는 것을 싫어하였고, 무덕사武德使 이업李業, 추밀승지樞密承旨 섭문진聶文進 역시 관직을 옮겨주지 않은 것 때문에 보정대신들에게 불만을 품고 있었다. 그들은 보정대신들을 주살할 계획을 공동으로 모의하였다. 사우복사동평장사伺右僕射同平章事 양빈楊邠, 중서령中書令 사홍조史弘肇, 삼사사동평장사三司使同平章事 왕장王章 등이 입궐할 때 그들 모두를 황궁의 동쪽 행랑 밑에서 참살하였다. 그들은 다시 밀명을 받아 업도鄴都, 하북 대명大名유수留守 곽위를 죽이려고 하였다. 이에 곽위가 반란을 일으켰으며, 병력을 휘몰아 남으로 진격해 갔다. 유승우가 이를 맞아 싸웠으나 패하여 조촌趙村으로 도망갔지만 병사들에게 살해당했다. 곽위가 대량 성안으로 들어갔으며, 그는 이李태후에게 간청하여 그녀가 일시적으로 정사를 맡게 하였다. 당시 무녕武寧, 강소 서주徐州절도사를 맡고있던 고조 유지원의 동생인 유숭劉崇의 아들 유빈劉贇으로 황제위를 잇게 하면서 태사太師 풍도馮道를 보내 영접해 오도록 하였다. - 요나라가 남침을 하여 내구內丘 하북 내구, 요양饒陽, 하북 요양을 함락시켰다. 이태후가 곽위에게 이를 물리치도록 명령하였다. 군사가 전주澶州, 하남 내황內黃 남쪽 돈구頓丘에 이르렀을 때 병사들이 들고 일어나 곽위를 황제로 옹위하고 방향을 돌려 남쪽으로 진격했다. 유빈이 송주宋州, 하남 상구商邱에 이르렀을 때 시위마군도지휘사侍衛馬軍都指揮使 곽숭위郭崇威가 그를 가두었다.		

951년 신해辛亥	[연호] **후한**後漢건우乾祐 4년, **후주**後周광순廣順 원년, **남당**南唐보대保大 9년, **남초**南楚광순廣順 원년, **오월**吳越광순廣順 원년, **남한**南漢건화乾和 9년, **남평**南平광순廣順 원년, **후촉**後蜀광정廣政 14년, **요**遼천록天祿 5년 응력應歷 원년 [역사] - 곽위가 대량大梁, 하남 개봉開封에 들어가 황제를 칭하였다(고조高祖). 국호를 주周라고 하였다(후주後周). 사신을 보내 유빈劉贇을 송주宋州에서 죽였다. - 후한 하동절도사 유숭이 태원에서 황제가 되었다.(세조世祖) 역사적으론 북한北漢이라 불린다. 5도의 병력을 동원 진주晉州, 산서 임분臨汾, 습주隰州, 산서 습현隰縣를 공격하였으나 모두 함락시키지 못하고 퇴각하였다. 유숭이 요나라에게 신하를 칭하면서 요 황제 세종 야율올욕을 아저씨 황제라 부르고 자신은 조카 황제라고 부르면서 병력을 주어 도와줄 것을 요청하였다. 야율올욕이 전군을 이끌고 지원하려고 하였는데 각 부족들이 모두 출전하려고 하지 않았다. 신주新州, 하북 탁현涿縣에 이르렀을 때 연燕왕 야율술알耶律述軋이 난을 일으켜 야율올욕을 살해하였다. 태종 야율덕광의 아들 야율술율耶律述律이 황제 위를 이어받았다(목종穆宗). - 남초 공효왕 마희악이 옛적의 원한들을 전부 들춰내어 제멋대로 사람들을 죽였다. 이에 마보도지휘사馬步都指揮使 서위徐威가 그를 가두었다. 그 동생 마희숭馬希崇을 초楚왕으로 세웠다. 마희숭은 술을 좋아하고 음란함이 지나쳤다. 서위는 그의 행위를 보사 그가 썩수기 노랑다는 것을 알게 되었고, 언젠가 그에게 화를 당할까봐 그를 죽여 스스로 화에서 벗어나려고 하였다. 마희숭이 그 낌새를 알아차리고 비밀리에 사신을 남당에 보내어 병력을 요청하였다. 남당 신주信州자사 변호邊鎬가 장사에 들어가 마씨 일족을 전부 금릉金陵, 남경으로 옮기도록 하였는데, 천여 명이 울면서 남경으로 길을 떠났다. 이로써 남초는 건국한지 45년 만에 망하였다.	후주後周의 연호를 시행
952년 임자壬子	[연호] **후한**後漢건우乾祐 5년, **후주**後周광순廣順 2년, **남당**南唐보대保大 10년, **오월**吳越광순廣順 2년, **남한**南漢건화乾和 10년, **남평**南平광순廣順 2년, **후촉**後蜀광정廣政 15년, **요**遼응력應歷 2년 [역사] - 후주 태녕泰寧, 산동 연주兗州절도사 모용언초慕容彦超는 후한 고조 유지원과 아버지는 다르지만 어머니가 같아서 불안을 느끼고 반란을 일으켰다. 소무昭武절도사 조영曹英이 토벌에 나섰지만 오랫동안 함락시키지 못하였다. 후주 황제 태조 곽위가 직접 정벌에 나서자, 모용언초가 우물에 몸을 던져 죽었다.	광평시랑廣評侍郞 서봉徐逢을 후주에 사절로 보냈다.

	조영이 연주兗州, 산동 연주에 입성하여 병사들을 풀어 대규모 약탈을 자행하였다. 성안에서 죽은 사람이 만여 명이 넘었다. - 남당 무안武安, 호남 장사長沙절도사 변호邊鎬는 혼용하고 나약하였으며, 법도를 지키지 않았다. 남당정부가 무평武平, 호남 상덕常德절도사 유언劉言에게 조정으로 들어오라고 명령을 내리자 유언이 반란을 일으켜 장사를 함락시켰으며, 변호는 금릉金陵으로 도망쳤다. 유언은 남초南楚의 옛 땅을 거의 다 회복하였으며 후주의 제후국이 되었으나 실제로는 독립적인 정권이 되었다.	
953년 계축癸丑	[연호] **후한**後漢건우乾祐 6년, **후주**後周광순廣順 3년, **남당**南唐보대保大 11년, **오월**吳越광순廣順 3년, **남한**南漢건화乾和 11년, **남평**南平광순廣順 3년, **후촉**後蜀광정廣政 16년, **요**遼응력應歷 3년 [역사] 무안武安절도사 왕규王逵가 랑주朗州, 호남 상덕常德을 급습하여 무평武平절도사 유언을 사로잡고 모반죄로 무고하여 그를 살해하였다.	후주에서 위위경衛尉卿 왕연王演과 장작소감將作少監 여계빈呂繼贇을 사절로 보내와 광종을 특진 검교 태보사 지절 현도주도독 충대의군사 겸 어사대부 고려국왕特進檢校太保使持節玄菟州都督充大義軍使兼御史大夫高麗國王으로 삼았다. 경주慶州 황룡사皇龍寺 9층탑에 화재가 났다.
954년 갑인甲寅	[연호] **후한**後漢건우乾祐 7년, **후주**後周현덕顯德 원년, **남당**南唐보대保大 12년, **오월**吳越현덕顯德 원년, **남한**南漢건화乾和 12년, **남평**南平현덕顯德 원년, **후촉**後蜀광정廣政 17년, **요**遼응력應歷 4년 [역사] - 후주 태조 곽위가 죽고 아들 세종世宗 곽영郭榮이 제위에 올랐다. - 후한 세조 유숭이 곽위가 죽었다는 이야기를 듣자 굉장히 기뻐하였으며, 요나라가 다시 군대를 보내 지원하였다. 유숭이 직접 대군을 이끌고 후주를 공격하였으며 후주 황제 곽영 역시 직접 대군을 이끌고 응전하였다. 전쟁은 고평高平, 산서 고평에서 벌어졌는데 후주의 마군도지휘사馬軍都指揮使 번애능樊愛能이 기병을 이끌고 먼저 도망치면서 우군右軍이 무너지자 보병 천여 명이 갑옷을 벗어던지고 만세를 환호하며 후한에 항복하였다. 곽영이 직접 친위대를 이끌고 날아오는 화살과 돌을 무릅쓰고 전투를 독려하면서 전세가 바뀌어 후한군이 대패하였다. 유숭이 직접 붉은 깃발을 들고 병사들에게 되돌아서라고 하였으나 후퇴를 멈추게 할 수 없었다.	

	저녁 무렵에야 비로소 남은 병사들을 수습할 수 있었다. 곽영이 재차 공격하자 후한군이 완전히 붕괴되어 시체가 산골짜기에 가득 찼다. 유숭은 백여기만을 이끌고 밤낮을 달려 겨우 태원성으로 도망갔다. 곽영이 승리의 여세를 몰아 후한 국경을 넘어 태원을 공격하였으나 이기지 못하고 후주로 되돌아갔다. 유숭이 죽고 아들 예종睿宗 유승균劉承鈞이 황제위를 계승하였다.	
955년 을묘乙卯	[연호] **후한**後漢건우乾祐 8년, **후주**後周현덕顯德 2년, **남당**南唐보대保大 13년, **오월**吳越현덕顯德 2년, **남한**南漢건화乾和 13년, **남평**南平현덕顯德 2년, **후촉**後蜀광정廣政 18년, **요**遼응력應歷 5년 [역사] - 후주 봉상절도사 왕경王景이 후촉을 공격하자 후촉 보병保寧절도사 이정규李廷珪가 방어에 나서 황화黃花, 섬서 봉현鳳縣에서 전쟁을 벌였지만 후촉군이 대패하였다. 후주가 연속으로 진주秦州, 감숙 천수天水, 성주成州, 감숙 성현成縣, 계주階州, 감숙 무도武都, 봉주鳳州 섬서 봉현鳳縣 네 개 주를 획득하였다.	광평시랑廣評侍郎 순질荀質을 후주에 보내 세종의 황제 즉위를 축하하였다
956년 병진丙辰	[연호] **후한**後漢건우乾祐 9년, **후주**後周현덕顯德 3년, **남당**南唐보대保大 14년, **오월**吳越현덕顯德 3년, **남한**南漢건화乾和 14년, **남평**南平현덕顯德 3년 **후촉**後蜀광정廣政 19년, **요**遼응력應歷 6년 [역사] - 후주 세종 곽영이 대규모로 남당을 공격하자 남당 신무통군神武統軍 유언정劉彦貞이 도부서都部署를 맡아 정양正陽 동쪽지역에서 맞서 싸웠으나, 남당군이 대패하고 유언정은 피살되었으며 만여 명이 죽어 시체가 30여리에 깔렸다. 후주가 연속으로 저주滁州, 안휘 저주, 서주舒州, 안휘 잠산潛山, 양주揚州,강소 양주, 화주和州, 안휘 화현和縣 등 주를 함락시키고 수주壽州, 안휘 수현壽縣로 진공하였으나 오래도록 공략을 하지 못하자 이미 함락된 여러 주를 다 버려두고 병력을 집결하여 수주를 포위하였다. 남당 제齊왕 이경달李景達이 수주壽州 구출에 나섰는데, 군정은 전부 총신인 병부시랑兵部侍郎 진각陳覺에게 맡겼다.. - 남당군이 여러 차례 패하자 남당 황제 원종元宗 이경李景이 원원사園苑師 윤정범尹廷範을 태주泰州, 강소 태주에 보내 남오南吳의 옛 양제讓帝 양부楊溥의 가족을 윤주潤州, 강소 진강鎭江로 옮기게 하였다. 윤정범은 양씨 가문의 남자 60여 명을 참수하였다. - 무평武平 호남 상덕常德절도사 왕규王逵가 남당 악주鄂州, 호북 무창武昌를 공격하기 위해 병력을 이끌고 악주岳州, 호남 악양岳陽을 지나갈 때 악주단련사岳州團練使 반숙사潘叔嗣가 아주 공손히 영접하였다.	후주에서 장작감將作監 설문우薛文遇를 파견하여 고려왕을 개부의동삼사 검교태사開府儀同三司檢校太師로 책봉하고, 관료들의 의관衣冠을 중국의 제도에 맞추도록 하였다.

	왕규의 좌우친신들은 끝도 없이 재물을 요구하였으며, 이에 불만을 품는 사람들은 모반죄로 무고하였다. 접대에도 불구하고 왕규의 얼굴에 화난 표정이 가득하자 반숙사가 이를 두려워하여 왕규를 습격하여 죽였다.	
957년 정사丁巳	[연호] **후한**後漢**천회**天會 원년, **후주**後周**현덕**顯德 4년, **남당**南唐**보대**保大 15년, **오월**吳越**현덕**顯德 4년, **남한**南漢**건화**乾和 15년, **남평**南平**현덕**顯德 4년 **후촉**後蜀**광정**廣政 20년, **요**遼**응력**應曆 7년 [역사] - 남당 수주성안에 식량이 고갈되자 제왕 이경달이 영안永安절도사 허문진許文稹에게 회수淮水를 거슬러 올라와 자금산紫金山에 둔병하여 수주壽州까지 연결되는 소로를 만들어 군량을 운반하도록 하였다. 후주 시위친군도지휘사侍衛親軍都指揮使 이중진李重進이 요격에 나서 이를 대파하였다. 후주 세종 곽영이 직접 정벌에 나서 다시 자금산 산채를 대파하고 만여 명을 죽였으며, 남당군을 끝까지 추격하여 사만여 명을 익사시켰다. 이경달이 금릉金陵, 남경으로 달아났으며 수주壽州는 더 이상 버틸 수가 없어 후주에 항복하였다.	고려 광종 8년
958년 무오戊午	[연호] **후한**後漢**천회**天會 2년, **후주**後周**현덕**顯德 5년, **남당**南唐**중흥**中興 원년 교태交泰 원년, **오월**吳越**현덕**顯德 5년, **남한**南漢**건화**乾和 16년 대보大寶 원년, **남평**南平**현덕**顯德 5년 **후촉**後蜀**광정**廣政 21년, **요**遼**응력**應曆 8년 [역사] - 남당황제 원종 이경이 후주의 군사가 이미 장강長江에 이르렀다는 소식을 듣고 크게 두려워하여 표를 올려 제후국이 되었으며 황제 호칭과 연호를 없애고 후주의 연호를 사용하였다. 당시 장강 이북에는 아직 여주廬州, 안휘 합비合肥, 서주舒州, 안휘 잠산潛山, 기주蘄州, 호북 기춘蘄春, 황주黃州, 호북 황주 네 개 주를 남당이 굳게 지키고 있었는데 전부 후주에게 할양해 주었다. - 남한 황제 중종 유홍희劉弘熙가 죽고 아들 유계흥劉繼興이 그 자리를 이어받았다.	한림학사翰林學士 쌍기雙冀에게 지공거知貢擧를 명하고, 시詩·부賦·송頌 및 시무책時務策으로써 시험을 보여 진사進士를 뽑게 하였다. 후주에서 상서수부원외랑尙書水部員外郞 한언경韓彦卿과 상연봉어尙輦奉御 김언영金彦英이 비단 수천 필을 가지고와서 동銅과 무역을 하였다.
	[연호] **후한**後漢**천회**天會 3년, **후주**後周**현덕**顯德 6년, **남당**南唐**현덕**顯德 6년, **오월**吳越**현덕**顯德 6년, **남한**南漢**대보**大寶 2년, **남평**南平**현덕**顯德 6년 **후촉**後蜀**광정**廣政 22년, **요**遼**응력**應曆 9년 [역사] - 후주 세종 곽영이 대규모로 요遼를 공격하여 막주莫州, 하북 임구任邱, 영주瀛州, 하북 하간河間, 웅주雄州, 하북 웅현雄縣, 패주霸州, 하북 패현霸縣을 연이어 함락시켰으며,	광종 10년

<table>
<tr><td>959년
기미己未</td><td>다시 유주幽州, 북경를 공격하려고 하였으나 병이 들어 군대를 이끌고 대량으로 돌아와서 죽었다. 아들 공제恭帝 곽종훈郭宗訓이 제위를 이었으나 겨우 7세였다.
- 남한의 환관들이 중서사인中書舍人 종윤장鍾允章을 모반하였다고 무고하여 죽였다. 남한의 황제 유계흥劉繼興의 폭정과 학대가 심하였다. 신하들 중 재능이 있거나 진사 장원급제자나 승려나 도사 중에서 같이 국사를 논할 수 있는 자는 먼저 거세를 하는 곳에 들여보내 거세를 하게하였다. 일부는 스스로 거세하고 궁궐에 들어오는 자가 있었고, 사형을 면하려고 스스로 거세하는 자도 있었다. 전국에 환관이 이만여 명이나 되었으며 모두 요충지역들을 장악하였다. 그들은 지식인들을 '문외인門外人'이라고 일컬으며 정사에 관여하지 못하도록 하였다</td><td></td></tr>
<tr><td>960년
경신庚申</td><td>[연호] 후한後漢천회天會 4년, 후주後周현덕顯德 7년, 송宋건륭乾隆 원년, 남당南唐건륭乾隆 원년, 오월吳越건륭乾隆 원년, 남한南漢대보大寶 3년, 남평南平건륭乾隆 원년, 후촉後蜀광정廣政 23년, 요遼응력應歷 10년

[역사]
- 후주정부가 막 새해첫날을 축하하는 모임을 가질 때 진주鎭州, 하북 정정正定, 정주定州, 하북 정주에서 요나라 군대와 후한군이 남으로 진격하고 있다는 보고가 들어왔다. 집정을 하고 있던 태후가 태위전전도점검太尉殿前都點檢 조광윤趙匡胤에게 이를 막도록 명령하였다. 군대가 진교陳橋, 하남 개봉開封 북쪽에 이르렀을 때 군사들이 난을 일으켜 조광윤을 황제로 옹립하고 군대를 이끌고 대량大梁으로 되돌아왔다. 이에 후주 공제 곽종훈이 황제위를 양위하였으며 이로써 건국한지 10년 만에 후주가 망하였다.(오대십국 중 오대시대는 이로써 종지부를 찍었다.)
- 조광윤이 황제(태조太祖)에 즉위하였고 국호를 송宋이라고 하였다.
- 후주 소의昭義, 산서 장치長治절도사 이균李筠이 병사를 일으켜 조광윤 토벌에 나섰으며 택주澤州, 산서 진성晉城에 들어가 주둔하였다. 조광윤이 진성을 포위 공격하여 함락시켰으며, 이균은 분신자살하였다.
- 회남淮南, 강소 양주절도사 이중진李重進이 군사를 일으켜 조광윤 토벌에 나섰는데 조광윤이 양주揚州 강소 양주성까지 쳐들어 갔으며, 그 즉시 성이 함락되었다. 이중진은 가족들과 함께 불을 질러 죽었다.
- 남평왕 고보융이 죽고 동생 고보훈高保勛이 자리를 이었다.</td><td>관리들의 공식복장을 정하였는데, 원윤元尹 이상은 자삼紫衫, 중단경中壇卿 이상은 단삼丹衫, 도항경都航卿 이상은 비삼緋衫, 소주부小主簿 이상은 녹삼綠衫으로 하였다. 개경開京을 황도皇都라 하고, 서경西京을 서도西都라 하였다.</td></tr>
<tr><td></td><td>[연호] 후한後漢천회天會 5년, 송宋건륭乾隆 2년, 남당南唐건륭乾隆 2년, 오월吳越건륭乾隆 2년, 남한南漢대보大寶 4년, 남평南平건륭乾隆 2년, 후촉後蜀광정廣政 24년, 요遼응력應歷 11년</td><td>광종 12년</td></tr>
</table>

961년 신유辛酉	[역사] - 남당 황제 원종 이경이 금릉金陵, 남경南京이 송나라와 겨우 장강長江만을 사이에 두고 있어 그곳을 지키기가 어렵다고 우려하여, 수도를 남창南昌으로 옮겨갔다. 이경이 죽자 아들 이욱李煜이 자리를 이어받았으며 수도를 다시 금릉金陵으로 옮겼다. - 송 황제 조광윤이 귀덕歸德절도사 석수신石守信 등을 불러 같이 술을 마시면서, 취기가 한참일 때 좌우를 병풍으로 둘러치고나서 말했다. "인생은 흰 말이 좁은 틈을 지나가는 것과 같으며, 부귀함이란 돈을 많이 가지고 있으면서 재미있게 놀고 즐기고 자손들이 궁핍하지 않은 것을 보는 것이오. 경들은 어째서 병권을 내려놓고, 여생을 큰 진鎭에 가서 좋은 논밭을 고르고 좋은 집들을 사서 자손들을 위해 영원히 이어질 사업을 하면서, 춤추고 노래 부르는 여인들과 날마다 술 마시며 즐기며 즐거이 살아가려 하지 않는단 말이오? 군주와 신하 사이에 서로 의심하고 시기하는 것이 없다면 이 또한 얼마나 선한 일이겠소?" 이 말에 모였던 무리들이 전부 절을 올리며 감사를 표하였다. 그들은 그 다음날 모두 몸에 병이 들었다고 하면서 병권을 내려놓았다. 이로부터 병권이 중앙정부에 집중되게 되었으며, 장군과 병사들이 서로 친밀한 관계가 형성되지 않게 되어, 장군들이 병사들을 이끌고 난을 일으키기가 쉽지 않게 되었다.	
962년 임술壬戌	[연호] **후한**後漢천회天會 6년, **송**宋건륭乾隆 3년, **남당**南唐건륭乾隆 3년, **오월**吳越건륭乾隆 3년, **남한**南漢대보大寶 5년, **남평**南平건륭乾隆 3년, **후촉**後蜀광정廣政 25년, **요**遼응력應歷 12년 [역사] - 무평武平, 호남 상덕常德절도사 주행봉周行逢이 죽자 아들 주보권周保權이 절도사 자리를 이어받았는데 겨우 11세였다. 형주衡州자사 장문표張文表가 병사를 일으켜 이를 공격하였으며 장사를 함락시켰다. 주보권이 송나라에 구원을 요청하였다. - 남평왕 고보훈高保勛이 죽고 조카 고계충高繼沖이 자리를 이었다.	광평시랑廣評侍郎 이흥우李興祐를 송宋에 보내어 알현하였다.
963년 계해癸亥	[연호] **후한**後漢천회天會 7년, **송**宋건륭乾隆 4년 건덕乾德 원년, **남당**南唐건덕乾德 원년, **오월**吳越건덕乾德 원년, **남한**南漢대보大寶 6년, **남평**南平건덕乾德 원년, **후촉**後蜀광정廣政 26년, **요**遼응력應歷 13년 [역사] - 송宋이 산남동도절도사山南東道節度使 모용연소慕容延釗를 도부서都部署로 임명하여 군대를 이끌고 남하하여 장문표 토벌에 나섰다. 당시 주보권이 장군 양사번楊師王番을 파견하여 장사를 공격하여 함락시키고 장문표를	처음으로 송의 연호를 사용하였다

<table>
<tr><td></td><td>시장에서 참수하였으나, 송군이 멈추지 않고 계속 진군하였다. 송군이 형문荊門을 지나쳐 갈 때 강릉江陵을 기습 공격하였으며, 남평왕 고계창이 황급히 성 밖으로 나와 항복하였다. 이로써 나라를 세운지 40년 만에 남평이 망하였다. 송군이 계속 진군하여 랑주朗州, 호남 상덕常德로 직접 진격하여 주보권을 사로잡고 호남지역을 송나라 판도에 넣었다.</td><td></td></tr>
<tr><td>964년
갑자甲子</td><td>[연호] 후한後漢천회天會 8년, 송宋건덕乾德 2년, 남당南唐건덕乾德 2년, 오월吳越건덕乾德 2년, 남한南漢대보大寶 7년, 후촉後蜀광정廣政 27년, 요遼응력應歷 14년

[역사]
- 후촉 황제 맹창孟昶이 지추밀원사知樞密院事 왕소원王昭遠과 의론을 한 후에 사신을 샛길로 후한에 보내어 함께 송宋을 공격하기로 약속하였다.
- 송황제 조광윤이 이를 듣고 “우리가 군대를 출동시킬 명분을 얻었다.”라고 하면서, 충무忠武절도사 왕전빈王全斌을 도부서都部署로 임명하고 후촉을 공격하도록 하였다.
- 후촉에서는 왕소원을 도통都統으로 삼고 이를 막도록 하였다. 왕소원은 쇠로 만든 여의如意를 손에 쥐고 군사를 지휘하며 자신을 제갈량諸葛亮에 비유하였다. “내가 이번에 가는 것이 단지 적을 막는 것에 그치겠는가? 내가 이삼만 명의 용맹한 젊은 자들을 이끌고 간다면 중원을 취하는 것은 손바닥을 뒤집는 것처럼 쉬우니라.”</td><td>광종 15년</td></tr>
<tr><td>965년
을축乙丑</td><td>[연호] 후한後漢천회天會 9년, 송宋건덕乾德 3년, 남당南唐건덕乾德 3년, 오월吳越건덕乾德 3년,
남한南漢대보大寶 8년, 후촉後蜀광정廣政 28년, 요遼응력應歷 15년

[역사]
- 송의 군대가 후촉 국경을 넘어 가장 험한 지역인 검문劍門을 격파하였다. 이에 왕소원이 갑옷을 벗어버리고 도망을 쳐 민가에 숨었으나 송의 추격군에게 생포되었다. 후촉 황제 맹창은 너무도 당황하여 어쩔 줄 몰라 하다가 표를 올려 항복하였다. 이로써 후촉은 건국한지 32년 만에 망하였다.
- 송의 군대가 성도成都에 들어가 대량으로 여자들과 재물을 약탈하였다. 민가 여자의 유방을 자르고 죽이는 자들도 있었다. 이에 민란이 여기저기서 일어났다. 후촉의 병사들이 분노에 차서 옛 장군이었던 전사웅全師雄을 왕으로 세웠다. 송의 도부서 왕전빈이 마군도감馬軍都監 주광서朱光緖를 보내 반란을 가라앉히도록 하였다. 주광서는 전사웅의 전 가족을 죽이고, 그의 딸은 자기의 아내로 삼았다.</td><td>광종 16년</td></tr>
</table>

	전사웅은 화를 참을 수 없어 병력을 이끌고 팽주彭州, 사천 팽현彭縣에 있는 송의 군대를 공격하여 성을 함락시켰다. 각지에서 이에 호응하였다. 그때 왕전빈이 후촉의 항복한 병사들을 성도의 성과 성을 둘러 싼 방책 사이夾城에 모은 뒤에 전부 도살하였는데 그 수가 이만 칠천여 명에 달했다.	
966년 병인丙寅	[연호] **후한**後漢천회天會 10년, **송**宋건덕乾德 4년, **남당**南唐건덕乾德 4년, **오월**吳越건덕乾德 4년, **남한**南漢대보大寶 9년, **요**遼응력應歷 16년 [역사] - 후촉 전사웅이 죽고 민란이 전부 가라앉았다. - 송 정부에서 신하들 집안에서 사적으로 환관을 키우거나 아이들을 거세시키는 것을 금지하였다. 이때부터 민간에 더 이상 환관이 없게 되었다.	광종 17년
967년 정묘丁卯	[연호]**후한**後漢천회天會 11년, **송**宋건덕乾德 5년, **남당**南唐건덕乾德 5년, **오월**吳越건덕乾德 5년, **남한**南漢대보大寶 10년, **요**遼응력應歷 17년 [역사] - 사천 주민들에게 이해 여름 조세를 반으로 줄여 주었다. - 후촉 주민들이 왕전빈의 불법을 고소하였으며, 조정의 신하들이 사형에 처하라고 요구하였으나 송 태조 조광윤이 사면해 주었다.	광종 18년
968년 무진戊辰	[연호] **후한**後漢천회天會 12년, **송**宋건덕乾德 6년 개보開寶 원년, **남당**南唐개보開寶 원년, **오월**吳越개보開寶 원년, **남한**南漢대보大寶 11년, **요**遼응력應歷 18년 [역사] - 후한 황제 예종睿宗 유승균劉承均이 죽고 아들 유계은劉繼恩이 자리를 이었으나 공봉관供奉官 후패영侯霸榮이 침실에 들어가 그를 죽였다. 중서시랑中書侍郎평장사平章事 곽무위郭無爲가 후패영을 죽이고 태원윤太原尹 유계원劉繼元을 황제로 옹립했다.	홍화사弘化寺·유암사遊巖寺·삼귀사三歸寺 등의 절을 창건하였다. 중 혜거惠居를 국사國師로 삼고, 탄문坦文을 왕사王師로 삼았다
969년 기사己巳	[연호] **후한**後漢천회天會 13년, **송**宋개보開寶 2년, **남당**南唐개보開寶 2년, **오월**吳越개보開寶 2년, **남한**南漢대보大寶 12년, **요**遼응력應歷 19년 보녕保寧 원년 [역사] - 송 태조 조광윤이 군대를 이끌고 후한을 공격하였다. 분수汾水 뚝을 허물어 태원太原을 물에 잠기게 하였으나 끝내 함락시키지 못하여 군대를 이끌고 퇴각하였다. - 요의 황제 목종穆宗 야율술율耶律述律은 술을 폭음하였을 뿐만 아니라, 아주 잔혹하였다.	광종 20년

	신하들이 아주 작은 잘못을 저지르거나, 주청을 하는데 황제의 뜻과 조금 다르거나 또는 자신이 화난 것을 신하에게 괜스레 퍼붓는 경우 구리기둥을 불에 달구어 거기에 사람을 묶거나 쇠로 된 빗으로 형벌을 가하거나, 자신이 직접 칼을 뽑아 찔러 죽이거나, 불화살로 쏘고는 목을 치거나 하였다. 또한 팔다리를 자르고 허리를 동강내고 입을 찢고 이빨을 다 부숴버렸으며, 시체는 전부 들판에 내다 버렸으며, 또한 백척이나 되는 감옥을 지어 죄수들을 모두 거기에 매달았다. 사람들이 더 이상 감당할 수 없는 상황이어서 그를 가까이에서 시중들던 어린 자들이 밤을 틈 타 그를 살해하였다. 조카 경종景宗 야율현耶律賢이 황제가 되었다.	
970년 경오庚午	[연호] **후한**後漢천회天會 14년, **송**宋개보開寶 3년, **남당**南唐개보開寶 3년, **오월**吳越개보開寶 3년, **남한**南漢대보大寶 13년, **요**遼보녕保寧 2년 [역사] - 송의 군대가 남한을 대규모로 공격하였으며 담주潭州, 장사長沙방어사防禦使 반미潘美가 도부서를 맡았다. 남한의 옛 장수들은 모두 모함을 받아 죽은 상황이어서, 전선에 보내서 싸울만한 장수가 없었다. 궁궐의 늙은 궁녀가 자신의 양아들인 곽숭악郭崇岳을 써보라고 권하자, 남한 황제 유계흥은 그를 즉시 초토사招討使로 임명하고 마경馬逕, 광주廣州 북쪽 지역에 주둔토록 하였나. 그리니 곽숭악은 용기도 지모도 없는 자로 그저 귀신에게 기도할 줄만 알았다.	광종 21년
971년 신미辛未	[연호] **후한**後漢천회天會 15년, **송**宋개보開寶 4년, **남당**南唐개보開寶 4년, **오월**吳越개보開寶 4년, **남한**南漢대보大寶 14년, **요**遼보녕保寧 3년 [역사] - 송의 반미가 마경의 방책을 불사르고 곽숭악을 죽이자 남한 황제 유계흥이 항복하였다. 이로써 남한은 건국된 지 55년 만에 망하였다. - 남당 이욱이 송나라가 남한을 멸망시켰다는 이야기를 듣자 크게 두려워하여 송에 표를 올려 국호를 없애고 본인의 명칭을 강남江南국주國主라고 바꾸었다.	임인일壬寅日에 지진이 있었다.
972년 임신壬申	[연호] **후한**後漢천회天會 16년, **송**宋개보開寶 5년, **강남**南강남개보開寶 5년, **오월**吳越개보開寶 5년, **요**遼보녕保寧 4년 [역사] - 송나라를 지나가는 황하黃河가 대명大名에서 둑이 터졌다. 대기근이 들었다.	광종 23년

973년 계유癸酉	[연호]후한後漢천회天會 17년, 송宋개보開寶 6년, 강남南강남개보開寶 6년, 오월吳越개보開寶 6년, 요遼보녕保寧 5년 [역사] - 송 태조 조광윤이 참지정사參知政事 설거정薛居正에게 후량, 후당, 후진, 후한, 후주의 5대사를 감독 편찬하도록 하였다. 여러 학자들이 작업에 착수하여 18개월 만에 완성되었으며 전체 150권(본기本紀 61권, 열전列傳 77권, 지志 12권, 목록目錄 2권)으로 주전충朱全忠이 당唐을 멸망시킨 때로부터 조광윤이 황제가 된 53년간 14명의 제왕에 대한 역사를 담고 있다.	공.사公私 전田의 개간과 경작에 관한 수조법收租法을 정하였다.
974년 갑술甲戌	[연호] 후한後漢광운廣運 원년, 송宋개보開寶 7년, 강남南강남개보開寶 7년, 오월吳越개보開寶 7년, 요遼보녕保寧 6년 [역사] - 송 군대가 대규모로 강남을 공격하였다. 선휘남원사宣徽南院使 조빈曹彬이 도부서都部署를 맡아 여러 갈래로 병력을 나누어 장강을 건너갔으며, 강남의 군대를 채석采石, 안휘 당도當塗 서북지역과 백로주白鷺洲, 장강 중류의 모래섬에서 대파하였다.	광종 25년
975년 을해乙亥	[연호] 후한後漢광운廣運 2년, 송宋개보開寶 8년, 강남南강남개보開寶 8년, 오월吳越개보開寶 8년, 요遼보녕保寧 7년 [역사] - 송나라 군대가 금릉金陵, 남경을 포위하였다. 백성들이 땔감 나무하러 갈 길도 전부 막혔는데, 봄부터 겨울에 이르도록 그러하였다. 결국 성이 함락되었으며 강남 국주 이욱이 신하들을 다 끌고 나와 궁궐 문에서 송나라 군대를 맞아들이고 항복하였다. 이로써 남당이 건국한 지 39년 만에 망하였다.	광종 26년 광종이 병사함.
976년 병자丙子	[연호] 후한後漢광운廣運 3년, 송宋개보開寶 9년 태평흥국太平興國 원년, 오월吳越태평흥국太平興國 원년, 요遼보녕保寧 8년 [역사] - 강남 강주江州 강서 구강九江 군교軍校 호칙胡則이 자사를 죽이고 그 지역을 굳게 지키자 송의 선봉지휘사先鋒指揮使 조한曹翰이 전년(975년) 겨울부터 금년(976년) 여름까지 공격하였으며 결국 성을 함락시켰다. 성으로 들어가자 도살을 하여 수만 명을 죽였으며 비단 수억필을 약탈하였다.	송에서 사절을 보내 고려왕(경종)을 광록대부 검교 태부 사지절 현도주 제군사 현도주 도독 대순군사光祿大夫檢校太傅使持節玄菟州諸軍事玄菟州都督大順軍使로 책봉하였다.

	- 송 태조 조광윤이 병이 들어 자리에 누웠는데, 한 밤에 큰 눈이 내렸다. 조광윤이 동생 진왕晉王 조광의趙光義를 불러 후사를 부탁하였으나 좌우에 모시는 자가 모두 듣지 못하였다. 그러나 멀리서 촛 불빛 아래 조광의가 일어났다 앉았다 하는 모습이 보였다. 조광윤이 기둥에 걸려있는 제왕을 상징하는 도끼를 끄집어내어 땅을 내리치며 큰 소리로 외쳤다. "네가 잘 처리하라." 그리고는 숨을 거두었다. 조광의가 황제가 되었는데 그가 태종太宗이다.	
977년 정축丁丑	[연호] 후한後漢광운廣運 4년, 송宋태평흥국太平興國 2년, 오월吳越태평흥국太平興國 2년, 요遼보녕保寧 9년 [역사] - 송 조정에서 각 지역의 토지지형에 따라 전국을 15로路로 나누어 통치하기 시작하였다.	사신을 송宋에 보내어, 말, 갑옷, 병기를 바쳤다.
978년 무인戊寅	[연호] 후한後漢광운廣運 5년, 송宋태평흥국太平興國 3년, 오월吳越태평흥국太平興國 3년, 요遼보녕保寧 10년 [역사] - 오월 왕 전홍숙錢弘俶이 송 조정에 황제를 알현하러 오자, 송 정부가 그를 붙잡아두고 돌려보내지 않자, 전홍숙이 크게 두려워하여 표를 올려 다스리던 땅을 전부 송에게 바쳤다. 이로써 오월이 건국한지 72년 만에 망하였다.	경종 3년
979년 기묘己卯	[연호] 후한後漢광운廣運 6년, 송宋태평흥국太平興國 4년, 요遼보녕保寧 11년 건형乾亨 원년 [역사] - 송 태종 조광의가 전군을 이끌고 후한을 공격하여 태원을 포위하자 후한 황제 유계홍이 항복하였으며, 후한은 나라를 세운지 33년 만에 망하였다. <u>이로써 5대 10국 시대가 종말을 고하였다.(907년부터 따져서 73년간)</u>	송에서 공봉관供奉官 합문지후閤門祗候 왕선王僎을 보내어, 고려 왕을 시중侍中으로 삼고, 원래 식읍 3천 호에 1천 호를 더하였다.

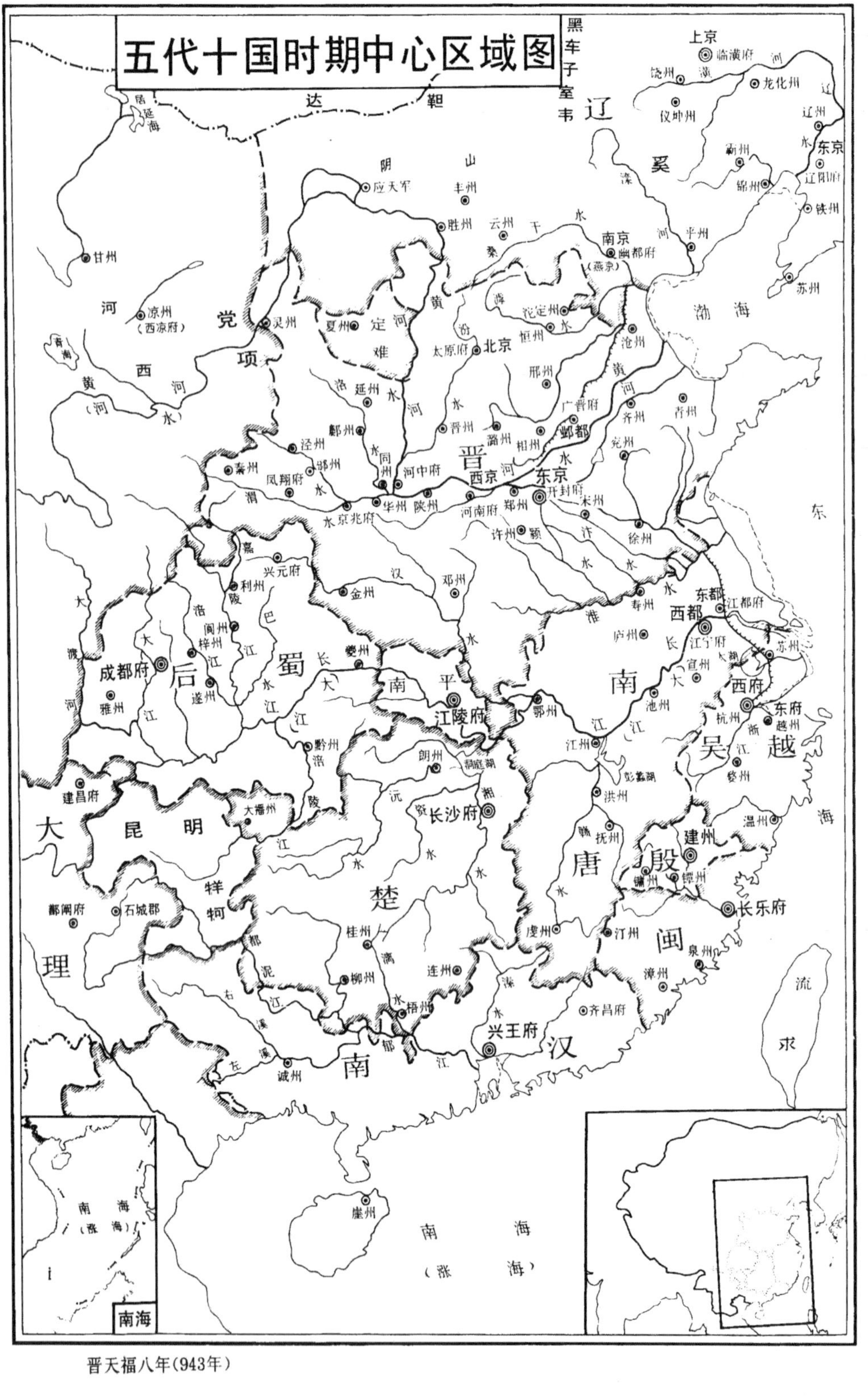
五代十国时期中心区域图
黑车子室韦
达靼
辽
上京
临潢府
饶州
仪坤州
龙化州
辽州
东京
辽阳府
铁州
锦州
平州
南京
幽都府
(燕京)
苏州
渤海
阴山
应天军
丰州
胜州
云州
居延海
甘州
凉州
(西凉府)
河西
党项
灵州
夏州
定难
北京
太原府
恒州
沧州
邢州
齐州
青州
广晋府
邺都
兖州
晋州
潞州
相州
晋
延州
鄜州
泾州
秦州
凤翔府
同州
河中府
西京
东京
开封府
宋州
华州
陕州
河南府
郑州
许州
颍
京兆府
徐州
兴元府
利州
金州
邓州
阆州
梓州
成都府
后蜀
遂州
雅州
夔州
南平
江陵府
东都
江都府
西都
江宁府
寿州
庐州
南唐
宣州
池州
鄂州
江州
苏州
西府
杭州
东府
越州
吴越
婺州
温州
黔州
朗州
洞庭湖
长沙府
楚
彭蠡湖
洪州
抚州
建州
殷
镛州
镡州
长乐府
闽
汀州
泉州
漳州
虔州
建昌府
大理
昆明
大播州
牂牁
鄯阐府
石城郡
桂州
连州
柳州
梧州
南汉
兴王府
齐昌府
诚州
流求
东海
崖州
南海
(涨海)
南海

晋天福八年(943年)

지은이 **짜오지엔민(趙劍敏)**

1955년 중국 상해에서 출생하였다.
중국 문화, 역사, 역사인물, 고대 정치사상을 연구해 왔으며, 현재 상해대학교 교수로 재직 중이다.

저서
《개원의 치세(盛世魂)》, 《오대사(五代史)》, 《황관과봉관(皇冠與鳳冠)》, 《죽림칠현(竹林七賢)》, 《삼국지(三國志)》 등

옮긴이 **곽복선(郭福墠)**

1960년 경기도 파주에서 출생하여, 성균관대학교 무역학과를 졸업하였다. 1986년 대한무역투자진흥공사(KOTRA)에 입사해 대만, 상해, 북경, 성도, 청도 무역관에서 근무했으며, 현재 경성대학교 중국학과 교수로 재직 중이다.

저서
《중국경제론(공저)》, 《중국의 환경보호산업》, 《현장에서 읽는 중국환경시장》, 《중국소비시장의 패러다임변화와 진출방안》 등
역서
《개원의 치세》, 《죽림칠현-빼어난 속물들》, 《치마폭에 흐르는 중국역사》 등

속물들이 빚어낸 어둠의 역사
중국 오대십국의 역사

초판 1쇄 발행 _ 2019년 1월 31일

저　자 · 짜오지엔민
역　자 · 곽 복 선
발행인 · 정 현 걸
발　행 · 신 아 사
인　쇄 · 대명프린팅
출판등록 · 1956년 1월 5일 (제9-52호)
주　소 · 서울시 은평구 통일로 59길 4(2F)
전　화 · 02)382-6411 · 팩스 02)382-6401
홈페이지 · www.shinasa.co.kr
E-MAIL · shinasa@daum.net

ISBN 978-89-8396-330-7 (93820)

정가 18,000원